COLEÇÃO ROSA DOS VENTOS

1. UMA FAMÍLIA DO BAIRRO CHINÊS — Lin Yutang
2. REFÚGIO TRANQÜILO — Pearl S. Buck
3. O DIABO E A COROA DO DRAGÃO (Lady Wu) — Lin Yutang
4. JUDAS, O OBSCURO — Thomas Hardy
5. NÃO É TÃO FÁCIL VIVER — Christine Arnothy
6. A MODIFICAÇÃO — Michel Butor
7. TANGUY (A História de um menino de hoje) — Michel del Castillo
8. CASA DE CHÁ DO LUAR DE AGOSTO — Vern Sneider
9. CAMÉLIA AZUL — Frances Parkinson Keyes
10. A SEDE — Assia Djebar
11. OS CAMPOS TORNARAM-SE VERDES — Frances Parkinson Keyes
12. DEUS ESTÁ ATRASADO — Christine Arnothy
13. AO LONGO DE UM RIO — Frances Parkinson Keyes
14. ALÉM DO RIO — Frances Parkinson Keyes
15. QUANDO O VALE FLORIR OUTRA VEZ — Frances Parkinson Keyes
16. PALÁCIO DE GELO — Edna Ferber
17. MORTE NA FAMÍLIA — James Agee
18. TESS (Tess of the D´Ubervilles) — Thomas Hardy
19. A LUZ DA ILUSÃO — Frances Parkinson Keyes
20. O ELO DISTENSO — Daphne Du Maurier
21. O DOUTOR JIVAGO — Boris Pasternak
22. OS JARDINS DE SALOMÃO — Frances Parkinson Keyes
23. AS SEMENTES E AS COLHEITAS — Henry Troyat
24. O CORAÇÃO DA MATÉRIA — Graham Greene
25. A ALDEIA ANCESTRAL — Pearl S. Buck
26. O CAMAROTE REAL — Frances Parkinson Keyes
27. DOCE QUINTA-FEIRA — John Steinbeck
28. ATÉ QUE TUDO ACABOU — James Hilton
29. A FESTA — Margaret Kennedy
30. OITO RUMO À ETERNIDADE — Cecil Roberts
31. O REINO DE CAMPBELL — Frank Tilsley
34. MARY ANNE — Daphne du Maurier
35. OS INSACIÁVEIS — Janet Taylor Caldwel
36. A LESTE DO ÉDEN — John Steinbeck
37. JANTAR NO ANTOINES — Frances Parkinson Keyes
38. RUA DA ALEGRIA — Frances Parkinson Keyes
39. GIGANTE — Edna Ferber
40. OS PARASITAS — Daphne du Maurier
41. A ÚLTIMA FOLHA — O. Henry
43. PALÁCIO FLUTUANTE — Frances Parkinson Keyes
44. O CORAÇÃO DAS TREVAS — Joseph Conrad
45. ... E O VENTO LEVOU — Margaret Mitchell
46. TEMPOS PASSADOS — John Steinbeck
47. UMA AVENTURA NA MARTINICA — Ernest Hemingway
48. A CANÇÃO DE BERNADETTE — Franz Werfel

A CANÇÃO DE BERNADETTE

COLEÇÃO ROSA DOS VENTOS

Dirigida por Oscar Mendes
Até o Vol.44

48

Tradução
MARINA GUASPARI

Capa
CLÁUDIO MARTINS

EDITORA ITATIAIA
BELO HORIZONTE
Rua São Geraldo, 67 - Floresta - Cep.30150-070
Tel. (31) 3212-4600 - Fax.: (31) 3224-5151

Franz Werfel

A CANÇÃO DE BERNADETTE

EDITORA ITATIAIA
Belo Horizonte

FICHA CATALOGRÁFICA

Werfel, Franz

W488s A canção de Bernadette / Franz Werfel ; tradução de Marina Guaspari . — Belo Horizonte : Itatiaia , 2007.

366 p. —(Rosa dos Ventos, 48)

Título original: Song of Bernadette

1.Romance. I.Guaspari, Marina. II.Título. III.Título: Song of Bernadette. IV.Série.

ISBN 978-85-319-0777-7 CDU 82-31

2007

Impresso no Brasil
Printed in Brazil

ÍNDICE

Quarta Série

AS SOMBRAS DA GRAÇA

Quinta Série

O MÉRITO DA DOR

UM PREÂMBULO PESSOAL

Nos últimos dias de junho de 1940, após a derrocada da França, abandonando o nosso domicílio, chegamos a Lourdes, no sul do país. Nós, eu e minha mulher, pretendíamos alcançar oportunamente Portugal, através da fronteira espanhola. Como, porém, as autoridades consulares nos negaram os vistos necessários, na noite em que tropas alemãs ocuparam a cidade fronteiriça de Hendaya, não nos restou senão — e com grande dificuldade — procurar um abrigo no interior da França.

O departamento dos Pireneus convertera-se num fantástico acampamento do caos. As multidões desse êxodo singular vagueavam nos caminhos, abarrotavam cidades e aldeias, franceses, belgas, polacos, holandeses, tchecos, austríacos, alemães exilados misturavam-se com os soldados do exército vencido. Mal havia com que saciar a fome. E em parte alguma se encontrava pousada. Quem lograva conquistar uma poltrona, para passar a noite, era objeto de funda inveja. A falta de combustível imobilizava longas filas de autos de fugitivos, transbordantes de utensílios domésticos, de colchões, de camas.

Em Pau, uma família do lugar informou-nos que Lourdes era o único sítio onde uma pessoa favorecida pela sorte podia talvez conseguir abrigo. Como a famosa cidade ficava apenas a uns trinta quilômetros, aconselharam-nos a tentar a aventura e bater-lhe às portas. Seguindo o alvitre, encontramos finalmente hospedagem.

Foi assim que a Providência me encaminhou para Lourdes, de cuja história maravilhosa eu tivera, até aí, uma noção bem superficial. Passamos várias semanas, escondidos nessa cidade dos Pireneus. Foi um período angustioso, mas ao mesmo tempo de suma significação para mim, pois ali tomei conhecimento da história extraordinária da jovem Bernadette Soubirous e da prodigiosa veracidade das curas de Lourdes.

Um dia, na minha aflição, fiz uma promessa: se conseguisse sair dessa situação desesperada e alcançar a costa salvadora da América, o meu primeiro trabalho seria cantar, melhor que pudesse, a canção de Bernadette.

Este livro é uma promessa cumprida. No nosso tempo, um canto épico só pode assumir a forma dum romance. A "Canção de Bernadette" é um romance; não, porém, uma obra de ficção. Diante dos fatos, que nela se narram, o leitor desconfiado poderá, com toda a razão, perguntar — coma outrora, ante a epopéia histórica:

— É verdade ou invenção?

E eu respondo:

— Os fatos memoráveis, que formam o conteúdo deste livro, aconteceram realmente. Como o princípio deles remonta só a oitenta anos atrás, desenrolaram-se em plena luz da História, e a sua veracidade é atestada por fautores e adversários, bem como por observadores desapaixonados. A minha narrativa em nada altera essa verdade. Tomaram-se apenas em consideração os direitos da liberdade poética, onde a obra de arte exigia certas condensações cronológicas, ou quando importava arrancar à matéria a centelha da vida.

Ousei cantar a canção de Bernadette, embora não seja eu católico e sim judeu. Deu-me ânimo para este empreendimento um voto bem antigo e muito mais instintivo: já quando compunha os meus primeiros versos, eu jurara a mim mesmo glorificar, sempre e por toda parte, mediante os meus escritos, o mistério divino e a santidade humana — a despeito da época, que se desvia com escárnio, raiva e indiferença desses valores supremos da nossa existência.

Los Angeles, Maio de 1941.

FRANZ WERFEL

À MEMÓRIA DE MINHA ENTEADA MANON.

PRIMEIRA SÉRIE

EVOCAÇÃO DO DIA 11 DE FEVEREIRO DE 1858

CAPÍTULO I

NO CALABOUÇO

Francisco Soubirous levantou-se no escuro.

Eram seis horas em ponto. Já havia muito, ele não tinha o seu relógio de prata, presente de núpcias da esperta cunhada Bernarda Casterot; o recibo do Monte de Socorro sobre o relógio e outros humildes objetos caseiros vencera-se no outono precedente.

Soubirous sabia que eram seis horas em ponto, embora os sinos da paróquia de São Pedro ainda não houvessem anunciado a primeira missa. Os pobres têm o instinto do tempo; mesmo sem mostradores e sinos, sabem que horas são. Os pobres receiam sempre chegar atrasados.

Francisco procurou às apalpadelas os tamancos, mas apanhou-os para não fazer barulho. Descalço, no chão de pedra fria, escutou a respiração da família adormecida, uma estranha música que lhe apertava o coração.

Seis pessoas partilhavam esse quarto. Ele e Luisa ainda conservavam uma boa cama de casal, testemunho dum começo de vida mais folgado; as duas meninas, Bernadette e Maria, dormiam, porém, num catre duro; finalmente, a mãe deitava os dois filhos menores, João-Maria e Justino, num enxergão que enrolava todas as manhãs.

Sem sair do seu lugar, Francisco Soubirous deitou um olhar à lareira aberta. Não era propriamente uma lareira, mas um fogareiro tosco, improvisado pelo canteiro André Sajou, dono dessa habitação suntuosa, para o seu locatário; Sob as cinzas, ainda crepitavam algumas achas verdes, muito úmidas para queimarem; de quando em quando, soltavam uma chama descorada, mas Francisco não se animava a atiçar o fogo. Voltou então o olhar para as janelas, além das quais já ia raiando o dia; e o seu profundo mal-estar transformou-se em azedume. Uma praga subiu-lhe aos lábios. Mais do que o quarto miserável o amarguravam essas duas janelas, uma grande e a outra pequena, esses dois olhos mesquinhos, enviesados para o estreito pátio quadrado do Calabouço onde se respirava a podridão da região inteira.

Afinal, ele, Soubirous, não era nenhum vagabundo, nenhum trapeiro, mas um moleiro livre e legalizado, dono de moinhos e, na sua categoria, tanto como o senhor de Lafite, o proprietário duma serraria importante. O moinho de Boly, abaixo de Chateau Fort, merecia ser visto; nada lhe ficava a dever o de Escobé, em Arcizac-les-Angles. Ninguém se orgulharia, em verdade, do velho moinho de Bandeau. Mas, por fim de contas, sempre era um moinho. E ele, o bom moleiro Soubirous, tinha acaso a culpa de haver secado, anos antes, o riacho Lapaca, propulsor daquelas rodas, de subirem os preços dos cereais, de aumentar a falta de trabalho? A culpa era do bom Deus, do imperador, do prefeito, do diabo... fossem lá saber! — e não do honrado Francisco Soubirous, por muito que este gostasse de esvaziar às vezes um bom copo ou de mexer as cartas na estalagem.

Entretanto, culpado ou não, — que adiantava? — via-se reduzido a morar no Calabouço; e o Calabouço da rua des Petites Fossées não era uma casa de moradia e sim a antiga cadeia civil. As paredes ressumbravam umidade, o bolor medrava nas frinchas, a lenha embebia-se d'água, o pão mofava logo. No estio, o quarto era um forno; gelava-se nele no inverno. Tanto assim que o senhor Lacadé, "maire" de Lourdes, já fazia alguns anos, mandara expressamente desocupar o Calabouço e remover vagabundos e malfeitores para a prisão da porta Baous que oferecia melhores condições sanitárias.

Para a família Soubirous, o estado sanitário do Calabouço servia. Aí estava Bernadette resfriada outra vez; e ele próprio sentia-se tão mal, que talvez fosse preferível voltar para a cama e ferrar de novo no sono. Não obedeceu, contudo, a esse impulso cobarde, pois entretanto a mãe Soubirous também se levantara. Luisa Soubirous, que aos trinta e cinco ou trinta e seis anos mostrava cinqüenta, acercou-se imediatamente do fogo, reanimou-o com gravetos, palha e algumas achas secas, e pendurou a chaleira acima das labaredas. Soubirous observava, majestoso e sombrio, o trabalho silencioso da mulher. Ele também não dizia palavra. Começava outro dia, com os seus pesos e decepções — um dia igual ao dia anterior, idêntico ao dia seguinte. Já então repicavam os sinos da igreja paroquial. Não se escapava ao dia.

Francisco Soubirous sentia um único desejo: emborcar no estômago vazio um copo de aguardente. Mas a mulher trazia fechada a chave a garrafa da bebida. E justamente essa fraqueza do moleiro era o motivo das discussões do casal. Francisco hesitou um instante. Afinal calçou os tamancos e disse, em voz baixa:

— Já vou, Luisa.

— Tens algum plano? — indagou a mulher.

— Falaram-me de várias coisas — replicou ele, com ar soturno.

Era, todos os dias, o mesmo diálogo. A dignidade não permitia a Soubirous confessar a si próprio e à esposa toda a triste verdade. Luisa deu um passo para ele, cheia de esperança.

— Talvez Lafite? Na serraria?

— Ah! Lafite! — motejou o moleiro. — Quem pensa em Lafite? Vou procurar Maisongrosse. Cazenave, o chefe da posta... sabes...

— Maisongrosse, Cazenave... — repetiu ela, desiludida, voltando à sua faina.

Francisco enterrou na cabeça o gorro basco. Os seus movimentos eram vagarosos e incertos. De súbito, Luisa voltou-se e disse baixinho:

— Tenho pensado muito nisto, Soubirous: é preciso tirar Bernadette daqui.

— Que quer dizer: "tirá-la daqui"?

Soubirous acabava de puxar o pesado ferrolho da porta — uma porta de prisão. Toda vez que a abria, ele se lembrava do período mais negro da sua vida: as quatro semanas do ano passado em que, inocente, estivera preso. Deixou recair o braço e ouviu a mulher explicar, no mesmo tom:

— Quero dizer: entregá-la à tia Bernarda. Ou melhor: mandá-la para a aldeia, a Bertrès. Os Laguès a aceitam de novo com certeza. Ela teria ar puro e leite de cabra, mel e pão de trigo. Bernadette gosta da aldeia, e pouco trabalho não lhe faria mal...

Francisco Soubirous sentiu crescer o azedume. Embora reconhecesse as justas razões de Luisa, não as admitia. Tinha um fraco pelos gestos e palavras solenes. Provavelmente um ramo dos Soubirous provinha da Espanha.

— Logo, sou de fato um mendigo... — resmungou ele. — Os meus filhos passam fome... é preciso dá-los a estranhos...

— Deverias ser mais razoável, Soubirous — censurou-o a esposa, ouvindo-o falar muito alto.

Mas, vendo-o digno, porém cabisbaixo, desanimado e sem vontade, apanhou no armário a garrafa e apresentou ao marido o copo cheio.

— Só tens boas idéias — observou o moleiro, contrafeito, esvaziando o cálice.

Todo o seu ser clamava por outro copo. Contudo, ele dominou-se e saiu.

No catre das duas irmãs, Bernadette, a mais velha, abrira os olhos parados e escuros.

CAPÍTULO II

MASSABIELLE, LUGAR DE MÁ REPUTAÇÃO

A rua des Petites Fossées, uma das vielas mais estreitas que rodeiam o burgo rochoso de Lourdes, sobe sinuosamente até desembocar na praça Marcadele.

Já era dia; entretanto, sob o céu de chumbo, mal se enxergava a alguns passos. Uma cortina de chuva e neve envolveu Soubirous, fustigando-lhe o rosto. O mundo parecia vazio e mudo; só os clarins do esquadrão de dragões, no Castelo e no quartel de Nemours, animavam esse deserto, com os seus estrídulos sinais matutinos. Embora cá em baixo, no vale do Gave não houvesse neve, o frio glacial penetrava até os ossos. Era o sopro gelado dos Pireneus, esfumados além das nuvens, a gélida mensagem dos cimos nevados, desde o Pic de Midi, até ao temível Demônio de Vignemale, entre a França e a Espanha.

Soubirous sentia as mãos arroxeadas e dormentes, as faces molhadas, os olhos em fogo. Ainda assim, parou muito tempo, indeciso, antes de entrar na padaria de Maisongrosse. Sabia que seria inútil. Durante o último carnaval, o padeiro o empregara várias vezes como carregador. Pelo carnaval, as confrarias e as corporações davam as suas festas, como por exemplo o grande baile dos alfaiates e das costureiras que tinham como padroeira Santa Luzia. O baile realizara-se na sede da posta, e a firma Maisongrosse fornecera todas as massas, desde o pão até aos sonhos e às finas tortas de creme. Nessa ocasião, Soubirous ganhara a soma considerável de cem soldos e, ainda em cima, levara um saquinho de doces aos pequenos.

Criando ânimo, entrou no armazém. O cheiro agradável do pão fresco envolveu-o, embriagou-o, deu-lhe vontade de chorar. No centro da casa, o gordo padeiro, de avental branco sobre o ventre enorme, dirigia os dois ajudantes que, armados de pás de folha escura, desenfornavam o pão.

— Posso ajudá-lo hoje nalguma coisa, senhor Maisongrosse? — perguntou timidamente Soubirous, mergulhando a mão num saco aberto e deixando escorrer voluptuosamente a farinha pelos dedos experimentados de moleiro.

O dono do estabelecimento nem se dignou deitar-lhe um olhar.

— Que dia é hoje, meu velho? — redargüiu com voz pastosa.

— Quinta-feira, para o servir... Quinta-feira gorda...

— E quantos dias faltam para Quarta-feira de Cinzas? — insistiu Maisongrosse, como um examinador manhoso.

— Seis dias inteiros, senhor — gaguejou o moleiro.

— Aí tem! — triunfou o outro, como se tivesse ganho uma aposta. — Seis dias, e acabou-se o carnaval! As associações já não me encomendam nada; preferem Rouy. Era uma vez o bom tempo! Hoje, vai-se ao confeiteiro e não ao padeiro. E, se os negócios correm assim, no carnaval, você calcula o que será na Quaresma. Ainda hoje, ponho um destes preguiçosos na rua...

Francisco Soubirous pensou um instante em pedir francamente um pão ao padeiro. A voz morria-lhe na garganta; faltou-lhe coragem.

— Não sirvo sequer para pedir esmola! — disse ele consigo.

E, tal qual um freguês descontente, revirou o gorro nos dedos e saiu.

Para chegar à posta, bastava-lhe atravessar a praça. Cazenave já se encontrava no pátio grande, entre as suas carruagens e as suas parelhas.

Antigo sargento do batalhão de abastecimento em Pau, era madrugador. Servira ainda sob o reinado do obeso rei-burguês, e não desgostava de que lhe atribuíssem postos mais elevados e o tratassem como antigo oficial. Trazia, constantemente botas altas, irrepreensíveis, e uma chibata de cavaleiro com que fustigava marcialmente o calçado lustroso. Ostentava, no rosto muito corado, a pera característica do imperador, meticulosamente tingida de preto. Cazenave era, pois, bonapartista convicto, pelo que entendia uma doutrina política na qual "La France", "Gloire" e "Progrès" rimavam em concordância perfeita. Desde que se inaugurara a estrada de ferro de Tolosa, por Tarbes e Pau, a Biarritz, — o imperador e, sobretudo, a imperatriz Eugênia faziam freqüentes estações em Biarritz — os negócios do estalajadeiro de Lourdes prosperavam como nunca. Todo turista ou freqüentador dos banhos, que pretendesse visitar as fontes dos Pireneus, era obrigado a parar no estabelecimento de Cazenave, tornado assim árbitro de todos os viajantes que, por meios caros ou baratos, cômodos ou inconfortáveis, vinham atraídos pela esperança de cura a Argèles, a Cauterets, a Gavarnie e a Luchon.

Nesse dia invernal, a estação dos banhos ainda estava, em verdade, bem longe. O modo de prolongá-la e desenvolver a indústria de forasteiros formava assunto inesgotável de discussão entre Cazenave e o digno burgomestre de Lourdes, o senhor Adolfo Lacadé.

Na mocidade, Soubirous servira quatorze dias no exército; não o haviam retido mais tempo. Tomando, pois, a sua melhor atitude marcial, o moleiro adiantou-se para o estalajadeiro.

— Bom dia, senhor chefe da posta. Não haverá aqui um servicinho para mim?

Cazenave inchou as bochechas e expeliu desdenhosamente o ar acumulado.

— Ah! Estás aí outra vez, Soubirous? Então nunca chegarás a nada? É preciso ocupar o próprio lugar, que diabo! Nenhum de nós recebe nada de graça...

— Deus não se importa comigo, senhor. Não tenho tido sorte, nestes anos...

— A nossa felicidade vem de Deus, é possível. A nossa desgraça vem de nós mesmos, meu amigo!

E a chibata apoiou energicamente esta sentença. Soubirous abaixou os olhos.

— Os meus pequenos decerto nada podem contra a sua infelicidade...

O estalajadeiro bradou uma ordem ao moço da cavalariça, Doutreloux. Francisco empertigou-se militarmente.

— Quem sabe se não há mesmo algum trabalho... meu capitão?

Cazenave abrandou logo.

— Sempre gostei de ajudar um velho soldado... Hoje, porém, não há nada.

Descaindo a olhos vistos, o moleiro voltou-se vagarosamente para a saída.

— Alto, meu caro! — berrou Cazenave. — Afinal, bem poderias ganhar uns vinte soldos. Não será serviço muito limpo, é verdade. A Madre Superiora do hospital vive a reclamar uma limpeza que a livre das ataduras sujas, dos restos das operações, da roupa dos doentes contagiosos e coisas do gênero. Se quiseres, atrela a carroça a "Morena". Vinte soldos!

— Não podem ser trinta, meu capitão?

Cazenave não respondeu.

Soubirous apressou-se a pôr mãos à obra. Ensilhou "Morena", o pior cavalo da casa e, saltando na carroça, correu ao hospital administrado pelas irmãs de santa Gildarde de Nevers, as mesmas que lecionavam na escola. O porteiro já preparava três caixas de lixo. Não pesavam muito, mas exalavam um cheiro pestífero de todas as misérias da carne sofredora. Os dois homens içaram-nas para a carroça.

— Cuidado, Soubirous! — advertiu o porteiro, prático em medicina. — Aí dentro se esconde o demônio da infecção. Leva-me isso bem longe, a Massabielle; queima tudo e atira as cinzas ao Gave.

Cessara a chuva e a neve. A carroça rangia no calçamento irregular.

O hospital das irmãs de Nevers ficava à entrada norte da cidade, no cruzamento das estradas reais de Pau e de Tarbes. Soubirous guiou o veículo pela íngreme rua Basse, afim de sair de Lourdes pela porta ocidental, a Porta Baous. Ultrapassada a antiga ponte dos Peregrinos, a Ponte Velha, as mãos enregeladas do moleiro soltaram um tanto as rédeas, e "Morena" pôs-se a percorrer sossegadamente a estrada que margeia o rio. Nesse ponto, o Gave descreve uma curva brusca, onde redobra a fúria das águas que descem, impetuosas e rumorejantes, do alto das montanhas. Gigantescos blocos de granito se opõem ao curso do rio caudaloso.

Francisco, porém, não ouvia o clamor do elemento.

— O chefe da posta não protestou — dizia ele consigo. — Logo, paga-me trinta soldos. Compro quatro pães: oito soldos. Não na padaria de Maisongrosse; isto não e não, meu caro! Meia libra de queijo de ovelha, que é tão nutritivo, e gasto, com o pão, quatorze soldos. Dois litros de vinho, e são vinte e um soldos. Um pouco de açúcar, para temperar o vinho aos pequenos... Oh! o melhor é dar duma vez os trinta soldos a Luisa. Assim poupo o trabalho de fazer contas. Não guardo para mim um só vintém... juro-o pelo que tenho de sagrado...

Apesar da perspectiva dos trinta soldos — um inesperado presente do céu — Soubirous sentia-se cada vez mais abatido e aflito. O jejum dava-lhe náuseas, agravadas pelo cheiro intolerável da carga. A carroça passava, nesse momento, diante da propriedade do senhor de Lafite, o ricaço fabuloso de Lourdes, simples moleiro como Francisco, antes que a sorte o guindasse àquelas alturas. O vasto solar ocupava parte da chamada ilha do Chalet, formada pelo arco do Gave e a corda do riacho Savy, que desemboca no rio, poucos passos além do rochedo de Massabielle; compreendia o castelo em estilo Henrique IV, ornado de numerosas torrinhas e balcões, o parque, prados imensos e a imponente serraria, uma espaçosa construção denominada respeitosamente em Lourdes a "Fábrica". Uma grande represa acumulava as forças do pobre regato para realizações nunca imaginadas.

O riacho movia também um velho moinho; Soubirous avistava-o então da boléia — o moinho de Antônio Nicolau e de sua mãe. Francisco invejava esse Nicolau cem vezes mais do que ao senhor de Lafite com o seu castelo, a sua fábrica e as suas carruagens. A suprema grandeza não desperta inveja; mas o ex-moleiro tinha o direito de se comparar a Nicolau. Era acaso pior do que ele? Talvez fosse melhor. Mais velho e mais experiente, era-o decerto. O céu indecifrável determinara que os melhores se estabelecessem à beira dos riachos secos, e os piores deixassem ver, através do limiar do moinho de Savy, as rodas girando, girando sem cessar...

Soubirous açoitou vigorosamente o lombo descarnado do cavalo que espinoteou e desatou a galopar. A estrada perdia-se numa charneca avermelhada. Os belos álamos prateados do senhor de Lafite ficaram para trás. A partir daí, a ilha do Chalet se transformava num deserto, ponteado apenas, aqui e acolá, por poucos buxos bravios e nogueiras enfezadas. As duas faixas de alnos, que orlam à direita o Gave e à esquerda o Savy, correm ali uma ao encontro da outra.

À margem esquerda dos dois cursos d'água, ergue-se uma colina rochosa, a Montagne des Espéluges; elevação insignificante, essa Montanha das Espeluncas, ou Monte das Cavernas, ou ainda, para nos exprimirmos melhor, Monte das Grutas. A natureza cavou-lhe na rocha algumas furnas. Soubirous se defrontava, nesse momento, com a maior delas, uma caverna escavada na parede calcária, com uns vinte passos de largura por doze de fundo, muito semelhante a um forno. Escalvada, úmida, calçada dos seixos do Gave, cujas águas a inundam à menor cheia, essa gruta não constitui por certo uma vista aprazível.

No estendal de seixos, verdejavam raros fetos e unhas-de-cavalo. Um único e raquítico arbusto espinhoso brotara a meia altura da furna, por assim dizer da própria pedra. Era uma roseira silvestre a emoldurar um corte oval, ou em forma de ogiva, uma espécie de porta estreita, aberta para um recinto contíguo cavado no monte. Seria até de presumir que, em tempos imemoriais, essa janela gótica tivesse sido talhada pelas mãos dalgum artífice primitivo.

A gruta de Massabielle não gozava de boa fama, entre a população de Lourdes e os camponeses das aldeias vizinhas, do vale de Batsuguere. As avós costumavam contar histórias horripilantes de almas penadas, ocorridas na gruta. E quando os pescadores, os pastores, as respigadoras de gravetos da vizinha floresta de Saillet, surpreendidos pela tormenta, se refugiavam em Massabielle, ninguém lhe passava o limiar, sem se persignar devotamente.

Francisco Soubirous não era uma mulher velha, mas um homem experimentado pela vida e que não se deixava impressionar por histórias de almas do outro mundo. Parou a carroça na língua de terra, entre o Gave e o Savy, saltou ao chão e pôs-se a refletir em como e onde poderia executar mais depressa a sua tarefa. Talvez fosse melhor atravessar o riacho pouco fundo, e queimar o lixo na gruta, onde seria mais fácil atear o fogo do que ao ar livre. Soubirous vacilou um instante: as pedras pontiagudas do leito do rio podiam causar estragos ao velho veículo. O moleiro não era homem de resoluções prontas. Ainda coçava a cabeça, quando ouviu um ronco surdo misturar-se com o rumor das águas: devia andar ali Leyrisse, o porqueiro. Efetivamente, este acudia, correndo à praia, enquanto a sua vara de porcos pretos chafurdava no pequeno charco entre Massabielle e a floresta comunal.

Leyrisse era também uma criatura marcada por Deus. Soubirous não o tinha em grande apreço; primeiro, porque Leyrisse era idiota; secundariamente, porque ao falar emitia, da sua goela de lobo, uivos e latidos; em terceiro lugar, porque pastoreava todos os porcos dos arredores, o que representava para o moleiro Soubirous o ofício mais abjeto do mundo. Baixo, atarracado, com a enorme cabeça vermelha sobre o pescoço balofo, Leyrisse vivia enrolado em peles, da cabeça aos pés, como um embrulho bem amarrado. O senhor Clarens, diretor do colégio, opinava até que o homem primitivo dos Pireneus devia parecer-se com Leyrisse.

O porqueiro desconjuntava-se, em sinais alvoroçados a Soubirous. Denotava a excitação contínua dos infelizes a que um defeito da fala inibe de se fazerem compreender claramente. O moleiro respondeu-lhe com um aceno, e Leyrisse vadeou o regato, a largas pernadas, como se o leito estivesse enxuto. Seguia-o um cão felpudo, não menos agitado do que o dono.

— Olá, Leyrisse! — bradou Francisco. — Queres ajudar-me?

O idiota era uma boa criatura, cujo maior orgulho consistia em patentear onde pudesse a sua serventia e atividade. Ergueu, pois, nos braços robustos as caixas de lixo, levou-as como Soubirous lhe indicava à ponta oposta da língua de terra e despejou-lhes o conteúdo, levantando uma pirâmide mal-cheirosa de algodão ensangüentado, de ataduras coalhadas de pus, de roupas sujas. Costumado a trabalhos mais limpos e tomado de nojo, o moleiro acendeu o cachimbo, para respirar um cheiro mais agradável. Demais, parecera-lhe ver, sob os resíduos, coisas indizíveis; por exemplo: um dedo amputado. Apressou-se, portanto, a arremessar a caixa de fósforos ao porqueiro, para que este pusesse fogo ao monte. Fazia um frio terrível; o vento amainara. A massa de material inflamável ardeu logo. O pastor e o cão brincavam à roda da estranha pira, cuja fumaça subia ao céu propício, direita como um círio.

Deitado numa pedra, Soubirous olhava em silêncio. Momentos depois o porqueiro prestadio, correndo a sentar-se ao lado dele, puxou do farnel um pão preto e um naco de toucinho; repartiu um e outro em dois pedaços e ofereceu amavelmente ao companheiro uma das porções.

O moleiro agarrou avidamente o bocado apetitoso, o primeiro desse dia. Conteve-se, porém, e pôs-se a mastigar lentamente, como quadra a um dono de moinhos, membro duma categoria muito superior à dum porqueiro e idiota de aldeia. Com os olhos fitos no fogo, que ia devorando rapidamente a presa, murmurou:

— Se tivéssemos aqui uma pá...

Mal ouviu a palavra "pá", o serviçal Leyrisse levantou-se dum salto, voltou a vadear o rio, como atravessaria a rua, e tirou da gruta duas pás, deixadas talvez pelos pedreiros que ali tinham erguido um muro, para conter a cheia do Gave.

Entretanto, o fogo acabara de consumir os míseros resíduos de tantos sofrimentos. Pouco ia custar aos dois homens arremessar as cinzas e alguns restos carbonizados ao Gave que, na sua fúria, os arrastaria ao Adour e, através deste, ao oceano.

Ainda não eram onze horas, quando Francisco Soubirous, desta vez não com o estômago vazio nem o coração sem esperança, tornou a perfilar-se diante de Cazenave.

— As suas ordens foram cumpridas, meu capitão.

Depois de muito regatear e de não poucos "meu capitão", o moleiro achou-se enfim senhor de vinte e cinco soldos. Ainda na esquina da rua des Petites Fossées, ia firmemente resolvido a entregar todo o salário a Luisa. Todavia, já diante do botequim do tio Babou, o Tentador o assaltou; e ele, exausto pelas fadigas dessa manhã, só lhe podia opor fraca resistência.

Vinte soldos, uma bela moeda de prata, eram o preço combinado para o seu trabalho. As cinco peças de cobre representavam uma gratificação. Onde estava escrito que um bom chefe de família, o qual se expunha pelos seus ao rigor do inverno, como poucos, não podia gastar para si esses mesquinhos cinco vinténs, esse "dinheiro do pecado"? O tio Babou não exigia por um copo da sua ótima aguardente senão dois soldos, preço mais do que justo. Soubirous demorou-se no botequim apenas o tempo necessário para esvaziar um só cálice.

No Calabouço, acolheu-o uma fumaça confortadora. Nada de broa nessa manhã, graças ao céu! Luisa preparava uma sopa de cebolas.

— Não há como as mulheres! — disse consigo o moleiro. — Sempre arranjam alguma coisa. Sabe Deus, se não as ajuda o rosário que trazem no bolso do avental!...

Soubirous, com ar displicente, deu umas voltas pelo quarto, antes de entregar à esposa a moeda de prata, como quem dá um pequeno adiantamento dos luises de ouro que espera perceber no dia seguinte.

— És um homem capaz, Soubirous — disse a mulher, não sem certa piedade compreensiva.

E ele também se convenceu de que, nesse dia, se desobrigara com a vida.

Luisa serviu-lhe um prato de sopa. Ele sorveu-a às colheradas, a seu modo, com ar compenetrado.

A mulher observava-o, suspirando.

— Onde estão as crianças? —perguntou o moleiro, terminada a refeição.

— As meninas não tardam a chegar da escola; Justino e João-Maria divertem-se aí, em baixo.

— Os pequenos não devem brincar na rua! — admoestou-a o marido, com importância.

Como, porém, Luisa não se prestava a discussões sobre esse ponto de honra, Soubirous levantou-se, bocejou, suspirou e espreguiçou-se.

— Estou gelado. O melhor é ir para a cama. Foi bem ganha...

Assim dizendo, arregaçou o cobertor, descalçou os tamancos, deitou-se e puxou as cobertas até ao nariz. Mesmo o pobre, injustamente maltratado pelo destino, pode ter momentos de íntima satisfação, especialmente depois de cumprir um dever. Nesse instante, com o estômago cheio, bem agasalhado, Soubirous sentiu-se invadido por um suave bem-estar e não tardou a adormecer.

CAPÍTULO III

BERNADETTE IGNORA A SANTÍSSIMA TRINDADE

A irmã Maria Teresa Vauzous, uma das freiras de Nevers incumbidas de gerir o hospital e a anexa escola feminina de Lourdes, ocupava o seu lugar à mesa, na aula. A irmã Maria Teresa era ainda moça e poder-se-ia chamar formosa, sem os lábios muito finos e os olhos azuis demasiado fundos. A alvura do rosto delicado tomava, sob a touca branca, um tom doentio, amarelado. As mãos longas e delgadas traíam uma origem aristocrática. Vistas de perto, porém, essas mãos fidalgas eram ásperas e gretadas. Marcada impiedosamente pelo rigor e pelas mortificações, a irmã Maria Teresa oferecia, sem dúvida, a imagem duma santa medieval. O catequista de Lourdes, o abade Pomian, humorista subtil, costumava dizer dela:

— A boa irmã Maria Teresa é menos a noiva do que a amazona de Cristo.

O sacerdote conhecia a professora Vauzous à qual cabia, como adjunta do catequista, a instrução religiosa das meninas — a cura das almas levava o capelão Pomian a peregrinar de aldeia em aldeia, através do cantão, de modo que não raro ele se ausentava de Lourdes dias inteiros. Por isto se comprazia em denominar-se "caixeiro-viajante de Deus", frase espirituosa que incorria no desagrado do seu superior, o vigário Peyramale.

Sob a direção do padre Pomian, Maria Tereza Vauzous preparava as crianças para a primeira comunhão que se realizaria na primavera.

A mestra interrogava nesse momento uma menina pouco desenvolvida para a idade, de rosto redondo ainda infantil, ao passo que no corpo já se lhe notavam os indícios da precocidade própria das raças meridionais.

A menina vestia uma camisola rústica e calçava tamancos. De resto, ali todas as crianças — e não só elas — usavam esse calçado tosco, habitual até entre os da própria esfera mais elevada. Os olhos escuros da pequena sustentavam serenamente o olhar da freira, com outro olhar firme e ao mesmo tempo absorto, quase apático. Alguma coisa nesse olhar exasperou a irmã Maria Teresa.

— Não sabes realmente nada sobre a Santíssima Trindade, queridinha?

Sem desviar os olhos da professora, a menina replicou, com voz clara:

— Não, irmã; não sei nada.

— Nem ouviste falar dela?

A pequena refletiu um pouco, antes de responder.

— É possível que tenha ouvido...

A freira fechou o livro com impaciência. Uma expressão de verdadeira contrariedade alterou-lhe o rosto.

— Não sei, minha menina, se devo julgar-te malcriada, indiferente ou idiota.

Sem baixar a cabeça e, como se essas palavras não a afetassem, a menina confirmou:

— Idiota, irmã... Em Bartrès, já me disseram que não tenho cabeça para aprender.

— Então é o que eu pensava — suspirou a freira. — És atrevida, Bernadette Soubirous...

E pôs-se a percorrer a sala, entre os bancos, cônscia do seu dever de religiosa de reprimir a irritação. Aproveitando-se dessa pausa, as oitenta ou noventa pequenas da aula começaram a agitar-se, a tagarelar cada vez mais alto.

— Silêncio! — impôs a mestra. — Onde caí eu? Vocês são pagãs... piores e mais inconscientes do que os gentios!

Uma das meninas levantou o dedo, solicitando a atenção da professora.

— Não és também uma Soubirous? — perguntou a freira, que tomara a classe a seu cargo semanas antes, e ainda não ligava os nomes às fisionomias.

— Sim, senhora, irmã. Sou Maria Soubirous. Queria dizer apenas que Bernadette, minha irmã, está sempre doente...

— Ninguém te perguntou isso, Maria Soubirous — admoestou a religiosa, tomando essa defesa fraterna por uma espécie de insubordinação.

Não é só com brandura cristã que se domina uma horda de noventa pequenas proletárias. Mas a irmã Maria Teresa sabia fazer-se respeitar.

— Doente, a tua irmã? — tornou ela. — De que doença?

— Atma, parece... ou...

— Asma, queres dizer!...

— Sim, senhora, irmã. Asma. Foi o doutor Dozous quem o disse. Muitas vezes ela não pode respirar...

E, para gaudio da aula, Maria simulou um acesso de asma. A mestra reprimiu, com um gesto, a hilaridade nascente e observou:

— A asma não priva ninguém de aprender e ser piedoso!

Depois, franzindo as sobrancelhas, correu com o olhar a classe toda.

— Pode alguma de vocês responder à minha pergunta?

Levantou-se num dos primeiros bancos uma menina de cabeleira negra, olhos vivos e lábios grossos.

— Vamos, Joana Abadie — aprovou a mestra, dando à menina o apelido com que era mais conhecida. Joana apressou-se a exibir o seu saber:

— A Santíssima Trindade é simplesmente Nosso Senhor...

O rosto macerado da freira contraiu-se num sorriso:

— Ora, não é tão simples assim, querida. Mas, ao menos, tens uma pálida idéia...

Nesse instante, a classe inteira levantou-se, para reverenciar o abade de Pomian que acabava de entrar na sala. O jovem sacerdote, um dos três capelães do vigário Peyramale, honrava o seu nome: tinha efetivamente as faces coradas como uma maçã e olhos vivos e risonhos.

— Um processozinho, irmã? — indagou ele, à vista da pequena pecadora ainda de pé, diante do banco.

— Tenho de me queixar de Bernadette Soubirous, senhor abade — respondeu a mestra. — Ela não é só ignorante; responde com insolência.

Bernadette fez com a cabeça um movimento, como se quisesse confirmar alguma coisa. A mão felpuda do abade voltou-lhe o rosto para a luz.

— Que idade tens, Bernadette?

— Quatorze anos feitos — articulou a voz clara da menina.

— A mais velha da classe e a menos madura — cochichou a freira ao capelão.

Este, porém, sem lhe dar atenção, tornou a dirigir-se a Bernadette:

— Podes dizer-me, pequena, em que dia e ano nasceste?

— Oh! sim. Isso eu posso dizer ao senhor abade. Nasci no dia sete de janeiro de 1844.

— Estás vendo, Bernadette? Não te falta afinal inteligência e és capaz de responder direito. E sabes em que oitava cai o teu aniversário — ou, para falar mais claro: que festa celebramos na véspera do dia dos teus anos? Lembras-te? Não está muito longe.

Bernadette encarou o capelão, com a mescla de firmeza e apatia que irritara a irmã Maria Teresa.

— Não; disso não me lembro — respondeu ela, sem baixar os olhos.

— Não importa — resignou-se Pomian, sorrindo. — Eu o direi a ti e às outras: a seis de janeiro, festejamos os três Reis que vieram do Oriente oferecer presentes maravilhosos ao Menino Jesus, no estábulo de Belém. Ouro, púrpura e incenso. Viste na igreja, Bernadette, o presépio em que figuram os Reis Magos?

Bernadette Soubirous animou-se. Um leve rubor subiu-lhe ao rosto.

— Oh! sim! Vi o presépio! — exclamou ela, excitada. — Todas as lindas imagens, tais quais pessoas verdadeiras... a Sagrada Família, o boi, o burrinho e os três Reis com coroas e bastões de ouro... Oh! sim, eu os vi...

Os grandes olhos da menina douraram-se pelo poder da visão que ela evocava no íntimo.

— Logo, já sabemos alguma coisa sobre os Santos Reis. Repara nisso, Bernadette; e presta atenção, que já és uma moça.

E o abade Pomian acenou maliciosamente à mestra, à qual acabava de dar uma lição de verdadeira pedagogia. Depois, dirigindo-se à classe inteira:

— O dia sete de janeiro é uma grande festa para a França. Nesse dia, nasceu alguém que salvou a pátria da maior afronta. Isso aconteceu a quatrocentos e quarenta e seis anos. Pensem bem, pequenas, antes de responder.

Imediatamente uma voz aguda gritou, num ponto qualquer da sala:

— O imperador Napoleão Bonaparte!

A irmã Maria Teresa levou as mãos ao estômago como se a acometesse uma súbita cólica. Algumas alunas julgaram a ocasião oportuna para uma algazarra selvagem.

— Não, caras meninas — atalhou o abade, imperturbável. — O imperador Napoleão Bonaparte nasceu muito depois.

E, chegando ao quadro-negro, traçou, em letras graúdas, porque muitas das discípulas mal haviam travado conhecimento com o alfabeto, esta frase:

"Joana d'Arc, a Virgem de Orléans, nasceu a 7 de janeiro de 1412, em Domrémy."

Enquanto a classe soletrava em coro essas palavras, soou a sineta. Eram onze horas. Bernadette Soubirous continuava de pé, diante do primeiro banco, no espaço reservado às argüições. A irmã Maria Teresa dirigiu-se para ela; na luz baça dessa manhã de fevereiro, o rosto da religiosa acusava um profundo aborrecimento.

— Por tua causa, não nos adiantamos hoje no catecismo, querida Soubirous — murmurou ela, de modo que só a menina a ouvisse. — Pensa bem se vales isto.

CAPÍTULO IV

O "CAFÉ PROGRÈS"

O "Café Français" surgia entre dois grandes armazéns, na praça Marcadele, onde se passava geralmente a vida pública de Lourdes, a pouca distância do ponto de parada das diligências, isto é, do principal ponto de contacto do vasto mundo com o pequeno mundo da cidadezinha dos Pireneus.

Anos antes, o dono do café, senhor Duran, reformara o estabelecimento, com gastos consideráveis: veludo carmesim, mesas de mármore, espelhos e uma gigantesca estufa, semelhante a uma atalaia romana, coroada de ameias. Graças a esse fogão-baluarte, o "Café Français" era o local mais bem aquecido de Lourdes.

Mas o senhor Duran não se preocupava só com a calefação; cuidara também de dotar a sua casa duma forma de iluminação absolutamente nova. Grandes lampiões de querosene de quebra-luzes verdes e chama fixa, presos a uns travessões, pendiam do teto e projetavam o seu clarão alvacento sobre as mesas de mármore. O dono do café estava convencido de que, na própria Paris, ávida de novidades, sempre pronta a correr atrás de qualquer invento moderno, poucas hospedarias desfrutavam as bençãos de tal sistema de iluminação. Ao contrário da maioria dos seus conterrâneos, Duran não era econômico. Deixava os seus lampiões acesos até durante o dia, quando fosse necessário, como nessa manhã sombria de inverno.

A sua generosidade ia ainda além. Não lhe bastava zelar a iluminação material; tomara também a peito espalhar a luz espiritual. Para esse fim, mantinha bem arrumados, nos cabides, numerosos jornais parisienses, cujos preços de assinatura não tinham o poder de assustar o dono do "Café Français".

Ali estava, pois, "Le Siècle", "L'Ere Impériale", "Le Journal des Débats", "La Revue des Deux Mondes", "La Petite République". Sim, até "La Petite République", folha revolucionária avançada, de oposição ao imperador e ao seu governo, gazeta combativa atrás da qual se escondia, como é notório, Luiz Blanc em pessoa, o apóstolo do socialismo.

Supérfluo é dizer que não faltava à coleção o "Lavedan", o hebdomadário de Lourdes. A redação desse periódico firmara, com o senhor Duran, um contrato vantajoso para as duas partes, em virtude do qual todas as quintas-feiras cada mesa de mármore do estabelecimento se guarnecia de quatro exemplares do semanário. Não é de estranhar, pois, que, à vista de todo esse empenho em prol do cultivo espiritual da clientela, o ambicioso "Café Français" de Duran fosse por muita gente denominado também "Café Progrès".

O estabelecimento registrava diariamente dois períodos de grande freqüência: às onze da manhã, a hora do aperitivo, e às quatro da tarde, quando se fechavam os escritórios do tribunal, cujos funcionários eram, à tarde, infalíveis no "Café Français". O estado francês aplica à localização das suas repartições um critério próprio. Sendo a sede da prefeitura do departamento a cidade de Tarbes, justo seria que a sede da sub-prefeitura fosse a segunda cidade do cantão, isto é, Lourdes. Mas a sub-prefeitura funcionava na cidadezinha de Argèles onde, tal qual o comando superior da "Gendarmerie", se encontrava por assim dizer isolada do circuito da administração. A razão desse desterro constituía um enigma. Lourdes protestara justamente; e, para abrandar o ressentimento de Lourdes, outorgara-se-lhe o tribunal que, indiscutivelmente, deveria caber a Tarbes. Em conseqüência, o senhor Duran contava entre os seus clientes o presidente do tribunal, Pougat, vários juízes, o representante do ministério público, Dutour, e bom número de funcionários administrativos, de advogados, de escrivães.

Nessa manhã de quinta-feira, nenhum desses cavalheiros aparecera ainda: o senhor Jacinto de Lafite estava, sozinho, à mesa redonda do canto. Jacinto de Lafite não era o verdadeiro senhor de Lafite, mas um primo pobre do ricaço, agraciado com a faculdade de ocupar o quarto que lhe reservavam no castelo. A família de Lafite viajava freqüentemente, pelo que nos últimos tempos o senhor Jacinto se valia mais a mais desse direito.

Para uma bolsa vazia, Lourdes era a clínica mais indicada. Levasse o diabo Paris, que não sabe discernir o justo do injusto! Quem pode trabalhar em Paris? Os jornalistas, as mulheres perdidas e os traficantes de almas! Logo à primeira vista, percebia-se que o senhor de Lafite não era um indivíduo vulgar. Toda a sua pessoa tinha um quê de antiquado. A larga gravata-plastron, por exemplo, lembrava Alfred de Musset. Os cabelos — grisalhos antes dos quarenta anos — penteados para trás, emoldurando a testa em ângulos fundos, traziam à idéia Vitor Hugo. E Lafite blasonava até da sua amizade com o grande poeta, isto é, de que esse gigante se dignara em tempos exprimir um juízo amável sobre o colega. Este participara então da batalha do Hernani, na Comédie Française, como pertencera ao escol dos "coletes encarnados". E não conhecia só Hugo — já desde muito exilado — mas também o velho Lamartine, e o jovem Théophile Gautier, e outros muitos; e não queria saber mais nada desses cenáculos presunçosos. Lourdes era, sem dúvida, o lugar ideal para se retemperar no seio duma natureza exuberante e, esquecendo os ouropéis dos salões e cafés parisienses, entregar-se a uma obra de fôlego.

Jacinto de Lafite afagava o sonho temerário de conciliar a escola romântica, à qual ele próprio pertencia, com o classicismo — "fantasia ilimitada, em formas austeras", era o seu lema. Elaborava uma tragédia: "A Fundação de Tarbes". O argumento viera-lhe do seu amigo, o diretor Clarens, pesquisador de lendas e redator da rubrica "Antigüidade", nas páginas do "Lavedan".

"A Fundação de Tarbes" tinha como protagonista a rainha etíope Tarbis, que, enamorada dum herói bíblico e desdenhada por ele, se refugiara no Ocidente, na região dos Pireneus, para esquecer a sua dor. Ali chegada, em contato com as luminosas divindades do Oriente, abjurara os tenebrosos deuses da África e, erigindo-se em sacerdotisa da sua nova crença, fundara a cidade de Tarbes. Não era, como se vê, um mau assunto nem lhe faltavam alusões simbólicas. O autor vertia-o em puros alexandrinos, num audacioso desafio ao shakespearismo de Vitor Hugo. E estava firmemente resolvido, como bom póstero de Racine, a manter a dramática unidade de lugar e de tempo. Deplorável era apenas que, ao termo de mais de dois anos de labor, não houvesse ultrapassado o quadragésimo par de alexandrinos. Em compensação, o "Lavedan" desse mesmo dia publicava um artigo de sua lavra, no qual vinham expostas as suas normas estilísticas. A redação esquivara-se longamente a publicá-lo, protestando: "Isto não é para os nossos analfabetos".

Sobre a mesa, diante do poeta, alvejava o número do "Lavedan" que nesse dia aparecera pontualmente. Isso nem sempre acontecia; de ordinário, esse periódico progressista saía dois ou três dias depois da data marcada, o que levava o abade Pomian a ponderar: "Estranho progresso este, que sempre chega atrasado!"

O amigo-adversário de Vitor Hugo ardia do desejo de que o seu artigo fosse lido, e especialmente de ver quanto antes o filólogo e humanista Clarens absorver-se nele. Ornavam-lhe o texto três frases sobre Racine, deveras saborosas. Mas Clarens, que acabava justamente de entrar no café, vinha tão entregue à sua idéia fixa, que não deu a menor atenção ao novo "Lavedan" nem ao autor Lafite. É o velho lado trágico dessas relações intelectuais. O cientista trazia nas mãos uma pedra chata do tamanho dum prato. Retirando-a cuidadosamente do lenço em que a envolvera, colocou-a sob os olhos do escritor.

— Veja, meu amigo, que achado! — exclamou, obrigando o outro a aceitar uma lupa. — Adivinhe onde? Ah! não adivinhará! No Monte das Espeluncas! Numa das grutas, no meio dos seixos, estava esta pedra que me atraiu a atenção. Examine-a bem! Com a lupa! Distingue as armas de Lourdes? O estilo difere essencialmente da forma hodierna. Aposto em que isto remonta ao princípio do século dezesseis. Sobre as portas do burgo paira a águia, com o peixe no bico. As portas, porém, ao contrário do que vemos no brasão atual, mostram a mais pura arquitetura mourisca. Mirambelle — não preciso dizer-lhe que era este o nome medieval da nossa cidade — "Miriam Bell". Miriam é a forma mourisca de Maria. A truta, que a águia sustenta no bico, não é senão "Ichtys", o signo de Cristo, sobre o burgo recém-conquistado para Maria. Vê como, em toda a região, o principio mariano...

Lafite interrompeu-o, furioso, por puro espírito de contradição:

— Não concordo absolutamente com o seu modo de ver, meu amigo! Para mim, todos esses animais-símbolos heráldicos remontam a tempos anteriores à era cristã.

— Entretanto não negará, meu amigo — objetou o velho Clarens — que o próprio Gave encerra, no seu nome, um "Ave".

O poeta negava-o redondamente. Como todas as mentalidades da sua espécie, deixava-se atrair pela improvisação a sendas, que a ele mesmo reservavam surpresas, apenas para chegar mais depressa ao único fim que o preocupava.

— Como filólogo, o senhor sabe melhor do que eu que, em muitas línguas, a letra "gama" se converteu em jota. Porque não há de o Gave derivar do bíblico Jahwe, introduzido na região pela minha rainha Tarbis, após a sua experiência infeliz com o hebreu? Se o senhor lesse a minha obra ou, ao menos, o meu escrito de hoje...

Forçoso lhe foi, porém, deter-se nesse ponto. O debate erudito não podia prosseguir: acabava de dar onze horas, a hora do aperitivo; e, um a um, iam aparecendo todos os que pertenciam à inteligência e à notabilidade de Lourdes. As conversações como a que acima transcrevemos não encontravam clima propício entre esses advogados, oficiais, funcionários e médicos, nem sempre adeptos do humanismo desinteressado.

Entrou em primeiro lugar o doutor Dozous, o médico municipal, pessoa sobrecarregada de ocupações. Sempre em movimento, sempre entre dois "casos" que o reclamavam, não perdia, no entanto, o ensejo de esvaziar um cálice de Porto ou de Malvasia entre outros cavalheiros igualmente notáveis. Não faltavam médicos em Lourdes: o doutor Peyrus, o doutor Vergez, o doutor Lacrampe, o doutor Balencie. Contudo, o médico municipal Dozous estava convencido de que todo o peso da ciência médica local repousava nos seus ombros um tanto altos. Ainda não se extinguira na sua alma a apaixonada curiosidade do pesquisador da natureza. Por isto, a par da sua metódica faina diária, Dozous mantinha uma ativa correspondência científica, para não se embrutecer na província. Como não haviam de estarrecer o grande Charcot, ou o célebre Voisin, diretor da Salpêtrière, em Paris, encontrando no seu correio uma das volumosas epístolas do médico de Lourdes, com essas perguntas curiosas cuja resposta requer pelo menos uma hora!

— Não os importunarei mais de três minutos, cavalheiros — disse Dozous.

Era o seu cumprimento habitual. O médico sentou-se na orla duma cadeira, sem tirar o chapéu nem o capote o que, à luz da estufa de Duran e das normas profiláticas, constituía grave falta. Depois, apoderou-se do "Lavedan", ajeitou os óculos no nariz e começou a folhear o semanário. Por mais que observasse a fisionomia do leitor, Jacinto de Lafite não logrou colher nela o menor indício de que o seu escrito houvesse sido notado.

Entretanto chegava à mesa o senhor João Batista Estrade, o coletor dos impostos de Lourdes. Esse homem de barbicha preta e olhar tristonho possuía aos olhos do escritor alguns predicados: falava pouco, sabia escutar e parecia não ser de todo alheio aos conhecimentos e fórmulas intelectuais. O médico passou com indiferença o semanário ao coletor que se pôs a folheá-lo distraidamente. Quando ia virar a página ornada com o escrito de Lafite, largou-o porém e levantou-se, solícito, como os demais presentes.

Nem todos os dias o senhor "maire" em pessoa se dignava honrar com a sua presença a mesa redonda!

A personagem imponente, Adolfo Lacadé, adiantava-se cumprimentando com afabilidade à direita e à esquerda. Por longos anos, o "maire" de Lourdes fora cognominado, não injustamente, o "belo Lacadé". À vista da sua corpulência e das suas pálpebras inchadas, já não era possível falar de beleza. Em compensação, toda a sua pessoa irradiava a dignidade bem lubrificada ou melhor: maleável, assaz comum nos políticos obesos. Embora oriundo da mesquinha classe rústica da região de Bigorre, Lacadé se identificara brilhantemente com o seu papel público. Em 1848, quando fora eleito pela primeira vez "maire" de Lourdes, as más línguas o apontavam como jacobino. Na época desta narrativa, ele era partidário provado do regime imperial. Quem não muda de opinião com o amadurecer dos tempos? O edil de Lourdes andava sempre de preto, como se timbrasse em estar sempre pronto a se deixar surpreender pelas suas funções oficiais. Tinha gestos largos e majestosos, voz afável, tom oratório nas conversações mais simples, e ar protetor, com os próprios dois funcionários do estado que o acompanhavam. Um deles, Vidal Dutour, procurador imperial, era ainda moço, calvo, cheio de empáfia e mortalmente enfadonho: o outro, o comissário da polícia Jacomet, tinha quarenta anos, mãos pesadas e o olhar agourento que, até em indivíduos inofensivos, caracteriza a profissão de criminalista.

O "maire" trocava apertos de mão, expandia a sua jovialidade. O senhor Duran acudiu prontamente, anotou os pedidos, e, dentro em pouco, voltava com as bebidas.

— Ah! senhores! Hoje, infelizmente, os jornais de Paris não chegaram. Que cruz este nosso correio!

— Ora, os jornais de Paris! — motejou alguém. — Em fevereiro, a política anda sombria como o tempo...

O pequeno Duran apressou-se a concordar.

— Se os senhores quiserem ver o "Memorial des Pirenés" de ontem ou o "Intérêt Public" de Tarbes... E o "Lavedan" apareceu pontualmente: está em...

Inclinando-se um pouco ao ouvido de Lacadé, continuou em voz baixa:

— E traz um artigo, senhor "maire"... um trabalhinho muito bem feito...

Jacinto de Lafite prestou ouvido atento.

— As diversas sotainas locais — terminou Duran, com alegria malévola — não o guardarão decerto atrás do espelho... Mais um cálice de Malvasia, senhor "maire"?

Lacadé ergueu um olhar profético e a voz sonora:

— Posso prometer-lhe, e a nós todos, um correio melhor, meu caro Duran. Grandes coisas se preparam para a nossa humilde Lourdes. Graças às minhas incessantes representações, as autoridades supremas cogitam de anexá-la à rede de estradas de ferro... Espero que os senhores sejam, como eu, bons patriotas locais; não é verdade, senhor procurador?

Vital Dutour respondeu, com seca urbanidade:

— Nós, os do tribunal, somos uma espécie de vagabundos. Hoje aqui; amanhã, acolá. O nosso patriotismo local não tem tempo para se aquecer.

— Seja como for, teremos a estrada de ferro — profetizou Lacadé.

Duran resplandecia de satisfação. Ocorreu-lhe uma frase lida em certo jornal. Desde que gastava tanto dinheiro em periódicos, o comerciante sentia-se obrigado a estudá-los até tarde — trabalho exaustivo que lhe cansava a vista, mas permitia-lhe exprimir-se em termos elevados. Sentenciou, pois:

— As vias de comunicação e a instrução — eis os dois pilares da evolução da humanidade.

— Bravo, Duran! — aprovou Lacadé. — Especialmente as vias de comunicações! —apoiou, enquanto dizia consigo: — Este velho "garçon" forneceu-me um ótimo fecho para um discurso solene.

O elogio do "maire" deu asas a Duran. Erguendo a mão direita, como os atores diletantes, o fautor do progresso continuou:

— Encurtando a distância entre os homens, enriquecemos o seu tesouro lingüístico, livramo-los da superstição, do fanatismo, da intolerância, da guerra, da tirania; e a geração vindoura — ou ao menos o próximo século — será talvez testemunha da idade de ouro...

— Donde tirou você isso, meu amigo? — acudiu Lacadé, um tanto desconfiado.

— É a minha modesta opinião, senhor "maire"...

— Eu, por mim, não tenho o tráfego nem a instrução em tão alto apreço como o amigo Duran — explodiu Lafite, que mal podia dominar a sua reprovação.

— Oh! — riu-se Dutour. — Um poeta de Paris não será um reacionário!...

— Nem reacionário nem revolucionário. Sou um espírito independente. Como tal, não vejo absolutamente na ascensão das grandes massas o sentido da humanidade.

— Prudência, meu amigo, prudência! —admoestou o humanista Clarens.

— E qual deveria ser esse sentido? — inquiriu J. B. Estrade, com ar abstrato.

Jacinto de Lafite tomou a palavra, com um azedume infundado, mas perceptível:

— Se a humanidade tem um fim, este deve ser unicamente produzir o gênio, o ser excepcional. Eis a minha convicção. As massas devem viver, sofrer e morrer, para que de quando em quando nasça um Homero, um Rafael, um Voltaire, um Rossini, um Chateaubriand e, convenhamos, um Vitor Hugo.

— É de lamentar — interveio Estrade — é lamentável para nós, mesquinhos vermes, não sermos senão um penoso desvio para atingir esse brilhante resultado.

— É a filosofia dum poeta — admitiu Lacadé, com displicência indulgente. — Visto, porém, que temos na nossa cidade um poeta, ele deve fazer alguma coisa por Lourdes. Vamos, senhor de Lafite: escreva na imprensa parisiense sobre as nossas belezas naturais, sobre os nossos panoramas, sobre o Pibeste, o Pic de Ger e a vista empolgante dos Pireneus. Escreva acerca das instituições municipais; descreva a vida doméstica do nosso povo, em toda a sua frugalidade. Escreva sobre este soberbo "Café Français". Sobre o que quiser! Mas grite a Paris e, portanto, ao mundo: "Porque o vosso orgulho desdenha Lourdes pelos banhos de Gavarnie e Cauterets? Nós também estamos prontos a receber-vos dignamente, com bons hotéis e cozinha de primeira ordem."

Aliás, senhores, há muito eu pergunto a mim mesmo: porque merecem preferência Cauterets e Gavarnie, essas tocas mesquinhas? Os banhos termais? As fontes minerais? Ora, se a algumas milhas de nós, em Gavarnie e Cauterets, há fontes medicinais, porque não as há de ter Lourdes? O problema é simples. Cumpre-nos descobrir essas fontes, arrancá-las da pedra. Sim, é a minha firme convicção. Já enviei vários relatórios ao barão Massy, o prefeito. Estradas melhores, correio melhor, receitas mais altas! Devemos encaminhar para Lourdes o caudal do ouro e da civilização.

O "maire" solenizara o aperitivo com um discurso brilhante — confessava-o a si mesmo. O calor emotivo, que o animava, dava-lhe a consciência de ser um pai da cidade. Como ficaria desamparada Lourdes, após a morte do seu edil! A ilustre personagem sorveu, satisfeita, o resto da sua Malvasia. E a retirada começou. As damas esperavam com o almoço.

Enrolado na sua capa, Jacinto de Lafite palmilhava a rua Basse. Não o exaltava nenhum fervor patético; gelava-o, pelo contrário, o frio íntimo e exterior. De súbito, o poeta estacou e pôs-se a contemplar as casas sujas que respondiam desconsoladamente ao seu olhar desconsolado.

— Que diabo vim procurar aqui? Eu pertenço ao Boulevard des Italiens e à rua do "faubourg Saint Honoré"! Porque vivo neste buraco pouco asseado?

Mas, continuando o caminho, respondeu a si mesmo:

— Vivo neste buraco sujo, porque eu mesmo sou um cão mal-tratado a quem se arremessa um osso, o parente pobre que deve ser grato à bondade dessa orgulhosa família provinciana. Tenho um quarto aquecido, mesa farta, sem gastar num dia mais de cinco soldos. A minha roda é essa "gentinha" do "Café Français", para quem sou um livro fechado. Não pertenço a Deus nem aos homens. Em verdade, o espírito mais sublime é, neste mundo, o parente pobre por excelência.

CAPÍTULO V

NEM UM GRAVETO

Já antes que Maria e Bernadette voltassem da escola, os dois pequenos, Justino e João-Maria, subiram para almoçar. O mais velho dos irmãozinhos, João-Maria, tinha no rosto a expressão astuciosa de quem acaba de sair vitorioso duma aventura. E assim era. Após a última missa, celebrada habitualmente pelo vigário Peyramale, a igreja paroquial ficava quase sempre vazia. Aproveitando-se disso, o jovem João-Maria insinuara-se no pequeno nicho lateral, em que se erguia a imagem da Virgem, muito venerada pelas mulheres de Lourdes. Ali ardiam numa grelha de ferro, diante da Mãe de Deus, numerosos círios. O pequeno apossara-se de alguns tocos de vela e apresentava-os agora ingenuamente à mãe.

Mamãe, faça luz... Ou — quem sabe? — pode cozinhar o que eu lhe trouxe...

—"Praoubo de jou" — clamou a senhora Soubirous, escandalizada. — Pobre de mim!...

Em Lourdes fala-se raramente francês; a língua local é um dialeto, parente próximo do vasconço.

— Pobre de mim! — gemeu Luisa. — O meu filho roubou à Santa Virgem.

E arrebatou ao menino os tocos de vela, prometendo consigo oferecer nesse mesmo dia um círio a Nossa Senhora.

Luisa Soubirous sentia tamanho horror pelo sacrilégio de João-Maria, que não reparara em Justino. Entretanto ele também trazia, nas mãozinhas sujas, a sua oferta: uma estreita manta de lã listrada.

— Olhe, mamãe, o que eu ganhei!

— Oh! desgraçado! Querem ver que ele foi esmolar?...

— Não pedimos esmola, mamãe — protestou o mais velho. — Foi a moça que deu a Justino.

— Que moça, bondade divina?

— A moça que anda sempre na rua, com um cesto cheio dessas coisas. Nós não dissemos nada... Estávamos só olhando...

— Talvez a senhorita Jacomet, a filha do comissário de polícia...

— E ela disse — tagarelou Justino — ela disse: "A manta é para ti, porque és o menino mais pobre que conheço.

— Arranjem-se para não esbarrar no senhor Jacomet, ou vão os dois para a cadeia...

— Sou mesmo o menino mais pobre que ela conhece, mamãe? — perguntou Justino, com a viva curiosidade de quem é alheio ao caso.

— Oh! cabeçudos! — ralhou a mãe Soubirous, arrastando os garotos para a pia e lavando-lhes as mãozinhas.

Depois julgou oportuno um pequeno sermão.

— O filho da senhora Bouhouhorts é muito mais pobre do que vocês. Paralítico de nascença, nem se pode mexer. Vocês brincam o dia todo na rua; podem fazer e dizer o que quiserem. Demais, não são meninos pobres. São filhos dum antigo dono de moinhos e não devem ser tratados como gentalha. A família de sua mãe é uma família distinta. Os Casterots sempre foram gente respeitável; vejam a tia Bernarda. Um tio de meu pai era vigário de Trie e outro, militar em Tolosa. Vocês os envergonham! Seu pai anda procurando um novo moinho. Então tudo mudará. Ainda bem, que ele está dormindo; ainda bem que não sabe que vocês roubam à Santa Virgem e aborrecem os estranhos...

E Luisa Soubirous enviesou um olhar para o consorte que, deitado de costas, dormia roncando o sono do justo, embora de ordinário não seja hábito do justo dormir em pleno dia.

Como todos os que partilham o dormitório com outras pessoas, o chefe da família adquirira uma ótima técnica de dormir. Não havia conversa nem ruído que o acordassem. Ainda assim, a mulher abaixou a voz.

— Ele se mata por vocês, o seu bom pai, e todos os dias traz dinheiro para casa. E vocês não são afinal tão pobres, desde que têm seus pais. Amanhã é dia de barrela em casa da senhora Millet. Trago-lhes decerto um bom pedaço de bolo.

— Haverá frutas no bolo? — perguntou Justin, com uma desconfiança de entendido.

A mãe não chegou a responder. Bernadette e Maria acabavam de entrar, acompanhadas de Joana Abadie, a discípula preferida da catequista. Aos treze anos, a pequena de cabeleira negra e lábios grossos mostrava uma estranha prática do mundo:

— Não tenho apetite, senhora — disse ela, cerimoniosa. — Vim só olhar...

Luisa acabava de pôr na mesa a tigela com a sopa em que nadavam côdeas de pão torrado.

— Anda, Joana — suspirou a boa mulher. — Um mais ou menos, pouco importa. Há bastante...

Maria apressou-se a explicar o motivo da visita.

— Joana acompanhou-nos, mamãe, porque depois queremos estudar. A irmã Vauzous embirra com Bernadette. Hoje ela a deixou de pé, diante do banco...

Bernadette fitou a mãe, com o seu olhar abstrato, e disse sinceramente:

— É que eu não sabia nada a respeito da Santíssima Trindade.

— Nem doutras coisas, Bernadette — observou impiedosamente Joana. Sempre que uma criatura se acusa a si própria, por objetividade, logo é crivada de golpes. Também não soubeste rezar até ao fim a Avę Maria.

— Queres que eu reze a Ave-Maria? — acudiu Justino, todo zeloso.

Maria tomou a defesa da irmã:

— Bernadette esteve muitos anos em Bartès. Na aldeia não se aprende como na cidade.

A mãe serviu a Bernadette um copo de vinho, privilégio que ninguém contestava à doentinha; e, às escondidas, deitou-lhe ainda três pedras de açúcar no copo.

— Bernadette, bem poderias passar algum tempo em Bartrès. Já falei disto a teu pai...

Os olhos de Bernadette iluminaram-se, como quando uma visão interior a empolgava.

— Oh! sim! Eu gostaria de ir a Bartrès.

Maria sacudiu a cabeça, contrariada.

— Não te entendo, Bernadette. A aldeia é tão triste! Sempre a cuidar das ovelhas, a vê-las mastigarem capim.

— Eu gosto! — replicou laconicamente a menina.

— Desde que ela gosta... — apoiou a mãe.

— Preguiçosa! — ralhou Maria. — Serias capaz de passar o dia sentada num canto, olhando o ar... Pouco se pode contar contigo.

— Deixa-a, menina — atalhou Luisa. — Ela não é tão forte como tu.

— Isso não é verdade, mamãe — protestou Bernadette. — Eu tenho tanta força quanto Maria. Pergunta aos Laguès! Sendo preciso, eu trabalhava até no campo.

Nesse ponto, Joana Abadie pousou a colher e interveio, comedida e experiente:

— Impossível, senhora Soubirous! Bernadette é a mais velha da aula. Já está mais do que em idade de receber o corpo do Senhor. Do contrário, torna-se pagã e pecadora, e não pode ir para o céu; nem talvez para o purgatório...

— Acuda-nos Deus! —exclamou Luisa, assustada, juntando as mãos.

No mesmo instante, Soubirous acordou, sentou-se bocejando na beira da cama e correu o olhar pelo quarto.

— Temos uma verdadeira assembléia — murmurou, espreguiçando-se. Maldita friagem!...

Ainda estremunhado, chegou-se à lareira e deitou alguns gravetos ao fogo. A lenha seca ardeu, com uma presteza lamentável. O chefe da família levantou a voz queixosa:

— Que quer dizer isto? Não há lenha? Deixaram-na acabar! Querem talvez que eu vá também catar gravetos? Não arranjarão alguns paus?

— Vamos buscar lenha! Vamos buscar lenha seca! — gritaram as crianças em coro.

João-Maria e Justino, especialmente, manifestavam um entusiasmo turbulento.

— Vocês ficam em casa! —ordenou-lhes a mãe. — Bastam-me as suas travessuras de hoje... Maria e Joana vão apanhar lenha.

— E eu? — perguntou Bernadette, corando e mostrando pela primeira vez, no rosto sereno, uma expressão de tristeza.

A mãe procurou dissuadi-la.

— Tem juízo! És a mais velha!... Maria e Joana são sadias e acostumadas ao frio. Tu voltarias com tosse e resfriado. E, com a tosse e o resfriado, a tua asma pioraria. Pensa no que terias de sofrer...

— Mas, mamãe, eu estou mais habituada do que Joana e Maria. Em Bartrès, passava o dia fora, à chuva e ao vento. E lá sempre tinha saúde...

E, voltando-se para o pai, com a esperança dum apoio:

— Três podem trazer mais do que duas, não é verdade?

— Tua mãe decidirá se deves ir ou não — respondeu Francisco Soubirous que adotava o cômodo e vantajoso sistema de não intervir na educação dos filhos, senão em caso de extrema necessidade.

Bateram à porta. A senhora Bouhouhorts, uma mulher magra, ainda moça, locatária do prédio contíguo, entrou aflita, respirando a custo.

— Oh! minha querida Soubirous! Oh! minha boa vizinha!

Luisa, que se aprestava a lavar a louça, deixou tudo e acudiu a perguntar-lhe:

— Meu Deus, que aconteceu, Croisine?

— Oh! O menino, o pobre menino! Um ataque, tal qual há três semanas... Ele revira os olhos, fecha as mãos... Não sei que lhe hei de fazer... Venha, pelo amor de Cristo!...

— Isso vai passar como as outras vezes, vizinha. Não se assuste. Já vou. Mas eu mesma não sei onde tenho a cabeça, com a minha gente...

Os dois pequenos, condenados a ficar em casa, protestavam chorando. Não sem custo, Luisa restabeleceu o silêncio. A pena que lhe fazia Croisine Bouhouhorts enchera-lhe os olhos de lágrimas.

— Já vou, vizinha... E vocês, meninas, saiam duma vez.

— Posso ir, mamãe? Dás licença? — acudiu Bernadette.

Luisa Soubirous levou as mãos à cabeça.

— Pobre de mim! Como hei de poder com esta falta de juízo? Oh! Bernadette, era preferível que ficasses...

Mas, correndo ao armário, reapareceu com alguns objetos.

— Aqui tens: calça as meias de lã. Leva esta manta. E o capuleto; sim o capuleto. E não protestes.

O "capuleto" é uma capa com capuz, que protege a cabeça e ombros e desce até aos joelhos, abrigo comum entre as mulheres do povo de Lourdes, mais usado porém pelas moças das aldeias de Bartrès e de Omex, no vale de Batsuguère, bem como em toda a região de Bigorre. Os capuletos costumam ser escarlates ou brancos. O de Bernadette era branco. Sob o capuz pontudo, o rosto da menina desaparecia, numa sombra azulada.

CAPÍTULO VI

OS BRAMIDOS E OS QUEIXUMES DO GAVE

Antes de chegarem ao seu destino, as três meninas tiveram vários encontros.

Sob a Ponte Velha, entre os primeiros pilares e o mercado de peixe, estendia-se o lavadouro de pedra, engastado na encosta arborizada da praia. O bom tempo atraía ali longas filas de mulheres de Lourdes, para enxaguarem os lençóis no rio, a cujas águas se atribui um poder invulgar de limpar e clarear a roupa. Nessas ocasiões, o estalar enérgico dos panos no batedouro e a tagarelice das lavadeiras mesclavam-se ao rumorejar perenemente queixoso do Gave.

Nesse dia de fevereiro, só havia no lavadouro uma mulher que não receara arrostar o frio. Era a tia Piguno. Ninguém sabia o porquê dessa alcunha. Se pretendia atribuir à velha uma parecença com um pombo, não passava o apelido de puro eufemismo, como o que os antigos aplicavam a um mar particularmente traiçoeiro, o "bonançoso Ponto", para não o irritar com a sua verdadeira denominação. A tia Piguno nada tinha, de fato, dum pombo; era antes uma gralha afeita às intempéries, uma velhinha encarquilhada, de rosto franzido, modelo de bisbilhotice e sempre a par de todo mexerico. Chamava-se propriamente Maria Samaran e era parenta afastada dos Soubirous que, porém, a tratavam com certa superioridade. Ninguém se julga tão baixo na escala social, que não veja outrem abaixo de si.

— Olá, meninas Soubirous! — bradou a tia Piguno. — Aonde vão vocês?

— Os pais nos mandaram, tia Piguno — gritou Maria, levando a mão aos lábios, à guisa de porta-voz, que à beira do rio não é fácil fazer-se ouvir.

— Que pais desumanos, Santa Virgem! tornou a velha, levando as mãos arroxeadas aos quadris. — Nem os cães se mandam pastorear com este gelo!

Após curta reflexão, Bernadette tomou a palavra:

— Mas, tia Piguno, porque não deveríamos nós apanhar lenha, se você lava roupa com todo este frio?

Era uma das observações da jovem Bernadette que a irmã Vauzous classificaria de atrevida. Mas a tia Piguno, que raramente se dava por achada, respondeu:

— É natural que não haja com que se aquecer em casa de vocês. Seu pai vive debaixo dos cobertores. E sua mãe? Bom; não direi nada de mal de sua mãe. Não adianta; vocês são as filhas. Mas podem contar a seus pais que a tia Piguno lhes deu um bom conselho.

E, abaixando a voz, continuou misteriosamente:

— O administrador do senhor de Lafite mandou cortar muitos álamos na ilha do Chalet, no fundo do parque. Vocês ali acharão lenha para sete famílias.

— Muito obrigada pela sua bondade, senhora — agradeceu a cerimoniosa Joana.

As três meninas não tomaram o mesmo caminho que Francisco Soubirous seguira nessa manhã, com a sua carga pestilencial. Embrenharam-se, pelo contrário, num atalho, terra adentro. Esse desvio ia dar ao moinho de Savy, à margem esquerda do riacho. Dali, atravessando a pinguela do moinho, as pequenas alcançariam a ilha do Chalet.

Bernadette ia sem vontade. A idéia de saltar a cerca do parque para furtar a lenha verde, causava-lhe certo mal-estar. Ao mesmo tempo, custava-lhe mostrar-se medrosa às suas desassombradas companheiras. Já haviam andado metade do caminho, antes que Bernadette se resolvesse a arriscar uma observação:

— A lenha de álamo é ruim; não seca. Depois da chuva, está sempre molhada; só faz fumaça.

— Lenha é lenha — opinou Joana. — Não podemos escolher como os fregueses no armazém.

— Mas nós não temos faca para cortar os galhos — aventurou ainda Bernadette.

— Eu trouxe o canivete de papai — exclamou Maria, em tom de triunfo, tirando o tosco utensílio do bolso do avental.

O debate foi interrompido por Leyrisse que, com o seu rebanho grunhidor, voltava ao meio-dia de Massabielle. O bom porqueiro sorriu alegremente e tirou o gorro diante de Bernadette. A menina retribuiu-lhe o sorriso.

— Oh! Leyrisse tem uma grande paixão por Bernadette — motejou Maria que, para agradar à melindrosa Joana, de vez em quando escogitava gracejos à custa da irmã. — Os dois são colegas...

— Eu não guardava porcos — rebateu Bernadette, sem se alterar — e sim cabras e ovelhas... Ah! se vocês soubessem como são macios os cordeirinhos que se podem levar ao colo!...

Maria tomou a ralhar a irmã. Sentia-se filha da cidade e desprezava o gado e a lavoura.

— Anda, mimosa, com o teu novelo de lã macia! Ela derrete-se por tudo o que é pequeno e gracioso!

— Eu prefiro o porco ao carneiro — afirmou Joana, com ares de entendida, embora à sua mesa também aparecesse raramente qualquer dessas carnes.

A comporta da serraria estava fechada, para encher a represa. Quando isso acontecia, as águas do riacho desciam tanto, que as rodas do moinho de Savy se imobilizavam. Antônio Nicolau, o jovem moleiro, aproveitava a ocasião para consertá-las. A senhora Nicolau assomara à porta. Embora o frio aumentasse, o tempo melhorava. O vento ainda não varrera as nuvens; mas o sol de inverno atravessava-as e cobria a ilha de Chalet com os seus raios frios e descorados.

— São as meninas Soubirous — disse a mãe do moleiro. — Não sei quem é a outra.

— Creio que se chama Abadie; uma boneca presumida — informou Antônio, endireitando-se e largando a ferramenta.

O moleiro era um belo rapaz, de olhos leais e um bigode crespo e preto de que ele muito se orgulhava. As meninas cumprimentaram a senhora Nicolau.

— Como estão seus pais? — perguntou a velha. — Levem-lhes recomendações do moinho de Savy.

Embora Francisco Soubirous já não passasse dum jornaleiro desocupado, a senhora Nicolau continuava a manifestar a amizade que a ligara em tempos ao antigo colega.

— E ninguém me dá bom-dia — queixou-se Antônio.

— Oh! queira desculpar, senhor Nicolau! — exclamou Bernadette, estendendo a mão ao moço.

— Aonde vão, senhoras?

— Andamos passeando — replicou Maria prudentemente. — Talvez, na volta, levemos alguns gravetos para casa.

— É permitido servir-se da pinguela? — perguntou Joana Abadie, com a costumada cortesia.

— Às senhoras não se cobram direitos — replicou Antônio com um gesto galante.

A pinguela eram três tábuas estreitas, separadas por largas fendas. Maria e Joana passaram com presteza; Bernadette deixou-se ficar no centro da ponte, e curvou-se para espreitar pelas frestas as ondas buliçosas do Savy. Nada a prendia tanto como olhar o fundo do rio. Do seu lugar, já não ouvia, porém, as vozes no moinho.

— Como desce depressa quem não tem juízo! — comentou a senhora Nicolau. — Agora, os Soubirous mandam as filhas roubarem lenha no parque do castelo.

— Talvez não — protestou bondosamente Antônio. — É possível que elas não venham tirar a lenha de Lafite, e juntem simplesmente gravetos na floresta de Saillet. Isto nós também fazemos.

A senhora Nicolau franziu a testa.

— Quem falou de gravetos? O excelente Soubirous já se viu em apuros, por lenha recém-cortada.

Antônio apanhou o martelo e voltou ao seu trabalho. As marteladas do moleiro seguiam as meninas em todo o percurso. Deparou-se-lhes finalmente a porta do parque que levava à vivenda senhoril. Na larga alameda de plátanos passeava, sozinho, um cavalheiro enrolado numa larga capa. Estava, sem dúvida, muito contrariado pois, sem responder ao cumprimento das pequenas, continuou a gesticular e a falar em voz alta consigo mesmo. De quando em quando, traçava alguns apontamentos num caderninho de bolso.

— É o senhor de Lafite, o primo de Paris — murmurou respeitosamente Joana Abadie. — Com certeza anda contando as árvores do parque, para calcular quanto valem.

— Meu Deus! — observou Maria, preocupada. — Antes não tivessemos seguido o conselho da tia Piguno!

— Demais, agora é impossível — acudiu Bernadette, aliviada.

— Vocês são medrosas, Soubirous! — declarou Joana, embora corresse tanto como as duas irmãs, para escapar à vista do pretenso contador de árvores.

E esse foi o quarto encontro das três meninas.

Essa corrida desabalada interrompeu-se numa charneca úmida, isolada e coberta de moitas. Bernadette pôs-se logo a arrancar os galhos secos dos arbustos.

As outras riam-se:

— Com isso, ninguém queimará a ponta dos dedos...

— É melhor irmos adiante — disse Bernadette, que não conhecia o sítio. — Noutra parte, acharemos mais.

Joana, geógrafa diplomada, apontou majestosamente para o oeste.

— Se formos adiante, chegaremos a Betharram, sem encontrar mais nada.

As meninas continuaram a andar, até que um obstáculo natural, a confluência do riacho com o Gave, se lhes deparou no caminho. Encontravam-se então na língua de terra, coberta de seixos e de areia, e poderiam ver o lugar da fogueira onde, nessa manhã, Soubirous consumara por vinte soldos o seu auto-de-fé do lixo do hospital. À esquerda, elevava-se a encosta do monte das Espeluncas; a gruta de Massabielle ficava sob o jogo de luz e de sombras das nuvens caprichosas.

— Olhem! — gritou Joana. — Quantos ossos!

E apontou uma ossada que alvejava entre os seixos, talvez uma carcaça de animal, deixada pelas águas ao pé do rochedo.

— Vendendo esses ossos a Grammont, o trapeiro — calculou Maria com presteza — recebemos pelo menos três soldos. É o preço dum grande pão de trigo ou duma pedra de açúcar-cande na padaria de Maisongrosse.

— Metade a cada uma — acudiu Joana. — Fui eu quem viu os ossos primeiro. A falar verdade, seriam meus.

Arremessando brutalmente os tamancos à outra margem do riacho, que não media mais de sete passos de largura, a menina apressou-se a atravessar as águas baixas. Nos pontos mais fundos, elas não lhe chegavam aos joelhos, enquanto nessa manhã, quando vadeara o regato como um terreno enxuto, Leyrisse mergulhava até aos quadris.

— Hih! — gritou Joana. — Isto corta, como faca! Ah! Que frio!...

Maria tinha pressa de zelar os seus interesses. Apanhando os tamancos, arregaçou a saia e seguiu a outra no riacho gelado, soltando gritos agudos. Bernadette sentiu então uma sensação estranha: a vista das coxas nuas da irmã, com quem no entanto repartia a cama, causou-lhe uma impressão desagradável, uma repugnância que a obrigou-a voltar-se. Entretanto Joana e Maria haviam alcançado a margem; tiritando, com os olhos cheios de lágrimas esfregavam vigorosamente as pernas.

— Que será de mim? — bradou-lhes Bernadette.

— Atravessa como nós — tornou Joana.

— Isso não! — protestou Maria, tomada de súbito cuidado. — Se ela se molhar, apanha um resfriado; a asma piora, e não há meio de dormir a noite inteira.

— Sim — concordou Bernadette: — Apanho decerto um resfriado. Mamãe zanga-se e bate-me.

— Espera! — propôs Maria, num assomo de bondade. — Vou até aí, e trago-te às costas...

— Oh! não! Para isso, és muito pequena e fraca. Íamos as duas acabar no fundo do riacho. Não arranjarão vocês algumas pedras grandes, onde eu possa pular?

— Pedras grandes! — escarneceu Joana. — Era preciso haver quem as carregasse!

— Tu bem poderias levar-me, Joana. És a mais alta e a mais forte...

Joana Abadie, de ordinário tão cortês, deixou-se dominar por uma raiva grosseira:

— Obrigada pelo amável convite! Atravessar mais uma vez esse molho gelado, hein? Nem por três quilos de açúcar candi! Se não tens fígados e tens medo da senhora tua mãe, fica aí onde estás, cabra manhosa! O diabo irá buscar-te!

Bernadette tinha a característica pueril de imaginar tudo o que ouvia dizer. Para ela não havia locuções vazias; toda frase assumia logo visos de realidade. Assim, o diabo devia estar ali atrás dela, escondido, para a levar, só porque Joana o dissera.

— É o que me desejas? — gritou a pequena Soubirous. — Desde que me desejas isso, não és minha amiga, e eu já não quero saber de ti!

Amuada, voltou as costas à gruta; ouviu ainda a voz de Maria:

— Olha, ali adiante há lenha seca! Espera por nós, Bernadette. Não precisamos de ti.

Pouco a pouco, Bernadette acalmou-se. Ainda podia ver as companheiras que apareciam, aqui e acolá, entre as pedras e os silvados. Contudo, sentia-se sozinha. Toda vez que a deixavam só, experimentava a mesma sensação de alívio, de volta a uma existência feliz, tranqüila, serena, desconhecida entre os homens. A calma exterior também não era perturbada pelo mais leve sopro. A abóbada de nuvens nem se movia.

Bernadette olhou em redor de si. Nesse ponto, as ondas travessas do Savy confundem-se com os rápidos redemoinhos do Gave. A luz avermelhada do ocaso inundava completamente a gruta de Massabielle, afugentando a sombra. O único recanto escuro era o nicho ogival que levava, à direita, ao fundo da furna. Os ramos da roseira silvestre pendiam, imóveis. Bernadette escutou. Nada ouviu, exceto a voz distante das companheiras e o lamento selvagem do rio, que lhe mugia no ouvido, quando despertava de noite de algum pesadelo.

— "Não precisamos de ti" — repetiu ela, com amargura.

E logo, estimulada pelo sentimento do dever, disse consigo:

— Sou a mais velha; não devo poupar-me. Seria dar mau exemplo. Se sofro de asma, não sou uma cabra manhosa, e um pouco d'água fria não me resfriará. Pena é que mamãe me tenha obrigado a calçar as meias...

Bernadette sentou-se na pedra onde, horas antes, seu pai e o porqueiro haviam partilhado o pão e o toucinho; largou os tamancos e começou a descalçar o pé direito. Não chegara, porém, ao tornozelo, quando lhe pareceu perceber que alguma coisa mudara.

A menina fitou o seu olhar agudo de criança em todas as direções. Tudo estava como dantes. Não aparecia ninguém. Apenas as nuvens, mais densas, tornavam a encobrir o sol. Só ao termo de algum tempo Bernadette sentiu que a mudança não se operara ante os seus olhos e sim nos seus ouvidos: o Gave mudara de tom.

Era como se o rio já não fosse um rio, mas uma estrada real e mais exatamente o caminho de Tarbes, na semana de feira em Lourdes, o período mais movimentado do ano, quando pela Páscoa rodavam naquela estrada centenas de carretas, de carroças, de diligências, de carruagens luxuosas, cruzando-se ainda com destacamentos dos dragões de Lourdes. O rumor dos cascos, o estridor das rodas, o estalo dos chicotes, o relinchar dos cavalos associa-se então ao zurrar lamentoso dos burros de carga.

Tudo isso chegava confusamente aos ouvidos de Bernadette como o rumor duma fuga desesperada, dum tropel selvagem, rio acima, que não tardaria a alcançá-la. Na algazarra, sobressaíam gritos de mulher, vozes isoladas, frases soltas:

— Retira-te! Sai daí! Salva-te! O diabo vem buscar-te!

Sim; ainda a praga de Joana! O clamor reboava, contínuo, constante... Bernadette apertou os dentes. Já ouvira isso. Mas onde? Mas quando? Não se lembrava.

De súbito, bramidos e queixumes desvaneceram-se totalmente. O Gave tornou a murmurar no tom habitual.

Bernadette sacudiu-se, tentando esquecer esse instante aflitivo. Ainda tinha nas mãos a meia do pé direito. Voltou a inspecionar os arredores, e ficou com o olhar cravado no fundo da gruta. Na absoluta calmaria dessa hora, o galho da roseira brava, abaixo da ogiva, agitava-se violentamente.

CAPÍTULO VII

A DAMA

Bernadette voltou os olhos para o álamo mais vizinho, a ver se não descia das alturas a rajada que castigava a roseira de Massabielle. A folhagem do álamo, sempre tão movediça, estava absolutamente imóvel. A menina tornou a perscrutar a gruta, que não distava dez passos da pedra onde ela se sentara. A roseira, agarrada à rocha, nem estremecia. O que ela julgara ver pouco antes, fora, sem dúvida, uma alucinação.

Mas o que via nesse momento não era ilusão; não podia ser! Bernadette esfregou os olhos, fechou-os, abriu-os, tornou a fechá-los e a reabri-los umas dez vezes. Nada mudava. A luz do dia continuava desmaiada; entretanto, no nicho ogival da furna, restava um fulgor intenso, como se o resíduo dourado da irradiação solar se houvesse concentrado nesse ponto. Nessa luminosidade, erguia-se um vulto que parecia ter saído das voragens da terra, para aportar ali, em pleno dia, após um caminho extenso, mas pouco penoso.

Esse vulto não era absolutamente um fantasma impreciso nem uma miragem translúcida ou uma aparição. Era uma jovem senhora esbelta e elegante, visivelmente feita de carne e sangue, antes baixa do que alta, pois cabia perfeitamente na estreita ogiva do nicho. A jovem dama não trajava à moda da época. Não usava espartilho nem crinolina, mas o corte do vestido alvíssimo revelava uma cintura delgada.

Bernadette assistira recentemente, na igreja, ao casamento da mais nova das senhoritas de Lafite. O trajo da desconhecida podia bem comparar-se a um rico vestido de noiva. Era o mesmo véu suntuoso, descendo da cabeça aos tornozelos. Pormenor estranho, porém, a dama não usava a cabeleira frisada com grampos e pentes de tartaruga, tão em voga na sociedade. Alguns anéis rebeldes de cabelos castanhos escapavam-lhe do véu. Um largo cinto azul, atado sob o seio, descia-lhe até aos joelhos. Mas que azul! Fazia quase doerem os olhos! A própria senhorita Peyret, a costureira da aristocracia de Lourdes, não saberia dizer de que tecido era esse vestido branco, ora lustroso como atlas ou cetim, ora opaco qual um veludo raro e macio, de alvura deslumbrante, ora ainda transparente como a mais fina cambraia que adere ao corpo, traindo-lhe os movimentos.

O mais curioso era, no entanto — Bernadette só o notou depois — que a dama estava descalça. Os pés delicados dir-se-iam de marfim, ou melhor: de alabastro. Não lhes tingia a alvura o mínimo tom vermelho ou rosado. Esses pés nunca tinham pisado o chão. Contrastavam singularmente com o corpo tão vivo da jovem mulher, e ostentavam, pousadas na raiz dos dedos — não se sabia como — duas admiráveis rosas de ouro. Também não seria possível dizer se estas eram obra da mais fina joalharia ou simplesmente pintadas.

A princípio, Bernadette sobressaltou-se; dominou-a depois o medo, não um medo que a constrangesse a estremecer ou a fugir. Era antes um suave aperto nas fontes e no peito, uma sensação que ela desejaria prolongar indefinidamente. Logo, porém, esse receio converteu-se num sentimento de que a menina não tinha a menor noção. Poderia chamar-se alívio ou consolo. Até então, ela não sentira conscientemente necessidade de consolo; não lhe pesava ser pobre, passar privações, partilhar com cinco pessoas o sombrio quarto do Calabouço, lutar noites inteiras com a falta de ar. Sempre fora assim e provavelmente assim seria sempre. Nesse momento, porém, ela entregava-se mais e mais a esse alívio a que não saberia dar um nome, que era uma cálida onda de piedade. Piedade de si mesma? Sim; mas a exaltação de todo o seu ser a empolgava tanto, que a suavidade desse sentimento novo lhe penetrava o corpo inteiro, inflava-lhe o peito juvenil.

Enquanto, porém, as vagas dessa doce consolação submergiam o coração de Bernadette, os olhos dela ficavam independentes, voltados, livres e firmes, para as feições da dama. Esta, por seu turno, timbrava em oferecer, em expor o rosto ao olhar da menina. Embora permanecesse imóvel no nicho, parecia aproximar-se mais, à medida que o olhar de Bernadette por assim dizer a atraía. Bernadette poderia contar, no rosto da desconhecida, os frêmitos dos cílios que de quando em quando, muito raramente, encobriam o magnífico branco e azul dos olhos. A cútis imaculada era, ainda assim, tão viva, que as faces levemente rosadas só podiam ter sido coradas pelo frio desse dia de inverno. Os lábios não se fechavam austeramente; entreabriam-se com graça, deixando entrever o brilho juvenil da dentadura. Bernadette não percebia isoladamente esses encantos; não se cansava, porém, de admirar o conjunto.

Não lhe ocorria de modo algum a idéia de se achar em presença duma visão celeste. Não estava, de fato, ajoelhada numa igreja, e sim sentada numa pedra, ao ar livre, na confluência do riacho Savy com o Gave, e tinha nos dedos dormentes um pé de meia. Percebia apenas a beleza sobrenatural desse vulto de mulher, beleza que ela contemplava extasiada, insaciavelmente. A formosura da dama era o primeiro e o último elemento que empolgava a filha de Soubirous.

Tolhida embora pelo seu enlevo, Bernadette teve consciência de que se comportava de modo inadmissível: ela sentada e a dama de pé! Envergonhava-se também de ter um pé calçado e o outro sem meia. Que havia de fazer? Convicta da sua falta, levantou-se. A dama sorriu, satisfeita; e o sorriso acentuou-lhe o encanto. Bernadette esboçou então a reverência canhestra das colegiais de Lourdes, quando encontravam na rua uma das religiosas, o abade Pomian ou o senhor vigário Peyramale. A dama apressou-se a retribuir-lhe a saudação, não com a superioridade das mencionadas personagens, mas com uma expressão de camaradagem franca, acenando-lhe várias vezes e sorrindo prazenteiramente.

Essa troca de cumprimentos criava uma situação nova. Travadas as relações, estabeleceu-se entre a dama e a mocinha uma poderosa corrente de simpatia, o primeiro elo, a essência íntima duma conjuração comovente.

— Jesus e Maria — pensou Bernadette. — Eu de pé e ela de pé.

E, para estabelecer uma diferença respeitosa entre a sua atitude e a da formosa senhora, dobrou os joelhos nos seixos da praia, continuando a olhar para o nicho.

Como para demonstrar que entendera a intenção da menina, a dama deu, com os pés alabastrinos em que resplandeciam as rosas de ouro, um passo do portal à orla exterior do rochedo. Não quis ou não pôde adiantar-se mais. Ali, descerrou um pouco as mãos, num gesto que significava talvez abranger ou elevar. As mãos eram, como os pés, alvas e delgadas, levemente rosadas nas palmas.

Passou-se muito tempo, sem nenhum fato novo. A dama parecia obrigada, ou melhor, disposta a deixar a iniciativa a Bernadette. Esta, porém, dir-se-ia inibida de todo impulso que não fosse ajoelhar-se e contemplar. Desse modo, criava-se entre ambas um embaraço afável que a menina procurava esconder por todos os meios, na esperança de que a sua submissa humildade ante a dama facilitasse o encontro.

Ao mesmo tempo, surgiam-lhe porém, na mente perturbada, certas dúvidas; despertava a sua consciência reflexiva. Donde viera a dama? Das entranhas da terra? Podia alguma coisa boa provir das entranhas da terra? O bem, o celestial vêm do alto, pousando nas nuvens ou nos raios do sol, como se vê nas imagens veneradas na igreja.

Quem era essa dama. Donde viera com esses pés descalços? Seria um ente humano ou uma aparição sobrenatural? Outros tantos mistérios! Porque procurara ela justamente Massabielle, essa furna suja, esse lugar de cheias, de ossadas, de seixos, de porcos e de cobras... um sítio que todos evitavam?

A desconfiança de Bernadette não foi além. Todo o seu ser se enlevava na beleza da dama. Não há formosura puramente física. Em todo rosto humano, que qualificamos de belo, transparece uma luz que, embora ligada a formas físicas, é de natureza espiritual. A beleza da dama parecia menos material do que qualquer outra formosura. Era a própria luz espiritual que se sói chamar beleza. Empolgada por essa luz — e um pouco também para se certificar da verdadeira essência da aparição — Bernadette persignou-se.

O Sinal da Cruz era um meio provado contra os mil temores da alma, que Bernadette experimentava desde a infância. Não eram só pesadelos no meio da noite. Em pleno dia, os seus olhos tinham o dom de enxergar em todas as coisas imagens semelhantes às que se vêem nas molduras.

Nas paredes do Calabouço havia inúmeras manchas de umidade. Nos momentos de ócio, junto do fogo, ou quando acordava muito cedo, a menina via essas manchas converterem-se prontamente nas figuras mais incríveis, em vultos que, de ordinário, surgiam das paragens diabólicas dos possessos, ou tomavam formas complicadas e absurdas. E

"Orphide", o grande bode barbado da família Laguès de Bartrês, representava entre essas figuras um papel quase constante. Outrora, esse animal birrento perseguira num prado a pequena pastora, ameaçando-a com as pontas. Oh! porque a atormentava — justamente a ela, tão amiga das formas suaves, encantadoras, graciosas, amáveis — a obsessão desses fantasmas horrendos?

Cravando o olhar nos pés muito brancos da jovem dama, Bernadette quis levantar a mão, para se benzer de novo. Impossível! O braço recaiu-lhe pesado e inerte como um fardo estranho. Ela já sofrera dessa inibição, nos seus pesadelos, quando a voz e os músculos falhavam, ao invocar socorro contra a pressão dos réprobos. Nesse momento, porém, a impossibilidade de erguer o braço devia ter outra causa. A dama adivinhara-lhe talvez a intenção e castigava-a por isso. Ou a própria Bernadette, tentando persignar-se, infringira os usos e dera um imperdoável passo em falso; no que se referia à cruz, cabia sem dúvida à desconhecida a absoluta primazia.

Efetivamente, a senhora do nicho ergueu muito devagar a mão direita, de dedos frágeis, e traçou sobre o seu próprio semblante uma grande cruz quase luminosa, como Bernadette não se lembrava de ter visto fazer a pessoa alguma. Dir-se-ia que o sinal sagrado pairava no ar. O rosto da jovem senhora tomara uma expressão de seriedade que lhe acrescentava novo encanto.

Até a esse dia da sua vida, Bernadette benzera-se, como é costume, tocando levemente a testa e o peito. Nesse momento, sentia uma doce força tomar-lhe os dedos. Tal qual a da criança a quem se ensinam as primeiras letras, a mão fria da menina deixou-se levar e traçou-lhe na testa a mesma cruz indizivelmente estranha. Depois a dama tornou a sorrir e a acenar-lhe, como se houvesse conseguido realizar uma ação importante e difícil. A esse Sinal da Cruz, seguiu-se nova pausa, preenchida por uma adoração extasiada. Bernadette quisera dizer alguma coisa, exprimir-se com respeito e meiguice. Mas deveria atrever-se a falar, antes que a dama lhe dirigisse a palavra? Nessa incerteza, enfiou os dedos na bolsa e extraiu o rosário. Não lhe ocorria coisa melhor...

Todas as mulheres de Lourdes andam sempre munidas dum rosário, o fiel instrumento da sua devoção. As mãos humildes, costumadas à lida, não sabem estar paradas. Uma prece com as mãos vazias não tem valor. Mas o rosário é uma espécie de lavor celeste, um trabalho de agulha invisível, um "tricot", ou uma renda urdida com as cinqüenta contas das "Ave-Marias".

Quem rezar diariamente, o ano inteiro, o devido número de terços, tece com as suas mãos a grande indulgência que redime boa conta de pecados. Em verdade, às vezes os lábios murmuram maquinalmente as palavras da saudação angélica à Virgem, mas a alma sobe aos páramos excelsos da santidade. Embora, não raro, a cabeça rumine pensamentos profanos ou o preço absurdo dos ovos, e entre um e outro "Ave" decorra algum cochilo, não há nisso mal irreparável, graças à piedosa oração. Luisa Soubirous trazia o seu rosário, como todas as mulheres de Lourdes. Bernadette, porém, nova e não muito devota, qualificada pela irmã Vauzous de "pagã inconsciente" e realmente pouco penetrada dos mistérios da fé, Bernadette — dizíamos — orgulhava-se de ter um rosário na bolsa, sinal que já a igualava às pessoas adultas.

Desfiando, pois, a pobre enfiada de continhas pretas, adiantou-se para a dama. Era de crer que esta o esperasse, pois tornou a sorrir, a acenar, manifestando um júbilo íntimo pelo gesto louvável da menina. E, na mão direita, entreaberta, luziu-lhe também um rosário — não humilde como o duma pobre filha de assalariados, mas um estupendo cordão de pérolas cintilantes; que descia quase até ao solo, jóia tal, que não a poderia ostentar sequer uma rainha. Na extremidade da enfiada, brilhava um crucifixo de ouro.

Bernadette folgou de ouvir a sua própria voz, embora não a reconhecesse.

— "Ave Maria, cheia de graça" — dizia ela, começando a primeira dezena de contas.

Quis averiguar então se a dama também rezava. Viu-lhe, porém, os lábios parados, como se não lhes coubesse pronunciar a saudação do anjo. A jovem senhora limitava-se a seguir os movimentos da menina, com suave alegria, fazendo deslizar entre o polegar e o indicador uma das suas pérolas, toda vez que Bernadette deixava para trás uma continha preta. Só quando, ao fim da última carreira, sucedeu o "Glória ao Padre, ao Filho e ao Espírito Santo", a dama suspirou e os seus lábios articularam silenciosamente essa frase.

Bernadette nunca rezara tanto o seu rosário. Era, decerto um meio poderoso de reter ali a dama. Nada interessava à menina mais do que isso; nada ela receava mais do que ver essa mulher adorável, cujo rosto contemplava com toda a alma, cansar-se de se demorar, por uma filha de Francisco Soubirous, nessa toca incômoda, à beira dessa pedra escarpada, donde poderia despenhar-se a todo instante. Era, sem dúvida, penoso estar de pé todo esse tempo, e com esse frio. A dama não tardaria a retirar-se, a deixá-la sozinha...

Após a trigésima "Ave-Maria", essas idéias vagas, essas sombras de sentimentos também se dissiparam. Bernadette deixou de pensar; olhava somente. A vida retraía-se-lhe dos outros sentidos. A menina não sentia os seixos magoar-lhe os joelhos nem o frio que a inteiriçava. Invadia-a uma sonolência morna e feliz.

Que bom era esse torpor! Oh! que bom!...

CAPÍTULO VIII

ESTRANHANDO O MUNDO

Passados vinte minutos, Joana e Maria estavam de volta à margem do regato, depois de juntar na baixada, entre Massabielle e a floresta comunal, um enorme feixe de lenha. Custava-lhes arrastá-lo, suando e arquejando, não se lembravam de Bernadette. Foi Maria quem primeiro a avistou e estremeceu.

Acabava de perceber a estranha atitude da irmã, hirta, ajoelhada nos seixos, à beira do rio, com o rosário entre o polegar e o indicador da mão direita e um pé de meia caído no chão, ao seu lado. Bernadette estava lívida como um cadáver; os lábios de ordinário tão rubros; não tinham uma gota de sangue. Os olhos, cravados na gruta, eram os olhos dum cego em que predomina o branco opaco. No rosto rígido, onde não se notava a respiração, fixara-se o sorriso extático que Maria vira, tempos antes, nas feições duma vizinha morta.

— Bernadette! Olá! Bernadette! — gritou a irmã, aflita.

Nenhuma resposta! A menina ajoelhada não ouvira.

— Olá, tu! Não brinques! — bradou, por sua vez, Joana Abadie.

Nenhuma resposta! A menina ajoelhada não ouvia. Maria tomou-se de medo. Torcendo a boca, prestes a chorar, gaguejou com voz trêmula:

— Oh! Ela morreu talvez... A asma decerto a matou, Santa Virgem!

— Deixa-te disso! — exclamou a prática Joana. — Se tivesse morrido, estaria caída. Já se viu um morto de joelhos?

Mas a outra soluçou:

— E, se ela morreu, Jesus Maria...

— Vamos acordá-la, já. Ela deve estar troçando de nós. Vem...

Joana apanhou alguns seixinhos e começou a apedrejar Bernadette. Afinal, um dos projéteis dessa lapidação improvisada acertou no seio esquerdo da mocinha que levantou a cabeça e olhou ao redor de si. A cor voltava-lhe lentamente às faces.

— Que há então? — perguntou ela enfim, respirando profundamente.

Entre o choque do seixinho e essa pergunta, decorreram apenas alguns segundos. Esses poucos segundos significavam, porém, um longo, muito longo caminho que não se poderia exprimir em medida de tempo. Quando o projétil imprevisto acertara no peito de Bernadette, a dama já não estava diante do nicho. A menina não saberia dizer como ela se sumira. Não se desvanecera; não se dissolvera na luz. Aliás, como poderia esvair-se assim, ela que parecia de carne e sangue vivos, e estava tão bem vestida? Também não se afastara de maneira visível nem se retirara para o nicho. Era antes de crer que, na sua bondade, não querendo desgostar a que agraciara com a ventura da sua presença, houvesse mergulhado Bernadette nessa doce insensibilidade, para se afastar dali. Esse bem-estar fora tão novo, tão delicioso, que Bernadette não dera pela despedida...

Caro pagaria ela, porém, esse momento de delícias, mal voltasse ao habitual estado de consciência; e antes de tudo com uma vaga surpresa, eivada de repugnância diante do que via, uma sensação que só a pouco e pouco a abandonou. A mocinha não saberia exprimir esse estado de espírito. Era quase um assomo de espanto, ante a estranheza do mundo circunstante. Essa pedra seria uma pedra? Que era uma pedra? E esse pé, essa coisa distante e insensível seria dela? Num esforço para voltar a si, Bernadette examinou penosamente o que a rodeava, antes de indagar: "Que há então?"

— "Que há então"? É o que te perguntamos! — explodiu Joana. — Estás completamente doida? Rezando em Massabielle, onde comem os porcos!... Na igreja, és menos devota...

Bernadette tornava já a ser a colegial rebatendo uma colega.

— Isto não é da tua conta! Só me diz respeito...

— Meu Deus! Que susto me pregaste, Bernadette! — choramingou Maria. — Pensei que a asma te matara!...

A estas palavras, Bernadette sentiu uma vaga piedade da irmã.

— Já vou! — exclamou, descalçando também o pé esquerdo.

Levantou-se. Não é que crescera alguns centímetros e estava mais forte, mais sadia e até mais bonita? A repugnância, ao assombro ante a estranheza do mundo, sucedia a consciência empreendedora do convalescente que tem a impressão de "renascer". Bernadette pendurou as meias ao pescoço, apanhou os tamancos e atravessou a passos firmes e desembaraçados, a água gelada do regato. No meio, onde mergulhava até aos joelhos, estacou para observar, admirada:

— Que estouvadas são vocês! Este riacho está morno como água de barrela.

Maria sacudiu a cabeça, indignada:

— Joana tem razão! Estás transtornada! As pernas ainda me ardem, dessa água de barrela...

Bernadette reuniu-se às companheiras, sem se preocupar com pés molhados. Repartiu os ossos em três partes iguais, amarrou a lenha e os gravetos em três feixes. Não era trabalho fácil, mas a menina mostrava-se dessa vez a mais ágil e a mais ativa em executar a tarefa. Enquanto atava os feixes, perguntou de improviso:

— Vocês não viram nada? — frase que, no seu dialeto, soava: "Aouet bis a rè"?

Maria olhava a irmã de perfil; achava-a mudada, assim decidida, ajuizada e mais velha do que uma hora atrás. No rosto redondo de criança transparecia-lhe uma expressão quase autoritária.

— E tu, viste alguma coisa? — redargüiu a irmã mais nova.

Os olhos vivos de Joana brilharam de curiosidade.

— Havia alguém na gruta?

— "Labets a rè" — atalhou Bernadette; isto é:

— Não, não, ninguém!

E, abaixando-se, apanhou o feixe maior e ajeitou-o na cabeça à maneira das mulheres da região. As outras duas também levantaram, com grande esforço, os feixes restantes.

— Voltemos para a cidade pelo monte — decidiu Bernadette.

Joana concordou:

— Por nada neste mundo, eu tornaria a atravessar o riacho!

— Olhem que é uma ladeira!... objetou Maria, apreensiva.

Bernadette, porém, não lhe deu atenção. Encaminhou-se a largos passos, entre os seixos, sem olhar sequer para a gruta e para o nicho. Alguns metros além de Massabielle, começava o estreito atalho que, pela encosta do Monte das Espeluncas, acabava em declive nas proximidades da Ponte Velha. Bernadette ia na frente; Joana seguia-a; Maria vinha em último lugar. As três meninas não diziam palavra; a carga pesava, e o caminho era não somente íngreme como também perigoso. Particularmente difícil se anunciava a última parte da encosta, no alto da ladeira, um trecho de pedra nua, lavada pela chuva. Os tamancos não se prestavam absolutamente para esse gênero de ascensão.

— Oh! meu Deus! Eu não vou adiante! — gemeu Maria, poucos passos do cimo.

Bernadette, que já o alcançara, largou no chão o seu feixe e voltou atrás, para ajudar a irmã. Sem uma palavra, tirou-lhe a lenha da cabeça e levou-a, com passo leve, ao alto da encosta.

— Que quer dizer isso, hein? — gritou Maria. — Não sou eu a mais forte?

Joana Abadie riu-se, sob o seu fardo.

— Aí está ela como um cabo do quartel de Nemours; e, ainda agora, tinha medo dum pouco d'água fria.

Vencida a ladeira, Bernadette, sempre na vanguarda, enveredou pela descida, a passo de marcha.

— Porque corres tanto, ó ovelha? — resmungou Maria. — Há pouco, estavas sem fôlego!

Bernadette não respondeu. Já nem se lembrava da "atma"; lutava consigo mesma. Alvoroçava-lhe a alma um desejo imenso de falar da dama. Era como um namorado que se consome, por ter de ocultar o seu amor. Sentia, porém, no íntimo do seu ser que, se ela cedesse à tentação e abrisse a boca, as conseqüências seriam incalculáveis:

— Não digo nada! Não digo nada! — afirmou, de si para si.

— Que andas cochichando sozinha? — perguntou Joana.

Bernadette estacou e conteve o fôlego.

— Eu teria de contar uma coisa a vocês. Mas é preciso que jurem que não me vendem. Mamãe não tem de saber nada. Ela me castigaria... Não digas uma palavra em casa, Maria! Jura!

— Juro! Bem sabes que calo a boca, sempre e por tudo.

— Mas Joana desejou hoje que o diabo me levasse. É verdade que desejas isso, Joana?

— Tola! São coisas que se dizem, sem pensar. Anda, fala!

— Não; jura antes que não dirás nada na nossa casa nem na tua nem mesmo na escola.

— Dou-te a minha palavra. Jurar, não juro! Seria pecado. Porque queres que eu cometa um pecado agora, alguns meses antes da primeira comunhão? Conta! Quem estava na gruta?

Bernadette respirou profundamente; a voz tremeu-lhe, tamanha era a doçura de revelar, pela primeira vez, o segredo do seu encontro:

— Vi uma senhora, toda de branco... com um cinto azul... e uma rosa de ouro em cada pé...

A menina escutava, fascinada, as suas próprias palavras, em cuja pobreza cabia o inconcebível. As pulsações do coração repercutiam-lhe na cabeça! Maria, porém, zangou-se deveras e, largando o feixe de lenha, gritou:

— Ah! Eu te conheço! Queres assustar-me, porque ainda estamos na floresta e já escurece. Mas a mim não me assustas, com a tua senhora de branco!

Assim dizendo, extraiu do feixe uma varinha de aveleira e fustigou duas vezes as mãos da irmã. Bernadette não mostrou percebê-lo.

— Por que dás nela? — acudiu Joana. — Talvez houvesse de fato uma senhora na gruta...

De improviso, Bernadette apressou o passo. Não respondia às perguntas curiosas de Joana. Parou enfim na fralda oriental do monte, donde se avistava a pomposa serraria de Lafite, e atirou-se ao chão arrelvado.

— Estou horrivelmente cansada... paremos aqui! — disse, enterrando a cabeça na terra molhada.

Viesse o temido resfriado, a tosse, o catarro, a dor de garganta, a falta de ar! A menina chegava a desejar a doença.

As outras duas, sentadas junto dela, na terra fria, observavam-lhe espantadas, o rosto transfigurado.

Ao termo dum instante, Bernadette exclamou:

— Segurem-me! Eu gostaria de voltar a Massabielle!...

— Pensas, acaso, que a tua dama esteja à tua espera? — perguntou Joana com malícia.

— Tenho certeza — replicou Bernadette.

CAPÍTULO IX

A SENHORA SOUBIROUS FICA FORA DE SI

Para Luisa Soubirous esse 11 de fevereiro não foi um dia sossegado. Cumprira-lhe passar mais do que uma hora com Croisine Bouhouhorts. Sempre a mesma história! Custava crer que o céu não se compadecesse dessa pobre criatura inútil. Em verdade essa criança de dois anos era o único filho dos Bouhouhorts e, como todas as mães infelizes, Croisine se revoltava, em lugar de se conformar com a sorte. O pequeno Bouhouhorts nunca poderia caminhar. As suas perninhas encolhidas não eram mais grossas do que o polegar dum adulto. De três em três ou quatro semanas, uma convulsão como a desse dia acometia a criança. As contrações começavam-lhe no crânio, repuxavam-lhe os joelhos quase até ao queixo, reviravam-lhe os olhos, faziam-na perder os sentidos.

Todas as irmãs Casterot — principalmente Bernarda — gozavam da fama duma prática especial de medicina. Não era só a senhora Bouhouhorts que reclamava o auxílio de Luisa. Recorriam à mulher do moleiro muitas outras moradoras da rua des Petites Fossées. Croisine, porém, fraca e inexperiente perdia a cabeça e não dispensava a presença de Luisa. Esta aplicou conscienciosamente o remédio costumado. Por mais pobre que fosse, não poupava o azeite para um doente, e fomentara todo o pequeno. Envolvera-o depois em panos quentes, fizera-o engolir a custo alguns goles de chá, embalara-o nos braços, andando no quarto boa meia hora, sacudindo o corpinho gelado para restabelecer a circulação. Em conseqüência desse tratamento, o pequeno sujara-lhe o vestido. Mas a convulsão passara.

Suada, arquejante, Luisa Soubirous voltara ao Calabouço e, com grande contrariedade, verificara que entretanto os pássaros todos tinham voado. Efetivamente, os dois garotos, João-Maria e Justino, infringindo as ordens maternas, haviam desaparecido. Mais a aborreceu, porém, que o marido se houvesse ausentado, sem esperar que ela voltasse. Era de recear que, apesar do seu juramento de sobriedade, tivesse "dado um pulo" até ao tio Babou. Luisa caiu, exausta, numa cadeira e suspirou maquinalmente a canção da sua vida, que tantas vezes no dia lhe escapava dos lábios:

— "Praoubo de jou"... Pobre de mim!

Mas logo tornou a atar o lenço na cabeça. Ocorrera-lhe que a senhora Millet não raro revogava ou transferia a barrela, espécie de rito complicado que se realizava sob a direção pessoal da meticulosa e devota viúva. De quando em quando, esta passava o fim da semana em Argèles, em visita à família Latapie. Elisa Latapie, sua querida filha adotiva, morta meses antes, pertencia àquele ramo dessa família numerosa. Quando a senhora Millet ia a Argèles, a barrela não se realizava. Em conseqüência, Luisa Soubirous perdia trinta soldos, um bom almoço, o lanche e as guloseimas que a dona da casa ou a cozinheira lhe arranjavam para as crianças. Luisa convencera-se de que essa quinta-feira era um dia aziago em que tudo corria mal; portanto, malograr-se-ia decerto a sua esperança de trabalhar no dia seguinte.

Luisa Soubirous puxou com força a porta maciça do Calabouço. O tio Sajou, o canteiro-proprietário, sentado no patamar superior, fumava solenemente. A senhora Sajou não tolerava que ele "enfumaçasse o salão". Ao contrário dos Soubirous, reduzidos a morarem de graça no antigo recinto da prisão, o casal Sajou ocupava três peças, uma das quais, repleta de móveis hereditários, era enfeitada e venerada como "salão", isto é, a capela da burguesia.

— Caro primo André — avisou Luisa, apressada. — Vou, num pulo, à casa da senhora Millet e já volto.

André Sajou encolheu levemente o indicador esquerdo, para significar que entendera. O ofício de canteiro não habitua à loquacidade; o granito e o mármore, em geral convertidos em cruzes funerárias, valem por símbolos do silêncio. Com os Soubirous, o tio Sajou ainda exagerava o seu mutismo. Eram em verdade parentes — quem não o é em Lourdes? — mas a desgraça obriga à prudência como uma moléstia contagiosa. O tio André comportava-se como cristão; porém à distância, para não se envolver com a miséria.

A casa da senhora Millet, na esquina da rua Bartayrès era uma das mais sunttuosas vivendas de Lourdes. Quando monsenhor Bertrand Severo Lourenço, bispo de Tarbes, na sua recente excursão pela diocese, visitara Lourdes, não se hospedara na casa paroquial do vigário Peyramale nem no convento das irmãs de Nevers, e sim no palacete da riquíssima viúva onde, a partir daí, lhe estava reservado um aposento particular. A senhora Millet bem merecera essa distinção da autoridade eclesiástica, porque era, não só devota, como católica militante. Monsenhor, homem prático e sagaz, sentia na verdade um cheiro de bolor nos quartos da senhora Millet, sobrecarregados de cortinas, de reposteiros, de panos de renda. As camas, semelhantes a catafalcos tétricos, pareciam gritar que eram feitas para se morrer nelas. As próprias velas das mesas de cabeceira lembravam círios de igreja.

Além disto, a excelente senhora Millet mostrava — para o gosto desse príncipe da Igreja — uma curiosidade demasiado indiscreta e superficial pelas coisas do Além, curiosidade que, após a morte da sobrinha e filha adotiva Elisa Latapie, já enveredava pelos domínios vedados do puro espiritismo. Por outro lado — e isto era importante para monsenhor — várias instituições viviam do subsídio da opulenta dama. Basta mencionar a União das Filhas de Maria, irmandade a que se deviam não só solenes festas anuais, como inúmeras obras de caridade. Essa era apenas uma das sete instituições.

Luisa Soubirous levantou timidamente a velha aldrava. O respeitável Filipe, lacaio da senhora Millet, atendeu-a pessoalmente. O aspecto desse macabro Filipe, a vista da ante-sala escura, cheirando a naftalina e a coisas mortas, sempre enchiam de respeito o coração de Luisa. Como em todas as peças da casa, reinava já na antecâmara o "horror nudi", o horror pela nudez; assim o indicavam as paredes revestidas de quadros enegrecidos e todos os objetos cobertos de panos de renda amarelada. Luisa bem os reconhecia, das barrelas que os amareleciam cada vez mais.

— Minha boa Soubirous — começou Filipe, com a solene condescendência dum alto prelado — fez bem, vindo até cá. Poupou-me uma caminhada. Adiamos a barrela para a outra semana. Estaremos amanhã em Argèles, em casa dos parentes. Desde a morte da nossa saudosa senhorita Elisa, assistimos sempre à missa em sufrágio da sua alma, em Argèles. Oportunamente a senhora será avisada...

Ouvindo mencionar a defunta, Luisa tomou, como convinha, uma expressão de visita de pêsames. Ao mesmo tempo, a angústia apertou-lhe o coração. Acontecera o que ela previa; transtornava-se todo o orçamento desse fim de semana.

No caminho, a mulher do moleiro tentou obter a crédito, no armazém de Lacaze, uma fatia de toucinho, um pedaço de sabão e um punhado de arroz. Não se atrevia a mostrar os doze soldos que lhe restavam, porque logo lhe seriam extorquidos. Lacaze negou redondamente. A conta já subira demais.

À porta do Calabouço, Luisa foi acolhida pela voz desafinada de André Sajou.

— Querida prima — disse o canteiro, zangado — o primeiro dever duma mãe é fazer que a sua ninhada não aborreça os vizinhos. Veja só os senhores seus filhos! Andam a trepar no pátio, como salteadores temerários. Acabam de cair nessa imundície. Para outra vez, pode ser pior...

— Eu corria atrás do gato, mamãe — acudiu Justino, o mais novo.

— E eu quis tirar Justino desse lixo — justificou-se João Maria, sem lágrimas.

Luiza não disse uma palavra. Empurrou para dentro do quarto os dois pecadores todos enlameados. Estava muito cansada e triste para bater-lhes; pensava com azedume em que os pequenos não tinham outra roupa senão a que vestiam. Despiu-os com impaciência. Felizmente ainda restava um pouco d'água quente na caldeira. Luisa despejou-a na pia e pôs-se a lavar e a esfregar como uma selvagem, como se quisesse arrancar do corpo a sua pobre alma. João-Maria e Justino viram apenas uma nova aventura, em rodopiarem assim quase nus, no quarto.

Foi esse o quadro que se ofereceu a Francisco Soubirous desde o limiar. O chefe da família estacando majestosamente à entrada, nem se dignou olhar para os filhos.

— Não admito que te rebaixes assim! — exclamou com voz vibrante. — És uma Casterot, e eu sou apenas um Soubirous. Quem são os Nicolaus? Não deves perder a confiança em mim...

Sem interromper o trabalho, Luisa deitou ao marido um olhar indagador. Soubirous parou atrás dela.

— Estive em casa de Maisongrosse de Cazenave, de Cabizos...

— Também estiveste no botequim de Babou! — rebateu a mulher.

— Estou doente, muito doente... — gemeu Soubirous. — Queira Deus que eu morra! Ai de vocês, então!

Luisa pendurava as roupas molhadas, de que ainda se desprendia um cheiro desagradável, na corda estendida entre a lareira e a janela menor.

A queixa do marido não a deixou indiferente: na verdade, Francisco bem merecia compaixão. Quem reconheceria nele o robusto e ainda jovem moleiro Soubirous? Desde alguns dias, mal se alimentava. Assim como ele se acusava da má sorte da esposa, assim esta se julgava culpada das desgraças do marido. Se pouco antes, ele esvaziara com remorso no botequim alguns copos, de graça ou a crédito, quem o podia censurar pelo mau passadio? O coitado mal se agüentava! Luisa, tão maltratada pela sorte, era a mãe de família que defende os seus contra quem quer que seja e até contra si própria. Quisesse Deus que Francisco não estivesse doente! Só faltaria isso!

— É melhor que te deites duma vez, Soubirous.

— Sim; tens razão — replicou ele aliviado, como se aquele alvitre resolvesse todas as dificuldades, e a absolvição da mulher o dispensasse de se arrepender.

Luisa preparou um chá de flores de tília e ela própria o levou aos lábios do doente. Já sabia, por experiência, que essa infusão amarga seria o melhor dos remédios para o mal-estar do marido.

Soubirous repeliu o chá com ar enfastiado. A mulher, porém, obrigou-o a sorver o suadouro quente. Ele deitou-se com uma expressão de triunfador. Luisa sabia igualmente que sempre é preciso animar um homem fraco.

— Em casa da senhora Millet não haverá barrela sexta-feira anunciou a boa criatura. — Amanhã verei o que houver. Alguma cousa há-de se arranjar. Talvez com a senhora do juiz de paz Rives.

— Amanhã — resmungou Soubirous, com azedume. — Nem mesmo Cazenave vai precisar de mim para limpezas... "Em guarda, meu capitão"!

A mulher alisou-lhe as cobertas e esperou que ele adormecesse, o que pouco tardou. Luisa demorou-se um instante com as mãos no regaço. Lembrava-se de ter visto assim o marido, um ano antes, quando ele voltara inesperadamente, depois de alguns dias de prisão. Conseguira demonstrar a sua inocência. Não fora ele quem furtara os troncos de carvalho na serraria de Lafite. Demônios! Como poderia, de resto, carregar cepos daquele peso? Mas, embora o reconhecessem quer o comissário Jacomet e o juiz Rives, quer o procurador imperial Dutour, Soubirous passava os dias aniquilado, mole como um trapo, dormindo sem cessar. Estranha, deveras, a pouca resistência dos homens na desgraça! Sim; quando tudo corre bem e as moedas de vinte soldos tinem no bolso das calças, tudo são fanfarronadas, histórias, grandezas. As moedas vão-se, uma atrás da outra. Faltando, porém, o pão e a honra era isso: beber, deitar-se e dormir. E a pobre mulher se aviesse, para não deixar correr tudo por água abaixo!

— Calem a boca, vadios! Não acordem seu pai, que está doente.

E Luisa, voltando à realidade, deitou ao fogo os últimos gravetos, para que o marido não sentisse frio. Apanhou então o balde para ir prover-se d'água. O chafariz mais próximo ficava cinco casas acima, no pátio de Babou, onde os homens se reuniam para beber e as mulheres, à roda da bica. Isto não quer dizer que a maioria deles não tivesse no armário a sua garrafa de aguardente, sem falar do vinho que, diante de Deus, não vale como álcool.

Luisa Soubirous inteirou-se ali de algumas novidades que não figuravam no "Lavedan": a senhora Lacadé estava havia muitas semanas em Pau, com a filha; quando uma moça desaparece tanto tempo, sempre há um motivo grave. A costureira Antonieta Peyret arrancava à ricaça Millet uma nota de cem francos após outra. Digna filha de meirinho! A viúva encomendara três vestidos de seda preta. E o melhor: o senhor de Lafite, o antipático primo de Paris, um maçon senão o próprio diabo, acompanhara em todo o comprimento da rua Basse a pequena Catarina Mengot, e tivera o desaforo não só de falar a essa menina de quatorze anos, como de lhe declarar: "Catarina, és para mim a meiga ninfa deste chiqueiro!" Que animal! Todos assim os homens: brutais e egoístas. O próprio senhor vigário Peyramale despachara na véspera a Madalena, sua cozinheira desde tantos anos. Depois pregava contra as paixões, esse homem rabugento!

Com esta ciência e o balde cheio d'água, Luisa voltou ao Calabouço. Deixou a vasilha à porta. Mais tarde, as meninas o poriam no lugar. Acabava de dar três horas. Onde andariam Maria e Bernadette? Já deviam estar de volta com a lenha! Luisa sentiu ao mesmo tempo contrariedade e apreensão. Lembrou-se de Catarina Mengot e do primo de Paris. O mal espreitava em toda parte, e as suas filhas também eram bonitas e tolas. Mas essa preocupação cedeu lugar ao angustioso problema de combinar a ceia para essa noite.

As meninas tinham-se demorado por causa dos ossos. O armazém de Grammont ficava no extremo oposto da cidade. Demais o peso da lenha não lhes permitia correr muito. O trapeiro pagara dois soldos a cada uma; ao contrário de Joana, Bernadette e Maria não compraram açúcar-cande e sim pão. A vista desse pão e da boa colheita de lenha abrandou um tanto a mãe.

— Onde estiveram todo esse tempo? — ralhou ela. — Deixaram-me aqui sozinha, a cuidar de tudo, senhoritas! Quem é pobre não pode passear. Depressa! O balde d'água.

Maria e Bernadette executaram prontamente a ordem; descascaram em seguida as batatas e os nabos a que Luisa sacrificara uma parte dos vinte soldos. O pai continuava a roncar.

— Ele está doente — advertiu a mãe.

Fez-se silêncio. De quando em quando, Bernadette olhava fixamente a irmã. Maria abaixava os olhos e mordia os lábios. O trejeito denotava que ela ameaçava sucumbir numa luta penosa.

Luisa Soubirous quis aproveitar os últimos raios de luz que clareavam a janela do pátio.

— Venham pentear-se — ordenou ela. — Primeiro tu, Maria.

Essa operação realizava-se diariamente. Luisa timbrava em zelar o asseio, tanto quanto o permitia a sua triste pousada. Não era debalde uma Casterot. Antes de se deitarem, Justino e João-Maria não escapavam de serem escovados vigorosamente; a cabeça das meninas era objeto dum cuidado contínuo, pois na rua des Petites Fossées os piolhos costumavam passear de casa em casa.

O asseio é a extrema dignidade do homem, o que lhe resta, quando tudo está perdido. Maria oferecia aos cuidados da mãe sérias dificuldades; crescia-lhe na cabeça uma cabeleira basta e emaranhada. Bernadette herdara, pelo contrário, os ralos cabelos pretos do pai.

Enquanto se preparava a pentear a mais moça, Luisa enviou a mais velha à procura dos pequenos que já se tinham esgueirado no corredor. Maria ajoelhou-se de costas, aos pés da mãe sentada num banco; os cabelos embaraçados zuniam sob os golpes enérgicos do pente.

— Hum... hum... —resmungou a menina.

— Não sejas manhosa! — ralhou a mãe.

Ao cabo dum instante, Maria recomeçou:

— Hum... hum... hum...

— Dói-te a garganta?

— Não, mamãe; não me dói a garganta...

Mas, ouvindo-a pigarrear pela terceira vez, Luisa impacientou-se:

— Que estás a zumbir, como as moscas na vidraça?

— Eu teria de contar uma coisa, mamãe... a respeito de Bernadette...

— Que há, de novo, com Bernadette?

—Ah! mamãe! Bernadette viu, na gruta de Massabielle, uma senhora moça, toda de branco e cinto azul claro... Uma dama descalça, com duas rosas de ouro nos pés...

— Pobre de mim! Que estás tagarelando, desastrada?

— E Bernadette, a princípio, não conseguiu fazer o Sinal da Cruz. Só se benzeu, quando a dama o permitiu...

Maria respirou profundamente como se, em lugar de ter faltado à sua palavra, acabasse de se livrar dum encargo pesado.

Bernadette apareceu à porta. A mãe afrontou-a, excitada:

— Que foi o que viste, idiota?

Já mexericaste... Porque bisbilhotaste? —disse a menina fitando na irmã um olhar demorado.

Bernadette não falara em tom de censura, mas com uma espécie de alívio. Adiantou-se para a mãe, esticando os dedos como se os tivesse acima dum fogo vivo. O coração fundia-se-lhe do prazer de ter que falar do seu segredo.

— É verdade, mamãe... vi em Massabielle uma senhora tão linda!

Essas palavras foram a gota que faz transbordar o vaso. Era demais para Luisa. Após um dia de tentativas inúteis, de decepções, ter de ouvir esse absurdo trazido pelas duas vadias! E o que mais a irritou foi o rosto de Bernadette, coberto de vivo rubor. Era o rosto radiante duma apaixonada, pronta a se imolar pelo seu amor, com obstinação e orgulho. A voz de Luisa soou tão aguda, que os Sajous a ouviram do seu aposento:

— Que viste? Não viste nada! Não viste uma linda senhora, mas alguma pedra esbranquiçada... Vocês vêem mulheres bonitas; eu me esfolo por todos; e ninguém se lembra de me ajudar. Oh! Santa Virgem; porque hei de ter estes filhos imprestáveis que roubam velas, que afundam na lama, que não sabem o catecismo e, ainda em cima, vêem senhoras formosas? Espera!...

A vara de bater os travesseiros silvou no ar. O primeiro golpe caiu nos ombros de Bernadette. Maria tentou escapulir-se. Fora de si, a mãe perseguiu-a, através do quarto, aplicou-lhe uma boa varada. Os dois pequenos, não de todo imerecidamente, receberam também a sua dose.

— Estás vendo! — gritou Maria. —Agora mamãe me bate por tua causa!

Luisa arremessou a vara ao longe. Acabava de perceber que se excedera. Provocara um barulho infernal, sem se lembrar do seu pobre marido enfermo; Francisco, porém, já despertara, antes da algazarra.

— Ouvi tudo — disse ele, erguendo-se lentamente.

Soubirous era um homem alto e esbelto. A miséria exterior e a fraqueza íntima tinham-lhe tirado tudo, exceto a distinção inata. Com os filhos, ele afirmava a sua autoridade, outorgando inteiramente à esposa, mais enérgica, o poder executivo. E Luisa o aproveitava, à maneira de última e suprema instância, cujas sentenças ela própria pronunciava antecipadamente.

Desta vez, porém, Soubirous adiantou-se para a filha e agarrou-a pela gola da camisola. O curto sono restituíra-lhe plenamente o uso das suas faculdades.

— Ouvi tudo — repetiu ele. — Deste agora para fazer tolices? Tens quatorze anos, lembra-te bem. Com essa idade, outros não ganham a vida, mas ajudam os pais. Vês o que se passa aqui. Eu não posso criar-vos num céu aberto. E tu começas a fazer bobagens. Sei o que é isso. Vaidade! Inventam-se histórias, arranjam-se fábulas, fala-se de senhoras com rosas de ouro nos pés descalços. Aonde levará isso, menina? Nós, tua mãe e eu, somos moleiros decentes; e Deus sabe que sempre fomos modestos. Deus sabe também que, por vocês, eu me sujeito aos piores trabalhos. Mas quem vê senhoras nas grutas e inventa histórias incríveis não pertence a uma família decente e sim a pelotiqueiros de feira, a saltimbancos, a ciganos espanhóis. Se és assim, pequena, some-te; vai-te com os pelotiqueiros e os ciganos.

Soubirous exprimira-se calmamente, com voz profunda. Esse fora o sermão mais comprido que Bernadette ouvira de seu pai.

A menina olhava-o, sem compreender. Que queria ele que ela fizesse? Bernadette fitou-o com o seu olhar firme e parado, apertou as mãos contra o peito e disse:

— Oh! papai! Entretanto eu vi realmente a dama!...

CAPÍTULO X

BERNADETTE NÃO DEVE SONHAR

Logo após essa cena doméstica, ocorreram vários fatos que introduziram uma modificação favorável na sorte da família. A tia Sajou era uma boa alma. Os gritos de Luisa, pouco antes, a tinham impressionado. Os Soubirous — exceto os dois pequenos — eram afinal gente sossegada. Se Luisa Casterot, tão penetrada da dignidade da sua origem, perdera assim a compostura, devia haver algum motivo grave!

A senhora Sajou tinha a despensa bem sortida; abriu o armário dos mantimentos, com um suspiro arrancado pela sua própria bondade. Em nome de Deus!... Cortou, pois, um canto do rolo de manteiga e uma fatia de toucinho. Mas, visto que há certo prazer não só em praticar o bem como em dominar o espírito, deitou no prato seis nacos de boa salsicha campesina, um para cada pessoa. Com esse presente nas mãos, foi bater à porta pesada do Calabouço.

Luisa azafamava-se ao pé do fogo. A vista dessa fartura inesperada, deixou cair, de surpresa, a colher de pau na água do caldo.

— Oh! minha prezada prima! É Nossa Senhora que a manda, porque hoje eu a invoquei tantas vezes!...

O fogo de gravetos queimava com excessiva presteza. A tia Sajou, comovida pela sua própria caridade, chamou o marido, recomendando-lhe que trouxesse algumas achas secas. Antes, porém, que o esposo dócil — lacônico a ponto de jamais contradizer a sua "velha" — houvesse executado essa ordem, caiu no Calabouço nova dádiva providencial.

Croisine Bouhouhorts recebera uma visita do povoado de Viger, uma velha aldeã, sua tia, que todos os anos, pelo carnaval, costumava trazer-lhe um presente. Dessa vez, eram duas dúzias de ovos. Mal a tia se despedira, Croisine, tomando o cesto de ovos correra ao calabouço.

— Faça-me o favor, prezada vizinha, de aceitar estes ovos. Acaba de salvar a vida ao meu filhinho...

Luisa não se fez rogar muito. Demais, também estava convencida de que, sem ela, a pobre criaturinha não estaria viva. Enquanto enxugava as mãos e recebia o cesto com palavras de agradecimento, calculava consigo que seis ovos, a manteiga e o toucinho dariam uma fritada deveras vistosa. O apetite, a idéia dessa rara iguaria enchiam-lhe os olhos d'água. Finalmente seria possível pôr no estômago alguns bocados de substância. Quem sabe se não era o alimento escasso desses dias o que fazia as filhas terem visões?

A lei do acaso caprichoso dispusera, porém, que a esses melhoramentos transitórios se juntasse um favor duradouro do destino. E ele se apresentou na pessoa de Luis Bouriette.

Era este, como Francisco Soubirous, um jornaleiro. Antigo colega de André Sajou, fora menos feliz do que ele e atribuía a sua desgraça ao estilhaço que lhe ferira a córnea do olho direito, privando-o dessa vista. Bouriette era um inválido convicto.

— Sou cego — costumava dizer, vinte vezes num dia. — Que se pode exigir dum cego?

Cazenave aproveitava-o frequentemente como correio ou mensageiro, e mandava-o nesse momento a Soubirous com um recado. O cocheiro Cascarde, da diligência de Tarbes, apanhara um coice que o ferira gravemente. O chefe da posta substituíra-o por Doutreloux, cujo lugar estava, pois, à disposição de Soubirous. O experiente Cazenave certo de que um ex-moleiro sabia avir-se com os cavalos, pagava por esse trabalho dois francos diários, fora o almoço. Se estivesse de acordo, Soubirous poderia apresentar-se na manhã seguinte. Luisa juntou as mãos. Mas o chefe da família, na sua severa dignidade, parecia refletir e pesar os prós e os contras dessa oferta surpreendente.

— Estava combinado entre mim e Cazenave — disse afinal Francisco — que ele me aproveitaria na primeira oportunidade. Somos velhos camaradas do exército. Um dono de moinho está, em verdade habituado a outro trabalho. Mas, hoje, quem tem tantos filhos não pode escolher. Amanhã cedo estarei na posta...

E enxugou o suor que, apesar da sua atitude irrepreensível, lhe porejara na testa. Depois deitou um olhar à roda de si com o rosto iluminado de satisfação. Despertava nele o francês meridional.

— Os nossos parentes e amigos aqui presentes e que acabam de nos obsequiar — disse, com um gesto majestoso — estão convidados a dar-nos a honra de partilhar o nosso modesto jantar de hoje. Prepararemos uma suculenta omelete à minha maneira...

Protestos gerais. A própria Luisa gostaria de protestar. Esse estouvado sacrificava, numa noite, os ovos com que a família poderia viver três dias. Mas a boa mulher sempre fora fraca, ante as fraquezas do marido, e muitas vezes o deixara agir contra as advertências do seu instinto atilado. Sem essa mania de grandeza, não seriam talvez obrigados a abandonar o moinho de Boly, o de Escobé e finalmente o de Bandeau. De pura ostentação, o moleiro tratava a lanches e a vinho o freguês mais insignificante. Em conseqüência, esses campônios e padeiros, tão zelosos dos seus vinténs, desconfiavam do moleiro perdulário. A leviandade não realiza bons negócios.

Pena era que Luisa não só fosse fraca, ante as fraquezas do marido, mas tivesse um fraco pronunciado por muitas dessas fraquezas. Quando, ao menor fato favorável, dum minuto para outro, sacudia de si a miséria como um cão sacode as gotas de chuva, quando, como nesse momento, tomava atitudes de anfitrião e grão senhor, o ex-moleiro Soubirous agradava particularmente à mulher. Disso ela havia de rir-se alto, mesmo após esse dia. Aliás, a quem saíra Bernadette, com as suas histórias fantásticas?

Luisa repetiu, pois, o convite, não hesitando, mas em termos adequados, pois que era notoriamente bem educada:

— Não vão agora rejeitar a minha omelete! Ao menos, consintam em prová-la. Nós também queremos festejar um pouco o carnaval.

A palavra "provar" estabeleceu uma ponte. Quem "prova" não sacia a fome. André Sajou propôs à mulher juntarem o seu jantar ao dos Soubirous. O canteiro, cujos filhos crescidos havia muito viviam independentes, folgava de passar uma noite em boa companhia, ainda que fosse no Calabouço, e pousou na mesa, com a mais evidente boa vontade, uma boa botija do seu vinho.

Entretanto a enorme fritada começava a fumegar. Ocupada em prepará-la, Luisa agradecia à Virgem o socorro que bania a fome nas semanas vindouras. Bouriette, o mensageiro auspicioso, quis despedir-se. Soubirous o reteve com os dois braços. Os adultos sentaram-se à mesa; as crianças esfomeadas agruparam-se no banco estreito que ocupava o nicho, entre a janela e a lareira — Bernadette junto de Justino, Maria ao lado de João-Maria. A mãe não se descuidou de lhes servir uma parte da fritada, sopa, salsicha e pão. A tia Sajou levou a cada um um copo de seu bom vinho tinto. Era verdadeiramente uma festa de carnaval.

A ceia corria silenciosamente. A província de Bigorre e os vales dos Pireneus são regiões pobres. Os seus habitantes comem calados, penetrados dum vivo sentimento desse gozo. Os campônios das montanhas, a gente humilde da cidade receariam perder alguma coisa do gosto e da substância dos dons de Deus, se às refeições a língua se entregasse contemporaneamente a outra tarefa. A conversação limitava-se, portanto ao elogio devido aos vários pratos. Após o jantar, os homens ainda ficaram bem uma hora à mesa, fumando o seu fumo em rama que se juntava no ambiente à densa fumaça da lareira, num nevoeiro irritante. Ninguém o estranhava, exceto Bernadette que duas vezes se acercou da porta, para respirar um pouco de ar.

A palestra política não excedeu uma pequena orgia de injúrias contra o governo, isto é, contra os dois poderes da cidade: o "maire" Lacadé e o comissário da polícia Jacomet, o qual recentemente mandara divulgar pelo policial Callet que só se podia juntar lenha, na floresta comunal, com uma permissão escrita da municipalidade. A colheita clandestina de madeira estaria sujeita, como crime de furto, a tal parágrafo do Código Penal.

Assim, de ano para ano, o laço apertava mais o pescoço. Que era do bom tempo em que tudo fora lícito, abundante, barato, quando o riacho Lapaca ainda era um curso d'água?

Luisa Soubirous lembrou-se de que, na manhã seguinte, o marido devia levantar-se já às quatro e meia, e resolveu pôr fim à reunião.

Nos Pireneus, as mulheres costumam, após a ceia, rezar mais um terço como digno e piedoso encerramento do dia. De ordinário, uma delas reza alto, e as demais a acompanham baixinho. Luisa não saberia dizer porque, nessa noite, deu o encargo de orar em voz alta a Bernadette que se postara longe da roda, à porta. A menina puxou docilmente o rosário, com que, nessa mesma tarde se adiantara para a dama, e começou a primeira "Ave-Maria" com voz monótona. Seguiu-a logo o murmúrio maquinal das outras mulheres.

O fogo flamejava, consumindo a lenha de pinheiro trazida pela tia Sajou. A reza continuava rapidamente. Terminado o terço, Luiza recitou a prece final: "Maria, que concebeste sem pecado, roga por nós, para que encontremos refúgio em ti."

No mesmo instante, Bernadette cambaleou e arrimou-se à porta, para não cair, pálida como Joana e Maria a tinham visto, horas, antes, à margem do riacho.

— Bernadette vai desmaiar! — bradou Croisine Bouhouhorts.

Todos os olhares voltaram-se para a mocinha.

— Estás enjoada; Bernadette — acudiu a senhora Sajou. — Toma depressa um pouco de vinho.

— Oh! não; não estou enjoada — protestou a menina, sacudindo a cabeça. — Não é nada.

Sucedeu assim que a mãe aflita repetiu, involuntariamente, a novidade pela qual pouco antes castigara a filha:

— Oh! esta Bernadette!... É que, hoje, ela viu uma senhora muito linda, toda de branco, em Massabielle...

— Silêncio! — atalhou Soubirous, contrariado. — Puro absurdo! Bernadette sofre do coração. O doutor Dozous a examinou. Ela não tolera a fumaça; e aqui se queima lenha dia e noite. Precisamos doutro cano para a chaminé, meu caro primo.

Uma hora depois, o casal Sajou, equipado com touca e gorro de dormir, descansava na sua boa cama.

— Que foi o que Luisa contou de Bernadette e duma jovem senhora? — perguntou André.

— Oh! Bernadette viu uma linda moça, toda de branco, em Massabielle — replicou a mulher, que guardara exatamente a frase de Luisa.

— Quem pode ser? — ponderou Sajou. — Que senhora é essa?... As senhoritas Lafite não estão em Lourdes... Talvez uma das Cénacs ou das Lacrampes. Provavelmente, uma brincadeira de carnaval.

Dessa vez, foi "madame" quem não respondeu; e, à falta de resposta, fingiu dormir. Sajou terminou as suas reflexões num bocejo:

— A Bernadette não dura muito. Parece-me que já a vejo sair do Calabouço no caixão...

A senhora Sajou, porém, tomara a resolução de, já na manhã seguinte, sondar a opinião de algumas amigas acerca da natureza da dama que Bernadette vira em Massabielle. À mesma hora, Croisine Bouhouhorts, curvando-se preocupada sobre o filho, propunha-se fazer logo no outro dia a mesma indagação.

Fechava-se enfim o círculo desse dia 11 de fevereiro. A família Soubirous, adormecida, ressonava em concerto, sob a regência enérgica do chefe, no quarto enfumaçado. A lareira, bem alimentada nessa noite, cobria as paredes de reflexos luminosos. Bernadette, ainda acordada, cravava o olhar nas manchas do muro, mas, ao contrário do que soía suceder-lhe, não conseguia ver nelas nenhuma forma ou feição. Era como se o encontro com a dama houvesse esgotado o poder imaginativo dos seus olhos, dom que não raro a enchia de susto.

Bernadette encolheu-se no catre estreito, para não tocar o corpo da irmã. Um resíduo da repugnância de toda coisa carnal, que precedera e seguira a aparição da criatura adorável, fazia-a estremecer nesse instante, ao menor contacto com os pés ou as mãos de Maria que dormia ao lado dela, respirando alto, quente como um animal cheio de vida. Demais, o seu próprio corpo a enchia de surpresa. Não lhe parecia seu, e sim uma coisa separada, estranha, que não lhe pertencesse mais do que o corpo da irmã. Oprimia-a por todos os lados a consciência vaga dum dever inevitável, superior às suas forças, um dever que ela não procurara e ao qual não podia furtar-se. Para se livrar dessa opressão, Bernadette concentrou a imaginação na dama. Cerrou as pálpebras, para a evocar em todos os pormenores: a alvura do vestido, o azul deslumbrante do cinto, a transparência do pescoço, os anéis dos cabelos sob o véu suntuoso, o sorriso claro e amigável, indizivelmente compreensivo, os pés leitosos descalços, com as duas rosas de ouro...

Quando, porém, julgava fácil reconstituir a imagem, viu-se envolta num vácuo negro. Não lhe era permitido rever, com a imaginação, o que lhe fora dado contemplar na realidade. Talvez não lhe fosse vedado sonhar com a dama. Com essa esperança, Bernadette procurava adormecer, esforçando-se por pensar noutras coisas. Lembrou-se da aldeia de Bartrès; de todos os objetos da casa rústica, onde vivera tanto tempo, de certos móveis dos Laguès, dos berços, das rocas. Contou a baixela de estanho; chamou os animais do rebanho pelos nomes que ela mesma inventava; recordou o cão, a que se afeiçoara e que morrera havia muito; reviu os prados de Bartrès, o regato, a colina de Orincles, a neve, a chuva, o sol. Procurou enfim tudo o que guardara na memória. Às vezes, o sono tomava conta dela, mas apenas alguns minutos. Acordando, Bernadette nada encontrava. A dama fugia-lhe, como se quisesse demonstrar, para prevenir equívocos, que era de essência bem diferente da dos sonhos.

Passava das onze, quando Maria acordou subitamente, ao sentir o travesseiro molhado. Voltando-se para a irmã, percebeu logo a causa.

— Mamãe... mamãe... — chamou, com a voz ansiosa com que procuramos acordar uma pessoa adormecida.

Luisa tinha o sono leve das mães.

— Que há? — respondeu logo. — Quem chamou?

— Bernadette está chorando, mamãe.

— Que dizes? Bernadette chora?

A voz abafada de Maria arremessava as palavras através do quarto.

— Oh! mamãe, Bernadette chora tanto!... O travesseiro está todo molhado!

Luisa levantou-se cautelosamente e acudiu a apalpar o rosto de Bernadette.

— Tens falta de ar, minha pobre pequena?

Bernadette comprimiu os olhos com as mãos fechadas e meneou a cabeça. A mãe procurou acalmá-la.

— Vem; conversemos um pouco.

Luisa deitou lenha ao fogo e sentou-se junto da lareira. Bernadette ajoelhou ao pé dela e escondeu a cabeça no regaço materno. A mãe alisou-lhe longamente os cabelos, em silêncio. Afinal, curvando-se muito, perguntou:

— Tens medo, minha filha?

Bernadette acenou negativamente.

— Tens medo da senhora de Massabielle?

A menina negou com energia.

— Estás vendo: tudo isso não passa dum sonho...

Bernadette levantou o rosto molhado de lágrimas; vendo a expressão apreensiva da mãe, tornou a negar com a mesma energia. Luisa sentia um doloroso aperto no coração.

— Minha pobre pequena, eu sei o que é isso; já tive a tua idade... Aos dezesseis anos, as meninas vêem coisas que nem existem. Mas tudo passa; esquece-se. A vida é muito difícil, para essas histórias. Já estás crescida, quase mulher; dentro de alguns anos, talvez tenhas marido e filhos como eu... Tudo corre mais depressa do que imaginamos, minha pobre pequena...

Bernadette tornou a esconder a cabeça e não respondeu.

Luisa refletia; apesar das suas palavras de consolo, estava firmemente decidida a pedir na manhã seguinte, no confissionário, a opinião do abade Pomian, do abade Penes ou do padre Sempets sobre a história da dama de Massabielle.

SEGUNDA PARTE

"QUEIRA A SENHORA TER A BONDADE..."

CAPÍTULO XI

A PEDRADA

Na escola das irmãs de Nevers, havia um grupo de sete ou oito alunas muito dedicadas, ou melhor: submissas à esperta e enérgica Joana Abadie. Pertenciam a esse grupo Aninhas Courrèges, a ruiva filha do secretário de municipalidade; Catarina Mengot, a que Jacinto de Lafite chamara a "ninfa deste chiqueiro", e finalmente Madalena Hillot, uma pequena alta, pálida e sardenta, dona duma linda vozinha que ela exibia em toda solenidade profana ou religiosa.

Nessa manhã, Joana foi a primeira que entrou na aula ainda vazia. Mal viu reunido o seu bando, disse em tom de mistério:

— Se vocês soubessem, queridas, o que aconteceu ontem, ficariam assombradas... Mas eu não posso contar...

— Então, porque nos fazer vir água à boca? — perguntou a positiva Catarina. — Acaso alguém te falou?

— Não se trata de mim, mas de Bernadette Soubirous.

— Pelo que pode haver com essa franga sem graça... — disse Catarina, encolhendo os ombros.

Joana Abadie, porém, comprazia-se em excitar a curiosidade das amigas...

— Dei a minha palavra a Bernadette. Jurar, não jurei. Tive este cuidado...

— Então, desde que não juraste — acudiu Aninhas Courrèges.

— Sim; se não juraste... —repetiram as demais, em coro.

— Desde que não juraste —decidiu Madalena Hillot — não é pecado.

— Cheguem-se mais, para que as outras não ouçam — disse Joana, baixando a voz a um murmúrio mal perceptível. — Bernadette viu, na furna de Massabielle, uma linda moça de vestido branco, cinto azul celeste e duas rosas de ouro nos pés. Eu e Maria Soubirous juntávamos lenha. Quando voltamos, Bernadette estava ajoelhada à beira do riacho. Não nos ouvia, e tinha um olhar esquisito!...

— E tu? Não viste a dama? — perguntaram as outras, ao mesmo tempo.

— Eu e Maria não sabíamos que ela estava ali, enquanto juntávamos os gravetos.

— Rosas de ouro nos pés... Quem será essa moça?

— Se eu soubesse, nossa Senhora! Quebrei a cabeça, a noite inteira a pensar nisso.

— Bernadette Soubirous te iludiu talvez, Joana, — ponderou Catarina.

Mas a ruiva Aninhas protestou com um gesto:

— Oh! Bernadette é muito tola, para mentir e enganar.

— Não; Bernadette não mentiu — confirmou Joana, com ar pensativo. — Precisamos apurar esse caso.

Sequiosas de sensações, as outras aprovaram a sugestão. Iriam todas a Massabielle, e ali tratariam de descobrir a estranha moça descalça.

— Estará lá a dama, quando formos? — perguntou Antonieta Gazalas, a filha do fabricante de cera.

— Se Bernadette viu alguma coisa, nós também veremos — sentenciou Catarina Mengot. — Não temos vista pior do que a dela.

Joana refletiu um instante.

— Ela tem de ir conosco — disse afinal. — Do contrário, a dama poderia ir-se embora.

Chegando nessa manhã à escola um tanto atrasadas, Maria e Bernadette viram-se rodeadas tumultuosamente pelas amigas de Joana.

— Então, que dama é essa? Dize, conta direito!... Onde estava ela?... Que foi o que notaste? Ela chamou-te? Movia-se?

Bernadette procurou o olhar de Joana.

— Oh! Porque me atraiçoaste, Joana?

Mais uma vez, porém, na sua pergunta havia antes alívio do que censura. Já eram muitos os que sabiam do que lhe acontecera: Maria, Joana, os pais, os tios Sajou, a senhora Bouhouhorts, o tio Bouriette e agora esse bando curioso e irreverente. Como desde os primeiros instantes da visão, um duplo impulso dominou Bernadette: guardar para si o seu segredo ou comunicá-lo a todos os conhecidos, levá-los todos à presença da aparição adorável, para que outrem pudesse como ela saciar os olhos na visão maravilhosa.

E este segundo impulso era talvez o predominante.

— Eu contei — justificou-se Joana — porque não tinha jurado e porquê se trata de coisa de importância. Queremos todas ir a Massabielle, para que a dama nos apareça.

— Julgas que nós também a veremos? — indagou Madalena Hillot.

— Provavelmente — replicou Bernadette. — Não posso dizer com certeza...

— Mas mamãe não quer que Bernadette volte a Massabielle — interveio Maria, assustada. — Ela bateu-nos. Papai zangou-se: e disse que, se Bernadette anda vendo damas descalças, só lhe resta ir-se com saltimbancos, pelotiqueiros de feira ou ciganos.

Joana examinava Bernadette com atenção.

— Mas tu irás a Massabielle, não é verdade?

Bernadette curvou a cabeça e não respondeu.

— A dama falou-te? — perguntou Catarina Mengot.

Bernadette não levantou os olhos.

— Não; ela não me falou; é a mais linda de todas as mulheres.

— Se é tão linda, talvez não seja criatura do bem — opinou Madalena Hillot, a pálida cantora.

— Foi o que eu disse comigo esta noite — declarou a prudente Joana. — É bem possível que a dama seja um ente do mal. E eu me lembrei de trazer da igreja no domingo, depois da missa cantada, uma garrafa d'água benta. Quando a dama estiver na gruta, Bernadette borrifa-a e diz: "Se sois de Deus, senhora, aproximai-vos; se fordes do diabo, retirai-vos." É assim que se faz. Parece-me coisa razoável, e nós apuraremos a verdade.

— Ih! estou arrepiada! — exclamou Aninhas. — Mas talvez a dama não seja do bem nem do mal e sim uma mulher verdadeira.

— Oh! bem verdadeira! — apoiou Bernadette, com entusiasmo.

— Aí temos o viveiro de patos reunido! — exclamou a voz da professora que entrara, sem ser vista. — E todos escutavam a sabedoria da nossa muito ilustre Bernadette.

Domingo.

Os sinos da pequena cidade já tinham anunciado nas alturas a elevação da hóstia. A missa cantada chegava ao fim. Bernadette e Maria assistiam, com as colegas, ao culto divino, sob a vigilância da irmã Vauzous. Francisco Soubirous trabalhava até ao meio-dia na cocheira de Cazenave. Justino e João-Maria tinham conseguido licença para brincar na rua.

Luisa estava sozinha no Calabouço, ao menos uma vez desocupada, isto é, entretida apenas em fazer meia. Assistira à missa das sete. Preferia não ir à missa cantada à qual os fiéis, que viviam em "melhores condições", costumavam comparecer satisfeitos e bem trajados. Ela não tinha o que vestir. Pertencia, pois, à classe ínfima e à primeira missa, celebrada por um dos capelães. Essa abstenção equivalia a uma renúncia voluntária, pois a missa cantada não era só um ofício divino e sim a exibição luxuosa da cidadezinha, após a uniformidade da semana. Os fiéis exaltavam-se ao som do órgão, entreolhavam-se, cumprimentavam-se, acenavam uns aos outros. O vigário Peyramale era um sacerdote majestoso; a sua voz poderosa penetrava nos corações, quando após o Evangelho ele dirigia a palavra aos crentes.

Luisa privava-se de assistir a essa missa, principalmente para não encontrar na igreja as irmãs mais abastadas. Bernarda Casterot, viúva Tarbes, o oráculo do parentesco, e Lucília, a velha solteirona, andavam sempre bem vestidas; e Luisa era demasiado altiva, para aparecer ao lado das outras duas como a ovelha preta da família, como uma Casterot degradada por uma sorte desfavorável. Bernarda, a irmã mais velha, inspirava-lhe respeito e deferência, mas ao mesmo tempo um ressentimento constante.

Nesse dia, porém, nessa manhã abençoada, Luisa sentia-se contente na sua solidão, não perturbada pelos filhos nem pelo marido que dessa vez, não vagueava pelos botequins, mas exercia como "funcionário da posta" — era assim que ele se denominava — uma ocupação decente. Cazenave dera-lhe já dez francos. Pagas as dívidas mais urgentes, Luisa pudera comprar, após longas semanas de privações, um pouco de carne. O "pot-au-feu" com hortaliças finas e cebolinhas verdes já exalava, no quarto, o seu cheiro apetitoso.

Demais, na véspera Luisa sossegara também a alma, aconselhando-se com o padre Sempet, confessando-lhe francamente os seus receios acerca de Bernadette e da pretensa dama. O padre Sempet, homem superior que não conhecia Bernadette, riu-se com bondade, e respondeu:

— Minha prezada filha, isso são criancices inocentes, com que um adulto não se deve preocupar.

E Luisa dera o caso por encerrado. Ainda assim, não se sentiu à vontade, quando ao fim da missa cantada viu aparecer à porta do Calabouço as filhas, no meio dum bando de condiscípulas, para lhe pedirem que deixasse Bernadette ir a Massabielle.

— Vocês estão doidas! — exclamou a mãe, contrariada. — Bernadette vai ficar em casa.

— Mas, prezada senhora — objetou Joana Abadie, como a razão personificada. — Nós queremos apenas convencer-nos do que há a respeito dessa dama.

Essas palavras inspiraram a Luiza outra idéia. No dizer do padre, o caso não passava de criancice com que uma pessoa ajuizada não se devia preocupar. Esse bando endiabrado nada veria na gruta e acabaria zombando de Bernadette. Esta se envergonharia das suas visões e estaria perfeitamente curada. Mas Luisa não quis revogar logo a proibição. Deixou que a rogassem um pouco. Por fim recorreu ao sistema costumado: invocando a autoridade paterna.

— Se vocês não têm outra diversão neste domingo, vão quanto quiserem a Massabielle; isto é: se papai permitir. Vai perguntar, Bernadette. Eu sou só a mãe. Tudo depende do pai...

Sem perda de tempo, as meninas precipitaram-se em direção à posta. Os casais endomingados, que já passeavam compassadamente, olhavam escandalizados a horda de raparigas que parecia correr a alguma festa.

No pátio grande da posta, deram elas com um grupo reunido em torno dum cavalo doente. Eram Cazenave, equipado como sempre para montar, Doutreloux, o servente recém-promovido a cocheiro, o veterinário, e finalmente Soubirous que trazia o animal pelo cabresto.

O veterinário apalpava o lombo do cavalo; encontrando uma leve contusão sob a coleira, ia tirar da pasta a lata da pomada, quando as meninas entraram no pátio; com as duas Soubirous, eram ao todo nove. Joana Abadie expôs o que ali as levava, num belo discurso, graças ao qual Cazenave, Doutreloux e o veterinário, que nada sabiam, se inteiraram da ocorrência milagrosa.

Soubirous bem gostaria de fazer calar a sirigaita. Um mal-estar surdo e colérico punha um nó na garganta do ex-moleiro. A seu ver, a história de Bernadette e da dama o tornava ridículo aos olhos de Cazenave e dos outros dois. Mal acabava de se erguer da inércia forçada, de tornar a subir, mediante um emprego estável, o primeiro degrau da escala burguesa, eis que a incomensurável parvoíce da filha lhe reduzia a frangalhos o recém-adquirido crédito de homem honrado entre homens íntegros!

Sem dar atenção às outras meninas, voltou-se, carrancudo, para as filhas.

— Que vêm procurar aqui? Já para casa? Não quero tornar a ouvir essa história!

— Mas, mas, meu velho! — riu-se Cazenave. — Porque queres privar essas mocinhas do seu divertimento domingueiro? Por quê? Crianças são crianças; deixa-as procurarem a sua dama onde quiserem.

Joana e as companheiras renovaram o pedido em coro. Só Bernadette se conservou calada.

— Que trazia nas mãos a tua dama? — perguntou Cazenave. — Um rosário, não?

— Sim, senhor; um rosário muito comprido, de grandes pérolas brancas.

— Estás vendo, Soubirous — insistiu o chefe da posta, diverrtido. — Quando uma senhora tem consigo um rosário, como todas as mulheres de Lourdes, podes deixar sossegadamente as tuas filhinhas tratarem com ela.

A intervenção do amo sempre tem de ser acatada. Soubirous resignou-se.

— Mas, dentro de meia hora estejam de volta! — advertiu ele.

— É absolutamente impossível, senhor Soubirous! — explicou Joana. — Vamos dar uma boa caminhada.

O chefe da família, desbaratado, obrigado a recuar, ainda resmungou:

— O almoço não espera!...

As meninas dispersaram-se, como um bando de perdizes no prado. O veterinário pensou a ferida no lombo do cavalo, com uma pomada preta. Minutos depois, Soubirous reconduzia o animal doente à estrebaria; e, enquanto lhe preparava palha fresca, surpreendeu-se, sentindo os olhos rasos de lágrimas. Ele mesmo não saberia dizer se chorava a derrota da sua autoridade paterna ou pelo pressentimento duma desgraça futura.

Chegadas à Ponte Velha, as colegiais puseram-se a discutir. Joana Abadie pretendia tomar o caminho mais curto para a ilha do Chalet; depois, através da pinguela do moinho de Nicolau, alcançariam a outra margem do Savy.

— Há dois dias, não pára de nevar e de chover — objetou Bernadette. — A comporta deve estar aberta e a pinguela, debaixo d'água. Vamos pelo monte.

— Ah! Ah! — zombou Joana. — O ovo não é mais esperto do que a galinha. Creio que poderias confiar em mim.

Bernadette insistiu. Formaram-se dois partidos. Naturalmente, a maioria apoiava Joana, chefe do bando. Acompanhavam Bernadette só Maria, Madalena Hillot e Antonieta Gazalas. Além da ponte separaram-se os caminhos e as facções.

— Veremos quem chega primeiro — disse a orgulhosa Joana certa da sua vitória, ao grupo adverso.

Bernadette pôs-se a correr, tão ligeira que as outras mal a podiam seguir. Dir-se-ia que uma rajada de vento a levava a Massabielle. Outrora, logo que apressava o passo, faltava-lhe o fôlego. Nesse momento nem se lembrava da asma. Maria tentou retê-la. Bernadette não a escutou.

Não duvidava absolutamente de que a dama já a estivesse esperando, com os seus pés de neve, à beira do rochedo. Talvez até já a impacientasse a sua demora, ou o frio úmido a fizesse sofrer. Nuvens de cerração adejavam no vale. Bernadette tomou-se de extremo cuidado pelo bem-estar físico e moral da dama. Não pensava nas companheiras; pouco se lhe dava também que a formosa senhora permitisse ou não que elas a vissem; tampouco pretendia convencer quem quer que fosse da realidade da dama. Para Bernadette nada era mais real. As condiscípulas arquejavam e gritavam atrás dela. A menina, porém, estava sozinha, solitária como só pode estar um ser transbordante de paixão. Percorria nesse instante o atalho do Monte das Espeluncas, no trecho perigoso que orla o alto da gruta. Cerrando os olhos, pulava de pedra em pedra. Mais um salto, e alcançou solo. Parou então um instante, entre os seixos da furna; respirou profundamente, comprimiu o peito com a mão, concentrou-se e levantou os olhos para o nicho...

As três pequenas, que desciam penosamente o último trecho da ladeira, ouviram-na gritar:

— Ela está ali! Sim; ela está ali!...

Encontraram Bernadette com a cabeça deitada para trás, os olhos arregalados, fixos na ogiva vazia, murmurando maquinalmente:

— Ela está ali... Ela está ali... Ela está ali...

As outras acotovelavam-se junto de Bernadette, gaguejando a custo:

— Onde está ela? Onde a vês?

— Ali em cima. Não vêem como ela cumprimenta?

E Bernadette fez conscienciosamente a sua mesura de colegial.

— Eu vejo só o buraco escuro — disse Antonieta Gazalas. — No fundo, há uma grande pedra. Dali não pode sair ninguém.

— Eu não vejo nada — acudiu Maria, esforçando-se por enxergar.

— Ela as viu, ela as viu! — sussurrou Bernadette. — Abaixou a cabeça para cumprimentá-las. Respondam ao cumprimento!

— Não podemos chegar mais perto? — assobiou Maria.

Bernadette abriu os braços, em sobressalto:

— Não, não! Pelo amor de Deus, não dêem nem mais um passo!

— Dessa vez, a venturosa sentia-se demasiado próxima da que a agraciava com a bem-aventurança. No primeiro encontro, separava-as uma distância regular: toda a largura do riacho. A dama tivera de se aproximar sucessivamente, para oferecer o rosto à contemplação da eleita. Nesse domingo, ficava-lhe pelo contrário ao alcance da mão. Equilibrando-se numa das pedras, sob a parede rochosa, e estendendo o braço, Bernadette chegaria quase a tocar os pés descalços, as duas rosas de ouro. Mas ficava chumbada ao solo, para não importunar a dama com a sua presença rude e vulgar.

Com grande satisfação da menina, a jovem senhora não mudara de vestido, embora tivesse decerto à sua disposição um riquíssimo guarda-roupa. O esquisito estofo branco caía em pregas suaves, envolvendo-lhe o corpo delicado. O véu transparente descia-lhe sobre os ombros, e era de ver o modo como a brisa brincava com ele. A dama lembrava uma noiva eterna, sempre diante do altar, pois nunca tirava o véu. Admirava que, no meio do seu esplendor, não denotasse a menor contrariedade, vendo Bernadette em companhia dessas estouvadas. Dir-se-ia até que ela achava louvável a indiscrição da menina. Fosse como fosse, não se mostrava descontente com a sociedade que a cercava; de quando em quando, dirigia a Maria, a Madalena e à Antonieta, um olhar amigável e animador.

De súbito, Bernadette ouviu atrás de si a voz abafada de Madalena.

— Agora toma isto: borrifa-a e dize-lhe o que combinamos.

Bernadette segurou a garrafa que Madalena Hillot enchera na pia da igreja. Mais por uma fraqueza de menina do que por impulso próprio, fez o que lhe fora sugerido: borrifou levemente, à altura do nicho um pouco de água benta e disse, hesitando:

— "Se sois de Deus, senhora, chegai-vos, por favor..."

E interrompeu-se, tremendo. Nunca seria capaz de completar a frase odiosa. Mas provavelmente a dama nem isso levaria a mal. A fórmula do esconjuro acentuara-lhe o sorriso. E eis que ela, obedecia francamente à exortação, adiantando-se para fora da ogiva com os pés miúdos e imaculados. Qualquer criatura material perderia ali o equilíbrio. A dama, porém, estendeu as mãos, num gesto largo. Bernadette tornou a sentir o bem-estar tremendamente suave, sonolência profunda, cujo despertar era acordar num mundo irreconhecível. E foi a sensação desse despertar que a encheu de receio, quando já sem fala ela caiu de joelhos no estendal de seixos.

No mesmo instante Joana, seguida pelas cinco amigas, aparecia na orla abrupta da furna. Agarrando-se a um galho, curvou-se de lá para espreitar se a facção contrária já estava em ação. Dessa vez, a vaidosa saíra-se mal. Como bem previra Bernadette, a pinguela estava realmente intransitável. O grupo tivera de voltar atrás e seguir o rasto das mais avisadas.

Joana enfurecera-se ao verificar que Bernadette calculara acertadamente. Ela era, em verdade, amiga da pequena Soubirous; mas sempre com a condição de ser a mais inteligente, a mais viva, a mais experiente, e compadecer-se da estupidez, da inexperiência e da incapacidade da outra. Desde a última quinta-feira, essas condições tinham-se invertido. Joana sentira Bernadette fugir-lhe; a sua vontade imperiosa já não a alcançava. E ainda em cima cumpria-lhe ouvir a voz adocicada da jovem Hillot, costumada a choramingar uma "Ave-Maria" atrás de outra, provavelmente às ordens de Bernadette. Isso mergulhou a jovem Abadie num estado de rancor e de desespero que ela própria desconhecia. Já nem conseguia medir os seus atos.

— Não se assustem! — gritou às outras.

E, apanhando uma pedra de tamanho e forma semelhante a um crânio humano, atirou-a para baixo. O perigoso projétil passou rente a Bernadette ajoelhada nos seixos. As meninas gritaram, aterradas. Só Bernadette não se moveu.

— Apanhou-te? Estás salva? — gritou-lhe a irmã sacudindo-a.

Não obteve resposta. Então o bando todo acudiu junto da companheira ajoelhada e, olhando-a de frente, verificou que as feições de Bernadette Soubirous não eram o rosto de Bernadette Soubirous. Podia ser o mesmo contorno arredondado, a mesma testa lisa, a mesma boca entreaberta; mas a criatura que fitava esse olhar extático no nicho era um ser estranho e não a irmã de Maria Soubirous. Os olhos estavam parados, como para não encobrir, embora só por segundos, a imagem que contemplavam. As pupilas apareciam dilatadas e mais escuras; o branco dos olhos, mais brilhante. A epiderme do rosto tornara-se tão tensa, que os ossos das faces e das têmporas ressaltavam. Demais, essas feições já não eram as duma criança nem ainda um rosto de mulher. Eram uma fisionomia de mártir bem-aventurada que concentra em si todas as dores do mundo, antes de expirar. Não se lia nelas propriamente o sofrimento, mas antes uma expressão ao mesmo tempo resignada e superior. O que mais aterrou Maria foi a cor cadavérica do rosto que perdera todo o sangue e adquirira, em troca, uma nova e assombrosa beleza.

— A pedra matou minha irmã! — gritou Maria a Joana que já se precipitava, encosta abaixo, com o seu bando.

As meninas agruparam-se, aflitas, em torno de Bernadette imóvel. Formavam, porém, um círculo amplo; nenhuma se atrevia a tocá-la.

— Não foi nada — articulou Joana, pálida de susto. — Culpada é a dama. Tragam água, que ela volta logo a si.

Mas, embora a aspergissem com água do Savy, Bernadette não recuperava a consciência. As outras perderam a calma. Choramingando: "Mamãe, mamãe", Maria correu a prevenir Luisa. Joana e Catarina lembraram-se de pedir socorro ao moinho de Savy. As outras ficaram exortando Bernadette a falar, sem ousarem aproximar-se, com medo dela e do estado em que a viam. Duas camponesas de Aspin-les-Angles, que passavam carregadas de fardos, desviaram-se do caminho, associaram-se ao grupo, sacudindo a cabeça, e inteiraram-se da história de Bernadette e da dama, com as interjeições mais admirativas. Quem seria essa dama? As boas mulheres entreolharam-se, com os olhos arregalados de espanto.

Acudiram finalmente a senhora Nicolau e Antônio, o moleiro. Ouvindo falar dum desmaio, a velha trouxera cebolas descascadas e mantinha-as sob o nariz de Bernadette. Esta, porém, limitou-se a voltar a cabeça para outro lado, sem desviar o olhar cravado no nicho. Por seu turno, Antônio curvou-se sobre a menina ajoelhada, julgando-a absorta em fervorosa prece.

— Vem, Bernadette — disse meigamente. — Agora basta; vamos para casa.

Como não obtinha resposta, procurou fechar com a mão rude os olhos da mocinha. Mais facilmente conseguiria essa mão pesada de trabalhador apagar um lampião do que cerrar esses olhos cristalinos, imediatamente reabertos. Sem hesitar mais, Antônio Nicolau suspendeu Bernadette e levou-a nos braços ao moinho. Em todo o trajeto, ela não perdeu o sorriso extático pelo qual, através das feições bondosas do moço, continuava ligada à dama.

O estranho cortejo formado pelo moleiro com a menina nos braços, pelas colegiais alvoroçadas, pelas camponesas com os seus fardos e pela velha moleira que os seguia arquejando, atraía os que ali andavam a espairecer nessa manhã de domingo. Já antes de alcançar o moinho de Savy, juntara-se extensa procissão. Uns perguntavam, informavam-se, surpreendiam-se, discutiam; outros riam-se. E logo se formou uma opinião: a pequena Soubirous perdera o juízo.

Antônio deitou Bernadette na grande poltrona, perto da lareira. A sala encheu-se de gente. A senhora Nicolau foi buscar uma caneca de leite para reanimar a menina que, a seu ver, estava sem sentidos.

Todavia o estado de Bernadette nada tinha de comum com um desmaio. Ela não perdera a consciência; concentrara-a, por assim dizer, com intensidade sobre-humana nessa contemplação extasiada, de tal modo que tudo o mais lhe chegava como as manifestações dum mundo extremamente afastado e indiferente. E ela voltou a si não aos poucos, mas de improviso. Como se uma labareda devoradora lhe varresse o rosto, em que se estampara a expressão de mártir bem-aventurada, as suas feições recobraram a aparência pueril, o olhar vago, um tanto embaciado e apático.

— Muito obrigada, senhora — disse Bernadette em tom calmo, rejeitando a caneca de leite. — Não preciso de nada...

Espocaram perguntas de todos os lados:

— Que houve?... Que te aconteceu?... Que foi o que viste?...

— Oh! nada — replicou a menina, com indiferença. — É que a dama esteve muito tempo ali...

Essas duas frases traíam a evolução que se operara entre Bernadette e a dama. As suas relações já se haviam tornado íntimas e relativamente antigas. O primeiro êxtase, livre de constrangimento, convertia-se em expansão constante. A dama já não era para a menina um prodígio que se desvanece e sim um bem real.

Bernadette encarava as pessoas presentes, deixava-as falarem e perguntar, sem abrir a boca. Antônio que não a perdia de vista acudiu em seu auxílio.

— Não vêem que ela está cansada? Bem poderiam deixá-la em paz!

Mas Bernadette não estava cansada; o seu silêncio derivava do remorso crescente que lhe causava a lembrança dos pais. Não os atraiçoava ela, querendo cada vez mais à dama? Que diria a mãe, do seu comportamento?

Entretanto Luisa e Maria Soubirous percorriam afanosamente o longo caminho do Calabouço a Massabielle. Ainda aquém da serraria, toparam com a tia Piguno. A tia Piguno já estava a par de tudo: Bernadette encontrava-se, sã e salva, no moinho de Savy. Que rapariga! Depois de orar, na furna imunda, a uma dama formosa mas invisível, deixara-se carregar nos braços de Antônio, esse rapagão valente, sem tugir nem mugir!

— Sossega, querida prima — concluiu a tia Piguno, à guisa de fecho consolador. — Não há quem possa com os filhos...

O rosto de Luisa alterou-se. Da narração confusa de Maria, ela argüira que Bernadette devia estar morta ou, ao menos, em perigo de vida. E agora, sofria o vexame de ouvir contar assim as façanhas da filha mais velha! Por isso abandonara ela o "pot-au-feu", o primeiro almoço substancial de tantos dias. Por isso o pobre Soubirous, quando voltasse do seu penoso serviço, viveria momentos de angústia e teria de se contentar com um pedaço de pão.

— Espera que eu te mostrarei! — resmungou Luisa, apressando o passo.

À vista da aglomeração em frente do moinho, a pobre mãe corou de vergonha. E, quando viu a filha, troneando na poltrona como uma princesa, cercada dum grupo solicito, não pôde conter a indignação:

— Tens coragem de incomodar tanta gente, idiota?

— Eu não disse a ninguém que viesse! — replicou Bernadette, sem faltar à verdade.

Era, porém, uma das respostas que se diriam feitas de propósito para irritar a mãe ou a professora.

— Tu nos tornas ridículas diante de todos! — gritou Luisa, exasperada, pronta a esbofetear a filha.

A senhora Nicolau segurou-lhe o braço.

— Porque vai dar nessa menina? Afirmo-lhe, diante de Deus, que ela é um anjo...

— Um anjo ! Que anjo! —escarneceu Luisa.

— É que a senhora não a viu ainda há pouco — interveio Antônio. — Ela estava linda como...

À falta duma comparação adequada, o rapaz hesitou um instante; mas concluiu com esta frase ambígua que ficou pairando silêncio da sala:

— Ela parecia uma defunta...

A essas palavras, a pobre Luisa, alma fraca, agitada por emoções desencontradas, sentiu um choque no coração. Não estava ali para corrigir Bernadette; viera, cheia de angústia, receando pela vida dela. Cedendo à mesma angústia, deixou-se cair num banco e disse, chorando:

— Oh! meu Deus, não me tires a minha filha!...

Bernadette levantou-se, dirigindo-se calmamente para a mãe e tocou-lhe o braço:

— Vamos, mamãe; talvez cheguemos antes de papai.

Mas, nesse momento, o honrado Soubirous, o almoço, nada interessava já Luisa.

— Não saio daqui — gemeu ela — se Bernadette não prometer, diante de todos, que não voltará a Massabielle... nunca mais.

— Promete a tua mãe — aconselhou a senhora Nicolau. — Esses abalos fazem mal; podes adoecer.

Cruzando convulsivamente as mãos geladas, Bernadette murmurou:

— Prometo, mamãe, que não voltarei a Massabielle...

Mas, com a astúcia desesperada do amor, apressou-se a emendar:

— A não ser que tu mesma dês licença...

Os Nicolaus ficaram sozinhos. Antonio acendeu o cigarro dos domingos.

— Que dizes a isso, mãe? — perguntou ele.

— Não me agrada a pequena — suspirou a velha. — Essas coisas são maus sinais... Meu Deus! E os pais são gente sadia, modesta...

O rapaz levantou-se, atravessou a sala, deitou sem necessidade uma acha ao fogo, e comentou:

— Nunca vi nada mais lindo do que o rosto dessa menina ajoelhada; nunca verei talvez coisa mais bela...

Estremecendo quase à lembrança de que a tivera nos braços, concluiu:

— Não se deve atormentar uma criatura assim.

CAPÍTULO XII

AS PRIMEIRAS PALAVRAS

Dera-se pois por terminado e enterrado o caso de Bernadette com a dama. No Calabouço, timbravam todos em evitar qualquer alusão a esse fato. Embora corressem na cidade inúmeras versões, espalhadas pelas colegiais, Francisco Soubirous comportava-se como se pertencesse ao resumido número dos que ainda não tinham ouvido falar do estranho sucesso de que sua filha fora o centro. Embora livre da preocupação das necessidades comezinhas, o ex-moleiro denotava funda perturbação. Entrava e saía, sem uma palavra. À noite, ficava com os cotovelos obstinadamente fincados na mesa; e até quando se entregava ao sono, muitas vezes — como é notório — em pleno dia, fazia ouvir um ressonar queixoso.

Todas essas manifestações impressionantes visavam apenas a extinguir radicalmente em Bernadette qualquer veleidade de reincidência. Soubirous lembrava um burguês austero, revoltado contra o destino que lhe atrapalhava, com uma diabrura insólita, o curso ordinário da existência.

Por outro lado, Luisa tratava Bernadette com uma brandura e uma atenção que contrastavam com a sua índole ríspida. Oferecia à filha pequenos presentes; animava-a com palavras, sem tocar na ferida, pois avaliava bem o sacrifício que Bernadette fazia à família. Nessa semana, dispensara-a até de ir à escola. Com todas essas condescendências, esperava delir aos poucos, na alma perturbada da filha, a lembrança da dama.

Aparentemente, Bernadette não notava as ternuras da mãe nem a sombria tristeza do pai e menos ainda a curiosidade dos dois pequenos. Alegre e sossegada, cuidava mais do que dantes da lida caseira. Evitava, no entanto, encontrar-se com os vizinhos e raramente abria a boca. Certa vez, Maria aludira à dama da gruta. Bernadette saíra do quarto, sem lhe responder. O seu coração sangrava dia e noite; não tanto, na verdade, pela inibição de ver a dama, quanto à idéia de que a criatura cheia de graça a esperava em vão horas inteiras, em pleno inverno, descalça e com roupas tão leves. Bernadette sofria os tormentos da apaixonada fiel que a força das circunstâncias priva de ir ao encontro almejado. A sua única esperança era que uma pessoa distinta e inteligente como a dama não ignorasse o seu constrangimento. Com a alma dilacerada, a menina esforçava-se por desejar que a bela senhora não se lhe conservasse muito fiel e que cansada de prodigalizar inutilmente as suas provas de amizade, esquecesse afinal a pequena Bernadette Soubirous. Iam obstar a que isto acontecesse a senhora Millet e a senhorita Antonieta Peyret.

A viúva Millet regressara de Argèles, na tarde de domingo. Mal chegou, foi informada por Felipe e pela cozinheira do estranho acontecimento da gruta: a jovem Soubirous, a filha da lavadeira, tivera ali uma aparição — a visão duma linda moça descalça. À vista da bela desconhecida, a pequena vidente caíra num êxtase semelhante ao que soem representar as imagens sacras. Decorrera quase uma hora antes que Bernadette despertasse desse enlevo e recobrasse a consciência.

A novidade assombrosa era água para o moinho metafísico da senhora Millet, a austera devota, cuja curiosidade indiscreta pelo mundo dos espíritos suscitava a reprovação do alto e baixo clero.

Nessa noite, a viúva não conseguiu dormir. Tinha constantemente ante os olhos a sua sobrinha Elisa Latapie, a pobre e meiga criança que se criara na sua casa, e dali partira para o Além, na flor dos seus vinte e oito anos.

Oh! como lhe parecia deserta agora a vasta habitação, que o finado Millet construíra quarenta anos antes, esperando em vão um bando de filhos! A senhora Millet consagrava um culto apaixonado à memória de Elisa; conservava-lhe o aposento como se ela estivesse para voltar duma hora a outra. Todos os objetos ficavam nos seus lugares; os livros, as bonecas da infância, a cesta de costura, o bastidor, as caixas de confeitos com guloseimas ressequidas e, no armário, cuidadosamente arrumado, a roupa branca, o calçado, os vestidos.

Nessa noite de insônia, a senhora Millet enrolou o corpo enorme numa capa de peles e passou bem uma hora no quarto gelado de Elisa. Ela ansiava por uma mensagem que a informasse do estado da filha adotiva e ao mesmo tempo lhes assegurasse a ambas uma reunião feliz, embora remota. A viúva conseguiu efetivamente ver com os olhos da alma a sua Elisa, mais viva do que dantes; a moça aparecia-lhe no trajo de gala de presidenta da união das Filhas de Maria, um suntuoso vestido de cetim branco, ornado de rica faixa azul. Antonieta Peyret, a costureira, copiara-o dum modelo de Paris; e, como se tratava duma querida irmã de sodalício, não aceitara pelo feitio senão quarenta francos, o puro custo da mão de obra.

Ao amanhecer, a senhora Millet chegara a uma conclusão inabalável: a jovem dama que aparecera à pequena vidente não podia ser senão a sua idolatrada sobrinha, no vestuário de gala de presidenta das Filhas de Maria.

O mais curioso é que, na segunda-feira, Antonieta Peyret se compenetrou da mesma idéia e, à hora do Angelus, apressou-se a procurar a sua favorecedora e amiga.

Antonieta Peyret era ainda moça, mas feia e desengonçada. No seu rosto comprido, sobressaíam os olhos, muito brilhantes. Filha dum oficial de justiça, conhecia as fraquezas mais lamentáveis da vida e dos homens. Raciocinando, tirara as mesmas conseqüências que a senhora Millet.

Que significavam os pés descalços da aparição? Era evidente: o estado de expiação por que a alma pura da filha de Maria, Elisa Latapie, também tinha de passar, como todo mortal chamado à outra vida. Os penitentes andam descalços. No purgatório, não há, provavelmente, sapatos nem tamancos. A sobrinha da opulenta viúva Millet era uma pobre alma que necessitava das preces dos parentes e amigos, para abreviar o seu doloroso estágio de expiação. Eis o motivo por que aparecera à pequena Soubirous, justamente num lugar bem apropriado para servir como entrada do purgatório.

Quem podia saber, porém, se Elisa Latapie não teria de transmitir à sua bondosa tia e, secundariamente, às suas amigas eleitas, algum desejo pessoal, algum recado? A senhora Millet e a senhorita Peyret fecharam-se no quarto da finada. Assentada aquela teoria, cumpria determinar a prática oportuna. O lacaio Filipe, habituado havia um decênio ao "nós", majestático, muito estranhou essa conferência secreta.

Na quarta-feira, às quatro horas — quis a sorte que só Luisa e Bernadette estivessem em casa — o calabouço recebeu uma visita de cerimônia.

Felipe entrou primeiro e pousou na mesa um cesto com dois frangos assados e duas garrafas de vinho de sobremesa, acondicionados da maneira mais apetitosa, Ao contrário das outras vezes, inclinou-se respeitosamente e anunciou à senhora Soubirous a presença da senhora Millet, que lhe vinha no encalço. Luisa olhou, espantada, o presente e o criado. Ao cabo de dois minutos, a gorda viúva barafustava no recinto que, para ela, sempre fora uma prisão acanhada. Logo atrás, apareciam os ombros magros da costureira.

O espetáculo dessa miséria negra impressionou penosamente a rica proprietária.

— Minha boa mulher — começou ela. — Desta vez eu mesma vim procurá-la. Não me agradeça essa ninharia. Tenho até a intenção de lhe pedir que vá ajudar-nos todas as quartas e sábados, afora o dia de barrela. A minha casa, infelizmente, é tão grande...

Luisa não entendia absolutamente a que devia esse favor excepcional. A senhora Millet não era em verdade mesquinha, mas muito minuciosa. E que serviço podia haver, justo céu, numa casa como aquela, resguardada do menor grão de pó? Dois dias de trabalho por semana, seriam pelo menos quatro francos ou dezesseis francos por mês — uma riqueza! E isso dito, logo à entrada! Que se esconderia debaixo dessa proposta? Submissa e desconfiada, Luisa espanou duas cadeiras e apresentou-as em silêncio às visitas. Bernadette ficou de pé à janela pequena, com o rosto inteiramente na sombra, mas o cabelo cheio de reflexos fulvos. O sol de inverno, quase no ocaso, livrara-se das nuvens e inundava o pátio do Calabouço.

— Tem uma linda filha, minha boa Luisa — suspirou a viúva. — Uma criança diferente das outras... Você deve ser muito feliz...

— Cumprimenta as senhoras, Bernadette — disse Luisa.

A menina estendeu, calada, a mão às duas damas, e voltou ao seu posto de observação, ao pé da janela. A senhora Millet enxugou os olhos com um lenço de renda.

— Eu também tinha uma filha... Sem ser minha propriamente, era mais do que isto. Você sabe... Elisa morreu como uma santa, como uma verdadeira mártir. O vigário Peyramale escreveu até a sua reverendíssima o senhor bispo de Tarbes, a respeito dessa morte, que bem poderia servir de exemplo...

— Justamente por isso viemos à sua casa, senhora Soubirous — acudiu a positiva Antonieta, interrompendo a cliente chorosa.

— Sim; fale você, prezada Peyret — concordou a viúva. — Fale; eu não posso...

A filha do oficial de justiça começou logo, com o seu jeito profissional, a expor a sua teoria sobre a dama de Bernadette. Não podia haver dúvida. Os pés descalços, a identidade do trajo, que ela mesma cosera, provavam que a desconhecida de Massabielle não podia ser senão Elisa Latapie, tão cedo arrebatada ao carinho dos seus, no penoso estado de alma do purgatório. Elisa escolhera a menina Bernadette Soubirous, para sua intermediária entre este mundo e o outro, afim de transmitir desejos e recados importantes à sua bondosa tia e mãe adotiva. Tal era o sentido claro da visão de Bernadette. A senhora Soubirous devia permitir que a filha cumprisse a sua missão até o fim, comunicando fielmente os pedidos da finada, para que a pobre alminha pudesse enfim descansar.

Luisa, quase fulminada, não se atrevia a levantar a cabeça.

— Mas tudo isso... é, por assim dizer, uma loucura...

— Realmente, daria para enlouquecer — soluçou alto a senhora Millet.

Antes de chegarem as visitas, já se haviam passado entre mãe e filha coisas singulares, sem que elas trocassem uma só palavra. Luisa, penalizada pelo silencioso abatimento de Bernadette, quase dissera à menina que, no domingo, podia voltar à gruta. E Bernadette estivera prestes a atirar-se à mãe e suplicar:

— Deixa-me ir! Oh! deixa-me ir!

Mas, nesse momento, ressurgia no coração da mãe o receio, a repugnância.

— Tem de ser, naturalmente, quanto antes — advertiu a costureira.

Luisa pensou nos dezesseis francos mensais; mas ocorreu-lhe também que exporia a filha a perigo de vida, se a deixasse entregar-se de novo àquele estranho êxtase. Tentou, pois, conseguir uma dilação:

— Antes de domingo não será possível...

— Está combinado — acudiu a viúva, receando que a outra voltasse atrás.

— Não, não! Meu marido não permitirá...

— Isto não são histórias para homens. Os homens não entendem destas coisas — atalhou a experiente senhora Millet.

— Haverá quem conte tudo ao marido? — zombou Antonieta.

— Minhas senhoras, eu não posso realmente admitir... Ponham-se no lugar duma mãe... Querem que Bernadette adoeça, que todos se riam dela? Eu, a mãe, não posso consentir nisso...

A obesa Millet endireitou-se altivamente:

— Eu também sou mãe, minha amiga, isto é, mais do que mãe! Eu também tive uma filha do meu coração, que muito sofreu. Quando me lembro do que deve ter penado essa filha, no longo caminho para chegar até aqui, sinto um gelo nos ossos... Não a obrigo, senhora Soubirous. Quando eu puxar a porta atrás de mim, a responsabilidade será toda sua.

— A minha cabeça... É demais para a minha cabeça!... — gemeu Luisa.

— Que diz a isto a nossa querida Bernadette? — insinuou a costureira.

A menina continuava de costas para o sol do ocaso, que lhe flamejava nos cabelos; sentia o corpo tenso, como se andasse nas pontas dos pés; parecia-se, por assim dizer, com um saltador, ao lançar-se no espaço. Que pretendiam a gorda Millet, a antipática Peyret? Que história absurda era essa da pobre alma do purgatório? Bernadette só compreendia uma coisa: a sua deliciosa dama queria vê-la e era ladina a ponto de lhe facilitar nova entrevista. Nem para outra coisa enviara ali essas mulheres.

Foi, portanto, com uma voz macia, cantante, certa da vitória, que Bernadette respondeu:

— Mamãe é que deve resolver.

Nesse domingo, o encontro decorreu em circunstâncias muito outras do que nos dois precedentes. Antes de tudo, Bernadette não se sentia livre como então, pois a senhora Millet a incumbira duma missão penosa. Nesse dia não teria tempo de se absorver absolutamente na formosura da dama. Ainda no começo desse grande amor, vinha o mundo intrometer-se na união que deveria excluir todo elemento profano.

A dama já estava presente, embora mal houvesse dado seis horas — Luisa exigira que a excursão se realizasse ao raiar do dia, para prevenir os basbaques. Que singular atenção a da favorecedora, esperando a favorecida, quando justamente o inverso é a norma que rege os encontros mundanos! Bernadette ajoelhou-se numa pedra esbranquiçada, menos com o intuito de rezar do que de se confessar. As palavras jorravam-lhe do coração sem, no entanto, lhe saírem dos lábios.

— Perdoe-me, senhora, o ter faltado tanto tempo. Mas tive de prometer a mamãe, no moinho de Savy, que nunca voltaria à gruta. E sentia tanto que a senhora esperasse, com este mau tempo!

A dama sossegou-a com um gesto afável, como se quisesse dizer:

— Não se preocupe, filha; eu estou habituada a esperar os meus, com qualquer tempo.

— Hoje também não vim sozinha; desculpe-me, senhora — continuou Bernadette, no seu discurso mudo. — A senhora Millet e a senhorita Peyret, — a costureira, sabe? — acompanham-me. Quero dizer: foi por elas que mamãe me deixou voltar. Mamãe se lembrou dos quatro francos por semana, que a senhora Millet lhe pagará pelo serviço; e, como desde sexta-feira passada papai trabalha na posta, poderíamos viver um pouco mais folgados. Vim na frente, para lhe contar depressa tudo isto. A viúva Millet é velha e gorda — a senhora decerto já sabe — e não pode correr como eu. Infelizmente, as duas já vêm chegando. Não leve a mal o que elas inventaram, por favor! Eu sei que a senhora não é Elisa Latapie nem uma alma do purgatório...

A dama acenou-lhe, sorrindo, como para exprimir:

— Não tenha cuidado! Nós nos desobrigaremos com a senhora e a senhorita. O importante é que mamãe lhe tenha dado licença...

Nesse momento, ouviu-se a voz de Antonieta Peyret:

— Cuidado, minha querida! Agarre-se à minha mão. Mais um passinho... outro... Pronto! Cá estamos.

Bernadette percebeu a respiração ofegante da viúva.

— A dama está ali em cima — avisou, baixinho, sem desviar os olhos do nicho — Ela já as cumprimentou.

— Ah! minha pobre e meiga Elisa! — gaguejou a senhora Millet. — Eu não te vejo! Porque não te posso ver? Como passas aí?

Ditas estas palavras, acendeu com os dedos hirtos o círio que trouxera — a primeira vela de Massabielle. Depois, por mais que lhe custasse, dobrou os joelhos, ergueu as mãos cruzadas e implorou com voz trêmula:

— Fala-me, Elisa... Uma palavra só... Dize uma palavra!

Antonieta Peyret sentia já certa desconfiança. Ouvira contar que, em presença da dama, o rosto da pequena Soubirous se transfigurava numa beleza sobre-humana, a ponto de, ficar irreconhecível. Nada disso aconteceu. As feições de Bernadette continuavam terrestres e vulgares como sempre. A costureira tocou, com os dedos ossudos, as costas da menina ajoelhada.

— Dize só a verdade, ouves? Só a verdade pura! Do contrário, serás castigada.

— Eu não disse nada que não fosse verdade — replicou Bernadette, sem se voltar.

— Silêncio! — murmurou Antonieta. — Reza o teu terço!

Bernadette puxou docilmente o rosário e pôs-se a desfiá-lo, distraída. Mas logo após as primeiras "Aves", a filha do oficial de justiça tirou da bolsa a caneta, um tinteiro e uma folha de papel almaço. Seguro é seguro. Antonieta queria levar dali um documento — preto no branco.

— Toma; chega-te à dama e pede-lhe que escreva, bem claro, os seus desejos e as suas queixas e quantas missas quer! A querida tia Millet fará tudo o que estiver ao seu alcance...

Sempre obediente, Bernadette recebeu pena e tinta e aproximou-se da dama, ao pé do rochedo. Subindo a uma pedra, levantou a caneta e o papel à altura do nicho e ficou esperando. Essa atitude era tão verídica e impressionante, que as duas mulheres estremeceram, à sensação de terem sob os olhos um milagre tal, como ainda não fôra dado ver no mundo.

A senhora Millet vivia possuída da necessidade contínua de manifestações e prodígios ultraterrenos. Quando, porém, como nesse momento, lhe era concedido presenciar um desses fatos, sentia o coração esmorecer e um arrepio gelar-lhe o dorso. Apressou-se, pois, a sair da gruta, seguida pela costureira, e ajoelhou-se à possível distância do milagre, à beira do regato, clamando com voz chorosa:

— Escreve-me tudo, Elisa... Por ti, nada pouparei...

Ao cabo dum instante, Bernadette saiu da gruta e, com uma expressão serena e compreensiva, estendeu a Antonieta a caneta, o tinteiro e a folha de almaço.

— O papel vem vazio! — gritou a costureira, no tom do juiz que já descobriu a verdade.

— E que disse a dama? — perguntou a viúva, ao mesmo tempo descontente e aliviada.

— Ela sacudiu a cabeça e riu-se — replicou Bernadette.

— A dama riu-se?

— Sim; riu-se um pouco...

— Muito interessante! — sibilou a costureira. — A tua dama também sabe rir-se! Eu não creio que as pobres almas do purgatório se riam... Agora volta lá, e pergunta-lhe como se chama...

Dócil como sempre, Bernadette tornou a entrar na furna, contrariada por ter, nesse dia, de importunar a dama com tantas asneiras. Mas a bela jovem parecia dotada duma paciência inexaurível, pois mesmo nesse dia inclemente de fevereiro permanecia ali, imóvel no seu esplendor.

— Desculpe-me por favor, senhora... É que essas duas mulheres querem saber o seu nome...

O rosto da dama tomou a expressão distante da personagem principesca, diante da qual acaba alguém de incorrer numa falta de tacto.

Bernadette ajoelhou-se e tomou o rosário. Finda a oração percebeu que o sorriso voltara às feições da dama. E, pela primeira vez, a voz desta soou ao ouvido da menina — uma voz quase demasiado grave numa criatura tão jovem:

— Queira a senhora ter a bondade — dizia ela — de voltar aqui, todos os dias, durante uma quinzena.

Não falava em bom francês e sim no dialeto de Béarn e de Bigorre, a língua usual de Bernadette e da sua família. Demais, para traduzirmos exatamente, a dama não dissera "bondade" — "boutentat" — e sim "favor" — "grazia".

Seguiu-se uma longa pausa, após a qual a desconhecida acrescentou, em voz abafada, esta outra frase:

— Não posso prometer que a tornarei feliz neste mundo. Só no outro...

Quando, depois dessa conversação concludente, Bernadette tornou a sair da gruta, já se agrupavam, em torno da senhora Millet ajoelhada e da sua vela acesa, várias pessoas: a senhora Nicolau e o filho, Maria, Joana Abadie, Madalena Hillot e especialmente alguns camponeses do vale de Batsuguère, onde o boato da aparição em Massabielle suscitara verdadeira celeuma. A esses aldeões juntaram-se logo outros, que ali passavam com os seus produtos em direção à feira dominical de Lourdes.

— Ela te disse como se chama? —bradou a costureira, adiantando-se para Bernadette.

— Oh! não. Não disse...

— E tu perguntaste?

— Perguntei como a senhora mandou.

— Não me estás logrando, Bernadette? Eu te observava. Nem abriste a boca!

A menina fitou, surpresa, a sua interlocutora e explicou:

— Quando falo à dama, falo com ela *aqui*...

Assim dizendo, batia com a ponta dos dedos sobre o coração.

— Ah! Ah! — acudiu Antonieta, piscando os olhos. — E ela também te fala *aí?*

— Não; hoje a dama falou-me de verdade.

— Então ela tem voz?

— Oh! sim; tem uma voz igual a ela...

A menina referiu escrupulosamente o que ouvira dos lábios da dama. Antonieta mais se convenceu de a ter apanhado.

— Pretendes impingir a gente esperta — zombou ela — que uma dama, uma alma do Além, talvez um anjo, diz "senhora" e "queira ter a bondade" a uma rapariga idiota como tu?

Uma surpresa alegre iluminou as feições da menina.

— Sim; é, na verdade, engraçado... A dama tratou-me por "senhora".

O interrogatório, a que a costureira submetia Bernadette, obteve um efeito absolutamente imprevisto.

A princípio, Antonieta não duvidava da veracidade da menina. Crença sincera na outra vida, curiosidade, desejo de servir, sede de extraordinário fundiam-se no impulso complexo que a levara a persuadir a sua freguesa Millet a tentar essa aventura. Só na gruta a atitude desembaraçada da pequena Soubirous lhe inspirara desconfiança. Entretanto as respostas inteligentes e tão naturais da menina, nesse caso tão sobrenatural, conquistaram o coração das testemunhas, fazendo-as tomarem partido contra a malévola costureira. Bernadette referia-se à aparição, com a exação e a clareza com que outrem descreveria um fato real. Quem a ouvia, quisesse ou não, acabava acreditando no absurdo.

— Bendita sejas! — exclamou uma das camponesas. — O céu sabe a quem visita!

A senhora Millet já não afagava a esperança de encontrar na dama a sobrinha bem-amada. As palavras referidas por Bernadette falavam contra essa presunção. Ainda assim, a boa senhora não se desiludira.

— Abençoada criança és tu, minha pequena vidente! — disse ela, abraçando a menina. — Muito obrigada! Eu sou uma velha doente; mas hei de vir contigo à gruta nestes quinze dias, em peregrinação... Creio que você também não faltará, minha boa Peyret...

— Não, senhora; nem um dia — apressou-se a declarar a costureira, mudando de tática, tão depressa quanto contra vontade. Bernadette ainda nos ensinará muitas verdades.

A boa viúva, um tanto fatigada, suspirou:

— Sinto-me aliviada, mais calma. Hei-de trazer Felipe. Isto lhe fará bem.

A Joana só restava reconhecer a superioridade e liderança Bernadette, embora esta fosse a pior aluna da classe e ela, a mais dotada.

— Naturalmente eu também virei todos os dias — disse a esperta colegial. — Fui a primeira que ouviu falar da dama... — A primeira? — protestou Maria. —A primeira fui eu, que sou irmã dela...

Antônio Nicolau afagava o bigode, com o gesto habitual dos seus momentos de embaraço.

— Não poderíamos, querida mãe — disse enfim, voltando-se com fingida displicência para a senhora Nicolau — convidar a senhorita Bernadette a passar conosco estes quinze dias? O quarto de cima é um tanto frio; mas, assim, ela ficaria bem perto de Massabielle.

— Bernadette me daria muito prazer — observou prudentemente a velha dona do moinho. — Eu, porém, não quero intrometer-me. Os pais é que devem decidir o que ela deve fazer.

— E eu peço a preferência para ter Bernadette comigo — anunciou majestosamente a senhora Millet.

Bernadette não compreendia o que lhe estava acontecendo. Todos falavam a um tempo, com tanta cerimônia e insistência, em termos tão finos! Que queriam afinal? Ela não percebia absolutamente que a benevolência da dama modificara, de golpe, a sua situação entre os homens.

— Agora temos de voltar para casa — disse a menina.

A feira atraía à Ponte Velha um movimento desusado. Numerosos transeuntes juntaram-se ao estranho bando que, tendo à frente Bernadette e a senhora Millet, ainda com a vela acesa na mão, se dirigia ao Calabouço. A novidade corria de boca em boca.

— A menina voltou à gruta... hoje pela terceira vez... Esperta a pequena Soubirous, hein?... Para que lhe havia de dar!... Essa gente caiu na miséria... Não se deixem embaçar por uma pobre idiota... Senhor! A rica Millet metida nisso também? Sim; para quem tem tanto dinheiro, não há cuidados mais sérios...

Crescia o sussurro escarninho, à medida que o grupo se adiantava na cidade. A esquina da rua des Petites Fossèes, o cortejo compreendia umas cem pessoas.

O policial Callet, que saía justamente do botequim de Babou, olhou, espantado, a "manifestação", perguntando a si mesmo se não seria seu dever "restabelecer a ordem". O regime do imperador Napoleão — que se apossara do leme, graças a um golpe de estado tinha um respeito fanático pelas aglomerações populares. Callet correu à desfilada, a fazer o seu relatório ao "maire" Lacadé e ao comissário Jacomet, os dois poderes civis cujo executivo se compendiava na modesta pessoa do antigo guarda campestre...

Luisa assomou à porta do Calabouço, desgrenhada, com os olhos arregalados.

— Meu Deus, que há outra vez?

Maria correu a sossegá-la.

— Bernadette não teve nada hoje, mamãe. A dama chamou-lhe "senhora" e disse-lhe: "Queira ter a bondade de voltar aqui todos os dias, durante uma quinzena"...

— Tudo isso me mata! — suspirou Luisa. Com certeza, perco a minha filha...

O cortejo premia-se à entrada. A senhora Millet, Antonieta Peyret, os Nicolaus e as colegiais entraram no quarto sombrio.

— Minha querida senhora Soubirous — começou a rica viúva, não já de superior a inferior, mas de igual para igual — agradeço ao céu que nos concedeu Bernadette. Eu a acompanharei todos os dias a Massabielle. Com estes pés inchados, será uma boa penitência. Mas peço-lhe que me entregue a menina nestes quinze dias. Isto, francamente, não a pode contrariar.

Era óbvio que Luisa só podia folgar de ver a sua Bernadette, fraca e doentia, dormindo em boa cama, tendo diariamente cinco refeições e, ao menos em duas destas, uma asa de frango assado. A pobre mãe coçou a cabeça com o cabo da colher de pau.

— Deixe-me tomar fôlego, senhora Millet. A surpresa é tamanha!...

Mas a viúva deixava-se empolgar mais e mais pelas suas emoções...

— Bernadette ocupará o lindo quarto da minha finada Elisa. Esse quarto é o santuário da minha casa. A senhora bem sabe... Embora eu ainda não saiba ao certo se a dama de Massabielle é ou não a minha pobre Elisa, Bernadette — e ninguém mais — dormirá na cama dela.

A costureira Peyret não quis desmerecer diante da sua opulenta freguesa...

— Que ridícula camisola a tua, querida Bernadette! Hei de te dar um lindo vestido branco, para agradares à dama...

— Bernadette tem na verdade mais sorte do que inteligência — cochichou Joana, acotovelando Madalena Hillot.

— Minhas senhoras — suplicou Luisa — consintam que eu consulte primeiro meu marido e minha irmã, Bernarda Casterot. Eu não posso tomar a responsabilidade por quinze dias. Vejam quanta gente! Nossa Senhora, em que dará isto?

— Consulte apenas a sua família, senhora Soubirous — tornou a viúva altivamente. — Mas Bernadette vai conosco. Nós lhe arranjaremos o vestido de Filha de Maria da minha Elisa, prezada Peyret. Elisa não era muito mais alta...

Bernadette permanecera indiferente, como de costume. Na onda de favores que a submergia, lembrava-se das palavras da dama: "Não posso prometer que a tornarei feliz neste mundo..."

Não podia prometer: mas, aparentemente, já o fizera nesse mesmo dia.

Pelas quatro horas da tarde, o oráculo da família, a sagaz Bernarda Casterot, madrinha de Bernadette, entrou no Calabouço, recebida com as devidas honras pelo casal Soubirous. Acompanhava-a a irmã mais nova, Lucília, que bem involuntariamente causava a impressão de ser uma aia da mais velha. Antes de formular com sabedoria a sua sentença contra a qual, depois, não tolerava em verdade nenhuma apelação, o oráculo da família costumava meditar várias horas os casos que lhe eram propostos. Bernarda Casterot, viúva Tarbès, trazia nos ombros de mulher do campo uma cabeça subtil em absoluto contraste com as suas irmãs que ela reputava obtusas e trapalhonas. Graças ao seu juízo atilado, conseguira não só conservar os bens do seu finado marido, como também aumentá-los, mediante boas transações. Ficara só no mundo e, por isso, tanto mais forte. Poucos anos antes, ainda recusara peremptoriamente uma proposta de casamento. Conhecia bem o caráter instável dos homens, a sua leviandade e carência de idéias positivas.

Bernarda sentou-se com desagrado no quarto mesquinho. Luisa, outrora a mais bela das Casterots, merecia melhor sorte. É o que acontece quase sempre a quem se dá ao luxo de casar por amor, sem pensar em que o casamento é uma coisa prática e séria. Em geral, a que se casa por amor escolhe um belo homem, como o fora o próprio moleiro Soubirous. E, se os homens não passam, em geral, de nulidades, os homens formosos são irremediavelmente uns marotos.

Um olhar furtivo ao leito matrimonial, alisado às pressas, certificou Bernarda de que a irmã, só pouco antes tirara o belo Francisco dos lençóis.

— Que é de Bernadette? — perguntou a madrinha.

— Oh! ela está agora em casa da senhora Millet — informou Luisa, apreensiva. — Foi convidada a passar lá quinze dias.

— Um erro! — sentenciou Bernarda.

— Porque um erro, minha irmã?

— Porque não enxergas adiante da ponta desse teu nariz!

Soubirous pôs-se a passear no quarto, com ar severo. Em presença de Bernarda, o caráter viril da cunhada fazia-o tomar partido a favor dela, contra a esposa.

— Um erro! Foi o que eu disse. Ela, porém, costuma guiar-se pela sua cabeça. Não me consulta. Um grave erro, afastar a menina! Que dirá essa gente?

— Eu mesma posso comunicar-te o que se dirá, cunhado — acudiu Bernarda, sorrindo, mas em tom incisivo. — Dirão que os Soubirous fazem bom negócio com Bernadette e a sua dama.

— Sim; é isso. Já o tenho no ouvido — resmungou o ex-moleiro.

— E dirão mais: dirão que Bernadette inventou tudo, para herdar da senhora Millet.

— Naturalmente! — aprovou Soubirous, com um olhar de censura à mulher. — Que vergonha! Cobrem-nos de lama!

Bernarda rebateu-o, sem dó:

— Não vejo nenhuma honra em morar no Calabouço!

— Mas eu sempre fui honrado — protestou Francisco, batendo no peito. — E sempre dei mais do que recebi. Não o podes negar, cunhada. Estou farto dessa história! Não se fale mais disso. Pronto! Bernadette vai para Bartrès.

— Homem de pouco siso! — exclamou Bernarda. — Já conheço o caso e não me sobra tempo, cunhado. Senta-te, por favor! Sentem-se vocês também, e deixem-me falar afinal. Desejo que não me interrompam.

Todos obedeceram prontamente. Só Bernarda ficou de pé, em toda a sua majestade, sem sequer levantar o seu véu preto.

— Bernadette — começou ela — é uma boa menina, não muito atilada nem inteligente, o que não admira. Várias vezes a tenho observado, pensando: "Que haverá com essa criança?" Entretanto ponho a mão no fogo por ela. Bernadette não nos engana com a dama, simplesmente porque não é bastante astuciosa para tamanha maldade. Ela vê a dama. Os outros não a vêem. A nossa avó contava-nos, em pequenas, que conhecera uma menina a quem o Salvador aparecera, na entrada da casa, em carne e osso. Outrora isso acontecia seguido. A dama também pode ser do céu; como pode ser do inferno, embora nada o prove, salvo o lugar imundo onde ela pára. É uma história absurda! Não sei em que dará, por mais que tenha pensado nela boas cinco horas. Espero, por vocês, que não acabe mal. Bernadette irá nestes quinze dias à gruta. Deve ir. A dama pediu, e ela pode ser do céu. Ninguém se atreva a impedir que a pequena satisfaça esse desejo. É o meu parecer. Agora o meu conselho: a mãe pertence à filha; a mãe não deve enterrar a cabeça na areia, e fingir que não se importa com o comportamento da filha. Procedeste mal até agora, irmã. De hoje em diante, estarás todos os dias ao lado de tua filha, em Massabielle. Não é uma distração, concordo. Pensa apenas no que isso significa para Bernadette. Se fores com ela, ninguém terá coragem de zombar. Não só tu, mas todas as mulheres da família devem acompanhá-la. Eu e Lucília estaremos todos os dias na gruta, depois da primeira missa. Esta é a minha firme resolução. Vocês, agora, façam o que quiserem.

O oráculo eloqüente pronunciara o seu julgamento. O casal Soubirous nem se animou a falar. Luisa acusava-se de haver sido necessário que a irmã lhe lembrasse os seus deveres de mãe. A lógica da cunhada não convencera inteiramente Soubirous. Ele, porém, não tinha ânimo para se opor ao destino. Resolveu, pois, quanto a si e como pai descontente, deixar que as coisas corressem como bem lhes parecesse.

CAPÍTULO XIII

MENSAGEIROS DA CIÊNCIA

— Vivemos, afinal, na segunda metade do século dezenove — suspirou o senhor Duran, servindo café puro ao diretor do liceu Clarens, uma taça de chocolate ao coletor Estrade, um "bitter" ao literário de Lafite, e um copo de vinho quente ao procurador imperial Dutour.

Eram quatro horas passadas. O "Café Français" começava a encher-se.

— Leram os senhores hoje o "Interesse Público" de Tarbes? — insistiu Duran. — Há ali, textualmente, esta notícia: "A Virgem aparece a uma colegial em Lourdes." Eis o que um jornalista se atreve a deixar imprimir, na segunda metade do século dezenove!...

— Não exagere o valor e a maturidade deste século, caro Duran — observou jovialmente o velho Clarens. — O nosso globo conta provavelmente milhões de anos. Entretanto, para nós estes mesquinhos dezenove séculos são um caminho enorme. Eu costumo repetir aos meus alunos de história: "Não se gabem muito! A humanidade ainda calça os primeiros sapatinhos."

O dono do Café Progresso — não era homem para se deixar abalar por sentenças esclarecidas. Cruzavam-se-lhe na memória os artigos de fundo dos muitos jornais cujas opiniões assinava por bom dinheiro.

— Teremos sofrido em vão? — declarou ele, com a mão direita erguida, no seu gesto preferido de amador teatral. — Romperam-se os grilhões do dogma, para que a reação nos torne a servir as suas insípidas fábulas clericais?

Jacinto de Lafite considerava o seu "bitter".

— Pelo que me diz respeito — disse ele — acho a fábula encantadora. Tem razão, amigo Clarens. Vivemos na primeira aurora da antigüidade. Demônios! Porque não há de um dos celestes, a deusa Diana talvez, a Santa Virgem, ou uma náiade, aparecer a uma pobre filha de pastores ou lenhadores, numa gruta abandonada? Isso é homérico, meu amigo! Dou, por essa aparição, setecentas cenas de romance moderno, em que ruivas esposas de banqueiros enganam o marido com lacaios, ou os "parvenus" à Stendhal e à Balzac pretendem subverter a ordem do mundo deixando um filho, nalgum viveiro aristocrático...

— Entendi bem, Lafite? — atalhou J. B. Estrade, encarando o poeta com surpresa. — O senhor é crente?

— Crente? Sou o único verdadeiro incrédulo que eu próprio conheço, respeitáveis senhores! Não rezo o rosário nem fórmulas matemáticas ou químicas. Para mim, a religião significa uma antiga forma popular de poesia. Não me olhe assim azedo, meu bom Clarens; o conceito é plausível. Arte é religião completamente secularizada. Por isto, a arte é a religião do século dezenove.

O coletor, sobressaltado, repeliu a xícara de chocolate.

— O que acaba de dizer talvez valha em Paris; não para nós, simples provincianos. Como bom católico que sou, confesso francamente que acho essa história da aparição de Massabielle lamentável e escandalosa.

— Acredito — replicou Lafite, impaciente. — Daí se deduz que tudo quanto hoje se denomina religião é repetição maquinal, convenção vã, facciosismo. E, quando uma criatura original sente deveras os seus deuses e vê tangivelmente o invisível, como verdadeiras eras religiosas, provoca a reprovação dos rezadores convencionais. De fato, nada difere mais do que um original da era que não passa de cópia apagada.

— Mas, senhores, senhores! — implorou Duran que os encarava, um após outro, sem compreender. — Que querem? Tudo isso não passa dum logro preparado. Não ignoram que uma companhia eqüestre de Pau percorre há tempo a nossa província. A meu ver, alguma amazona muito formosa se diverte assim, à custa desta criança de inteligência limitada.

— Isso é uma hipótese — disse rindo-se, o escritor. — Seria interessante conhecer as hipóteses destes cavalheiros. Qual é a sua, senhor "coletor principal das contribuições indiretas"?

— As hipóteses são da alçada do procurador imperial — retrucou Estrade, com uma mesura endereçada ao calvo Vital Dutour.

— Engano, meus senhores! — declarou a personagem visada. — A procuradoria imperial não é hipotética... As presunções cabem à polícia.

E Dutour estendeu a mão ao comissário Jacomet, que acabava de chegar à mesa.

— Que há de novo, caro Jacomet?

O policial enxugou a testa suada. A estufa-catedral de Duran despedia poderosas ondas de calor.

— Pura demência! — replicou Jacomet, meneando a cabeça. — Recebi muitos relatórios. Callet anuncia uma manifestação, diante do Calabouço. Minha filha contou-me que, amanhã, meia cidade acompanhará a pequena Soubirous a Massabielle. E o brigadeiro d'Angla, da "gendarmerie", refere que reina grande alvoroço em Omex, em Viguès, em Lezignan e outras aldeias...

— E tudo isto em pleno século dezenove! — deplorou mais uma vez o dono da casa. — Lourdes será difamada em toda a França culta. Que não escreverão "Le Siècle", "Le Journal des Débats" e até "La Petite République"?

— Nada! — acudiu Lafite. — Não exagerem. Escreverá só o "Lavedan", que hoje mais uma vez não apareceu.

— O que não se deve tolerar são as manifestações — ponderou o comissário. — Que pensa a esse respeito o procurador imperial?

— Nós, os juizes — respondeu Vital Dutour, depois de dominar lentamente um acesso de tosse, — devemos tomar sempre em consideração a pergunta: "Cui bono?" "A quem aproveita?" E, na verdade, a quem aproveita politicamente este caso? Pois é evidente que, no nosso tempo, não vibra uma pestana, sem motivo político. Aparecendo à filha dum trabalhador, a Virgem o faz com um fim político expresso. Ela o faz para dar novo impulso à Igreja, portanto ao poder do clero e ao partido realista, que é o partido da Igreja, embora os clericais se valham oportunamente da tática do regime liberal. As aparições de Massabielle servem, pois, à restauração dos Bourbons, bafejada pelo clero francês. Como representante do governo imperial, cumpre-me, em conseqüência, classificar os efeitos desse fato nas manobras subversivas que ultimamente se tem acentuado em toda parte. Segundo o princípio "Cui bono", pode-se logicamente admitir que, atrás desse caso, se oculte algum padre disposto a provocar, na população supersticiosa e descontente, um qüiproquó de fanatismo, com o intuito de enfraquecer a autoridade imperial. Eis, meus senhores, o meu ponto de vista, bem ponderado e nada hipotético. Dê-me outro copo de vinho quente, prezado Duran. Um clima pérfido este, sob todos os aspectos!...

— Atira com canhão a pardais, senhor procurador — objetou jovialmente o diretor Clarens.

— Muito claro, muito justo! — concordou o comissário, inclinando-se a Dutour.

Estrade, porém, não ocultava a sua reprovação:

— As alucinações duma criança não são a religião — contestou ele. — A religião não é a Igreja. A Igreja não é o clero. E o clero não é absolutamente realista, na sua totalidade. Conheço até sacerdotes de opiniões republicanas.

Jacinto de Lafite esfregou as mãos, muito contente.

— Alto senhor! Não nos afastemos do caso. Ouvimos duas sólidas teorias criminalistas. O nosso amigo Duran acredita numa linda acrobata que aparece diariamente à pequena, em atavios de Madona. O procurador imperial supõe até que um padre — digamos: o gigantesco Peyramale — provoque essas aparições, em trajos de Virgem.

— O seu humorismo, meu senhor, não tem graça alguma, — disse Dutour, com azedume. — Eu não declarei que o padre se esconde *na* aparição, e sim *atrás* dela.

— Os senhores não estão de acordo? — perguntou o doutor Dozous que ouvira as últimas palavras.

Sem despir a sobrecasaca gotejante, espirrando chuva para todos os lados, o médico sentou-se à sua maneira provisória.

— Só cinco minutos! Que lástima! Se não me engano, discute-se neste culto círculo o assunto que anda em todas as bocas...

— Sim; e esperávamos a ciência para que ela nos explique o milagre — disse o literato.

— Eu sei, senhor de Lafite, que o senhor é um ateu da ciência, como a mim mesmo o confessou há pouco, entre a praça Marcadale e a Ponte Velha. Neste caso, porém, a ciência está provavelmente no seu lugar; refiro-me à ciência crítica, isenta de preconceitos que a todo fenômeno, até ao mais incrível, considera como tal e submete ao microscópio... Pessoalmente, ainda não tive ensejo de encontrar um autêntico alucinado. Tenho a intenção de enviar um relatório a Voisin de Salpêtrière...

— E atreve-se deveras, prezado doutor, a se misturar com esse povo miúdo da gruta? — perguntou Estrade, admirado.

— Oh! não faça isso! — exortou Duran, que chegava com as bebidas. — Não é digno dum médico municipal.

— Não sou afinal um barbeiro de aldeia — uma sombra desconfiada e melancólica perpassou no rosto pálido mas ainda juvenil de Dozous.

— Há alguns modestos trabalhos meus; no outono passado, a Universidade de Montpellier me ofereceu uma cátedra de neurologia. Como devem saber, senhores, Montpellier não é quantidade desprezível no mundo médico. Declinei a oferta, porque já estou enraizado em Lourdes. Não, porém, a ponto de descurar um caso patológico raro...

— Na sua opinião trata-se, pois, de enfermidade mental? — perguntou Dutour, com importância.

— Não tenho direito de diagnosticar — tornou prudentemente o médico. — Realmente há, em todos os manicômios, paranóicos que têm aparições. Todavia, se bem me lembro da pequena asmática, devo hesitar em admitir assim superficialmente uma enfermidade tão brutal.

— Então, catalepsia, mesmerismo, histeria? — insistiu Dutour.

— São termos muito fortes para um conteúdo muito incerto, caro procurador. Primeiramente, queremos examinar a paciente no curso dum acesso... Ao que se diz, ela irá duas semanas inteiras a Massabielle.

O procurador imperial traçou um breve apontamento no seu caderno de notas.

— Ficar-lhe-ia muito penhorado, estimado doutor, se me fornecesse um relatório autêntico das suas indagações.

— Por que não? — redarguiu Dozous, já de pé. — Darei diariamente um pulo até aqui e não esconderei aos senhores a minha opinião.

Jacinto de Lafite estivera muito tempo calado, com os olhos fitos nos hiper modernos lampiões de Duran.

— Parece-me — acudiu ele, subitamente — que os senhores omitem o essencial. Acho que o verdadeiro problema consiste menos na pequena visionária do que na grande multidão que a segue...

Já pelas quatro horas da tarde, a costureira Peyret devolvia o vestido de Elisa Latapie, acertado pelas medidas de Bernadette. E, pela primeira vez na vida, a filha de Soubirous contemplou-se num grande espelho que a refletia em tamanho natural. Antonieta ajoelhou-se diante dela para ajeitar as dobras do cetim.

— Não imaginava que fosses tão bonita — disse a senhorita Peyret, com o desprendimento duma índole crítica.

A boa Millet transbordava de entusiasmo pela metamorfose da pequena mendiga em Filha de Maria, mudança que a viúva julgava com razão obra sua.

— Uma imagem! — exclamava ela. — A nossa pequena vidente é uma imagem! Deveríamos litografá-la.

Excitada, rubra qual uma papoula, Bernadette admirava-se como uma surpreendente Fada Morgana. Nunca se vira inteira. No calabouço não havia espelhos, exceto um caco quadrado de vidro. A menina conhecia o corpo, o rosto, as roupas da dama de Massabielle muito melhor do que os seus próprios. Poder-se-ia dizer que a formosa senhora da gruta era, para ela, menos "aparição" do que ela mesma. O coração palpitava-lhe, opresso pela consciência duma dignidade nova. Ela sentia um enlevo que a assustava, uma deliciosa sensação de festa. Na manhã seguinte, apareceria, pela primeira vez, ao ente idolatrado com um valor próprio. Notaria a dama o vestido de gala, o véu de filó, a faixa azul, a beleza do conjunto que a imitava? Oh! a dama notava tudo! Gostaria? Se obedecesse ao seu impulso, Bernadette correria logo a Massabielle, a mostrar-se nesses insólitos atavios. O prazer da vaidade pueril satisfeita lisonjeava-a. Nunca mais ela vestiria a velha camisola, o capuleto surrado! Essas peças do seu vestuário repugnavam-lhe. Que diria mamãe, que diriam Maria, Joana Abadie, os Nicolaus, quando vissem aparecer, no outro dia, uma Bernadette tão diferente?

A senhora Millet extraiu duma das suas inúmeras caixinhas, cuidadosamente embrulhadas, uma artística rosa branca e prendeu-a ao peito da menina, com um alfinete dourado. Bernadette achou-a tão linda, que não pôde reprimir um grito. Não sabia apartar-se do espelho. Só ao cair da noite a escuridão interrompeu a alegria dessa prova.

Então a menina sentou-se — de novo pela primeira vez na vida — numa verdadeira sala, a uma mesa luxuosa, diante dum verdadeiro jantar. Felipe servia, de luvas, uma fina sopa de trutas, com manteiga e um doce espumoso, iguarias que Bernadette nunca provara, acompanhadas dum vinho branco de Borgonha que fazia cócegas à língua. A senhora Millet gostava da boa cozinha, como a soem prezar as almas a que a vida só com parcimônia satisfez os tímidos desejos. Antonieta Peyret, que graças à sua infatigável bisbilhotice conseguira ficar para o jantar, observava as maneiras de Bernadette, esperando que a pequena canhestra, se portasse vulgarmente e não soubesse manejar o garfo e a faca. Vendo-a, porém, tomar uma atitude irrepreensível, seguir com o seu olhar franco todo gesto da dona da casa e servir-se, com surpresa de Felipe, como uma dama de corte, a costureira tornou a sentir desconfiança de que a menina fosse uma impostora consumada e, urdindo um logro de grandes proporções, usasse essa máscara apática, para disfarçar melhor os seus talentos perversos. Ela, Antonieta Peyrét, filha do oficial de justiça, levara dois anos para aprender a comportar-se com desembaraço nas suntuosas vivendas dos Lafites, dos Millets, dos Cénaes e doutras famílias opulentas. Essa rapariguinha rústica afazia-se ao luxo num minuto!

— Onde recebeste essa boa educação, Bernadette? — inquiriu a costureira em tom malévolo, com um arrepio que lhe ergueu o ombro esquerdo quase à altura da orelha.

— Aos eleitos, o Senhor os visita no sono, prezada Peyret — observou a dona da casa.

Daí concluiu a costureira que lhe convinha dissimular a desconfiança e a hostilidade. A senhora Millet, velha fútil e pueril, deixara-se enfeitiçar por essa maltrapilha. Antonieta Peyret conhecia bastante a sua rica freguesa, para saber que seria boa tática não lhe contrariar a mania. Felizmente, a viúva costumava ser caprichosa e inconstante.

Afinal Bernadette ficou entregue a si própria. A senhora Millet acompanhara-a pessoalmente ao quarto da sobrinha idolatrada; acendera um número excessivo de velas, mostrara-lhe e explicara-lhe tudo, como num museu, pousara na mesa uma caixa de guloseimas e, à despedida, abraçando Bernadette não pudera conter as lágrimas.

A menina achou-se sozinha, pela primeira vez na vida, num ambiente fechado. A solidão parecia-lhe um dos maiores privilégios da riqueza. Era como se lhe caísse dos ombros um pesado fardo. Mal se viu só, a pequena correu ao espelho do guarda-vestidos de Elisa Latapie, para se contemplar insaciavelmente, no seu trajo de Filha de Maria. Esse prazer durou muito tempo.

Depois, Bernadette apanhou a bolsa branca, que sempre trazia consigo e cujo conteúdo costumava examinar zelosamente todas as noites: um trabalho de malha, dois livrinhos, uma cartilha, o catecismo, algumas fitas de cor com que Madalena Hillot a presenteara um dia, uma pedra já escura de açúcar-cande, um códea seca, três bolas de vidro e uma figurinha de goma adragante representando um burrinho de moleiro com a sua carga — as primeiras recordações de Bernadette remontavam ao moinho de Boly. Tal era o tesouro da bolsa que ela guardava e protegia. Nada faltava. A menina deitou um olhar desorientado ao quarto, muito mais espaçoso do que o calabouço, onde deviam viver seis pessoas. Que peça cansativa! Nas paredes não se viam manchas úmidas e sim tapeçaria de seda com grinaldas e festões de flores que já por se eram quadros; não havia necessidade de imaginá-los. No próprio teto sobressaíam anjinhos pintados. Seria preciso ficar na cama até às dez horas da manhã para admirar, uma a uma, essas decorações.

Enquanto ia apagando as velas da pródiga iluminação do palacete Millet, deixando acesa apenas a da mesa de cabeceira, Bernadette descobriu num mostrador a assembléia de bonecas que Elisa Latapie conservava ali. Bernadette e sua irmã nunca tinham possuído boecas, nem grandes nem pequenas se excetuarmos o polichinelo variegado que o pai, ainda no tempo de moleiro, lhes trouxera da feira de Saint Pé de Bigorre. Mas esse polichinelo, com os seus movimentos desengonçados e as suas caretas, não lhe agradara. Era, fosse como fosse, aparentado ao bode Orphide e saía das paragens infernais donde ela se sentia tão frequentemente perseguida.

As bonecas de Elisa Latapie pareciam, em verdade, provir dum claro país das fadas. Bernadette admirou-as, com a respiração suspensa, especialmente a pequena tirolesa de faceiro chapéu verde e corselete encarnado. Só a custo, e por se lembrar da proibição materna de tocar nos objetos alheios, reprimiu a tentação de apanhar a tirolesa e escondê-la na bolsa. Ocorreu-lhe também que seu pai, por um pau de lenha de carvalho em que nem mexera, tivera de se avir, certa manhã, com o policial Callet.

Com cuidado infinito Bernadette despiu o vestido de cetim; e tirou o véu, a flor artística, as meias de seda branca, os sapatos. E, aos poucos, tornou a sentir-se ela mesma. Achava porém esse "ela mesma" muito mais grosseiro do que antes; e tinha a impressão confusa de ser um animal da floresta, deitado a medo e sem jeito numa cama terrivelmente fofa e gelada. Sentia falta até do corpo quente da irmã adormecida, que dias antes lhe repugnava. Mas o cansaço era tanto, que, apesar do dossel inquietante, a menina pouco tardou a adormecer.

Pelas seis horas da manhã, a dona da casa, Antonieta Peyret e Felipe entraram no quarto, para despertar Bernadette. Encontraram-na pronta e verificaram com estranheza que, em lugar do lindo traje de cetim, ela vestia a velha camisola e o capuleto, e tornara a calçar os tamancos.

— Que quer dizer isso? —bradou a costureira. — Por que não puseste o vestido branco?

— Eu o vesti. Mas depois tirei-o.

— Por que?

— Não sei, senhorita.

— Que resposta é essa: "não sei"?

— Tive de tirá-lo...

— Alguém te mandou? A dama talvez?

— Não; ninguém me mandou. A dama não está aqui, mas em Massabielle.

— Quem puder que entenda...

— Eu compreendo a nossa vidente — acudiu, radiante, a bondosa viúva. — O vestido de presidenta das Filhas de Maria não lhe parecia bastante modesto para se apresentar à dama. Não é assim, minha filha?

Bernadette atormentava-se para formular uma explicação satisfatória.

— Não sei dizer ao certo, senhora. Foi um sentimento...

— Teimosa; simplesmente cabeçuda — resmungou a costureira, faltando de novo aos seus bons propósitos.

Fora do palacete, na rua Bartayrès, esperavam já mais de cem pessoas, entre as quais vários homens; o tio Sajou, Bouriette, Antônio Nicolau, que viera expressamente à cidade para figurar na procissão, e muitos outros. Madame Millet passou em revista o ajuntamento, com a esperança de vislumbrar algum eclesiástico da cidade ou da província, o que significaria a aceitação do fato prodigioso na agenda da Igreja. Entretanto não se avistava ali nenhuma sotaina. Luisa Soubirous acercou-se timidamente de Bernadette, como se a filha já não lhe pertencesse. Só Bernarda lhe dera ânimo para não se sentir atemorizada pelo esplendor da opulenta senhora Millet. Bernarda e Lucília traziam velas, como várias outras mulheres. Bernadette também foi obrigada a aceitar um círio.

— Pronto; não percamos tempo — disse Bernarda Casterot, postando-se com as irmãs do lado da sobrinha.

As vizinhas da rua des Petites Fossées juntaram-se ao cortejo de que se elevava um murmúrio cheio de esperança.

Bernadette não dizia palavra, não cumprimentava, não prestava atenção ao que quer que fosse. Apressava o passo, como se estivesse sozinha e esse numeroso séqüito de gente adulta e respeitável não passasse de circunstância acessória e importuna. Antonieta Peyret sentia ímpetos de revolta contra o procedimento independente e pouco atencioso da menina. Joana Abadie, presente nas primeiras filas com as colegas, cochichou a Catarina Mengot:

— Ela quer ser sempre a primeira.

Efetivamente Bernadette queria chegar em primeiro lugar à gruta. Por mais indiferentes que lhe fossem os que a seguiam, ela não podia permitir que a dama se aborrecesse, vendo-a surgir no meio desse acompanhamento. Sentia nitidamente que o convívio com a desconhecida, coisa deveras melindrosa, obedecia a normas determinadas, que só se podiam pressentir no íntimo e se convertiam prontamente em remorsos, à menor transgressão. Assim como se preocupava pelo bem-estar da dama, assim receava Bernadette provocar-lhe o desagrado. Em conseqüência, precipitava-se na frente, encosta abaixo, saltando de pedra em pedra, e distanciando-se muito dos demais.

A viúva Millet parou, ofegando.

— Ela voa como uma andorinha — arquejou a boa senhora. — Como uma folha na ventania...

Quando a procissão, cujos círios acesos perfumavam a baixada inteira, chegou finalmente ao largo fronteiro à gruta, Bernadette já se achava havia muito aos pés da dama que, nessa manhã, lhe manifestava uma benevolência pronunciada — mais do que benevolência, prazer de torná-la a ver, um prazer tão intenso que lhe avivava as cores, dando um tom rosado às próprias mãos e aos pés exângues.

Nesse dia, a favorecedora mostrava-se, pela primeira vez, favorecida — doadora e agraciada, provavelmente porque a satisfação do seu desejo lhe facilitaria a realização dum plano maior e mais significativo.

A dama aproximou-se de Bernadette, mais do que nas outras vezes, adiantando-se até à extremidade da orla pedregosa, curvando-se até afagar quase a menina com os dedos brancos e afusados. A consciência de Bernadette que, apesar da delícia do enlevo, opunha ao êxtase uma resistência temerosa, foi dessa vez dominada num relance.

— Ela morre! Socorro! Ela está morrendo! — gritou a esperta Bernarda Casterot, tal qual haviam feito as colegiais inexperientes do domingo anterior.

Luisa Soubirous cravou os olhos espantados nessa criatura que era carne da sua carne e que, nesse momento, lembrava uma moribunda bem-aventurada, vencedora de todas as dores do mundo, uma defunta de nariz afilado, sorrindo feliz por ter chegado ao termo do seu longo martírio.

— Não é ela, — soluçou a pobre mãe, meneando a cabeça. — Não é Bernadette. Não reconheço a minha filha!...

Uma comoção profunda abalava igualmente a multidão ajoelhada à margem do Gave e do Savy. Toda aglomeração humana assume personalidade própria, dotada sob muitos aspectos de nervos diferentes, mais sutís e mais sensíveis do que os do indivíduo! Esses nervos sentiam nesse instante, na furna vazia, uma presença não vaga, mas perfeitamente caracterizada. Assim como uma cabeça se imprime no travesseiro, como a massa de gesso se amolda à fôrma, assim essa presença caracterizada se estampava na atitude da extática, a qual não só permanecia imóvel como uma imagem, senão que reproduzia o que estava vendo: os acenos, os sorrisos, os sinais, os gestos da dama. Bernadette era, por assim dizer, o negativo do ser invisível que, através dela, atingia para a multidão as raias do visível.

Estavam ali reunidas muitas almas propensas para crer, alguns espíritos zombeteiros e uma maioria de curiosos. Mas todos, com respiração suspensa, olhavam alternadamente o nicho de pedra e a mediadora, e voltavam-se da mediadora para o nicho. Não esperavam nada mais. Achavam-se já em presença do inesperado, que não gerava absolutamente um estado de alma celestial, mas um calafrio no coração, mesclado com uma devoção de poder incalculável. Esse arrepio vibrava mais forte, no peito dos zombeteiros. Em todo animal humano, vive o pendor inato para o sobrenatural. E, onde mais se oculta, transforma-se, quando provocado, em profundo mal-estar. De repente, uma das mulheres começou a rezar a primeira "Ave Maria". 'Secundaram-na imediatamente os outros para contrabalançarem o invisível com um coro poderoso.

Bernadette não dava mostras de percebê-lo. Muito outro era o rumorejar que lhe atroava os ouvidos; tornava a assaltá-la o clamor das águas revoltas do Gave, o pânico da corrida desenfreada, semelhante ao galope dos cavalos, ao rodar de numerosos carros. E ressoavam, na balbúrdia, os mesmos brados: "Salva-te! Foge!..."

Na sua angústia, Bernadette levantou os braços para a dama e viu-lhe, pela primeira vez, no rosto uma expressão severa e altiva, como se a bela senhora ainda não houvesse chegado ao fim da sua carreira e ainda tivesse de triunfar de lutas e de inimigos. A dama franzira a testa e fitava o rio, como para lhe aplacar as águas luminosas e azuladas. Conseguiu-o logo. O clamor cessou. O Gave, murmurante e espumoso, espraiou-se aos pés da criatura adorável, como um lobo domesticado.

Improvisamente Bernadette levantou-se; recobrara a consciência. Vendo a mãe desesperada, lançou-se-lhe nos braços, Muitos dos presentes choravam...

No domingo, o aperitivo no "Café Français" começou às dez horas. A sala estava repleta; espalhara-se a notícia de que, nessa manhã, o doutor Dozous comunicaria aos "habitués" os resultados das suas pesquisas. O procurador imperial, Vital Dutour, e o comissário Jacomet, já impacientes, consultavam continuamente o relógio. Estavam ambos convocados, pelo "maire" Lacadé, para uma conferência secreta, às onze horas, na "mairie".

Nos últimos três dias, os sucessos da gruta de Massabielle haviam assumido tais proporções, que já não seria lícito às autoridades ignorá-las.

Nessa mesma manhã, grande massa popular, cerca de duas mil pessoas, se aglomerara naquele sítio, aquém e além do rio. Especialmente a população das aldeias acudia em grupos numerosos. Já era mais do que tempo de se assentarem medidas repressivas.

Do ponto de vista dos poderes públicos, essa abominável ocorrência era sob todos os aspectos espinhosa e impraticável. Havia meios legais suficientes contra toda espécie de perturbação da ordem. Mas em que categoria de ações subversivas se devia classificar a hipotética aparição da Virgem, aparição não só aceita com absoluta credulidade, mas até saudada entusiasticamente por uma parte considerável da população da cidade e das aldeias? Vital Dutour e Jacomet estavam justamente inquietos — sobretudo o procurador imperial que, prostrado pela gripe, estivera de cama, tremendo de febre. Ambos esperavam, porém, que o relatório do médico municipal lhes apontasse o caminho. E, logo nesse dia, Dozous se fazia esperar! Já estava, entretanto, a postos outro mensageiro da ciência, o professor de história Clarens, que, na tarde da véspera, explorara a furna de Massabielle, com fins geológicos e arqueológicos e referia um particular curioso: a rocha calcária da gruta suava de maneira singular.

— Principalmente à direita — disse Clarens, textualmente — abaixo do nicho e do arbusto espinhoso, escorrem na pedra grossas gotas de suor.

Jacinto de Lafite insurgiu-se contra essa comparação.

— Por que disse "gotas de suor"? Por que não diz "lágrimas"? O senhor também se deixou contaminar pelas vulgaridades da escola realista, meu amigo.

— Se "lágrimas" lhe parecer termo adequado, meu amigo, sejam lágrimas... "Saxa loquuntur". Palavra! Nesta época, as pedras não têm somente razão para falar, mas até para chorar...

— Isto não tem importância, senhor, — atalhou Vital Dutour sempre contrariado, quando Lafite e Clarens evidenciavam as suas inteligências cultivadas. — Não averiguou nada mais?

Clarens julgava ter feito no próprio nicho de pedra uma descoberta significativa. Convencera-se de que, na Antigüidade, essa ogiva fora um recinto do culto pagão. O bloco de pedra branca, além do portal do nicho, era provavelmente a ara onde se ofereciam a alguma divindade ríspida frutos silvestres. O professor persuadira-se havia muito, graças às suas pesquisas, de que todo o Monte das Espeluncas era, não um sítio profano, mas um local sacro arcaico. A má reputação de Massabielle explicava-se facilmente com essa teoria. A alma da humanidade convertida ao cristianismo guardava sombria lembrança dos templos pagãos e receava-os. O antigo temor dos deuses transformara-se em temor do diabo. Efetivamente velhos ídolos destronados por novas divindades sempre são demônios. Por isso, fora praxe da Igreja demolir os templos pagãos para erigir no mesmo lugar as suas basílicas.

Jacinto de Lafite triunfava:

— Com esses conceitos, o senhor confirma o que eu sempre disse, meu amigo: esta paisagem de Bigorre é, na sua essência, pré-cristã; e a deusa Diana, ou uma náiade, podem muito bem aparecer a uma filha de pastores ou de vassoureiros. Entre as crianças do campo de cem anos antes de Cristo e de mil oitocentos e cinqüenta depois de Cristo não deve haver, moral e intelectualmente, nenhuma diferença essencial.

— Esses conhecimentos interessantes não nos adiantam, meus senhores — lastimou Vital Dutour. — Os senhores não avaliam absolutamente quanto nos pode incomodar ainda essa loucura.

— Se assim for — interveio o comissário, considerando os seus punhos fortes mas inúteis — requisitaremos assistência militar contra os manifestantes, porque um estado organizado não tolera motins diários de tais proporções. O barão Massy não admite brincadeiras.

— É um escândalo que brada aos céus! — gemeu o dono do café. — Ontem, o próprio "Memorial des Pirenées" trazia duas colunas com o título "As aparições de Lourdes"; e o último número do "Lavedan" publicou um artigo notável. Murmura-se que o abade Pènes o mandou, sob pseudônimo, por ordem de Peyramale, para prevenir o pior.

Vital Dutour deitou em redor de si um olhar circunspecto e abaixou a voz encatarrada a um sopro mal audível:

— As aparições visam o próprio imperador!

— Por que? — perguntou alguém, com surpresa. — A imperatriz é, no entanto, uma mulher devota.

— Como procurador do Estado, presumo conhecer o nosso povo melhor do que os senhores. O imperador exerce o poder absoluto graças à cláusula "ex-lex" da Segurança Nacional. Mas, nós, os franceses somos, sem distinção, anarquistas. Tratando-se de derribar a autoridade constituída, todos os meios nos servem. Socialismo, república, tudo isso já está surrado. Porque não havemos de experimentar o misticismo?... Aí está o doutor... Onde se escondia o senhor, Dozous?

Nesse dia, o médico despiu a sobrecasaca e pendurou-a com ar abstrato no cabide. Depois, sentou-se à mesa, em posição mais estável que de costume. Aparentemente não vinha de bom humor. Vital Dutour afrontou-o logo:

— Realizou as suas investigações?

— Tanto quanto foi possível — confirmou Dozous, laconicamente.

— E o resultado?

— O resultado não é muito considerável.

— Estamos diante duma enfermidade mental no sentido clínico?

— Essa menina não me parece mais anormal do que o senhor ou do que eu.

— É então uma impostora?

— Não tenho o menor fundamento para o supor.

— Em conseqüência, respeitável doutor, devo presumir que o senhor pertence aos que acreditam no milagre.

— Oh! Santa Virgem! — clamou Duran, horrorizado, juntando as mãos.

O doutor curvou-se levemente para o procurador imperial.

— Chamo-me Dozous, colaborador do "Courier Médical", correspondente de personalidades e associações científicas. Tenho a honra de ser um investigador incondicional da natureza.

Vital Dutour rebateu prontamente:

— Desde que não admite uma perturbação mental nem um embuste, cumpre-lhe considerar a aparição um fato concreto.

— As aparições podem ser verdadeiras, em sentido subjetivo, sem o serem objetivamente.

— Quem vê alguma coisa sem consistência objetiva está justamente transtornado!

— Então Miguel Ângelo e Shakespeare também eram loucos — acudiu Lafite.

Dozous puxou do bolso três folhas de papel completamente rabiscadas.

— Tenho aqui um resumo do que vi hoje, cedo. Pretendo enviá-lo a Voisin, em Paris. Em lugar de discutirmos, é preferível que eu lhes comunique estes breves apontamentos.

O médico pôs o pince-nez, aproximou as notas dos olhos míopes e começou a decifrá-las, hesitando, em voz baixa e monótona, sem dar muita atenção aos ouvintes:

"21 de Fevereiro de 1858, às sete horas e dez minutos da manhã. Chego, com uma grande multidão, à gruta. Consigo aproximar-me imediatamente de Bernadette Soubirous que ali chegara antes dos outros. Atrás da menina, estavam ajoelhados os seus parentes, com círios acesos. Bernadette trazia igualmente uma vela.

"Ela executou várias reverências dirigidas ao nicho da parede rochosa. Essas mesuras, endereçadas ao vácuo escuro, deram-me vontade de rir. Bernadette segurava na mão o rosário; mas, aparentemente, não rezava. Não tardou que se lhe operassem, nos traços fisionômicos, as alterações de que eu ouvira falar. Elas refletiam claramente a visão que a menina enxergava nas pedras..."

Jacomet tossiu rumorosamente. O doutor continuou, imperturbável, a leitura monótona do seu memorando:

"Via-se, por assim dizer, o que a pequena estava vendo. Eram cumprimentos, aparentemente recíprocos, sorrisos alegres, atenção estática, sinais de compreensão, tudo tão vivo e natural como dificilmente o conseguiria um grande ator. Pouco a pouco, as faces da menina se iam tornando brancas como o mármore; a epiderme, tão tensa, que a forma do crânio aparecia nitidamente nas têmporas. Tive ensejo de observar transformações análogas, em tuberculosos no último estádio.

"Aparentemente declarara-se em Bernadette Soubirous o estado mesmérico que nos nossos dias recebeu a denominação de "transe". Curvei-me para a paciente, a fim de proceder as minhas observações. Comecei por lhe tomar o braço e apalpar o pulso na veia; achei-o normal bem cheio, um tanto freqüente; contei oitenta e seis pulsações por minuto. A pressão arterial, pelo que pude averiguar, abstraindo-se da freqüência do pulso, também não acusava ascensão nem o declínio que se observa nas fortes anemias cerebrais, A palidez das faces e a exagerada tensão da epiderme do rosto não eram, portanto, conseqüência duma forte perturbação da circulação sanguínea. Observei em Montpellier vários catalépticos durante os ataques. Sempre notei alterações do sistema nervoso e simultaneamente do pulso e da pressão arterial. Bernadette Soubirous não denota uma enfermidade do sistema nervoso na qual se poderia contar com catalepsia e histeria. Para maior certeza, procurei observar os reflexos oculares. Também não me revelaram nenhuma anomalia. As pupilas estavam um tanto dilatadas; a íris, contraída; o branco, úmido e brilhante — assim é, contudo, em todo indivíduo que concentre intensamente o olhar em determinado ponto. O transe em que mergulhara Bernadette Soubirous parecia menos perda da consciência do que uma concentração intensa da atenção. A menina segurava uma vela. De quando em quando uma rajada de vento do Gave apagava-a. Bernadette percebia-o e, sem desviar o rosto da parede de pedra, deitava o círio para trás, afim de que alguém o tornasse a acender. Observando-a, eu tinha a impressão de que ela sabia exatamente o que lhe sucedia.

— Eu também tenho a impressão de que ela sabe exatamente o que lhe acontece — observou Dutour.

Dozous, porém, continuou, impassível:

"Quando me dava por satisfeito, ela levantou-se e deu alguns passos nos seixos, em direção ao nicho. Encontrando-me bem junto dela, ouvi ecoar-lhe no peito duas vezes um "sim" prolongado. E, quando ela se voltou, a sua expressão fisionômica já não era a mesma; assim como, pouco antes, traía um delicioso enlevo, assim poder-se-ia chamar nesse momento a máscara da dor e da tristeza. Grossas lágrimas sulcavam-lhe as faces.

"Minutos depois a visão parecia ter-se desvanecido. Bernadette, mais corada, indicou-o com um gesto.

"— Por que choravas há pouco? — perguntei-lhe eu.

"Ela replicou imediatamente, sem a menor afetação:

" — Porque a dama já não me via; olhava, acima de todas as cabeças, para a ilha do Chalet e a cidade. Estava muito triste e disse: "Reze pelos pecadores."

"Querendo medir-lhe a capacidade mental, indaguei:

"— Sabes então o que é um pecador?

"— Sei, sim senhor — respondeu ela sem hesitar. — É pecador quem preza o mal.

"Uma boa resposta. Impressionou-me que ela dissesse "preza" e não "pratica".

Depois dessa prova, eu não tinha, em todo caso, nem uma razão para diagnosticar uma fraqueza mental.

"A multidão assistira à cena da aparição como a um singular serviço divino, com a mais viva curiosidade. Depois rompeu numa tempestade de aplausos que me causou uma impressão angustiosa como a de um perigoso fenômeno da natureza.

"Bernadette, porém, não atendia absolutamente nem os elogios nem as bênçãos com que a cobriam. Dir-se-ia que não compreendia, a significação da massa popular ali reunida. E incitava visivelmente o seu séqüito a apressar-se, para escapar quanto antes aos importunos". Isto é tudo.

Acabando de decifrar, com grande dificuldade e muitas pausas, os seus confusos sinais estenográficos, o médico tornou a dobrar as folhas de papel. Ninguém falou. O próprio Duran, alma esclarecida mas honrada, não sabia o que havia de dizer. Após uma longa pausa, o procurador imperial tomou a palavra:

— Se entendi bem a ciência, ela exclui o embuste, a enfermidade mental, como também o milagre. Que resta então, interrogar a ciência?

— Sim, que resta então? — repetiu pensativamente o doutor Dozous.

CAPÍTULO XIV

UMA CONFERÊNCIA SECRETA INTERROMPIDA

No seu gabinete da rua du Bourg, o "maire" Lacadé passeava nervoso, dum lado para outro. Vestia, ainda, o trajo que, acompanhado da faixa tricolor, lhe servira pouco antes para uma cerimônia oficial. A roseta da Legião de Honra flamejava-lhe, como sempre à lapela e as suas faces bem barbeadas, sob as quais a pera grisalha sobressaía à maneira dum copo, estavam mais congestionadas do que de costume.

A razão do nervosismo do edil jazia ali na mesa verde à qual se sentava o adjunto Courrèges, o pai da ruiva Aninhas do grupo juvenil de Joana Abadie. Era um ofício de Argèles assinado pessoalmente por Duboe, o sub-prefeito:

"O "maire" de Lourdes é intimado a enviar um relatório sobre as perturbações da ordem aí ocorridas e a anunciar contemporaneamente as providências tomadas para a repressão desses sucessos."

— Devo, acaso, mandar prender a Virgem Maria? — gritou Lacadé. — Isto não me compete. Compete ao procurador imperial. Entregue ele essa diligência à "gendarmerie". O estado é o estado, e a comuna é a comuna. Eu sou a comuna. O digno sub-prefeito, ao que parece, não entende a diferença.

— Mas nós também devemos fazer alguma coisa, senhor "maire" — objetou Courrèges.

— Quem o sabe melhor do que eu?

E o "maire", furioso, puxou duma gaveta um maço de recortes de jornal.

— A imprensa regional puxa-nos pelos dentes; e podemos contar com as gargalhadas de Paris...

Courrèges, que não tirava o olhar da entrada, tossiu:

— Creio, senhor "maire", que esses senhores já estão esperando...

Lacadé endireitou-se, puxou um pente de bolso e alisou a pera desgrenhada.

— Agora, Courrèges, desculpe-me. É, em verdade, uma conferência secreta; mas o senhor ficará na antecâmara, para o caso de se precisar duma testemunha.

O "maire" adiantou-se de mãos estendidas ao encontro do procurador imperial e do comissário.

— Perturbei o seu repouso dominical, senhores — saudou-os ele com a sua voz sonora de orador. — Como chefe da nossa cidade, porém, não posso prescindir mais tempo do apoio das autoridades civis. O caso é deveras espinhoso. Eis aqui uma intimação oficial do sub-prefeito. Ela refere-se com exagero a perturbações da ordem. O mesmo faz toda a imprensa liberal que encontrou enfim na nossa pobre Lourdes uma presa para devorar. Começamos a representar um centro deplorável de interesse público. Confesso-lhes francamente que preferiria uma pequena revolta de canteiros ou de lenhadores a essa perturbação da ordem sem pés nem cabeça. Seria em todo caso menos lamentável. Eu, que consagro todo o meu tempo e as minhas forças a modernizar a nossa pobre Lourdes, prevejo o malogro dos meus planos. Obterei, depois desta desagradável celeuma, a anexação à estrada de ferro? Desconfio que não. E a nova canalização da água? Essa eu já a posso enterrar. E o tráfico de forasteiros de Paris? E as fontes medicinais, que devem brotar da terra com o auxílio da ciência? Tudo perdido! Que parisiense se atreveria a procurar um buraco sem estabelecimentos de cura, mas provido, em compensação, de grutas imundas, onde as aparições fazem as suas diabruras medievais? Isso importa mais do que a palrice duma pequena embusteira ou idiota...

— Proponho — acudiu o calvo Dutour, interrompendo essa jeremiada — que primeiro examinemos a situação juridicamente.

— Isso é da sua alçada, senhor — suspirou o "maire", recostando-se na poltrona, fechando os olhos e juntando as mãos sobre o ventre plástico.

Com o gosto pelas deduções empolgantes que proporciona tamanha satisfação a todo bom jurista, embora atacado de gripe, Vital Dutour começou a expor:

— O fato, senhores, é o seguinte: uma adolescente de quatorze anos, de origem humilde e inteligência inferior à normal, afirma ter visões sobrenaturais. Neste fato, segundo o código penal vigente, não há contravenção nem delito que nos ofereça azo legal. Se a própria menina chamasse à aparição Virgem Maria ou Mãe de Deus poder-se-ia, embora de maneira precária, alegar um escândalo contra a religião. Mas, pelo que sei, a pequena Soubirous fala sempre da "dama", da "jovem dama", da "bela dama". Por mais que essas expressões na sua ingenuidade — direi quase: na sua insolente candura — possam contrariar uma alma crente, não há nelas uma ofensa no sentido legal, porque uma jovem dama nada mais é do que uma jovem dama. O fato em si não se presta, pois para uma ação penal.

Nesse ponto, interveio Jacomet com a devida modéstia:

— Perdoe-me o senhor procurador imperial a observação: o simples fato bastaria para autorizar a prisão da menina, se fosse possível fundamentar a suspeita de embuste ou de alienação mental.

— Mas, mas, prezado Jacomet — acenou Vital Dutour, tudo isto já foi ventilado. O senhor mesmo ouviu, há um quarto de hora, que o relatório do médico municipal, doutor Dozous, exclui resolutamente essas duas presunções. Confesso que a atitude desse representante da ciência não me satisfez.

O "maire" dirigiu a Dutour um olhar fatigado:

— Os senhores vêem nessas aparições puramente o fato. As visões, porém, não interessam nem à municipalidade nem ao estado. Isto é: seria muito vantajoso proibir certas visões. Para tanto o regime mais absoluto não dispõe de meios suficientes. Eu não falo como jurista, mas como simples cidadão. O meu senso prático diz-me que, no fato incriminado, não devemos procurar as visões e sim a inadmissível excitação popular que elas provocam.

— Se não me interrompessem — replicou Dutour, enfastiado — eu não tardaria a chegar ao ponto dois: tomo essa agitação mais a sério talvez do que o senhor "maire". Reconheço as tendências subversivas do movimento, endereçadas contra o estado. Consideremos, pois, o fato simples da amotinação, no sentido da lei. Que faz toda aquela gente? Vai buscar Bernadette; acompanha-a em romaria a Massabielle; ajoelha-se com velas acesas diante da gruta; reza rosário; não poupa aplausos e finalmente dissolve-se. Pode-se poibir isso?

— Deve-se proibi-lo — exclamou o edil azedado.

— Mas como, estimado senhor? Conhece algum parágrafo que autorize essa proibição?

— Provavelmente não existe — disse Lacadé, um tanto incerto.

O procurador imperial fez uma curta pausa; depois, declarou secamente:

— Há dois, senhor "maire"; deveria conhecê-los melhor do que eu. Acham-se no "Decreto imperial sobre a prática da administração comunal" de 18 de Julho de 1837.

— Vou dizer a Courreges que procure imediatamente esse decreto...

— Não é necessário — atalhou Dutour. — Conheço os parágrafos. Eles conferem a toda municipalidade o direito de fechar ao trânsito público todas as ruas, estradas, pontes, sítios ou, localidades que representem um perigo para a vida e a saúde dos municípios.

— "Sapristi", senhor procurador! — aprovou Lacadé. — Aí se vê o jurista capaz! Onde tinha eu a cabeça? O decreto sobre a interdição das estradas, sujeito à minha competência, é mais que suficiente. O atalho impraticável no alto do Monte das Espeluncas é, a meu ver, perigosíssimo. Ainda hoje, mando Callet divulgar a interdição.

O procurador imperial empenhara-se em luta porfiada com a sua bronquite. Afinal conseguiu dizer:

— Desaconselho a medida no momento atual...

— Eu entendera que o senhor recomendava esse processo. Então...

Vital Dutour indicou com o olhar o retrato de Napoleão III onde, na dúbia luz invernal, só se distinguia a faixa alvi-azul das ordens, no peito da casaca.

— No manejo das questões políticas, norteio-me por ele. A autoridade nunca deve dar um passo cujo fim seja demasiado visível. Se o senhor fechar o acesso a Massabielle, dirão os crentes que receamos a Santa Virgem. Os incrédulos dirão a mesma coisa. E nós nos tornaríamos ridículos aos olhos das duas partes. Embora fechemos esse caminho, ficam acessíveis outros três, dos quais ninguém poderá dizer que sejam perigosos. Talvez mereça mais atenção a outra possibilidade legal de que falei. Sabe provavelmente a que aludo, não, prezado Jacomet?

— Meu Deus, eu não passo dum policial, senhor procurador...

Vital Dutour tirara do dedo o seu anel de sinete e fazia-o rodar na mesa:

— Os senhores não ignoram que o estado imperial francês concluiu uma concordata com a Santa Sé. Dei-me ontem ao trabalho de estudar o texto desse instrumento. O artigo nove determina que a Igreja não dará o seu beneplácito à instituição de novos locais para o culto, sem a aprovação formal do ministro imperial... Compreendem, meus senhores?

— E, na sua opinião, seria aplicável esse artigo?

— Sim e não, senhor. Depende exclusivamente da Igreja.

— Atrás desse negócio escondem-se indubitavelmente as sotainas — declarou Jacomet.

— Assim espero, meu amigo — tornou Dutour. — Mas Peyramale não é nenhum parvo.

Adolfo Lacadé riu-se alto.

— Quando me lembro de que, por essa pequena idiota, toda gente se movimenta! A concordata foi assinada pessoalmente pelo Imperador e pelo Papa...

No mesmo instante, Courrèges enfiou a cabeça na porta, muito atarantado:

— Marcou mais um encontro, senhor "maire"?

— Que está perguntando, Courrèges? O senhor conhece os meus compromissos melhor do que eu...

— Querem falar-lhe... Insistem...

— Que preâmbulo é esse? Não tenho segredos!...

— Está aqui uma visita — explicou o adjunto. — O senhor vigário Peyramale em pessoa.

Lacadé levantou-se e correu à ante-sala, com a rapidez que a corpulência, a idade e a dignidade lhe permitiam. E logo ecoou no ambiente o tom mais caloroso da sua voz.

O padre Domingos Maria Peyramale, cavalheiro corpulento e pesado, duns quarenta e sete anos, de rosto corado e sulcado de rugas, costumava andar abrigado por uma peliça e um gorro de astracã que o faziam assemelhar-se antes a um ousado explorador do que ao vigário do cantão de Lourdes.

Entre o clero e as autoridades do sul da França reinava frequentemente uma tensão, oriunda da tendência do governo imperial que nunca se sentia suficientemente seguro — para arremessar forças adversas umas contra as outras, a fim de as manter em xeque. A França meridional era profundamente católica e o espírito da população local, muito pouco eivado do niilismo das correntes da época. Em conseqüência, muitos dos funcionários ali enviados faziam jus à locução elegante que os designava como "filhos de Voltaire".

O vigário de Lourdes não era, em verdade, homem que temesse esses "filhos de Voltaire", ou que, se tanto, se constrangesse diante deles, embora, ao contrário da maioria desses jovens burocratas, tivesse lido bem as obras do filósofo. Demais, o receio, o acanhamento não constituíam o lado fraco desse sacerdote. De espaço a espaço, ele aparecia no próprio Café Progresso, a fossa dos leões do liberalismo, para tomar o seu cálice de Calvados, quando lhe cumpria afrontar o frio numa das suas excursões. Era então de ver como os leões se azafamavam, solícitos, em torno desse Daniel, para obter a honra dum aperto de mão. Peyramale tinha a assombrosa tolerância dos que são justamente intolerantes até à medula. Isto equivale a dizer que só quem hesita, só quem se deixa abalar, faz transparecer a sua intolerância. Uma personalidade da têmpera de aço de Peyramale já está imunizada contra as convicções opostas às suas. O vigário de Lourdes sabia que a verdade é a verdade, e que essa verdade, na sua já longa carreira eclesiástica, ele não a conquistara facilmente, mas a custo de lutas renhidas. Peyramale pertencia aos que oferecem às dúvidas deste tempo uma fronte impenetrável. Isso, porém, já passara. Os leões já não o inquietavam; preocupavam-no em troca certos carneiros entre os seus irmãos de sacerdócio, temerosos da menor aragem fria.

Quanto ao mais, Peyramale podia tornar-se em determinadas circunstâncias um perigoso tonel de pólvora. Isso acontecia quando alguém, embora fosse um superior, ousava intervir no exercício do seu ministério ou no seu cuidado dos pobres. Esta última feição característica do padre só ia ser criticada asperamente pela boa sociedade de Lourdes, personificada nos membros da grande família de Lafite. A predileção do vigário pelas ínfimas classes populares não era bem vista. Chocava profundamente ver de mãos dadas com a plebe, contra os melhores círculos, o descendente duma família ilustre como a de Peyramale. O vigário não pedia esmolas aos ricos; impunha-lhes um tributo. O abade Pomian, o aforista de Lourdes, chamara-o um dia "petroleiro da caridade."

— O senhor se resfriará, reverendo — advertiu Lacadé, vendo que Peyramale recusava despir a peliça. — Repare no nosso pobre procurador imperial...

O vigário tinha uma voz grave, de timbre um tanto velado. Essa voz, que era o encanto das mulheres de Lourdes, encheu com a sua sonoridade opaca o gabinete do "maire".

— O que tenho a dizer não levará muito tempo. Sei que os senhores estão aí a roer uma noz muito dura. Vim justamente ajudá-los. Cometem um erro grosseiro, presumindo que os meus capelães e eu atribuamos às pretensas aparições de Massabielle qualquer valor religioso.

— Nega, pois, a possibilidade dum fenômeno sobrenatural, reverendo? — acudiu Vital Dutour.

— Alto, prezado senhor! Não nego absolutamente a possibilidade de fenômenos sobrenaturais. Apenas, parece-me inverossímil que Deus nos distinga com um milagre. Uma disposição das almas para o sobrenatural é condição essencial para que o sobrenatural se manifeste. Estamos muito longe dessa tendência. Principalmente nesta circunstância, repugna-me empregar a sublime palavra "milagre". A história de Massabielle, se não for puro embuste, como suponho, pertence ao domínio do espiritismo, do animismo, do ocultismo, das visões e análogas feitiçarias de mulheres velhas, de que a Igreja se desvia com repulsão.

— Muito interessante! Muito animador — comentou Lacadé. — Conhece a pequena Soubirous, senhor vigário?

— Não a conheço nem desejo conhecê-la.

— Não seria aconselhável — perguntou Dutour — que o próprio reverendo a repreendesse?

— Não é absolutamente a minha opinião. Dispensem-me. Só às autoridades compete avir-se com uma delinqüente ou psicopata de menor idade.

— Mas o senhor vigário manifestou o propósito de ajudar as autoridades — ponderou Jacomet.

— Já o fiz, vedando ao clero do meu cantão entrar na gruta e dar qualquer atenção ao caso. Neste sentido, já seguiu um relatório endereçado ao senhor bispo. Demais, as irmãs da escola, especialmente a professora Vauzous, foram convidadas a exercerem toda a sua influência e extrema severidade, para pôr termo ao escândalo. É tudo o que posso fazer.

— O seu poder sobre a população local é muito grande, revendo — tornou Lacadé, com unção. — O senhor vigário é o apóstolo desta gente simples. Não conviria que o senhor mesmo elevasse a voz?

— Não pretendo contribuir com o meu sopro para inchar esse espantalho de carnaval — replicou Peyramale, enterrando na cabeça de gigante o gorro de peles. — E, com isto, desejo-lhes um domingo agradável.

— Seria possível promover a aplicação do artigo nono da concordata? — perguntou o "maire" ao procurador imperial, depois acompanhar Peyramale até à escada.

— É um paradoxo — resmoneou Dutour. — Desde que essa raposa se põe ao nosso lado, tapou-se esse buraco. Um conflito com as autoridades eclesiásticas seria mais vantajoso do que esta concórdia. Agora temos de arcar sozinhos com a questão.

— Maldito seja! — gemeu Lacadé. — Hoje eram duas mil pessoas; amanhã, serão três mil; depois de amanhã, cinco mil. E nós temos à disposição só Callet e alguns guardas.

— Poderei atrever-me a formular uma proposta? — interveio Jacomet. — Não entendo muito da alta política; em compensação, nós lidamos todos os dias com indivíduos perigosos, bandidos, ladrões, vagabundos, bêbados, velhacos de toda espécie. Adquire-se assim certa prática em meter medo à gente e trazê-la sob pressão. Leve-me o diabo, se eu não conseguir assustar hoje mesmo a pequena Soubirous! Se ela perder a coragem de ir à gruta, já amanhã tudo estará por terra. Peço, pois, ao senhor procurador imperial e ao senhor "maire" que me entreguem o caso.

— Boa idéia — aprovou Dutour, após curta reflexão. É, além disto, o caminho legal. Compete aos senhores o primeiro passo. Gostaria apenas de formar um juízo pessoal sobre a pequena. Por isso a receberei, em todo caso sem aparato e até antes dos senhores, na minha residência particular. Queiram tomar as medidas necessárias. Estamos entendidos, senhor "maire"?

Lacadé sentia-se contrafeito. Acabava de dar meio-dia. O edil de Lourdes tinha na boca um gosto amargo, como se Bernadette o tivesse defraudado do seu cálice de malvasia.

— Tratem de agir quanto antes, meus senhores — exclamou ele apanhando o chapéu desabado. — Porque depende dos senhores que Lourdes consiga ou não a estrada de ferro.

CAPÍTULO XV

A DECLARAÇÃO DE GUERRA

A costureira Antonieta Peyret esperava que a rica e caprichosa viúva não tardasse a aborrecer-se de Bernadette e, cedo ou tarde, lhe cortasse a hospitalidade. À semelhança de tantas criaturas de origem humilde, não tolerava que outra da sua classe se introduzisse nos seus domínios, tanto mais por sua culpa. Se ela pudesse prever as conseqüências da sua tagarelice, nunca e nunca formularia a hipótese das almas do purgatório. Infelizmente a senhora Millet se deixara enfeitiçar pela "pequena vidente"; e a costureira, que bem conhecia a rica freguesa, não conseguia adivinhar como e quando iria acabar esse capricho. Mas, com verdadeiro assombro de Antonieta, ocorreu justamente o inverso:

não foi a viúva quem despediu Bernadette, e sim esta que se despediu da sua amável protetora. Circunstância agravante, essa despedida ocorreu na manhã de sábado, pelo meio-dia, quase à hora do almoço, para o qual a costureira não fora convidada.

Bernadette, que tivera pouco antes uma curta conferência com a tia Bernarda, executou uma respeitosa mesura e começou:

— Agradeço-lhe mil vezes a sua bondade, senhora. Mas creio que será melhor que eu volte para a casa de meus pais.

A senhora Millet alarmou-se; o seu duplo queixo pôs-se a tremer.

— Pelo amor de Cristo, que quer dizer isso, minha filha? Não te sentes bem comigo?

— Não; já não me sinto bem — confessou Bernadette francamente.

Logo, porém, apressou-se a acrescentar:

— Mas a culpa é minha.

— Não gostas daqui? Não te agrada a minha casa?

— Gosto muito, minha senhora.

As pestanas da costureira, que assistia à cena, vibravam rapidamente. Antonieta esperava da rica viúva uma explosão de cólera, como as que ela própria tinha de suportar frequentemente. Mas, nesse dia, em tudo ocorria o contrário. A senhora Millet fungou, sugando algumas lágrimas, e limitou-se a dizer:

— És uma criança abençoada, Bernadette. Respeito a tua resolução. Amanhã nos tornaremos a ver na gruta.

— Oh! sim, senhora. Amanhã nos veremos na gruta.

A viúva segurava a mão da menina, como se não pudesse apartar-se dela.

— Fica ao menos para almoçar, minha filha. Há guisado de lebre.

— Guisado de lebre — repetiu Antonieta, cujo paladar, nada fastiento, já saboreava a iguaria.

— Obrigada; mas prefiro ir para casa, senhora — insistiu respeitosamente a pequena. — Devo despedir-me do senhor Felipe?

Mal Bernadette se retirou, a senhora Millet acenou à costureira.

— É melhor que me deixe só, prezada Peyret. Não preciso hoje de companhia para almoçar.

No caminho, tia Bernarda ia dizendo a Bernadette:

— Eu gostaria de te levar para a minha casa; e isto não só porque és minha afilhada. Poderias dormir no quarto do andar térreo, com a tia Lucília. Mas creio que andas bem, voltando junto dos teus, porque o mundo é linguarudo. Todos te espreitam agora. Não vá isto subir-te à cabeça.

Essa recomendação era absolutamente supérflua. Não havia perigo de que a popularidade envaidecesse Bernadette. Ela não a compreendia. Muito mais a contrariava ver que o convívio no Calabouço não se restabelecia no tom costumado. A mãe parecia tolhida, aturdida; quando fitava a filha, os olhos logo se lhe arrasavam de lágrimas. O pai causava uma impressão desconcertante; falava talvez menos do que a mãe e o seu acentuado ar sentido cedera o lugar a uma perplexidade estranha que fazia um nó na garganta a Bernadette. Sintoma alarmante desse novo estado de coisas era que Soubirous se envergonhava do seu hábito predileto de se espreguiçar, de dia, na cama. Sua filha podia ser uma vidente; talvez até outra coisa, como cochichavam as velhas comadres. Sabia Deus o que ela podia ser! Isso não entrava na cabeça dum moleiro ignorante. Mas o certo era que ele preferia abancar-se quieto, num cantinho do botequim de Babou, a ter sempre diante dos olhos essa criatura privilegiada.

Maria, a irmã, a confidente, também se comportava de maneira estranha. Falando a Bernadette, mesclava frases escolares em francês ao dialeto habitual, só para se fazer mais fina. Os próprios João-Maria e Justino se esgueiravam assim que podiam: a irmãzinha já não lhes inspirava confiança.

Acrescente-se a isso que o Calabouço recebia diariamente visitas, sem falar dos vizinhos imediatos como os Sajous e os Bouhouhorts. Até Cazenave, o chefe da posta, enfiara uma vez o nariz no portão. Tinham vindo também Maisongrosse, o padeiro, Josefina Ourous, Germana Raval e uma dama rica, a senhora Luisa Baup, que se fizera acompanhar pela sua criada de quarto, Rosalia, a qual de quando em quando via igualmente aparições. O mestre-sapateiro Barringue, o das mãos trêmulas como folhagem de salgueiro, oferecera a Bernadette um cinto de couro feito por ele e ornado duma fivela de porcelana com a imagem duma Madona.

— Aí tens a tua dama — dissera Barringue.

— Mas essa não é absolutamente a minha dama! — protestara a menina, com grande decepção do artífice.

Em tais condições, a família Soubirous aceitou agradecida a oferta dos Sajous, que se prontificavam a ceder a Bernadette um quartinho do primeiro andar. A menina alegrava-se de poder entregar-se em paz ao enlevo de pensar que, dos quinze dias da sua ventura, só tinham decorrido três.

— Mais doze, mais doze!... repetia ela continuamente.

Nesse domingo, Luisa excedera-se a si mesma. Preparara, com alhos e todos os requintes culinários, o lombo de carneiro que o açougueiro Gozos lhe dera quase de graça. A família acabava de se sentar à mesa, para esse festim fabuloso, quando assomou à porta o guarda Callet, o mensageiro da desgraça.

— A sua pequena tem de ir comigo — resmungou o policial, puxando o cachimbo para o canto direito da boca.

— Eu sabia — suspirou Francisco — eu sabia que isso havia de acontecer!

O moleiro via-se diante do mesmo anjo da justiça que, por uma denúncia banal, o envolvera nas malhas dum processo.

— Não tenha medo — acrescentou Callet. — Desta vez ainda não é uma ordem de prisão. O senhor procurador imperial quer conhecer essa menina.

— Mas, ao menos, deixe-a acabar de almoçar, senhor Callet — acudiu Luisa, para quem nesse instante o essencial era que a filha não fosse privada dessa refeição rara e custosa.

— Não há pressa — concordou o protetor da ordem. — Deve-se comer devagar, saboreando os bocados. A justiça pode esperar.

Apesar dessa benévola tolerância, o policial estranhava que, contrariando toda experiência, a delinqüente continuasse a comer com essa calma e estivesse já com o prato quase vazio.

Vital Dutour, que não se sentia em tão boa disposição, sorvia melancolicamente uma xícara de caldo. Logo que lhe anunciaram Bernadette, largou a xícara e passou ao gabinete. Esse escritório não se poderia qualificar de bem iluminado; na lareira, porém, as labaredas crepitavam, envolvendo quatro tocos de pinheiro de grossura descomunal.

O estado fornecia aos seus funcionários a melhor lenha; e Vital Dutour, desde que se via às voltas com o resfriado, mandara colocar a secretária junto do fogo.

De costas para a janela, o delegado da justiça imperial examinava a delinqüente, através da luneta. Afinal convidou-a a se aproximar da mesa. A primeira vista, achou-a uma criatura banal, uma pequena proletária idêntica a centenas de outras. Depois, reparou-lhe nas roupas surradas. Nesses trapos, as formas da adolescente pareciam antes embrulhadas do que vestidas. E esse curioso capuleto! Dutour, quase recém-chegado a essa província e pouco versado em modas, tomou-o por um xale, como o usam as mulheres de Madras. O suposto xale estava tão desbotado, que já nem se distinguia o enfeite do debrum. Em compensação, envolvendo esse rosto em densa sombra, dava-lhe aos traços uma beleza singular. A camisola caía sem graça, até aos pés metidos nos tamanquinhos miúdos. Em conjunto, a pequena lembrava a obra dum estatuário, abandonada em meio do trabalho. Toda dobra do vestido, toda sombra, toda luz, davam justamente a idéia duma coisa começada, incompleta, apenas esboçada. Os olhos, não. Os grandes olhos negros, que cintilavam à sombra do capuz, podiam ser tudo, menos não acabados. Vital Dutour, desconcertado, reconhecia neles olhos de mulher apaixonada. Não raro, lhe sucedera ver no tribunal um par de olhos assim, perspicazes, luminosos e vigilantes, defendendo um bem do coração.

— Sabes quem sou, minha menina? — começou o calvo dignitário, puxando nervosamente os punhos.

— Oh! sim — replicou Bernadette, pausadamente, articulando as palavras. — O senhor Callet disse-me que o senhor é o procurador imperial.

— E sabes também quem é o procurador imperial?

Bernadette curvou-se levemente para a mesa e encarou o seu interlocutor.

— Isso, bem ao certo, não sei...

— Pois eu te ensinarei, minha querida. Sua Majestade o imperador dos franceses, nosso senhor, mandou-me aqui, para descobrir e castigar todos os crimes — por exemplo: a mentira e o embuste — praticados em detrimento dos nossos semelhantes... Sabes agora quem sou?

— Oh! sim, O senhor é como o senhor Jacomet.

— Muito mais do que o senhor Jacomet. Sou um, dos seus superiores. Ele descobre os criminosos e os embusteiros. Depois manda-os à minha presença, para que eu os entregue ao tribunal e à prisão. Ainda hoje, serás interrogada pelo senhor Jacomet. Eu não te mandei chamar como superior do comissário de polícia, mas porque tenho pena de ti; quero prevenir-te e ajudar-te. Se disseres a verdade toda e fores razoável, eu te pouparei talvez o encontro com o senhor Jacomet. Vejamos, pois, o que se pode fazer por ti.

Os olhos da menina, que defendiam um grande amor cravaram-se atentos no rosto de Vital. Este abaixou um pouco a voz.

— Faz-se muito barulho à roda da tua pessoa, nesta cidade. Isto não te assusta? Bernadette, eu te pergunto agora, muito seriamente: tens a intenção de voltar, amanhã cedo, a Massabielle?

Bernadette não pôde impedir que os seus olhos, de ordinário tão calmos, brilhassem como brasas.

— É claro; ainda tenho de ir à gruta doze vezes — replicou ela prontamente. — A dama pediu; e eu prometi...

— Lá vens tu com a dama! — disse Dutour, desiludido, como se esperasse outra coisa. — Convirás, prezada pequena, em que és ignorante e idiota. Na escola, és a pior aluna. A justiça sabe tudo! Reconheces que todas as tuas colegas, até as mais moças, sabem ler, escrever, contar, e a própria religião, melhor do que tu?

— É verdade, senhor; eu sou muito bronca.

— Logo, concordas em que todas as colegiais são mais inteligentes do que tu. Agora pensa: que não serão os mais velhos? Os que sabem tudo que se pode aprender neste mundo. Refiro-me, por exemplo, ao abade Pomian e a mim mesmo. Pois estas pessoas, que devem saber o que dizem, afirmam que essa dama, que tu garantes ter visto, é uma fantasia de criança, um sonho ridículo...

Bernadette, desorientada, fitou a pêndula da lareira e replicou:

— A primeira vez que vi a dama, também pensei que fosse um sonho...

— Vês, menina? Nesse dia, não eras afinal tão tola. E agora te revoltas contra o parecer dos mais velhos e mais instruídos?

Bernadette sorriu, com um sorriso bem feminino.

— Pode-se crer que é um sonho uma vez; não seis vezes!

A resposta despertou a atenção do advogado. Impressionava-o. Efetivamente, as alucinações diferem dos sonhos. E, como não era grande sonhador perante o Altíssimo, Dutour aventurava-se num domínio desconhecido.

— Pode-se sonhar muitas vezes com a mesma coisa!

— Mas eu nunca sonho! — retrucou Bernadette, com desembaraço. — Ainda esta manhã, vi a dama como vejo as outras pessoas; falei com ela, como falo aos outros...

— Deixemos isso — atalhou Dutour que, nas regiões do sobrenatural, se sentia em condição de inferioridade, perante a sua delinqüente. — Conta-me antes como vivem vocês lá em casa.

Com a franqueza e a simplicidade do pobre, não tolhido por nenhum orgulho burguês, Bernadette confessou:

— Dez dias atrás, tudo ia muito mal, senhor. Só tínhamos broas para comer. Agora, mamãe trabalha três vezes por semana, em casa da senhora Millet; papai é empregado do senhor Cazenave.

— Ah! Ao que parece, a dama tem o seu lado prático — ponderou o procurador imperial. — E essa história da senhora Millet?

Bernadette fitou-o longamente antes de responder:

— Não sei o que quer dizer, senhor.

— Sabes muito bem, pequena. Lembra-te de que não há nada que a justiça não saiba. Tu me escondes que moras em casa da senhora Millet.

— Não é verdade! Só passei lá duas noites: as de quinta e sexta-feira passadas.

— Não importa. Foste hóspede duma das residências mais ricas e mais luxuosas de Lourdes. Sem a tua dama, nunca chegarias a isso.

Bernadette fez um movimento tão vivo, que o capuleto escorregou para trás, descobrindo-lhe a cabeleira negra.

— A senhora Millet foi buscar-me. Pediu a mamãe que me deixasse ir. Eu fui, para lhe fazer favor; não por mim. Isso não me causou nenhuma satisfação.

— E o vestido de cetim branco? — acudiu o inquisidor.

— Eu não o usei; está guardado no guarda-roupa da senhorita Elisa Latapie.

O procurador imperial levantou-se, repelindo a cadeira de braços.

— Toma cuidado, Bernadette! Viste que a justiça sabe tudo. A justiça sabe dos presentes que todos mandam à tua casa, para ti e teus pais. Se a justiça imaginar que a dama não passa de especulação comercial, estás perdida... Eu, porém, quero estender-te a mão, vai-te. Pretendo até livrar-te da conversa com o senhor Jacomet, que é o primeiro passo para a cadeia. É muito simples o que exijo de ti. Não terás de te renegar nem desmentir. Promete que serás obediente, porque eu sou a justiça que te ameaça.

— Se puder, senhor, obedecerei — replicou Bernadette, imperturbável.

— Então, promete-me aqui com a mão nas minhas, que não voltarás à gruta...

Bernadette retraiu a mão, como se a tivesse queimado.

— Não posso prometer, senhor. Tenho de fazer a vontade à dama.

Vital Dutour espichou o lábio inferior.

— Logo, rejeitas a mão que te quer ajudar. Reflete: aviso-te pela última vez!

Bernadette abaixou a cabeça. Um leve rubor subiu-lhe às faces.

— Tenho de voltar doze vezes à gruta — murmurou ela.

O procurador imperial percebeu, com surpresa, que se dominava a custo:

— Podes ir; já não preciso de ti — exclamou em voz alta. — Corres para a tua perdição!

Mal se viu só, Vital Dutour envergonhou-se de si mesmo. Estava habituado às vitórias fáceis da sua superioridade nas salas dos tribunais. Ali, porém, avinha-se com criaturas arrependidas, esmagadas, que imploravam misericórdia. "Estendo-lhe a mão para o salvar", era uma frase estereotipada do promotor. E nunca falhava: quase sempre, o acusado se desfazia em pranto.

A rapariguinha, pelo contrário, não derramara uma lágrima. Apesar dessa combinação venenosa de intimidação e oferta de auxílio, experimentada com êxito cem vezes, ela ficara impassível. Pior ainda: em lugar de se mostrar abalada, fora ela que abalara o seu inquisidor. Esse interrogatório deixara ao procurador imperial um insípido ressaibo moral que lhe vinha da sua própria existência. Dutour sentiu, pelo espaço de alguns minutos, que a pecha de oportunismo atirada a essa criatura paupérrima, quadrava-lhe a ele próprio, quase perfeitamente. Que é, com efeito, o que se denomina "carreira", senão uma especulação mercantil sobre certa orientação predominante? Coisa estranha, a menina defendia uma quimera. Justamente por virtude dessa quimera, manifestara tamanha firmeza. O procurador imperial não tinha apego ao que defendia. Nesse dia, as suas convicções chamavam-se Napoleão; na véspera, Luis Felipe; no dia seguinte podiam encarnar-se num Bourbon, ou num rábula intrigante. O Estado... Ah! ah! O Estado...

Dutour estacou, assustado; diante do espelho. Viu-lhe, na superfície polida, uma caricatura a fazer-lhe esgares, uma carantonha lamentável, com um nariz lustroso e inchado, bem no centro. O delegado da justiça imperial deitou a língua à sua própria imagem. Depois, à guisa de consolo, disse de si para si:

— Jacomet tratará disso. Ele é mais forte do que eu.

E, com essa esperança no coração, — tomou um medicamento e meteu-se entre os lençóis.

Após essa primeira escaramuça vitoriosa com o procurador imperial, Bernadette entrou na igreja. Ali, encolhida num recanto escuro, sentia-se mais segura do que em casa. A menina tinha um medo indizível de Jacomet que, outrora, desempenhara contra Soubirous o papel de perseguidor implacável.

Mas o comissário sabia onde ela se refugiara. Dera-se ao incômodo de vigiá-la pessoalmente. E, quando, após as vésperas, a menina se esgueirava do portal, no meio dum grupo de fiéis, Jacomet adiantou-se para ela, com uma expressão cordial, e pousou-lhe paternalmente a mão no ombro.

— Queria pedir-te, minha filha, que entres um instante aí em casa. É só um momento.

Não era uma prisão, mas um convite explícito. Em torno do comissário e da menina formou-se logo um grande ajuntamento. Bernadette não manifestou nenhuma emoção. Deu apenas à tia Lucília, que a acompanhava, o encargo de prevenir os pais.

Os populares tomaram partido contra a autoridade; ouviram-se motejos, advertências:

— Vocês sabem ser fortes com crianças; mas deixam-nas morrerem de fome...

— Cuidado, Bernadette! Vê como falas! Desconfio que te querem pilhar...

O escritório e a residência do comissário ficavam no andar térreo da habitação da família Cénac, membro eminente, como os Lafites, os Millets, os Baups e os Lacrampes, da aristocracia de Lourdes. No primeiro andar do palacete, situado na praça Marcadale, residia o coletor J. B. Estrade, com a irmã solteira e idosa. Estrade solicitara do vizinho Jacomet permissão para assistir ao interrogatório de Bernadette.

A comunicação do doutor Dozous, o entusiasmo da irmã — participara da última procissão à gruta — haviam despertado no coletor um interesse não isento de repugnância. Fautor da economia nacional e da boa literatura, Estrade não tinha nenhuma simpatia pelas extravagâncias ocultistas. Já se encontrava recostado na grande poltrona dos visitantes, quando Jacomet entrou com a sua vítima no comissariado, uma sala iluminada por uma única janela e guarnecida por um resumido mobiliário: a poltrona, a secretária, dois armários, a cesta para papéis e escarradeira. Só havia uma cadeira. Bernadette ficou de pé.

O comissário apontou o lápis, muniu-se de papel e começou, segundo a praxe:

— Então, como te chamas?

— O senhor bem sabe como eu me chamo.

Bernadette arrependeu-se logo dessa resposta. Conhecia já o efeito de semelhantes réplicas. Por isso, apressou-se a acrescentar:

— O meu nome é Bernadette Soubirous.

O comissário largou o lápis e explicou, em tom paterno:

— Prezada Bernadette, provavelmente ainda não compreendeste bem o que se passa aqui. Com este lápis, que estás vendo, eu vou escrever neste papel todas as tuas declarações. Elas darão o que se chama protocolo. Esse protocolo fará parte dos autos dum processo que receberá o nome de Bernadette Soubirous. Ser o conteúdo duns autos não é nada agradável, minha pobre pequena. As pessoas decentes, sobretudo as moças, não costumam ter processos na polícia. Mas, presta atenção: hoje mesmo, estas declarações serão enviadas a sua excelência, o senhor prefeito de Tarbes. Chama-se ele barão Massy; é um senhor poderoso e ríspido com quem seria preferível não ter de se avir. Espero que agora tenhas entendido. Então que idade tens?

— Quatorze anos, senhor.

Jacomet parou de escrever.

— Que dizes? Creio que exageras.

— Oh! não. Vou até fazer quinze.

— E ainda freqüentas a escola! — suspirou o comissário. — Ainda és um peso para teus pais. Seria melhor que tratasses de ajudá-los, quanto antes. Que fazes em casa?

— Nada de especial. Lavo a louça, descasco batatas e, muitas vezes, cuido de meus irmãos...

Jacomet arredou a cadeira e voltou-se para a delinqüente.

— Agora, minha filha, conta-me bem direito o que te aconteceu em Massabielle.

Bernadette cruzou as mãos sobre o ventre, na atitude habitual das camponesas e proletárias do mundo inteiro, quando à porta de casa comunicam umas às outras os acontecimentos do dia. Inclinou a cabeça para o ombro esquerdo e fixou o olhar na folha de papel que, enquanto ela falava, se ia cobrindo de rabiscos. Mas, coisa estranha, a narração, repetida nessas condições, se tornava monótona, quase maquinal.

— É uma história maluca — ponderou Jacomet, depois de ouvir até ao fim. — Conheces essa dama?

Bernadette arregalou os olhos.

— Eu? Não! Naturalmente não conheço a dama.

— Uma dama extraordinária! Tão elegante, e aparece nos lugares onde Leyrisse guarda os porcos!... Que idade terá ela?

— Dezesseis ou dezessete anos.

— E dizes que é muito bonita?

A essa pergunta, a menina comprimiu o peito, com os punhos cerrados convulsivamente.

— Oh! Mais linda do que qualquer outra no mundo.

— Dize-me, Bernadette: lembras-te decerto da senhorita de Lafite, que se casou há algumas semanas. A dama é mais bonita do que ela?

— Nem pode haver comparação, senhor! — exclamou a menina sorrindo, divertida pelo confronto.

— Mas a tua dama, prezada pequena, fica imóvel como uma estátua na igreja.

— Não é verdade! — protestou Bernadette, magoada. — A dama é bem natural; move-se, anda, fala-me, cumprimenta as pessoas e até se ri.

Jacomet desenhou, no seu protocolo, uma estrela de cinco pontas. Sem se distrair desse exercício artístico, modificou um tanto o tom:

— Muita gente diz que a dama te confiou também alguns segredos.

Bernadette não respondeu logo. Afinal, murmurou:

— Oh! sim. Ela disse-me coisas que eram só para mim, que eu não posso contar.

— Nem a mim ou ao senhor procurador imperial?

— Nem ao senhor nem ao procurador imperial.

— Se a irmã Vauzous ou ao abade Pomian te perguntassem?

— Eu não poderia responder.

— E, se o próprio Santo Padre de Roma te mandasse falar?

— Também não falaria. Mas o Santo Padre de Roma nunca me ordenará isso.

O comissário sorriu a Estrade que continuava, quieto e calado, com o chapéu de seda nos joelhos e a bengala nas mãos.

— Menina teimosa, hein? Agora, mais uma cousa, pequena: que dizem teus pais? Acreditam?

Bernadette meditou a resposta mais do que as precedentes; e foi com certa hesitação que respondeu:

— Desconfio que meus pais não acreditam.

— Estás vendo? — acudiu Jacomet, no mesmo tom paterno. — E eu hei de crer o que nem teus pais acreditam? Se a tua dama fosse uma verdadeira dama, os outros também a veriam. Assim, qualquer pode afirmar, por exemplo, que, ao escurecer, um cano de chaminé, escondido no quarto, lhe cochicha todos os dias coisas que ele não pode contar. Isso causaria o mesmo efeito aos tolos. Não tenho razão, Bernadette?

A menina acolheu, calada e apática, o gracejo do policial. Este preparava-se, entretanto, a tomar a ofensiva, recorrendo aos estratagemas com que enredava os marotos menos experimentados.

— Presta atenção, Bernadette. Vou ler as tuas respostas, para que verifiques se estão certas. Depois, mandarei o protocolo ao senhor prefeito. Estás pronta?

Bernadette aproximou-se da secretária, para que não lhe escapasse uma palavra sequer. O comissário começou, no tom burocrático, a leitura das suas notas. Chegou, enfim, à descrição da dama:

"Bernadette Soubirous afirma que a dama usa um véu azul e um cinto branco..."

— Véu branco e cinto azul — emendou logo a menina.

— Não é possível! — exclamou Jacomet. — Tu te contradizes. Confessa que falaste dum cinto branco.

— Com certeza, o senhor errou, escrevendo — replicou Bernadette tranquilamente.

O policial apanhara com esse visgo muitos pássaros, para se confessar derrotado. Continuou, pois; a delinqüente escutava, atenta:

"Bernadette Soubirous afirma que a dama conta vinte anos de idade..."

— Eu não disse isso! A dama nem tem dezessete anos!...

— Nem dezessete? Como o sabes? Quem te disse?

— Quem havia de me dizer? Eu mesma vi!

Jacomet deitou a Bernadette um olhar indagador. Depois, ao cabo dum longo trecho, tentou pela terceira vez a sorte:

"Bernadette Soubirous refere que a dama parece exatamente a estátua da Virgem Maria da igreja paroquial."

— Eu não disse essa asneira, senhor. É mentira! A dama não tem nada da Virgem Maria da igreja.

Nesse ponto, Jacomet julgou oportuno aplicar os seus expedientes de segundo grau.

— Basta! — bradou ele. — Não penses que me logras! Aqui, nesta gaveta, está a verdade. Guarda-te de mentir! Só uma confissão franca pode salvar-te. Dize-me os nomes das pessoas que estão contigo nesse conluio. Eu as conheço bem...

Bernadette recuou dois passos, empalidecendo. Ninguém a repreendera jamais como o comissário. A voz da menina, sempre tão calma, exprimiu uma profunda estranheza ao observar:

— Não entendo o que diz, senhor.

Jacomet entregou-se à sua cólera de rotina:

— Se não entendes, eu te explicarei. Certas pessoas, que eu conheço bem, sopraram-te a história enjoativa das tuas aparições. Meteram-te isso na cabeça e agora tu o andas espalhando. Julgas que eu não ouvi, com os meus próprios ouvidos, que isso te foi ensinado?

Bernadette já recobrara a presença de espírito.

— Pergunte a Joana Abadie, senhor, se alguém me mandou falar. Ela estava comigo, na primeira vez.

— Para mim é indiferente que confesses ou vás para a cadeia, menina — tornou Jacomet, agarrando a mão de Bernadette puxando-a para a janela. — Que vês ali fora?

— Muita gente, defronte da sua casa, senhor — respondeu Bernadette.

— Pois toda essa gente não te poderia valer; porque, defronte da minha casa, há também três gendarmes. Estás vendo? O brigadeiro d'Angla, com Belhache e Pays. Eles esperam apenas uma ordem minha, para te levarem. Logo, não sejas a tua pior inimiga, Bernadette. O senhor Dutour, o eminente procurador imperial, ordenou-te que não voltasses a Massabielle. Declara, diante desta testemunha, o senhor Estrade, que obedecerás.

— Tenho de cumprir a minha promessa... — murmurou Bernadette.

Pela primeira e única vez, J. B. Estrade fez ouvir a sua voz:

— O senhor comissário quer o teu bem, pequena. Escuta-o e promete.

A menina examinou o intruso com um rápido olhar. Percebendo imediatamente que ele não tinha qualidade para intervir nessa luta porfiada, nem se dignou responder-lhe. Estrade sentiu-se humilhado, como se alguém lhe houvesse infligido uma correção.

— Devo chamar os gendarmes? — perguntou Jacomet.

Os dedos de Bernadette apertaram convulsivamente a bolsa.

— Se os guardas me levarem, nada poderei fazer.

— E não é tudo! — troou o comissário. — Mandarei prender teu pai e tua mãe. Pouco se me dá que os teus irmãos morram ou não de fome. Por uma pequena desconfiança, teu pai já esteve preso; que não será com tamanho embuste?

Bernadette abaixou a cabeça de tal modo, que não se lhe viu o rosto. Seguiram-se minutos de silêncio. Jacomet aplicara a tortura de terceiro grau. Mas, em lugar da resposta da menina, ouviu bater de leve à porta, uma, duas vezes.

— Entre — resmungou o comissário, abanando-se.

O vulto imponente de Francisco Soubirous surgiu no portal, hesitando, despido da dignidade costumada, girando o gorro nas mãos. No olhar do ex-moleiro alternavam-se o receio e a ânsia de saber. Talvez ele tivesse bebido, para criar coragem. E não lhe bastara.

— Que diabo quer você aqui, Soubirous? — bradou Jacomet.

Francisco respirou profundamente e estendeu a mão para Bernadette.

— Quero a minha filha, a minha pobre pequena...

O comissário tornou-se logo mais tratável.

— Escute, Soubirous: essa indecência da furna tem de acabar. Eu não a tolero mais. Já amanhã, deve cessar. Entendeu?

Francisco Soubirous bateu, os punhos no peito largo.

— Deus é testemunha, senhor comissário, de que eu não desejo senão que acabe. A minha Luisa e eu estamos muito desgostosos com esta história.

— A pequena é menor — resmungou Jacomet, juntando os papéis. — Você, como pai, responde-me por ela. Proiba-lhe todos os caminhos, menos o da escola. Se não houver outro meio, feche-a em casa. Do contrário, mando prendê-los todos. Juro que o faço! Tenho, para isto, razões bastantes. De hoje em diante, vocês ficam sujeitos à mais severa vigilância. Agora, adeus. E não os torne eu a ver aqui!

Bernadette saiu, ao lado do pai, do palacete de Cénac, sem levantar a cabeça, mordendo os lábios. Não queria chorar ali. Deixaria correrem as lágrimas no seu quartinho. A praça estava apinhada. A menina viu-se logo envolvida por uma zoada surda.

— Não te entregues, Bernadette...

— Soubeste defender-te valentemente!...

— Eles nada te podem fazer.

Mas a menina ouvia apenas a voz queixosa do pai, que ia repetindo:

— Vês, minha filha? Devemos-te, isto... este escândalo.

Na rua des Petites Fossées, o acompanhamento restringira-se aos adeptos mais fiéis, capitaneados por Antônio Nicolau que agitava no ar um cacete respeitável.

— Eu mesmo iria buscar-te, Bernadette!...

Bernadette, porém, não reparava no seu paladino. Já era muito que pudesse resistir à falta de ar que a sufocava.

— Agora, vizinho, qual foi a sua impressão? — perguntou o comissário ao coletor.

Estrade passou a mão na testa, como para se livrar duma dor de cabeça, e respondeu laconicamente:

— A menina não mentiu.

Jacomet soltou uma gargalhada irônica.

— Aí está a candura do nosso público leigo! Entre os meus clientes mais curtidos não me lembro de nenhum mais perspicaz, mais rebelde, mais teimoso do que essa rapariguinha. Não notou como ela pensava antes de responder? Como pesava as conseqüências? Não caiu uma única vez na armadilha! Sempre atenta, até ao fim. Se o pai não aparecesse, não sei como poderia livrar-me dela.

Estrade encolheu os ombros.

— Porquê urdiria ela esse conluio tão perigoso?

— Pelo resultado, meu amigo; o aplauso, o papel que desempenha, afora os presentes. Para nós, os da polícia, a alma humana não é um problema difícil. A seu ver, os santos comportam-se todos, perante a justiça, com o rompante dessa pequena intermediária do céu?

— Mas, mas, prezado vizinho, quem fala do céu e dos santos? Pelo amor de Deus! Menos do que todos, a própria pequena. Estou certo de que ela não tem idéia da essência extraordinária da sua visão. Ela a julga natural. Está profundamente fascinada e, por isso, consegue fascinar. Foi o que senti, há pouco.

O comissário riu-se com indulgência.

— Meu amigo e vizinho, o senhor é o homem dos impostos; eu sou o homem da polícia. O senhor conhece profundamente a administração financeira. Eu tenho certa prática da alma desta gentinha. No que diz respeito à psicologia, fie-se tranquilamente no velho Jacomet...

CAPÍTULO XVI

A DAMA E A GENDARMARIA

Nessa manhã a irmã Maria Teresa Vauzons, de pé diante das fileiras de bancos, deixava ver no rosto delicado, nos olhos cercados de olheiras, nos lábios contraídos, uma prostração mais funda do que de costume. As próprias alunas notavam o cansaço da mestra. A irmã Vauzous velara a noite inteira.

O vigário Peyramale confiara certa incumbência ao abade Pomian. Por sua vez, o catequista, obrigado a seguir inesperadamente para Saint Pé, transmitira o encargo à professora Vauzous. Não era fácil a missão de que o abade se livrara. A irmã Maria Tereza passara a noite, entregue a leituras austeras, o que porém não lhe facilitava a tarefa. A exigência do vigário consistia, nem mais nem menos, do que em admoestar Bernadette diante de todas as condiscípulas, fazendo-lhe ver que, na melhor hipótese, era presunção ousada a da menina que, não tendo ainda recebido a primeira comunhão, blasonava de estar em íntimo convívio com a Virgem Santíssima. Peyramale exprimira até o desejo de que se acentuasse o lado cômico desse deplorável erro juvenil.

O caso começara entre colegiais. O vigário de Lourdes esperava enterrá-lo sob as risadas trocistas das mesmas colegiais. O ridículo nunca é tão mortífero, como nas histórias muito divulgadas. No que se referia ao excelente Pomian, o vigário não empregara mal a sua confiança, pois o capelão não era mau humorista, embora não o fosse à maneira original e popular do próprio Peyramale. A irmã Maria Teresa Vauzous, pelo contrário, não possuía a menor "vis cômica"; Descendia ela dos círculos mais austeros da França, dum ambiente que não admite motejos. Seu pai, general devoto ao rei, dantes professor em Saint Cyr, fora depois aposentado pelo imperador. Sua mãe era filha dum professor de economia política, a par de cujas opiniões conservadoras o famoso de Maistre não passava dum jacobino subversivo. A freira herdara a escrupulosidade militar e professoral. Sucedeu, pois, que nessa noite, preparando a sua missão, a irmã Vauzous mergulhou em águas demasiado profundas e embrenhou-se na leitura de muitas páginas sublimes e dificilmente cifráveis sobre os grandes problemas da graça, da liberdade, do pecado, do mérito. Oprimia-lhe o espírito especialmente o conceito da graça.

Nesse momento, em presença das discípulas, sentia-se nervosa, incerta e cansada. A sua inteligência nunca admitiria que o seu coração atormentado duvidasse da utilidade do próprio sacrifício da sua vida. O orgulho duma alma forte não se detém ante fins secundários. Bastariam a austeridade, a oração, o trabalho, o desprendimento, a mortificação da carne, a humilhação do espírito, como ela os praticava, para alcançar o fim?

A professora deitou um olhar à ponta esquerda do sexto banco, na fileira central. Bernadette Soubirous estava ali, após uma semana de ausência. Ao passo que as colegiais tagarelavam como sempre, Bernadette isolava-se, calada, com o olhar fixo na carteira.

— A menina parece extremamente abatida, desde que as autoridades, ontem, lhe cortaram o caminho — pensou a freira.

E acrescentou, alto:

— Bernadette Soubirous! De pé, diante do primeiro banco!

Bernadette obedeceu, em meio do zum-zum das companheiras. A irmã Maria Teresa não a olhou; dirigiu-se às outras:

— Minhas queridas filhas! Hoje falaremos de alguma coisa que não pertence às disciplinas escolares, nem figura no catecismo. O senhor catequista não as interrogará sobre este ponto; nem vocês têm obrigação de aprendê-lo. Mas, ainda assim, não devem conversar; prestem atenção, que é importante. Vocês sabem, eu o repeti cem vezes, que nós as criaturas humanas, somos todos pecadores; uns mais, outros menos, mas em geral todos. Se, como o exige a santa religião, todas as noites, antes da última oração do dia, vocês examinarem escrupulosamente a consciência, que encontrarão? Mentiras pregadas aos pais e a outras pessoas, quase a toda hora do dia. Talvez até cobiça dos bens alheios. Em todo caso, distrações durante a santa missa, omissões ao rezar o rosário, preguiça, falta de sinceridade, petulância, maus pensamentos e centenas doutros costumes censuráveis. Catarina Mengot, por exemplo, rói as unhas. Agora, escutem bem: o Senhor não nos criou a todos iguais. Para uns o fardo dos pecados e faltas é pesado; para outros, mais leve. Na nossa cidade, também há pessoas menos pecadoras do que outras. Creio, porém, que elas não se encontram entre nós. Entendeste, Bernadette Soubirous?

— Sim, irmã; entendi — respondeu Bernadette, no tom duma colegial despreocupada.

— Ou julgas que haja entre nós alguém mais merecedor do que os outros?

Bernadette fitou na freira o olhar surpreso dos seus olhos fatigados — pois também não dormira — e respondeu maquinalmente:

— Não, irmã.

— Agradeço-te a modéstia, Soubirous — aprovou a mestra, provocando a risada da classe. — Silêncio! Continuemos! Na infinita bondade, o Senhor enviou, porém, ao mundo, no curso dos tempos, algumas — muito poucas — exceções em forma humana, isto é, criaturas sem par, criaturas que quase não cometem faltas nem pecados, que não mentem, não desejam o bem alheio, rezam com fervor, não são falsas nem preguiçosas ou atrevidas; também não coçam a cabeça, como faz ali Aninha Courrèges. Essas exceções, quase isentas de pecado, vocês todas as conheceram na História Sagrada. Quem é capaz de mencionar uma delas? Soubirous!

Bernadette não abriu a boca. Joana Abadie, porém, já levantava a mão. A freira animou-a cordialmente.

— Vamos, Abadie? Quem sabes mencionar?

— São José — replicou Joana.

— Como te ocorreu justamente São José? — redargüiu a irmã, admirada. — Mas vamos adiante. Mesmo nos últimos tempos, essas criaturas extraordinárias têm vindo ao mundo, se bem que para sofrerem mais do que as da História Sagrada. Falo dos intercessores que nós invocamos nas ladainhas. Quero contar-lhes, meninas, alguma coisa sobre esses eleitos. Eram eles, na sua maioria homens de Deus, eremitas anacoretas, frades e freiras. Retiravam-se para os desertos ou para as montanhas nevadas como os nossos Pireneus. Alimentavam-se de raízes, de mel silvestre, de alguns goles d'água durante o dia. Muitas vezes jejuavam por longo tempo. Velavam de noite, rezando todas as orações conhecidas; e até inventavam outras. Muitos flagelavam-se com açoites de couro; outros traziam, debaixo do hábito grosseiro, cintos de ferro com pontas enferrujadas que lhes penetravam na carne. E sabem vocês por que o faziam? Para afugentarem as tentações, os maus pensamentos, embora fossem quase isentos desses pecados. Faziam-no para esconjurarem o diabo, que invejava essas existências votadas a Deus e, por isso, não cessava de tentá-los e persegui-los. O comportamento desses santos homens chama-se ascetismo, prezadas meninas. Tomem nota deste termo. Quando, a custo de fadigas e mortificações persistiam e avançavam muito no ascetismo, triunfando de todos ataques e tentações do demônio, alguns desses santos homens chegavam a ver com os seus olhos o que nós, criaturas mesquinhas e vulgares, não conseguimos enxergar. Eles viam os corpos imateriais, por exemplo: os santos anjos que nos cercam. Tinham visões. O próprio Salvador, se lhes mostrava com a coroa de espinhos e os estigmas, numa auréola de luz. Outras vezes era a Santa Virgem, com o coração trespassado de espadas, as mãos juntas em prece e o olhar, choroso mas transparente, fito para o céu... Compreendes, Soubirous?

Bernadette estremeceu. Não ouvira nem entendera nada. Pensava apenas, com um aperto horrível no coração, em que a formosa dama a esperava inutilmente. À pergunta da freira voltou-se, sem dizer palavra, sem dar mostras de a ter percebido. A irmã Maria Teresa meneou a cabeça.

— Nem desta vez ela entendeu!

As colegiais agitaram-se nos bancos, prontas para a troça. A irmã Vauzous adiantou-se para Bernadette, exclamando;

— Logo, pretendes comparar-te a esses seres sublimes?

— Não, irmã.

— Mereceste, acaso, as tuas visões com pedras de açúcar-cande?

— Não, irmã.

Essa resposta desencadeou a hilaridade da classe. Todas as testemunhas de Massabielle riam-se às gargalhadas; a própria Maria não pudera reprimir um riso contrafeito.

A freira esperou que o tumulto se acalmasse.

— Vês, Soubirous? As tuas colegas só podem rir das tuas intrigas. Em lugar de te ocupares com um trabalho sério, urdiste uma trama indigna, só para te colocares em evidência, sem muito esforço. Até agora eu te julgava idiota. Não és tola, e sim coisa muito pior. Nunca esperei muito de ti. Não imaginava, porém, que brincasses com as coisas sagradas, e virasses palhaço de gente suja e bronca... Basta; agora volta ao teu lugar, e envergonha-te de perturbar a santa quaresma com essa extemporânea algazarra de carnaval.

Depois do almoço, Bernadette dirigia-se para a escola, acabrunhada por uma tristeza inexprimível. Ia sozinha, esquivando-se de todos; nesse dia, não suportava sequer a companhia da irmã. No caminho encontrou a senhorita Peyret e andou com ela bom trecho do percurso. A costureira sacudia a cabeça, cheia de indignação moralista.

— És uma pessoa desleal, Bernadette. Desleal com a dama, desleal com a tua benfeitora, a senhora Millet. Estivemos, hoje cedo, em Massabielle; a senhora Millet, eu e muita gente. "Apostaria cem francos" — dizia a senhora Millet — "em que Bernadette não faltará."

— Proibiram-me — soluçou a menina.

A costureira, para quem não havia enredo bastante sensacional, rebateu com escárnio;

— Ah! proibiram-te? Ora! Quem pode proibir que vás aonde quiseres? Não te deixes lograr por Jacomet. Ele tentou apenas assustar-te. Não te pode fazer nada; demais, diante do compromisso que assumiste, se quiserem prender-te, deixa que te prendam. Obrigação é obrigação...

— Eles querem prender também meus pais; e os meus irmãos passariam fome...

— Qual! Pois que os prendam! — acudiu Antonieta. — Mas tu não podes faltar à tua palavra; não deves descuidar o teu dever.

Bernadette desatou a correr, sem se despedir, só para se livrar da costureira. Receava também chegar atrasada. O relógio da torre do hospital deu duas horas. Entre a menina e a escola mediava o viaduto que estendia os seus arcos sobre a cidade baixa. Justamente à entrada dessa ponte, Bernadette estacou, arquejando, inibida de continuar. Um obstáculo invisível se lhe atravessava no caminho; era como uma viga possante que, apesar do seu esforço, ela não conseguia ultrapassar. Simultaneamente essa barra pesava-lhe nos ombros como uma garra implacável, constrangendo-a a retroceder.

Bernadette retomou, em sentido inverso, o caminho que andara até ali. Não alcançara a praça Marcadale, quando ouviu atrás de si passos rítmicos de botas cravejadas. Seguiam-na. Eram os gendarmes Belhache e Pays, encarregados de vigiá-la. Os dois policiais, irrepreensivelmente fardados, com sabres e chapéus de penas, não tardaram a ladear a menina.

— Que andas fazendo, benzinho? — perguntou Belhache, o de barba preta. — Mandaram-te à escola, e não atrás da escola...

— Eu ia à escola — explicou Bernadette, exprimindo a pura verdade. — Na ponte, uma viga de ar não me deixou ir adiante.

— Que outra história é essa da viga de ar? — resmungou o seco Pays, pai de cinco filhos. — Tu não me levarás pelo nariz, pequena!

— E agora vais para casa, bemzinho? — interveio Belhache mais moço, mais indulgente e tido nas redondezas por um D. João da gendarmaria.

— Não; não vou para casa — disse Bernadette, pensativamente. — Vou à, gruta...

— À gruta, queridinha? Então, espera um pouco... Olá, Pays, chama depressa o brigadeiro!

Minutos depois, Pays voltava com d'Angla. O vistoso brigadeiro corria, afivelando o sabre e acabando de mastigar uma fatia salame.

— Uma viga de ar! — repetia ele, alto. — Uma viga de ar! É a última novidade!

— Deixe-me ir à gruta — implorou Bernadette.

— Os riscos por tua conta — decidiu o brigadeiro. — Mas nós iremos contigo; os três.

E, para não ficar atrás, logo depois Callet associou-se à força armada.

A pequena Soubirous, ladeada por quatro homens fardados, alvoroçou a cidade. A tia Piguno viu-a, precipitou-se a avisar a tia Bernarda e correu dali ao Calabouço. As janelas abriam-se. Mulheres curiosas assomavam às portas, enxugando apressadamente as mãos ao avental. Já na rua Basse, Bernadette era seguida por umas oitenta ou noventa pessoas. Mas, nesse dia, ela não voava como uma andorinha, como uma folha no tufão. Dir-se-ia que não tinha chumbo nas pernas.

Chegando à furna, ajoelhou-se logo e ergueu as mãos para o nicho num gesto de súplica. A ogiva estava, porém, escura e vazia, como o que pode estar mais vazio no mundo. O galho solto da roseira, acima do espinheiro, agitava-se ao vento do Gave. O rio rumorejava, indiferente. Demais, começou a chover e a gruta converteu-se em prosaico abrigo da comitiva.

Foi com um grito de horror que Bernadette anunciou:

— Não a vejo!... Hoje, não a posso ver!...

A menina puxou o rosário e levantou-o convulsivamente para o nicho. A ogiva continuou mortalmente vazia, ensombrada pelo crepúsculo pardacento desse dia vinte e dois de fevereiro. Só a pedra, atrás do portal, luzia com o seu brilho alvacento de ossada. A furna era, nesse momento, apenas uma furna; e a idéia de que a dama houvesse surgido ali parecia deveras um logro ou o produto duma fantasia mórbida. O mais trágico de todos os arrependimentos abalou Bernadette: o desespero da apaixonada que perdia, sem ter culpa, o objeto da sua paixão, porque os poderes da terra lhe tinham vedado manter a sua palavra. Ela desiludira a dama; e esta se retirara da furna inhóspita, para lugar mais digno dela, onde, sem dúvida, costumava viver.

O coração de Bernadette clamava este protesto mudo para a ogiva escura:

— Não sabia então, senhora, que o senhor Jacomet ameaçou prender-nos, a mim, a papai e mamãe, se eu viesse vê-la? Assim mesmo, voltei. Não poderia esperar-me um pouquinho mais?

Uma idéia súbita, uma derradeira esperança atravessou o cérebro da menina.

— Naturalmente, não posso ver a dama — queixou-se ela. — A dama esconde-se, porque há muitos gendarmes à roda de mim...

Essa fatal explicação da ausência da aparição provocou, na assistência, um riso prolongado. Várias vozes soltaram dichotes:

— Reparem: afinal, Bernadette não é tão tola assim!... Mas, ontem, na polícia ela respondeu com muita esperteza... Não se deixem lograr; ela é uma pobre criança.

Um espirituoso interpelou o gendarme barbado:

— Hein, Belhache? Tu pareces exatamente o diabo. Isso explica tudo.

Belhache afagou a sua barba de salteador. O convívio com canteiros, calceteiros, vagabundos e estalajadeiros da região de Bigorre deralhe uma respeitável capacidade de réplica.

— Naturalmente pareço o diabo. E também o sou. Pena é que seja só um pobre diabo, a quem a Santa Virgem deveria ajudar com dinheiro, em lugar de se sumir...

A burla espalhou-se imediatamente na cidade. Uma hora depois, Duran acolhia os clientes com esta pergunta:

— Já sabe o senhor que a Virgem não se quer avir de modo nenhum com a gendarmaria?

Dutour e Jacomet estavam entre os clientes. Embora o desrespeito da sua proibição constituísse um vexame para o procurador imperial, esses cavalheiros não se mostravam descontentes com a versão. O ridículo proposto pelo vigário Peyramale, como o contraveneno mais poderoso, agia eficazmente . Nada melhor do que haver a dama renunciado espontaneamente ao jogo.

O procurador imperial reiterou a Jacomet a recomendação de manter sob vigilância a família Soubirous, sem impedir todavia a pequena que voltasse à gruta. Depois dos acontecimentos desse dia — opinava Dutour — os espectadores não tardariam a aborrecer-se.

À mesma hora, Bernadette, sua mãe, as tias Bernarda e Lucília encontravam-se, com outras pessoas, no moinho de Savy. A menina perdera subitamente as forças e jazia na cama da senhora Nicolau, lívida, com os olhos fechados, respirando a custo. Se houver uma expressão absolutamente oposta à do êxtase, tal era a que então lhe transparecia nas feições. Em lugar de se distender, a epiderme do rosto enrugava-se-lhe; os lábios sorviam avidamente o ar. Antônio pusera-lhe um lenço úmido na testa. A senhorita Estrade, que presenciara pouco antes a cena da gruta, dirigiu-se a uma mulher pálida e preocupada que se postara junto da cama.

— Conhece bem essa pequena?

— Como não a hei-de conhecer? — gemeu Luisa Soubirous. — Sou a desgraçada mãe dela. Há onze dias é assim. Uns riem-se de nós; outros, lamentam-nos. Que havemos de fazer, diante de toda essa gente? E a polícia quer prender-nos. Oh! Santa Virgem, porque hei de ser assim atormentada ? Veja, senhorita: esta menina está muito doente...

E, perdendo totalmente o domínio de si mesma, Luisa curvou-se soluçando, sobre a cama.

— Fala, minha filha; dize ao menos uma palavra!...

Como o desespero de Bernadette não abrandava e ela não se resolvia a falar, Antônio correu à posta a buscar Soubirous. O pai sentou-se, por seu turno, ao lado da cama, fraco, desorientado, empolgado pela primeira vez pelo sofrimento da filha. Afagou com as mãos calejadas os joelhos da menina, deixando as lágrimas correrem pelas faces.

— Que foi o que aconteceu à minha filhinha? Ela desobedeceu. Mas papai quer muito aos seus pequenos. Ele os protegerá. Dize o que queres, minha filha...

Bernadette não abria os olhos, não respondia. Só quando Antônio Nicolau propôs que se chamasse o doutor Dozous, a menina soluçou, baixinho:

— Se eu não a puder ver, morrerei...

Soubirous agarrou-lhe as mãos, levantou-a carinhosamente.

— Prometo que a verás, minha filhinha... Ninguém o pode impedir. Se me prenderem, não estranho a cadeia... Mas tu verás a dama.

Já no caminho de casa, porém, Francisco Soubirous lastimava que a compaixão o houvesse arrastado a essa promessa imprudente.

E, para mitigar a sua contrariedade, ultrapassando o Calabouço, entrou no botequim de Babou.

CAPÍTULO XVII

J. B. ESTRADE VOLTA DA GRUTA

Após essa trágica segunda-feira, Bernadette logo na outra manhã teve com a dama um encontro sem par, A menina juraria que estivera separada do seu ídolo não um dia apenas e sim um tempo infinito que só se poderia exprimir em medida de exílio e de privações. A própria dama, aliás, parecia folgar de tornar a ver a sua protegida. Embora vestisse o trajo costumado, a sua beleza, a sua graça tinham adquirido um encanto novo. As faces dir-se-iam mais frescas; os anéis dos cabelos escuros e luzidios rebelavam-se ao véu, o ouro das rosas resplandecia, na alvura dos pés de marfim. Mas o poder, a fascinação do olhar tinham tal força, que Bernadette caiu imediatamente em transe, e nesse estado permaneceu bem uma hora.

Não eram nessa manhã mais de duzentos os fiéis que formavam em torno da pequena um estreito círculo, Nele figuravam naturalmente, a costureira e a senhora Millet, cuja fé não se deixara abalar pela ausência da aparição nem pelos motejos dos gendarmes. A gendarmaria estava igualmente a postos, na pessoa do brigadeiro d'Angla, incumbido pelas autoridades de velar pela ordem. D'Angla esperava merecer o louvor dos seus superiores, quando lhes participasse nesse dia o malogro final do espetáculo. Com sua funda decepção percebia, porém, que o espetáculo não prometia malograr-se.

Como sempre, quando o êxtase transfigurava Bernadette e esta praticava os seus ingênuos ritos diante da gruta, um choque elétrico sacudia as mulheres ajoelhadas. Por mais versátil que seja de ordinário a massa pronta a explodir em escárnio à menor falha, quando a "pequena vidente" oferecia no rosto e nas atitudes a visão real da dama, ninguém lograva subtrair-se à fascinação. O brigadeiro d'Angla, amigo e cliente de Duran, danava-se com o que via.

— A algazarra continua — dizia ele consigo. — Dutour e Jacomet são dois moleirões. Por que não me autorizam a intervir, como se costuma fazer nos comícios?

D'Angla estava tão exasperado, que incorreu no grave erro de bradar:

— E ainda há, no século dezenove, tantos idiotas!

Um assomo de cólera sublevou a multidão. Em resposta ao gendarme, uma voz, logo seguida dum coro imponente, entoou um dos hinos mais conhecidos em louvor da Virgem:

> "Nous voulons Dieu.! Vierge Marie,
> Prête l'oreille à nos accents.
> Nous t'implorons Mère chérie

Viens au secours de tes enfants!
B'énis, oh tendre Mère,
Ce cri de notre foi..."[1]

Bernadette nada percebia. Fazendo as suas mesuras, ajoelhando ou erguendo-se, sorrindo, estarrecendo-se e escutando com a boca entreaberta, ela absorvia-se no que lhe parecia uma infinita conversação de amor.

Verdadeira paixão feminina era a que se consumia na tentativa constante de sondar a essência singular do ente idolatrado, não de mera curiosidade, mas por entusiasmo vitorioso. Bernadette já se inteirara de muitas das requintadas qualidades da dama. Discernira que esta era extremamente parcimoniosa em palavras e nada dizia, sem um fim determinado. A menina compreendera — e isso a entristecia —que a dama viera, não só para a inflamar, como também com um escopo bem ponderado que ela ainda desconhecia e que nem sequer lhe dizia respeito. Estava convencida de que essa viagem diária à gruta não a realizava a dama sem estorvos, e sim vencendo-se a si mesma. O instinto mais profundo do seu amor advertia Bernadette de que, apesar dos cumprimentos alegres, dos acenos, dos sorrisos, a dama escondia alguma coisa, talvez uma leve repugnância pelo que era obrigada a ver. A menina pressentia esse asco, por experiência própria. Bem lhe tocava superá-lo, afazer-se de novo ao mundo ambiente, sempre que voltava a si do seu êxtase. Provavelmente — presumia Bernadette — a dama sentia por ela uma aversão mil vezes mais forte do que a repulsão que ela própria tivera um dia pela irmã.

Daí derivavam também simpatias e antipatias da aparição. Esta não tolerava por exemplo, que alguém se lhe chegasse demais. Só em certos momentos, chamava Bernadette ao pé do nicho, adiantava-se até à extremidade da orla rochosa, e curvava-se quase a tocá-la. Não convinha, pois, mostrar-se importuna. A dama não gostava também de que lhe previssem o comportamento. Era livre. Ignorava a obrigação. Ia e vinha com absoluta independência, como lhe aprouvesse. Por isso Bernadette não lhe exprobrara a ausência da véspera. A dama não admitia familiaridades: tinha bem consciência do que valia. Em conseqüência, a única atitude conveniente diante dela, era ajoelhar-se, possivelmente com um círio na mão. Quando alguém atravessava a gruta ou voltava as costas à ogiva, uma contração nervosa empanava o esplendor do lindo rosto.

1. Queremos Deus! Virgem Maria,
Presta ouvido à nossa prece:
Nós te imploramos Mãe querida,
Acode em socorro dos teus filhos.
Abençoa, ó terna Mãe,
Este grito da nossa fé..."

Se, pelo contrário — Bernadette já o notara — alguém executava alguma coisa difícil, penosa, como, por exemplo, avançar para a furna de joelhos sobre os seixos, o belo semblante resplandecia de satisfação. Isso ligava-se talvez à palavra que a dama já pronunciara algumas vezes: "Penitência."

Embora a irmã Maria Teresa houvesse mencionado esse conceito, na hora do catecismo, Bernadette não guardara uma idéia mui clara do sentido daquele termo. Só o empenho fervoroso em agradar à dama a fazia adivinhar-lhe a significação. Penitência, devia ser todo ato difícil, doloroso, que cada um empreendesse praticar, contrariando a sua própria preguiça e comodidade. Fazer sangrar os joelhos, arrastando-os nos seixos, era uma mortificação especial que arrancava à dama um gesto singular, como se ela juntasse nas palmas das mãos um pouco d'água, a água invisível da penitência, e a elevasse depois em oferenda para o alto — prova de que não agia para si. O ardor incansável da menina, em aprofundar os desejos da dama, levara-a ainda a outras percepções mais sutís.

Indubitavelmente a palavra "penitência" ligava-se à vaga aversão que se estampava nas nobres feições da desconhecida. Dias antes, quando recomendara: "Reze pelos pecadores", a dama acrescentara num murmúrio, como de si para si: "Pelos enfermos". Pronunciando essas palavras, parecia estar vendo coisas que horrorizavam, tanto assim que o lindo rosto empalidecia. O pecado era a perversão, o mal. Tudo isso Bernadette já o descobrira. Analisando a sua adorada visão, aprendia agora — e esse conhecimento correspondia ao seu próprio sentir — que o mal, a perversão, nada mais eram senão as coisas repugnantes que despertavam o asco visível da divina criatura. Mas a penitência atenuava essa repugnância, talvez até a causa que a provocava.

Nessa terça-feira, era de crer que a dama incitasse Bernadette a convidar a assistência a praticar a expiação; efetivamente, ainda em êxtase, a menina voltou-se para os presentes, com os olhos rasos de lágrimas, e murmurou três vezes a mesma palavra:

— Penitência.

Foi esse o primeiro dos sucessos que assinalaram esse dia. O segundo, uma imperdoável afronta à formosa senhora, mergulhou Bernadette em dolorosa consternação: um dos homens que presenciavam a cena entrou na gruta, assobiando, e pôs-se a dar nas pedras com um pau.

Bernadette afizera-se tão bem ao seu estado, que nada lhe escapava, embora na maior parte das vezes ela não conservasse a faculdade de discernir. Na sua exploração, o irreverente aproximou-se da parede rochosa em que se abria o nicho, e não poupou pancadas à moita de espinheiros. Com um sobressalto horrível, a menina viu-o então golpear os pés da dama, que retrocedeu para o fundo da ogiva.

— Saia já! — bradou Bernadette, com força. — Acaba de pisar a dama! Ela está sentida...

Já então, porém, Antônio e dois camaradas expulsavam o desastrado.

— Se aqui se repetirem vias de fato — berrou d'Angla, com voz estentórea — mando evacuar a praça!

A multidão entoou imediatamente outro hino a Maria:

"Oh ma Reine, oh Vierge Marie,
Je vous donne mon coeur,
Je vous consacre pour la vie
Mes peines, mou bonheur"[2]

O terceiro acontecimento, porém, acabrunhou Bernadette, enchendo-a dum medo muito maior do que lhe inspiraria outra entrevista com Dutour ou Jacomet.

Pela primeira vez, a dama confiava-lhe um encargo prático. Enquanto até aí sofrera só as conseqüências da ventura que lhe fora outorgada, a pequena via-se nesse momento compelida a um passo que a fazia estremecer. Refeita do ataque irreverente, a dama curvara-se para Bernadette e dissera-lhe, no seu tom mais sério:

— Queira procurar os sacerdotes, e dizer-lhes que é preciso levantar aqui uma capela.

E, em voz mais baixa, acrescentara estas palavras um tanto obscuras:

— E que venham em procissão.

J. B. Estrade, o recebedor dos impostos, deixara-se persuadir pela irmã a presenciar, nesse dia, os acontecimentos da gruta. Acedera, não sem vencer uma forte resistência interior. Já no domingo precedente, quando testemunhara o interrogatório de Bernadette, a fascinação da menina — segundo as suas próprias palavras — o subjugara em alto grau. Nesse corpo adolescente escondiam-se energia, uma força de persuasão contra os quais o frio raciocínio do coletor não levava a melhor. J. B. Estrade temia a sua sensibilidade; por isso custara tanto à irmã convencê-lo a ver o espetáculo com os seus próprios olhos. Como Dutour e Jacomet, o coletor contava no íntimo com o revés de Bernadette.

Estrade era o que se denomina católico praticante. Pertencia conscienciosamente à Igreja e cumpria, na medida usual, os seus mandamentos. Como a Igreja fora a pátria espiritual dos seus pais e antepassados, J. B. Estrade, homem modesto, funcionário medíocre, sem excessos de imaginação, não via motivos para constituir uma exceção àquela regra.

2. "Oh! minha Rainha, ó Virgem Maria
Dou-vos o meu coração,
Consagro-vos para a vida inteira
A minha ventura e as minhas penas."

Para ele, como para tantos outros, a submissão à Igreja romana era um patriotismo salutarmente exato no domínio mais indeterminado da vida: a eternidade. Acrescente-se a isto que Estrade, índole melancolicamente acomodatícia, tinha em política opiniões conservadoras, o que favorecia a sua fidelidade ao poder mais conservador desta terra.

Quanto ao mais, Estrade era homem culto e reflexivo; em conseqüência, a sua inteligência discreta estava franqueada a todos os assaltos da crítica histórica, exatamente como os demais espíritos cultivados e pensantes da época.

Estrade era, porém, dotado da força ou fraqueza de se descartar de dois elementos sumamente incômodos: da dúvida e da fé absoluta, para — como bom burguês e católico — se equilibrar no meio intangível.

O coletor não acreditara um só instante na realidade objetiva da dama de Bernadette — nem mesmo quando deu as costas à gruta, sem se despedir da irmã, e enveredou pelo atalho escabroso, ao longo do riacho, para não entrar na cidade com os fiéis de Massabielle. Voltava — não é possível negá-lo — possuído de intensa agitação pelo que vira. Pensava em dias da passada mocidade, quando o "divino" — como ele soía dizer — o empolgava, de espaço a espaço, com sentimentos sublimes, universais. Mas esse "divino" aparentemente não se dá com a idade viril. Na juventude, sim, vibra ao ouvido, adeja em torno dos homens, ou próximo ou distante. Um fluido misterioso faz estremecer a alma e subir aos olhos ardentes as lágrimas da certeza da eternidade... Mas que era isso? J. B. Estrade admirou-se de ter os olhos em fogo e rasos d'água.

A mera presença dessa humilde cataléptica lhe fundira, desse modo assombroso, a rigidez burguesa. Estrade não esquecia o sinal da cruz, com que Bernadette se persignara várias vezes — uma cruz desenhada sobre o rosto inteiro.

— Se houver um céu — pensou o coletor — se os bem-aventurados se saúdam uns aos outros, só pode ser com esse gesto solene.

Estrade não podia compreender a força singular com que essa pobre criança ignorante dos Pireneus lograva traduzir, em cada olhar, passo ou gesto, a realidade duma visão irreal. Lembrava-se, por exemplo, de Bernadette ora com um olhar interrogador, ora com a expressão de quem, não compreendendo perfeitamente, volta a escutar com uma tensão ansiosa; de improviso e com uma alegria pueril, revelando que finalmente entendera a dama, a pequena beijava o solo.

Todas essas manifestações formavam um cerimonial, a par do qual a própria missa solene poderia parecer um espetáculo faustoso e vão.

Profundamente absorto nos seus pensamentos, Estrade não notara o passeante que lhe vinha ao encontro, nas proximidades da serraria. Era Jacinto de Lafite, enrolado na sua ampla capa, uma peça de vestuário que já passara de moda, e provocava as críticas azedas de certos cavalheiros, como Lacadé, Dutour e o próprio Dozous, que a qualificavam de arremedo. Em compensação, certas damas opinavam que esse abrigo assentava maravilhosamente ao literato; e suspiravam:

— Pobre Lafite! Deve ter sido muito infeliz no amor!

É que, em geral, as mulheres não acreditam numa infelicidade oriunda de fontes puramente intelectuais.

— Tão cedo, meu amigo? — bradou Lafite ao recebedor dos impostos.

— Faço-lhe a mesma pergunta, meu caro. A esta hora, a ninguém imaginava na cama com mais certeza do que ao senhor.

— Enganam-se a meu respeito. Nunca me deito antes das nove.

— Como? Já às nove da noite?

— Não; da manhã, amigo. A noite é a minha grande favorecedora. Duplica-me as forças espirituais. Passo-a, pois, trabalhando e estudando. Hoje, por exemplo, saíram-me alguns alexandrinos que eu mesmo não acho maus. Nada se compara no entanto ao tempo que medeia entre cinco e sete horas da manhã, depois duma noite em claro. Só nessas horas consegue a pura lucidez atingir os limites da humanidade.

— Não posso dizer que hoje me tenham corrido assim essas duas horas — resmoneou Estrade. — Venho da gruta...

— Todos vão à gruta — comentou jovialmente o poeta. — Primeiro, Dozous; agora, o senhor. O terceiro será Clarens; e atrás irão Lacadé e Duran.

— Eu não imaginava assistir ali a uma coisa inesquecível.

— Ah! Já sei: a pastorinha da Antigüidade; o ano de 1858 vê a náiade da região que ali se aborrece há vinte séculos.

— Talvez deixasse de gracejar, prezado amigo, se presenciasse uma vez esse êxtase estranho. O senhor é poeta; cabe-lhe o dever de assistir a esse espetáculo.

— Alto, Estrade! — atalhou Lafite, muito sério, segurando o braço ao companheiro. — Se não me engano, é no Evangelho São João que se lê esta frase: "Bem-aventurados os que não vêem e, contudo, acreditam." Eu a aplicarei à literatura: "Trapalhões os que precisam ver uma coisa, para a imaginar." Eu não necessito dar-me ao incômodo de assistir pessoalmente a isto ou àquilo, para o entender.

— Há, porém, experiências que nenhuma fantasia substitui — ponderou Estrade.

Lafite parou e aspirou gostosamente o ar puro. Era, desde muitas semanas, a primeira manhã serena. Mas, após uma curta pausa, o poeta voltou à carga:

— Vós todos ainda não vos libertastes dos resíduos da ilusão religiosa. É isso! No nosso século, porém, os deuses se extinguem. Requer certa força suportar a morte dos deuses, sem cair nos ídolos. Maus tempos são esses, na maioria das vezes, como nos mostra a História. Observe a Igreja no mundo hodierno — a Igreja católica, para não falar das outras. Que é afinal? Cristianismo a preços ínfimos, meu amigo, a "grande venda" do Senhor. E não pode ser diferente, desde a queda da mitologia, base de tudo. Um deus onipotente, onisciente, onipresente, nascido duma virgem, sem a mácula do pecado original, para remir um mundo precário que ele próprio criou assim, isto — convenhamos — é tanto ou tão pouco digno de crédito quanto Minerva a brotar do cérebro de Zeus. O homem, porém, até na própria mística sói ser um animal de hábitos. Aos antigos custava tanto desfazer-se de Minerva, quanto a prescindir da Virgem. Assentam num terreno instável as ruínas da crença, em torno da qual se elevaram andaimes deísticos de sorte, para as escorar. Desses andaimes, aqui ou acolá, pendeis vós todos. Rogo-lhe, meu amigo, que não me tome por um imbecil minado. Eu sei bem que o misticismo é uma das mais belas forças humanas, que não pode desvanecer-se totalmente em era alguma. Se, porém, de qualquer ponto dos vossos andaimes, vislumbrardes um fragmento de mística, logo tendes vertigens, porque não possuís a força necessária para olhar o vácuo sem vacilar, sem perder o fraco espírito...

— É verdade, Lafite. Hoje, em Massabielle, senti-me estonteado. Não sei porque. Ignoro absolutamente se o que vi tem alguma coisa de comum com a religião. Seja como for, Bernadette conduziu-me a um mundo de sensações que eu, graças a Deus, não perdera de todo.

Os dois homens continuaram, em silêncio, o caminho até à Ponte Velha. O Gave arrojava-se contra os pilares. De súbito, sem poder dominar a emoção que lhe alterava a voz, Estrade inquiriu:

— Não tem igualmente a esperança de voltar um dia ao redil, Lafite?

— Onde? — redargüiu, Jacinto de Lafite, abanando o chapéu, em despedida. — Desejo-lhe um bom dia, prezado Estrade, e vou dormir, porque o meu "redil", o meu único lar, é o sono e o honesto nada.

CAPÍTULO XVIII

O VIGÁRIO PEYRAMALE EXIGE UM MILAGRE FLORAL

Era um dia quase primaveril.

Mais duas ou três semanas — nessa região sabe-se esperar — e o inverno findaria. O grande jardim da casa paroquial de Lourdes revivia, desdobrando-se esperançoso entre os muros que o limitavam. Dir-se-ia uma casa a preparar-se às pressas para a recepção de novos locatários. A relva crestada fora revolvida em vários pontos; a terra avermelhada dos canteiros afofava-se, sob a enxada; as hastes da chuva-de-ouro e do sabugueiro eram podadas com tesoura. Varriam-se as folhas secas, enquanto pirâmides de areia limpa do rio aguardavam o momento de ensaibrar as alamedas. A latada das roseiras ainda não fora exposta ao ar de fevereiro. Essas rosas eram o enlevo e o orgulho de Domingos Maria Peyramale. Nesse momento justamente, o sacerdote entretinha-se em examinar os galhos enrolados em palhas ou — quando se tratava de algum espécime raro —, em panos de linho. A mão direita do vigário deslizava pelo envoltório dos ramos, como se através dele pudesse sentir se já renascia a vida ali oculta. A mão direita de Peyramale esquecera verdadeiramente o que fazia a esquerda; e esta segurava uma carta, uma carta deveras importante escrita, nem mais nem menos, por monsenhor Bertrand Severo Laurence, bispo de Tarbes.

Só depois de terminar a inspeção duma parte da latada, o vigário rasgou o selo episcopal da epístola que lhe chegara nessa manhã. Era a resposta ao seu relatório e às suas perguntas respeitosas sobre os sucessos mais recentes de Lourdes. Como Peyramale imaginava, Monsenhor adotara absolutamente o seu ponto de vista. As pretensas "Aparições de Massabielle" não ofereciam, provisoriamente, às autoridades eclesiásticas nenhum motivo para tomar posição, muito menos para agir. O direito canônico exige expressamente a intervenção em casos de "heresia comprovados, de superstições nocivas e de graves perturbações em assuntos religiosos". O fato de Massabielle não se caracterizava por nenhuma dessas circunstâncias. Nada havia, exceto a afirmação — não apoiada por prova ulterior — duma menina de quatorze anos, a qual sustentava estar vendo uma dama desconhecida e sem nome.

"O procedimento do senhor vigário de Lourdes — atestava Sua Reverendíssima — corresponde plenamente ao interesse da diocese". Cumpria que o clero local continuasse a ignorar as citadas aparições. Em conseqüência, o senhor vigário de Lourdes devia reiterar aos eclesiásticos sujeitos à sua jurisdição, na cidade e no campo, a rigorosa proibição de se associarem aos freqüentadores da gruta. E, para eventuais escrúpulos no confessionário, serviria de norma esta resposta: "Sempre é possível que os mensageiros do céu apareçam na terra, e sucedam milagres. Entretanto, nada autoriza a crer que esteja ocorrendo um fato desse gênero na gruta de Massabielle."

O bispo de Tarbes tomara a sério a história deplorável das aparições. Lembrava até um precedente penoso: anos antes, Rosa Tamisier urdira em Avinhão a mesma farsa de encontros com a Virgem. O vigário geral daquela diocese, menos inteligente do que entusiasta, deixara-se encurralar pela orgulhosa candidata à santidade numa escabrosa viela sem saída. Descoberto o embuste, o resultado fora um dano maléfico para a autoridade eclesiástica, um surto de ateísmo na Provença e o triunfo político em toda a linha de forças hostis à religião. Logo —

concluía Monsenhor — fazia-se mister usar de extrema prudência, e orar continuamente para conjurar o perigo dum revés análogo.

Peyramale dobrou a epístola. Embora contivesse um elogio à sua atitude, essa carta o pusera de mau humor.

— A esses grandes senhores — dizia ele consigo — não custa recomendarem tacto e prudência. Eles são como os generais, no quartel do estado-maior, onde não bate sequer uma bala desgarrada. A vida dura só os roça por escrito. Nós, porém, cá estamos mergulhados no lamaçal.

Peyramale, bom conhecedor de almas, concebera de resto uma suspeita bem definida: no que concernia a esse absurdo lamentável, presumia ele que certas damas abastadas deviam ter a mão no jogo. O "petroleiro da caridade" conhecia as suas devotas e beatas da espécie das Baups e das Millets. Essas mulheres fúteis viam na igreja um salão ou uma sede de clube que, em suntuosa junção com o incenso e o esplendor dos círios, devia servir de campo à exibição do luxo, à bisbilhotice, à sede de sensações. Tratando-se, porém, do mandamento de amar o próximo, de mitigar um pouco a insuportável miséria moral e material da região dos Pireneus, elas apertavam o bolso e queixavam-se do muito dinheiro gasto na festa anual de Sant'Ana e na ornamentação de diferentes altares. Por outro lado, estavam sempre prontas a ajudar os poderes sobrenaturais na realização de algum milagrezinho em sua honra. O vigário já fora informado da estranha relação de Bernadette com a senhora Millet. Bem andara o bispo, lembrando o precedente da embusteira Rosa Tamisier.

Peyramale voltou de novo a sua atenção para uma La France que talvez não houvesse resistido ao inverno. Munido de canivete, dispunha-se a rasgar-lhe de leve o caule, a fim de averiguar se ainda vicejava, quando lhe chegou ao ouvido um rumor surdo de grande ajuntamento popular. O clamor aproximava-se da porta do jardim. O vigário compreendeu: devia ser Bernadette Soubirous. E o homem destemido não logrou reprimir certa emoção, despertada pela evocação dessa criança ridícula; os seus dedos hirtos apertaram-se no bolso, em torno do breviário. Mas um senhor espiritual não recebe com olhos impuros e mãos vazias. Peyramale revoltava-se contra si mesmo, por esse ataque ao breviário. Todavia, aparentemente absorto na leitura, pôs-se a percorrer dum a outro extremo a alameda de acácias que levava da entrada do jardim à porta da casa.

A esperta tia Bernarda exprimia a opinião de que ninguém entenderia melhor do que o cura de Lourdes a frase: "Queira procurar os sacerdotes". A dama não pensara de certo nos senhores Pomiam, Pènes e Sempet, simples capelães e adjuntos do vigário. Infelizmente, o laconismo da desconhecida era às vezes um estranho modo de se exprimir geral e indeterminado. Por exemplo: ela nunca pronunciara um nome — nem o dela nem o de outrem. Bernadette também não era "Bernadette"; a dama se lhe dirigia com um cortês, mas impessoal: "Queira" ou "Peço-lhe". Talvez não conseguisse guardar os nomes complicados da gente do lugar. Mas, contrariando essa hipótese, aprendera perfeitamente o dialeto de Bigorre, e servia-se dele como raros fidalgos forasteiros. Provavelmente fora-lhe vedado pronunciar nomes, para evitar que as pessoas assim distinguidas se elevassem demais.

Fosse como fosse Bernadette estimaria que a tia Bernarda houvesse aplicado o vocábulo "sacerdote" aos três capelães e não ao vigário. Peyramale personificava todos os temores infantis da menina. Esta o conhecia das ruas e do púlpito. Mas, toda vez que ele erguia a voz retumbante à homilia, à qual Bernadette assistia com as condiscípulas, um tremor de susto abalava a pequena Soubirous.

O próprio vulto possante de Peyramale, o seu rosto sulcado, os seus passos largos e resolutos nas ruas, tão diferentes do comedimento eclesiástico, já na infância inspiravam a Bernadette respeitoso temor. Numa palavra, o gigantesco Peyramale era demasiado grande para a minúscula Bernadette, e representava aos olhos dela o papel de lobisomem. E justamente a esse colosso acabava a dama de despachá-la, como intermediária! O coração fraquejava-lhe. Melhor seria dar volta. Mas a enérgica Bernarda Casterot não admitia brincadeiras, quando assumia um compromisso. E tia Bernarda mais propensa para crer do que Luisa, tomara a peito o caso de Massabielle. Empurrou, pois, sem pena a sobrinha, de modo que esta transpôs, quase involuntariamente, a pedra escalavrada do limiar e achou-se no jardim do presbitério.

O gigante avultava majestosamente no fim da alameda, lendo o breviário, de costas para o portão:

— Oh! Se ele nunca se virasse! — suspirou no íntimo a pobre pequena, com os lábios ressequidos.

Mas adiantou-se timidamente a afrontar o perigo, não com a sensação de percorrer um caminho familiar e sim como se lhe cumprisse atravessar o Gave gelado. Avançava a passos miúdos, evitando quanto possível todo ruído. Oh! esses tamancos!... Antes estivesse descalça!...

Afinal estacou, a uma respeitável distância de Peyramale, com o coração aos pulos.

Voltando-se bruscamente, com uma fisionomia de tormenta nem Bernadette esperava outra coisa — o vigário endireitou-se, como se já não fosse demasiado alto para a pequena.

— Que procuras aqui? E quem és tu? — troou ele.

— Sou Bernadette Soubirous — gaguejou a menina, sufocada.

— Ah! Que honra! — escarneceu Peyramale. — A celebridade mais recente anda em visita! Trazes sempre contigo o teu cortejo?

Bernadette cravou os olhos no chão, sem responder. O vigário retomou a palavra, no mesmo tom ríspido:

— Se um dos do acompanhamento se atrever a pisar no meu jardim, mando chamar a gendarmaria! Aqui não se aturam basbaques!

E, sem se dar ao incômodo de convidar a "celebridade", Peyramale alcançou em duas passadas a porta da casa. Bernadette seguiu-o lívida, desorientada. Na sala do presbitério reinava um ar glacial, embora ardesse na lareira um desperdício de lenha. Aparentemente, o sanguíneo vigário não sentia frio. Rubro de cólera, com os lábios fortes projetados para a frente, postou-se diante da pequena, como se a quisesse esmigalhar.

— És, então, a garota atrevida que inventou essa bonita história, hein? — rugiu ele.

E, como Bernadette não respondia, a voz poderosa tornou a reboar na sala:

— Anda! Abre a boca! Que pretendes de mim?

— A dama disse-me... — começou a menina com voz entrecortada.

— Que significa isso? — atalhou logo o padre. — Que dama?

— A dama de Massabielle.

— Não a conheço.

— Ora, a linda moça que sempre me aparece!...

— É de Lourdes essa dama? E tu a conheces?

— Não; a dama não é de Lourdes e eu não a conheço.

— Já lhe perguntaste como se chama?

— Oh! sim; já perguntei, e ela não respondeu.

— É, acaso, surda e muda?

— Não; a dama não é surda nem muda. Ela fala-me.

— E de que te fala a dama?

Colhendo o ensejo, a menina apressou-se a responder:

— A dama disse-me hoje: "Queira procurar os sacerdotes e dizer-lhes que é preciso levantar aqui uma capela..."

Bernadette respirou. Dera conta do recado, graças ao céu!

Peyramale puxou uma cadeira e sentou-se, dardejando sobre a pobre criança o olhar irritado.

— Sacerdotes? Que quer dizer isso? A tua dama parece-me uma pagã consumada! Os canibais também têm sacerdotes. Nós, os católicos, temos eclesiásticos; e cada um deles usa um título determinado.

— A dama disse "sacerdotes" — confirmou Bernadette, aliviada, desde que chegara a desobrigar-se da incumbência.

— Então, erraste o endereço — troou Peyramale. — Tens dinheiro bastante para levantar uma capela?

— Oh! não; nenhum!

— Logo, responde à dama que arranje antes o dinheiro; ouviste?

— Sim, senhor vigário; darei o seu recado — replicou Bernadette, muito séria.

O padre encarou-a, incrédulo, maravilhado da ingenuidade dessa criatura.

— Asneira! — rugiu ele. — Dize à tua dama o seguinte: O vigário de Lourdes não costuma aceitar encargos de damas desconhecidas, que nem dizem como se chamam; o vigário de Lourdes não aprecia muito as damas que se arrastam, descalças, nas furnas e tomam por mensageira uma criança tola; finalmente, o vigário de Lourdes pede à dama, uma vez por todas, que o deixe em paz. Só isto. Entendeste?

— Oh! sim; e direi tudo — replicou Bernadette, cheia de zelo, pois o que lhe importava era a dama e não as relações desta com o mundo.

Aturdida pela emoção, pelo receio, mal percebia o sentido da mensagem de que o padre a encarregava. Ao mesmo tempo Peyramale, avistando uma vassoura, esquecida num canto pela aia, prosseguia, furioso:

— Vês ali aquela vassoura, pequena? Pois com ela eu mesmo te expulsarei do templo, se ousares importunar-me outra vez!

Essa ameaça era demais para Bernadette. Rompendo em soluços, a menina apressou-se a fugir.

O padre Peyramale não passava um dia agradável. Uma inspeção mais minuciosa revelara-lhe que seis das suas roseiras mais antigas tinham morrido — uma perda dificilmente remediável. Quantos anos de cultivo e de cuidados eram precisos, para que um raminho pegasse e se desenvolvesse nas volutas nodosas que, de abril a novembro, se cobriam constantemente de flores!

Contudo, não eram só as seis roseiras secas o que o aborrecia: deprimia-o fundamente a sua atitude dessa manhã com Bernadette Soubirous. Admitindo que ela fosse uma pequena embusteira — ou melhor: um instrumento mal aproveitado da Millet ou de outras mulheres ambiciosas — não havia razão para que o cura de Lourdes se portasse diante dessa fraca menina como um perfeito antropófago, ou como o diabo num teatro de fantoches.

Quando a pequena se sumira, chorando, ele de bom grado a teria feito voltar, para a consolar com um afago paterno ou algum santinho, porque Bernadette era paupérrima entre os pobres. Ah! Senhor! A brandura é, porém, o pior método para se avir com a gentalha! O vigário conhecia bem essas almas ladinas!

Mas ainda outras idéias o preocupavam. Desde a visita da garota, a segurança do sacerdote já não estava intacta como antes. Através de Bernadette, a dama insinuara-se-lhe no cérebro. Peyramale enumerava mentalmente as muitas aparições da Virgem, ocorridas no passado, atestadas pela crônica eclesiástica da região. Fora, acaso, muito diferente de Bernadette Soubirous, por exemplo, Anglese de Sagazan, a pastorinha da Gasconha, agraciada várias vezes com a visão da Mãe de Deus, no vale de Garaison? E Catarina Labourdé, de Saint-Séverin? E Mélanie, a menina de La Salette, o perdido povoado alpestre do Dauphiné? A Igreja reconhecera as aparições de La Salette; reputara-as significativas e salutares para a fé. E, caso singular, essas aparições se haviam verificado num passado relativamente próximo: vinte um ou vinte e dois anos antes. Logo, não existia só o precedente de Rosa Tamisier, mas também o exemplo muito mais perturbador de Mélanie de La Salette. O bispo recomendara a máxima prudência; Domingos Maria Peyramale resolveu introduzir na primeira missa uma prece para se "descobrir a verdade sobre Massabielle". Recriminava-se, todavia, por sofrer que essa bruxinha, aparentemente inofensiva, com algumas palavras o desviasse tanto a ele, o irremovível, do seu ponto de vista.

Bernadette sentia-se ainda pior do que o vigário. Mal dera cem passos, sempre soluçando, entre as tias Bernarda e Lucília, estremeceu a uma lembrança terrível: não repetira toda a mensagem da dama. Esquecera a segunda parte: "E que venham em procissão". O oráculo, Bernarda Casterot, opinava que não seria indispensável transmitir essa segunda frase, desde que o senhor vigário repelira desdenhosamente a condição essencial para a procissão, isto é, a capela.

Bernadette, porém, não era tão razoável e sensata como a tia Bernarda: a dama, sempre tão lacônica, sabia o que queria. Ela exigia procissões. Em conseqüência, para ter o coração em paz no encontro da manhã seguinte, a pequena considerava-se obrigada a comunicar esse desejo ao senhor cura. Se a dama se julgasse enganada por Bernadette, poderia suceder a desgraça de vê-la desaparecer alguns dias ou — que horror, só imaginá-lo! — talvez para sempre.

A entrada da casa paroquial, horas depois da primeira escaramuça, não parecia mais convidativa do que a entrada do cadafalso. O gigante se enfureceria; de acordo com a ameaça, armar-se-ia da vassoura, para expulsar Bernadette do templo. Talvez até a surrasse com o pau.

Mas que havia a fazer, senão cerrar os dentes e aprestar-se para o pior? Bernadette suplicou à bondosa tia Lucília que não a abandonasse, e esperasse a catástrofe nas vizinhanças do jardim.

Ficou, pois, assentado que a menina transporia o limiar fatídico pelas quatro horas da tarde, quase ao pôr-do-sol, com a esperança de que a essa hora vespertina, o colérico vigário já estivesse cansado e menos propenso para esbravejar. Justamente por esse tempo, padre Peyramale estava de novo ao pé das suas roseiras, verificando contrariado os estragos do inverno.

Dessa vez, Bernadette surpreendeu-o, chegando junto dele sem ser percebida, transida de angústia, com o olhar fosco do cordeiro pronto ao sacrifício. A tia Lucília ousara dar só alguns passos além do portão do jardim.

— É preciso que se diga, pequena, que tens coragem! — reboou a voz soturna.

— Senhor vigário, tive de perturbá-lo — explicou Bernadette, tremendo. — A culpa foi minha: esqueci uma coisa.

Peyramale trazia punhos de couro e empunhava uma grande faca de jardim. Com esses petrechos, parecia a Bernadette mais ameaçador. Como se a impelissem as fúrias, ela soltou a segunda parte da mensagem:

— A dama disse mais: "E que venham em procissão"...

— Em procissão? — redargüiu Peyramale, rindo-se. — Esta, até agora, é a melhor! Em procissão? Para que quer procissões a dama? Tu lhe levas uma todos os dias! Nós te daremos um archote, e tu organizarás e chefiarás as tuas procissões, como e quando quiseres. Para que precisas de nós, pobres padres? Pelo que ouvi dizer, és o teu próprio bispo e papa, e celebras em Massabielle ofícios tão insensatos, que essa gente ri e chora.

Contrariando os seus bons propósitos, Peyramale já tornava a deixar-se dominar pela cólera. Mas, voltando ao escárnio, perguntou:

— Quererá a dama as suas procissões desde amanhã?

Bernadette aprovou, com um ar de extrema candura, e respondeu:

— "Qua credi" — Creio que sim.

Depois, recuando prudentemente, com algumas mesuras, concluiu:

— Peço desculpa mais uma vez... Agora, disse tudo...

— Olá, tu! — interrompeu-a o vigário. — Aqui sou eu quem determina quando tens de ir. Sabes ainda o que deves dizer, da minha parte, à dama?

— Oh! sim; não esqueci...

— Pois há mais: tenho outro encargo para ti — prosseguiu Peyramale, examinando as suas roseiras. — A dama nunca disse deveras quem é?

— Oh! Nunca, de verdade. Nunca.

— Se for exato o que se diz por aí, ela deve entender de roseiras, hein?

Bernadette olhou-o, sem compreender. Com uma voz, que tanto podia ser rispidamente séria como rispidamente trocista, o vigário continuou, apontando na direção de Massabielle:

— Contaram-me que, nas pedras da gruta, medra uma roseira silvestre. É verdade?

— Sim; é verdade — confirmou Bernadette, folgando de ver que não a colhia nova tormenta. — Bem debaixo do nicho, onde a dama costuma estar, cresce uma roseira bravia...

— Muito bem! — aprovou Peyramale, visivelmente satisfeito. — Escuta, menina, e repete à dama o que vou dizer:

"O vigário de Lourdes, senhora, convida-a a realizar um pequeno milagre, fazendo florescer a roseira silvestre agora, no fim do inverno. Não lhe deve custar muito satisfazer este pequeno desejo do cura de Lourdes."

— Compreendeste, pequena?

— Oh! sim; entendi bem.

— Repete, então, mais uma vez, o que eu disse.

Bernadette, com a alma aliviada, repetiu sem errar o recado do vigário à dama.

CAPÍTULO XIX

EM LUGAR DO MILAGRE, UM DESGOSTO

A cidade inteira falava da mensagem do vigário à dama. Domingos Maria Peyramale portara-se magistralmente, como homem capaz de afrontar as situações mais difíceis. Os livres-pensadores e os anticlericais viam nesse desafio um gracejo saboroso; sentiam-se ao mesmo tempo atrapalhados, porque já não era tão fácil sustentar que a Igreja favorece as aparições, mesmo sem ter certeza absoluta.

Por outro lado, a mesma mensagem despertava entre os crentes de todos os matizes grande alvoroço. Realmente, se a dama de Massabielle fosse a Virgem, era também a rainha do rosário e das rosas. Desdenharia ela o ensejo de realizar esse modesto milagre floral, tão próximo do curso natural das coisas, já que não tardava o mês de março?

Não seria, em verdade, exagero solicitar que o céu concedesse aos seus fiéis esse pequeno auxílio, para lhes melhorar a situação neste mundo ímpio. Sim, sim; o cura de Lourdes — cumpria reconhecê-lo — era efetivamente um homem hábil.

Duran recebia os clientes, piscando-lhes o olho:

— Querem os senhores apostar em que assistiremos a um milagre em regra? Reparem por favor: tempo bom; o sol aparece ao meio-dia, e, dentro de noventa e seis horas, estaremos em março. Ao que faltar proverão certas damas: um fogareiro de carvão aos pés do nicho; botijas d'água quente em redor do arbusto! É o que faz Cazenave, no seu jardim de inverno. Pelo Natal, obtém assim lindos cravos e gladíolos. Aceito qualquer parada!

Com essas palavras o bom espírito do Café Progresso acautelava-se para o porvir.

Outro prodígio, porém, era o clamor pelo milagre que se alastrava em todas as localidades dos Pireneus, desde que com rapidez fulmínea se divulgara, até nos últimos povoados montesinos, a conversação do vigário Peyramale com Bernadette. Esses rudes camponeses, pastores, modestos rendeiros, calceteiros, lenhadores e canteiros pareciam despertar subitamente para a noção tremenda do naufrágio humano e a aversão à causas mundanas. Momentaneamente aceitavam a maldição da dor, os flagelos, como os bois sob a canga. Semelhantes a verdadeiros náufragos, as suas almas ansiavam por vislumbrar, na interminável nebulosidade terrestre, um lampejo do céu que lhes prometesse a redenção; o milagre havia de se realizar: a roseira silvestre floresceria em fevereiro.

Quem menos se preocupava com isso era Bernadette. No dia seguinte, mal chegou à gruta, desincumbiu-se do encargo que lhe confiara o vigário. Já não se podia enlevar, como outrora, contemplando e ouvindo. O mundo intervinha perturbadoramente, entre ela e a dama.

Bernadette repetiu as palavras do cura de Lourdes, com voz monótona e opaca; os seus lábios, por assim dizer, se negavam a articular muitas delas, tão soberba, imperiosa e violenta lhe parecera a mensagem. Como era possível, por exemplo, dirigir-se assim à dama: "O cura de Lourdes disse que a senhora mesma arranje o dinheiro para a sua capela." "O cura de Lourdes disse que não aceita encargos de damas desconhecidas." "O cura de Lourdes quer que o deixem em paz." "O vigário de Lourdes deseja que a senhora faça florescer esta roseira, aos seus pés"?

A dama escutou tranquilamente todas essas incivilidades. Nem um instante lhe transpareceu no rosto a perturbação que o empalidecia, quando ocorria ou se dizia alguma inconveniência. De quando em quando, a bela jovem sorria, ao relatório apressado de Bernadette, sem lhe dar evidentemente demasiada atenção. Um olhar enviesado para a roseira brava, foi única prova de que ela se inteirara do desafio de Peyramale. A dama estava distraída; não se curvava para a sua protegida. Os seus cristalinos olhos azuis fitavam-se ao longe com uma expressão de tristeza. Ela, que todos julgavam uma visão, parecia ter visões; e, em verdade, visões de dor e de luto, pois os seus lábios articulavam constantemente a palavra "Penitência!" A formosa senhora manifestava nesse dia uma repugnância acentuada. Bernadette percebia-o, e empreendeu facilitar-lhe a permanência neste mundo repulsivo, asqueroso, praticando uma expiação. Pôs-se assim a beijar o solo, rastejando nos joelhos feridos. Não descansou, enquanto não lhe sangraram as palmas das mãos.

Queria incitar a multidão a secundá-la nessa penitência. Não o conseguiu, porém completamente, porque poucos lhe entenderam o intuito; a maioria preferia assistir a um milagre, a se sujeitar a mortificações, para mitigar a tristeza da dama. Apesar do dia lindo, esta tremia de frio; as rosas de ouro não cintilavam. Ao termo de vinte minutos a visão desvanecia-se. Os presentes notaram que, nessa manhã, o rosto de Bernadette não se transfigurou.

Os fiéis consideravam essa quinta-feira, vinte e cinco de fevereiro, a data em que havia de ocorrer o milagre das rosas. Era além disso o décimo quarto dia, depois da primeira visão de Bernadette, a terceira quinta-feira das aparições. Avalie-se, pois, a impaciência dos sequiosos do milagre, que com tanta sagacidade calculavam previamente a atitude da dama! Não só as camponesas do vale de Batsuguêre, mas também a senhora Millet, os Bouhouhorts, os Nicolaus, os Sajous e muitos outros, estavam convencidos de que, nesse dia ou nunca, havia de suceder algum fato memorável.

Entre o "maire" e o procurador imperial dum lado, e o comissário da polícia do outro houvera graves atritos. Uns e outros responsabilizavam-se mutuamente pela situação lamentável em que as autoridades se viam obrigadas a manobrar. Antes de tudo, na imprensa de Paris desencadeara-se o inferno. Bem o previra o instinto político de Dutour. Os grandes jornais valiam-se dessa história lastimável, se bem que inofensiva, para atacar veladamente o regime absoluto do imperador que devia a sua existência a um golpe de estado. "Essas deploráveis aparições de Lourdes — escrevia o "Journal des Débats" — iluminam como um relâmpago o abismo intelectual e moral em que está condenado a viver o povo das nossas províncias meridionais. Que se tem feito, há mais de dez anos, para anexar essas populações, dotadas de tão belas qualidades, à era moderna? Nada se fez — menos do que nada — e, em verdade, por frio propósito. — Um povo, cuja instrução continua nas mãos de frades e freiras, nunca se erguerá à altura do pensamento livre que significa o fim de todo despotismo. Desencadear o fanatismo religioso é o meio mais seguro para desviar a humanidade dos seus fins supremos, quais a conquista e a organização do globo. O ministro imperial do Culto e Instrução, senhor Roulland, deveria tomar a peito esses fins."

O senhor Roulland tomou-os tanto a peito, que, de cabelos eriçados, berrou ao seu chefe de gabinete:

— Tire-me do pescoço essas malditas aparições!

Cometia em verdade o erro capital de não dar nenhuma indicação precisa. O chefe de gabinete endereçou uma queixa ao ministro do Interior e da Justiça, Delangle. Este, por sua vez, expediu um ríspido pedido de informações ao barão Massy, prefeito de Tarbes. Contemporaneamente, incitava o primeiro procurador imperial de Pau, senhor Falconet, a proceder imediatamente de acordo com a lei. O prefeito, indignado, dirigiu por seu turno um ofício ainda mais rigoroso ao sub-prefeito Duboë, em Argèles, e ao comissário de polícia de Lourdes. Simultaneamente, o senhor Falconet pedia conta dos sucessos incriminados ao procurador imperial Dutour. Os ofícios e as respectivas respostas subiam e desciam assim a escada de Jacó da burocracia, sem que se chegasse a uma conclusão e muito menos a uma medida de ordem prática. Como o poder competente — o ministério do Culto — não se abalançava a uma ação decisiva, as autoridades subalternas continuavam indecisas. Não havia parágrafo aplicável às aparições do Além neste mundo.

Para salvar as aparências, recomendava-se uma "severa vigilância" sobre a família Soubirous, a menina Bernadette e as irregularidades por ela provocadas. Visto porém que, na vida comum como na vida do Estado, a corda rebenta do lado mais fraco, a tempestade adensou-se sobre a cabeça inocente do modesto funcionário Jacomet. O pobre homem viu o seu posto ameaçado pela teimosia da dama. Se isso continuasse, ele seria aposentado com uma gratificação insignificante.

O comissário, ao mesmo tempo apreensivo e furioso, passou horas amargas. Só lhe podia valer a energia que faltava aos seus superiores. Nessa quinta-feira, ele estava pronto a dar um exemplo. Com esse propósito, não se limitara a mobilizar todo o serviço de segurança de Lourdes: sete gendarmes e Callet, mas recorrera a Argèles cuja brigada lhe forneceu mais três policiais. Já às seis horas da manhã, os onze guardiães da ordem se perfilavam diante de Massabielle, para impor respeito à dama, a Bernadette e aos seus sequazes.

Jacomet não calculara, no entanto, que nessa suposta data do milagre acudissem de toda parte umas cinco mil pessoas, pela estrada real, pelo monte das Espeluncas, pela floresta de Saillet e a ilha do Chalet.

O comissário ordenou aos gendarmes que formassem cordão, fechando o acesso ao grosso dos romeiros. Só tiveram licença para passar Bernadette e os seus fautores mais chegados, o doutor Dozous, os irmãos Estrade e algumas outras notabilidades. Não coube a mesma sorte a Antônio Nicolau, o mais antigo adepto masculino de Massabielle. Inibido de entrar, o moleiro ajoelhou-se ao lado do brigadeiro d'Angla e entoou um hino a Maria. Grande parte da massa logo o imitou.

Com as suas medidas Jacomet, em vez de prejudicar a dama, prestava-lhe um serviço. Efetivamente, o portal da gruta tinha mais ou menos a largura dum palco e, estando os espectadores aglomerados em torno desse palco, em amplo semi-círculo — os da frente ajoelhados e as últimas fileiras de pé — era possível ver melhor do que outras vezes. O comissário arranjara para a cena, que lhe era tão odiosa, uma disposição com que absolutamente não contava.

Mais uma vez Bernadette vinha encontrar a dama muito diferente. Oh! o seu amor inquieto nunca lograria penetrar intimamente a criatura adorada! Demais, nesse dia, a dama não mostrava a intenção de encantar a sua protegida. Em conseqüência, Bernadette não caiu no êxtase profundo que proporcionava à multidão a visão do invisível. A dama nunca se mostrara tão solene como nessa quinta-feira. Para falar com toda a exação, tomava, pela primeira vez, um ar majestoso. O seu encanto fascinador tinha um traço resoluto e severo; o sorriso, os acenos — esses acenos cordiais de cada encontro — sucediam-se, compassados, cerimoniosos, por assim despidos de significação. O próprio pregueado do vestido parecia mais rígido; e os cachos da testa desapareciam austeramente sob a constrição do véu.

Bernadette sentiu que, nesse dia, lhe cumpria fazer alguma coisa. Já refletira muito em como poderia, sendo preciso, aproximar-se do nicho. Diante da parede rochosa, havia pedras bastantes para alcançar ao menos o arbusto que emoldurava o portal, à maneira de barba eriçada.

A dama traçou o primeiro sinal da cruz, logo reproduzido por Bernadette, e acenou de leve com o indicador. A menina apressou-se a trepar agilmente até ficar com o rosto à altura da roseira silvestre. Sem o desejo expresso da dama, nunca se atreveria a tanto. Encontrava-se de fato com os cabelos a poucos centímetros dos pés marmóreos da aparição, nos quais flamejavam as rosas de ouro.

Num assomo de entusiasmo apaixonado, que logo derivou para extremos de penitência, Bernadette mergulhou a cabeça no sarçal e beijou os espinhos. Não se magoou demais; só algumas escoriações lhe ensangüentaram as faces. Da multidão presente elevou-se um clamor. Já a graça com que a menina, envolta no velho capuleto, se erguia para a ogiva, despertara a admiração geral; mas esse beijo fervoroso aos espinhos, esse desprezo evidente da dor prenunciavam o milagre que devia ocorrer dentro de alguns minutos. O alvoroço da multidão o antecipava. Alguns exaltados viam já o ramo da roseira, tinto do sangue da "pequena vidente", enfeitar-se de inúmeras flores. Foi esse o momento mais significativo dos ofícios "insensatos", no dizer do vigário Peyramale.

Entretanto essa improvisação não merecera a atenção da dama. Esta devia ter outros intuitos. Articulando as sílabas, no tom enérgico empregado ao dar a uma criança uma ordem importante, ela pronunciou no seu dialeto irrepreensível, mas de sotaque estranho:

— Annat héoué en a houn b'y — laoua!

Palavras que significavam:

— Vai, ali à fonte, beber e lavar-se.

Em dois saltos, Bernadette estava no chão, sem tirar os olhos do rosto da dama.

— Fonte? — disse consigo. — Onde há aqui uma fonte?

A princípio estacou, indecisa. Depois, ocorrendo-lhe que a desconhecida talvez não dominasse o dialeto, a ponto de não confundir os vocábulos "fonte" e "riacho", caiu de joelhos e pôs-se a rastejar — exercício em que adquirira grande maestria — em direção regato. Vencida uma distância apreciável, voltou-se para a ogiva.

A dama sacudia a cabeça com impaciência.

— Ah! — pensou a pequena. — Ela não quer que eu beba a água do Savy, e sim a do Gave.

E desviou-se rapidamente para o rio, de cuja margem a separavam uns trinta passos. A voz da dama, porém, a reteve:

— Não ao Gave, por favor!

Nessas poucas palavras e no tom de advertência, estava a condenação do Gave, que não servia para os fins da dama. Embora o rio impetuoso e instável, que rumorejava ali perto, encerrasse em si — na opinião de Clarens — um eterno "ave"" as suas águas pareciam ser o campo tumultuoso de forças inimigas.

— Onde, então? — perguntou Bernadette a si mesma, com um olhar interrogador ao nicho.

A dama repetiu a frase da fonte, e, como para ajudar a menina, acrescentou:

— Annat minguia aquero hierbo que troubéret aquiou!

Isto é:

— Vá, e coma das ervas que ali encontrar.

Bernadette olhou longamente em redor da gruta, antes de descobrir, no extremo direito, um cantinho limpo de areia e seixos, onde verdejava um punhado de ervas, entre as quais a florinha chamada saxífraga, pela sua tenacidade e força de brotar entre as pedras.

A menina apressou-se a correr para lá; conformando-se com a segunda parte da ordem, arrancou um punhado de folhagem e dispunha-se a mastigá-la, quando a reteve uma recordação infantil.

Os pais a tinham ido visitar em Bartrès. A pequena levara as ovelhas ao prado e Francisco, então ainda proprietário de moinhos, deitara-se junto dela na relva. Alguns animais do rebanho tinham malhas esverdeadas no lombo.

— Vês, ali, esses pobres bichos, Bernadette? — observou Soubirous, fingindo-se penalizado. — Esta erva ruim, cresce-lhes até no couro.

Incapaz de perceber a gracejo, a menina sentira uma pena imensa das suas ovelhas e rompera-se em pranto.

Aqueles lombos esverdinhados, as suas lágrimas voltavam-lhe à lembrança, no momento em que a dama a mandava comer essas repugnantes ervas amargas. Mas coisa pior lhe estava reservada, quando se aprestasse a executar a primeira parte — a mais importante — da ordem: "Vá, ali à fonte, beber e lavar-se."

Se a dama falava duma fonte, a fonte devia existir. Se não estivesse sobre a terra devia estar debaixo dela. A menina cravou os olhos na magra nesga de prado, cujas ervas acabava de provar, e começou a cavar o solo com as duas mãos, à guisa duma toupeira.

Os trabalhadores da estrada soíam guardar a ferramenta no fundo da gruta. Bernadette não se lembrou de ir buscar uma enxada, para facilitar o seu trabalho. Tomada dum zelo selvagem, esgaravatava o solo com as mãos, sempre receosa de que a dama se impacientasse pelo seu esforço lento e infrutífero. Até nesse momento executando o encargo incompreensível de procurar uma fonte que não existia, não refletia um segundo sequer nas intenções da dama. Assim como sondava, subtilmente e sem cessar, as relações que ligavam o seu *eu* solitário ao solitário *tu* da aparição, assim não se preocupava com os intuitos secretos da desconhecida. Obedecia cega e inconscientemente, porque o seu amor não conhecia limites. E nisso também era absolutamente feminina, pois o plano do ente amado por assim dizer, não lhe importava; só lhe oferecia ensejo para nova abnegação.

Conseguindo abrir uma cavidade do tamanho duma tigela, Bernadette deitou-se no chão lodoso — já lhe custava menos arrancar os torrões da pequena escavação — e respirou profundamente; o trabalho a fatigara. Do fundo do buraco porejou logo um pouco d'água suja — não mais de meio copo. Bastou, porém, para que a menina umedecesse os lábios a testa e as faces. Indubitavelmente, a dama entendia por "beber e lavar-se" uma ação simbólica; devia estar mais familiarizada com os símbolos do que a filha de Soubirous. No mundo fidalgo, de que ela provinha, os símbolos estão no seu ambiente. Nó mundo dos Soubirous, pelo contrário, toma-se tudo positivamente ao pé da letra; Bernadette consideraria um logro grosseiro não beber e não se lavar de verdade.

Continuou, pois, a cavar; mas a água, resíduo talvez da última cheia que se infiltrara no solo, logo se misturou com a terra num lodo grosso. Não restava senão apanhar alguns torrões mais molhados, esfregá-los no rosto, procurar empurrá-los goela abaixo. A menina conseguiu, afinal, engolir a mistura repelente de terra e imundície, após tentativas desesperadas que lhe desfiguravam de nojo o rosto enlameado. Mal, porém, o bolo asqueiroso lhe caiu no esôfago, como se o estômago vazio se lhe revoltasse contra esse alimento dos mortos, o vômito a sacudiu diante dos cinco mil espectadores do milagre, e só cessou, quando os torrões de lodo tornaram a saltar-lhe dos lábios.

Acudiram a mãe, as tias, a socorrê-la. Alguém trouxe um pouco d'água do regato com que as três mulheres, profundamente vexadas, lavaram o rosto, as mãos e as roupas da pequena. Bernadette exausta, deitada nos braços da mãe, não tinha forças para se envergonhar. Já nem percebia sequer que a dama a abandonara.

Que era, porém, o que viam os que não tinham conhecimento das ordens da dama, que nada sabiam do "beber", "lavar-se" e "comer ervas"?

Viram a princípio Bernadette mergulhar o rosto na folhagem da roseira, sem se preocupar com os espinhos. Esse beijo ascético entusiasmou a multidão. O milagre preparava-se. Sobreviera, depois, um curioso anticlímax. Bernadette que até aí, como o sacerdote celebrante, quase sempre voltava as costas ao povo e — ainda como o sacerdote — só se virava para anunciar uma ou outra palavra da criatura invisível, correu, confusa e desfigurada, para o lado da assistência; os seus olhares ao nicho traíam a dúvida, a incerteza. A sua fisionomia não se transfigurava — era o rosto banal da pequena Soubirous. Depois todos a viram, com assombro, percorrer a gruta, mastigar ervas, cavar o chão com as unhas, enlamear o rosto com a terra revolvida, engolir os torrões pegajosos, vomitá-los finalmente com um espasmo, até que a família conseguiu, a poder de trapos úmidos, restituir figura humana ao rosto juvenil maculado pela imundície.

Só isso viram e entenderam os presentes. O que se lhes oferecia era a imagem repulsiva duma perturbação mental raramente observada nos próprios manicômios. A decepção da massa é, como o seu entusiasmo e a sua cólera, uma força elementar. Ao silêncio mortal, reinante até ao momento em que Luisa e as irmãs acudiram a amparar a menina exausta, sucedeu um riso prolongado, ininterrupto. A multidão ria-se, menos de Bernadette do que de si mesma, da sua parvoíce e credulidade. Sob o império duma embriaguez inexplicável, milhares de pessoas haviam esperado que acontecesse em Lourdes alguma coisa capaz de dar sentido a uma vida desprovida de significação, que fornecesse, uma prova duma fé indemonstrável. Tudo continuava, no entanto, sujo e trivial como antes; nenhum milagre floral quebrara a realidade. Bernadette era uma pobre alienada; a dama, a miragem dum cérebro doente, enquanto o cura e o comissário eram cabeças lúcidas e sagazes a cujo juízo convinha ater-se.

— Que despropósito! — diziam já então os defensores mais incondicionais de Bernadette. — Ninguém contava com isto!

Jacomet apressou-se a colher o ensejo propício. O que não haviam realizado o ministério, a prefeitura, a sub-prefeitura, a procuradoria imperial, a "mairie", executá-lo-ia ele, o funcionário subalterno. Elogiado pelos superiores, estimado por toda a França esclarecida, agradecido pelo clero preocupado, Jacomet havia de ler de si mesmo, nos jornais de Duran:

"Um modesto comissário de polícia corta a cabeça à hidra da superstição!"

— Boa gente! — começou Jacomet, com voz sonora e incisiva, montado numa pedra, que lhe servia de tribuna, e cercado pelos seus gendarmes. — Está agora claramente provado que vocês foram vítimas dum logro. Alguns embusteiros, que ainda havemos de descobrir, zombaram de vocês, atiçando a desordem. Acabam de ver, os seus olhos, que a pequena Soubirous é uma pobre doente; melhor será interná-la. A Virgem, minha boa gente, a Virgem tem mais a fazer que tirá-los das suas ocupações, numa feia quinta-feira de fevereiro. Nossa Senhora gosta de vocês e não os quer ver perdendo tempo e dinheiro. Basta-lhe um terço bem rezado. Assim pensam também os padres. A Virgem não deseja igualmente que a polícia tenha dificuldades e dissabores. Vejam ali os gendarmes. Este ajuntamento obrigou-me a recorrer a Argèles. A gendarmaria tem um serviço pesado, dia e noite; e vocês ainda lhe aumentam a carga. Não haveria necessidade destes incômodos. Tenham juízo afinal! Milagres num dia de semana? Ora, ora! Se nem há milagres aos domingos! O Senhor não tolera irregularidades na natureza, exatamente como Sua Majestade o Imperador não admite irregularidades no Estado. Espero que me tenham entendido e que, amanhã, volte o sossego à nossa terra.

Após esse discurso substancioso, temperado de humorismo popular, a multidão começou a dispersar-se. A maioria sempre desconfiara dum embuste ou duma exaltação de alienada. Alguns calavam-se, desiludidos, envergonhados. Entre o riacho e a gruta, a gorda senhora Millet recostada numa cadeira portátil, que nos últimos tempos se habituara a trazer, cercada por várias amigas: a senhora Baup, a costureira Peyret, a senhorita Estrade e outra dama da boa sociedade de Lourdes, Elfrida Lacrampe, sobrinha dum médico ilustre, dera livre curso às suas lágrimas.

— Dói-me, como se tivesse perdido uma filha querida!... — soluçava a viúva.

— A culpa não é minha, prezada senhora Millet. Eu sempre a prevenia contra essa pequena — acudiu zelosamente a costureira.

E a senhora Lacrampe, erguendo para o céu os olhos deslavados, suspirou:

— Antes não me tivesse convencido a vir, cara amiga! Sabe como a minha crença é frágil. Este caso abalou-me a fé.

O doutor Dozous e o coletor Estrade voltaram juntos à cidade, calados e absortos.

Diante da serraria, Estrade, saindo das suas cogitações, comentou:

— Admira que nós também não tenhamos força para resistir a semelhantes sugestões das massas...

CAPÍTULO XX

RELÂMPAGOS

A atitude de Bernadette, após essa catástrofe, constituiu para muitos verdadeira surpresa. Na segunda-feira em que a dama não se manifestara, a menina quisera morrer de desespero, embora o revés desse dia não lhe tivesse alheado o coração dos adeptos. Nessa quinta-feira, depois dessa tremenda humilhação que lhe interrompia a carreira perante o grande público, a pequena mostrava-se absolutamente calma, indiferente e — cumpre confessá-lo — confiantemente alegre.

Os homens não compreendiam Bernadette, porque todos — poderosos e humildes — medem a vida pelo êxito alcançado. Graças ao amálgama singular duma fábula com a esperança veemente dessa gente simples, a pequena Soubirous tornara-se o centro da cidade e das aldeias, o objeto das palestras e discussões diárias em todos os lares. Bernadette convertera-se em "estrela", como todo soberano, conquistador, herói, descobridor ou artista ascende à categoria de "astro", quando o ilumina em cheio o clarão flamante do sucesso. Esse sucesso o torna automaticamente espectador de si mesmo, isto é, do seu papel na vida — eis porque o termo técnico "astro" ou "estrela" é exato. Quem não perderia a naturalidade despreocupada, sob o olhar de centenas de milhares de olhos?

Entretanto Bernadette não a perdia. A sua inocência, no que concernia ao sucesso, era tal e tão surpreendente, que a conservação da naturalidade não constituía mérito. Se os homens não a compreendiam, ela também não conseguia entendê-los. Que tinham esses milhares de pessoas de espreitar os seus encontros com a dama? Seria muito melhor, se ninguém as perturbasse. O vigário, o procurador imperial, o comissário bem podiam deixá-la em paz. Todo esse acompanhamento só lhe trazia contrariedades e desgostos. O que importava era o amor; importante era a criatura adorável. Nada mais. Bernadette não sentia, no fundo d'alma, a menor necessidade de convencer quem quer que fosse de que a dama era uma criatura real e não uma visão. Só obrigada, e não por livre impulso, ela intervinha nas discussões travadas sobre esse assunto.

Que havia de fazer, se o cura e os funcionários a atormentavam com perguntas? Só podia dizer a verdade. Deveria negar a dama, para que a deixassem em sossego? Todos falavam da Santíssima Virgem; mas, fosse quem fosse, para Bernadette a bela moça era acima de tudo a *dama;* e essa palavra encerrava mil vezes mais personalidade e significação do que o nome mais sagrado. A pequena sabia muito bem que a causa do equívoco eram os intuitos secundários, as mensagens, as ordens da dama. Se esta tivesse de se entender só com ela, tudo seria mais fácil. Mas Bernadette, que na hora do êxtase sentia tamanho enlevo, nunca se atreveria a discutir as intenções secretas da misteriosa senhora, se bem que nessa manhã não soubesse explicar a si mesma o caso da fonte. Isso, porém, não adiantava. As ordens da dama deviam ser pontualmente executadas; dissessem os outros o que quisessem.

Em todo esse dia, o Calabouço regurgitou de visitantes; uns passavam aos outros o trinco da pesada porta do ex-cárcere.

Não reinava, porém, a mesma disposição feliz de outrora, quando lisonjeavam o casal Soubirous com frases admirativas: "Que felicidade ter uma filha assim!" — ou "Quem imaginaria que do calabouço havia de sair semelhante anjo?"

Nessa quinta-feira, os visitantes espreitavam para dentro, com olhares tristes, carregados de censura, como se houvesse ocorrido no Calabouço uma monstruosidade escandalosa de que a família não fosse inocente. — E, mau sinal!— a tia Bernarda, secundada pela inseparável Lucília, apressara-se a retirar-se! A tia Sajou meneava a cabeça, repetindo:

— Isso não devia acontecer... Não devia!...

Ao mesmo tempo, a tia Piguno chamava de parte Luisa Soubirous.

— Sabes, minha querida, o que ouvi a senhora Lacrampe dizer? E ela deve ter experiência, porque está com a filha louca no hospital! "Isto vai durar mais alguns meses" — foi o que ela disse — "depois os olhos piscam, vem a paralisia, perde-se a fala." Sim, sim; é uma desgraça! Vocês devem tratar com tempo dum lugar no hospício de Targes. É preciso ter paciência; sim, sim, eu sei o que é isso...

— "Praoubo de jou!" — clamou outra vez a desgraçada Luisa.

Entretanto a senhorita Peyret, que acabava de chegar, ralhava Bernadette à vista de todos:

— A pobre senhora Millet há meses não tinha uma enxaqueca tão forte! Mandou até chamar dois médicos: o doutor Peyrus e o doutor Dozous... Mas, também, como é possível portar-se assim, pequena? Comer ervas, engolir esterco e, ainda em cima, vomitar sem cerimônia?

— A dama exigiu que eu fosse à fonte beber e lavar-me — replicou Bernadette, com desembaraço. — Ela apontou-me um canto, no fundo da gruta. Mas ali não há nenhuma fonte. Então cavei o chão e encontrei um pouco d'água. Não podia beber essa água senão misturada com terra.

A costureira levantou-se, como se a picasse uma víbora.

— Logo, sustentas que Nossa Senhora te reduziu a um animal! Escutem bem, senhores! Esta cabeçuda quer-nos impingir que a Mãe de Deus, comportando-se como uma diaba, a mandou comer ervas e terra. Isso, realmente, é demais! Seria preciso contar essa blasfêmia ao senhor cura!

— O que diz não é verdade, senhorita — rebateu — Bernadette, com extrema calma.

E, pela centésima vez, repetiu:

— Não sei quem é a dama.

— Eu, porém, sei que tu és muito ladina! — retrucou a costureira.

— Ladina? Meu Deus! Marota, essa pobre criança? — resmungou a tia Piguno, relanceando um olhar preocupado a Luisa.

Bernadette concluiu, em tom resoluto, a defesa do seu ídolo:

— Aliás, a dama não disse que eu comesse terra e sim que eu bebesse à fonte...

O tio Sajou acendeu o cachimbo — coisa que desde muitos dias não ousava fazer no Calabouço — e interveio:

— Que fonte? Desde que a fonte não existe, a dama mentiu.

— Realmente, ela mentiu — concordou alguém.

Os olhos de Bernadette fuzilaram.

— A dama não mente!

Ao sapateiro Barringue, de tão excitado pelo escândalo da gruta, tremiam não só as mãos como também a cabeça.

— Nas montanhas, as nascentes brotam de cima — qualquer criança o sabe — e não de baixo. Debaixo, só água de poço — observou ele.

Graças às suas respostas, Bernadette sempre conseguira fazer que sua estranha atitude dessa manhã não parecesse tão abstrusa. Impunha-se, como sempre, o desembaraço com que ela descrevia a dama, como uma criatura humana cujos desejos e mensagens originais deviam ser cumpridos à risca, embora nem sempre fossem fáceis. A sua lógica, estribada na força de persuasão do amor, excedia cem vezes a capacidade crítica dessa pobre gente. Sem que eles percebessem, a menina os constrangia de novo a admitir que a bela dama existia deveras, que devia ser uma criatura dotada de razão e absolutamente incapaz de praticar maldades ou extravagâncias.

A fonte não existia. Bernadette, porém, não se preocupava com isso. Tinha um ar mais saudável do que nas duas semanas anteriores. Um halo rosado cercava-lhe nas faces as escoriações dos espinhos. Os olhos chorosos de Luisa prendiam-se angustiosamente à menina. Talvez fosse, talvez não fosse verdade o que predizia a tia Piguno. Dentro de poucas semanas poderia Bernadette estar paralítica, perder a fala? Essa Piguno era uma bruxa vulgar!...

Coisa estranha, nessa hora de decepção a mãe começava a crer que fosse deveras a Virgem quem aparecia a Bernadette, sob a forma dessa dama linda e imperiosa.

Só uma pessoa ainda não pronunciara uma palavra nessa manhã: Francisco Soubirous, o chefe da família. De súbito, porém, ele praticou um ato que ninguém esperaria desse homem tão indeciso, tão dependente do juízo alheio: Soubirous correu literalmente os importunos que lhe enchiam a casa — e expulsou-os com a sua inata majestade, curvando-se para todos os lados, dizendo com a mão espalmada no peito:

— Sou um homem pobre, como se isto não bastasse, Deus ainda me enviou esta provação. Não posso ver a minha filha por dentro; não sei se Bernadette perdeu o juízo. Sei apenas que ela não nos engana. Mas que hei de fazer? É preciso viver; e não podemos viver assim. Neste quarto há pouco ar, prezados vizinhos e parentes, e nós somos seis pessoas. Peço-lhes, portanto — não o levem a mal! — que se retirem e não voltem...

Essas palavras derivavam de tamanha tortura moral, que os presentes despedidos, sem excetuar a costureira e a tia Piguno ambas apressaram-se a espalhar de porta em porta a malévola novidade — saíram sem manifestar o mínimo ressentimento.

Retirou-se por último Luiz Bouriette, o zarolho, que às vezes prestava serviço na posta. Soubirous pediu ao inválido que o desse a Cazenave como enfermo; depois — coisa que não ousara fazer nas últimas semanas — meteu-se na cama, enquanto um sol baço de inverno se insinuava no Calabouço, pelas duas janelas desiguais.

Empenhada em consolar a irmã, Maria sentou-se junto dela à mesa e abriu o catecismo. As meninas puseram-se a estudar em voz alta, como se nada houvesse acontecido. João-Maria e Justino, a quem a dama fizera perder um tempo precioso, esgueiraram-se em viagem de descobertas...

Não raro, os grandes acontecimentos, para se patentearem no mundo valem-se de espíritos bem humildes.

Bouriette, o antigo canteiro, não perdera completamente a vista direita. Ser cego dum olho o aborreceria menos. Assim como era, porém, sofria continuamente. O olho direito ardia-lhe, causava-lhe pruridos intoleráveis, inflamações, perturbava a visão perfeita da vista esquerda.

Bouriette fizera desse defeito o centro da sua existência: despertava com ele a piedade alheia e, ao mesmo tempo, dele tirava motivo para se compadecer de si mesmo e desculpar a sua inatividade. "Que se pode exigir dum cego?" era o estribilho costumado do ex-canteiro. E Bouriette, em verdade, não exigia muito de si; em plena virilidade, abandonara o seu penoso ofício e contentava-se com os magros ganhos dos seus recados. Era mais cômodo, e a vista enferma fornecia-lhe, ante a família e o mundo, uma boa razão para essa comodidade.

Se bem que a cura desse defeito não lhe trouxesse nenhuma vantagem prática, o zarolho ia do Calabouço à posta, remoendo uma idéia insólita.

Como todo enfermo dum mal crônico, Bouriette pensava que todo remédio, não sendo prejudicial, já era útil. Em conseqüência, voltou à rua des Petites Fossées onde morava. Encontrou à porta a filha de seis anos.

— Escuta, filhinha: conheces a gruta de Massabielle onde Bernadette Soubirous tem sempre as suas aparições?

— Ora, papai! — exclamou a pequena, sentida qual o "habitué" que não se vê tomado como tal. — Já estive lá três vezes!

— Ouve, benzinho: pede a tua mãe que te dê um lenço, e vai-me buscar já um punhado da terra molhada do canto direito da furna. Presta atenção: do canto direito, bem no fundo. Leva-me tudo à posta. Entendeste?

Pouco depois, Bouriette, com um lenço cheio de terra ou melhor, de barro lodoso, escondia-se num canto escuro da estrebaria. Sentado na palha, encostou-se à parede de tijolos e comprimiu o estranho emplastro sobre o olho direito. A água escorria-lhe na face.

O zarolho não se moveu, enquanto o relógio da igreja paroquial não deu duas horas. Em todo esse tempo, a terra de Massabielle não secara.

Saindo do esconderijo sombrio, Bouriette recuou, deslumbrado por uma luz intensa, e apertando convulsivamente a vista esquerda sã, percebeu que a escuridão, que lhe toldava o olho enfermo, se convertera numa claridade leitosa, numa névoa transparente, cortada por verdadeiros relâmpagos, através da qual ele conseguia reconhecer o contorno das coisas.

Tomado de violenta agitação, menos por si mesmo do que pela sua descoberta, Bouriette atravessou precipitadamente a Praça Marcadele, à procura do doutor Dozous.

A essa hora, o médico atendia às consultas habituais. A sala de espera estava repleta. Bouriette, porém, não se deixou reter e entrou, afobado, no santuário do cientista, sem se dar ao incômodo de bater à porta.

— Que modos são esses, Bouriette? — exclamou o médico. — Faça o favor de esperar, aí fora, a sua vez.

— Não posso esperar — gaguejou o outro, atrapalhado — porque de repente voltei a enxergar com o olho direito. Cobri a vista com terra molhada da gruta, e agora vejo. É um milagre!

— Como correm vocês com os seus milagres! — resmungou Dozous.

Depois, escurecendo o gabinete, acendeu um lampião de querosene, com forte revérbero e começou a examinar a vista direita do paciente.

— Quatro cicatrizes fundas na córnea. A retina parcialmente rasgada. Ainda assim, você enxerga um pouco, hein? Ora melhor ora pior...

— Sim, senhor; ora melhor ora pior — concordou Bouriette que, à semelhança de quantos sofrem da vista, duvidava facilmente do seu poder visual.

— E hoje vê melhor?

— Oh! muito melhor, doutor! É como um relâmpago em que eu enxergo tudo.

— Ver num relâmpago não é ver bem, meu caro. Você comprimiu demais a pupila e irritou o nervo.

O médico projetou a luz do lampião sobre o quadro de leitura na parede. Depois, apontando ao zarolho as primeiras letras, muito graúdas, perguntou:

— Pode ler com o olho direito, Bouriette?

— Não; não posso ler, doutor.

— E com o esquerdo?

— Não; não posso ler, doutor.

— Demônios! E com os dois olhos?

— Também não posso doutor, porque não sei ler.

Dozous correu a cortina.

— Volte amanhã, Bouriette, quando estiver mais calmo.

O ex-canteiro retirou-se, resmungando:

— Entretanto é um milagre...

O doutor Dozous, porém, não saberia dizer se o caso pertencia à psiquiatria ou à oftalmologia.

TERCEIRA SÉRIE

A FONTE

CAPÍTULO XXI

NO DIA SEGUINTE À DECEPÇÃO

Luisa Soubirous estava firmemente decidida a tomar o partido da filha. Não o fazia pela dama, a quem afinal não tinha grande apego. Efetivamente, a desconhecida desviara-lhe, ou para falar verdade, furtara-lhe a filha predileta.

Ninguém podia negar que, desde o dia onze, Bernadette já não era Bernadette. Embora nessa tarde a família pudesse lidar no Calabouço mais à vontade do que nos dias anteriores, esse sossego, comparado às muitas emoções, perigos e contrariedades a que estivera exposta, era mesquinha compensação.

Mas Luisa Soubirous ressentia especialmente a frase misteriosa da dama, na sua terceira aparição a Bernadette: "Não posso prometer que a tornarei feliz neste mundo. Só no outro."

Não que Luisa fosse má cristã e menosprezasse a importância da ventura no outro mundo, muito mais duradouro do que este. A sua sã divisa era: um pouco de felicidade neste mundo e um pouco, no outro. Nem mais nem menos; antes com a possível igualdade. Acima de tudo, se era lícito pedir, nenhuma excessiva diferença de temperatura no bem-estar, daqui e de lá. Porque havia de ser, aqui, a sua pequena Bernadette atormentada pela miséria, pela asma, pelas perseguições, zombarias e aborrecimentos, para levar lá uma vida folgada, à qual não se costumara e que nem ambicionava? Luisa não via equidade nessa desproporção. Ela e o marido sempre tinham lutado por um único fim: o direito à mediocridade. Não queriam passar fome nem comer faisões regados a borgonha doce. O limite máximo da sua fantasia de felicidade resumia-se na posse dum pequeno moinho da categoria do de Boly.

Todavia, desde que a fama penetrara no Calabouço, um elemento novo se insinuara na modesta escala de sentimentos da senhora Soubirous: a vaidade. Luisa não era debalde a mãe duma criança prodígio, duma jovem "virtuosa" que se exibia diariamente.

Enquanto Bernadette, despreocupada das disposições da assistência, se entregava às suas visões, a boa Luisa espreitava, desconfiada, o público, avaliando zelosamente o aumento ou a diminuição da freqüência diária, a intensidade dos aplausos.

O revés de quinta-feira infligira-lhe um verdadeiro golpe. Como toda mãe de criança prodígio, Luisa nutria uma intolerância particular pelo círculo mais íntimo dos adeptos. Essa roda parecia-lhe, por assim dizer, um grupo de apóstolos obrigados a um entusiasmo incondicional. Nesse dia, porém, insurgia-se particularmente contra a senhora Bouhouhorts. Essa criatura sem préstimo, que nem sequer sabia avir-se com o seu triste rebento, e a todo instante se valia do tempo e das forças alheias, não se atrevera a torcer o nariz, enquanto Bernadette fazia por engolir os torrões lodosos? A melindrosa Croisine havia de aprender a sua custa! Viesse outra vez pedir-lhe auxílio! E a gorda e nariguda Millet, com a sua enxaqueca? E Bernarda, a sua própria irmã? O comportamento da viúva pareceu-lhe tão indigno que, largando a colher de pau nas mãos de Maria, Luisa desatou o lenço da cabeça e, ainda antes ao almoço, correu à casa da irmã. Lá chegada, interpelou com insólita irreverência o oráculo da família:

— Logo, tu também abandonaste a minha Bernadette, não?

— Que estás gritando, doida? — replicou Bernarda, com altivez.

Fora de si, Luisa insistiu:

— Digo-te que nada, nada me tirará do lado de minha filha! Vocês todos podem ficar em casa. Amanhã, eu irei com ela à gruta.

Bernarda Casterot, viúva Tarbes, riu-se com desdém:

— Sempre a mesma idiota! Tu és a mãe, e eu sou a madrinha. Contudo, quem estava junto de tua filha, quando escondias essa cabeça zonza debaixo das cobertas?

Era verdade! Ante essa superioridade antiga, Luisa não tardou a murchar. A atarracada Casterot plantou-se diante da irmã, com um desdém esmagador.

— Naturalmente, iremos à, furna, tola! Mais nove vezes! A dama o exigiu. Esperemos que todas essas galinhas fiquem em casa e acabe de vez a algazarra. Isto não te convém talvez...

Na sexta-feira, a esperança de Bernarda realizou-se. A maioria dos romeiros não compareceu; e, entre os poucos que tinham vindo, contavam-se muitos adversários, invejosos e incrédulos que esperavam, nesse dia, a repetição do revés da véspera. Não faltavam a costureira Peyret, a tia Piguno e um punhado de colegiais, capitaneadas por Joana Abadie. A senhora Millet, pelo contrário, ficara de cama. Dos mais fiéis, estavam presentes só os Nicolaus, mãe e filho. Bernadette alegrava-se dessa deserção. Sentia-se melhor assim, do que com a presença de centenas e milhares de espectadores a queimar-lhe as costas.

A menina ajoelhou-se diante da gruta e começou a desfiar o rosário, embora a ogiva estivesse vazia. Sentiu logo que, nessa manhã, a dama não apareceria. Não soltou, porém, o grito, desesperado que a ausência da visão lhe arrancara na segunda-feira anterior.

Bernadette progredira notavelmente no conhecimento da dama. Já então sabia que a bela senhora não devia ser tão independente como a princípio lhe parecera. A dama tinha, sem dúvida, relações, deveres e encontros alhures. Dependia provavelmente de determinada ordem e regra que não queria infringir. Podia simplesmente estar inibida de vir por outros compromissos. Apesar da ausência da criatura cheia de graça, Bernadette não se sentia torturada pela desconfiança de que a dama lhe fosse infiel e a tivesse abandonado, sem se despedir. O seu amor ganhara certeza. O coração dizia-lhe que a única razão dessa ausência devia ser um cansaço banal. Nem era de excluir que a dama sofresse de enxaquecas. As fidalgas costumam ter essa doença de nome eufônico, sobre a qual Bernadette pouco sabia. Avaliava, porém, perfeitamente o imenso esforço da dama, cada vez que lhe cumpria aparecer em Massabielle.

Bernadette rezou mais um terço. Depois levantou-se; e, dirigindo-se aos espectadores, com um sorriso confiante, anunciou:

— Hoje, a dama não veio.

Após uma curta pausa, tentou fornecer uma explicação plausível:

— Ontem, de certo, ela ficou muito cansada...

Era uma das frases com que Bernadette conseguia humanizar, ante a assistência, a criatura invisível ouvindo dos seus lábios essas palavras, vendo-lhe os olhos de criança, serenos e escuros, não havia quem resistisse, quem duvidasse da sinceridade da menina. E os acontecimentos da véspera já não pareciam tão humilhantes. A dama meditava alguma coisa incompreensível, mas importante — sabia Deus o que! — e exigira muito da sua intermediária. Mais tarde, tudo se havia de esclarecer. Algumas mulheres já enxugavam as lágrimas. A frase de Bernadette passou de boca em boca. Ninguém se preocupou, no entanto, com a mancha de terra úmida, no canto direito da gruta.

O relâmpago desaparecera do olho direito de Bouriette; deixara porém, a vaga claridade que permitia ao zarolho distinguir nitidamente os objetos. Convencido de que o barro de Massabielle fizera o milagre, Bouriette não voltara a procurar o médico. Dozous lhe abalaria talvez a crença e estorvaria a realização do prodígio. Firmemente resolvido a continuar a cura, o ex-canteiro comunicara a poucas pessoas o súbito melhoramento da sua visão defeituosa. Quase todos lhe riam na cara. Só em dois ou três antigos colegas encontrou ele a devida atenção. Canteiros e calceteiros formavam uma corporação imbuída do espírito de classe. Eram, de ordinário, homens pobres, precocemente alquebrados.

Sucedendo a um deles ser premiado na loteria — como acontecera recentemente — a sorte imprevista era festejada com os outros, até nada restar do prêmio ganho. Os canteiros e os calceteiros não eram mais devotos do que outrem na Bigorre. Se um deles, porém, proclamava um milagre autêntico, os outros o saudavam como um êxito da corporação inteira. Em conseqüência, os velhos camaradas, a quem o inválido participou a sua confortadora experiência, entreolharam-se, com um sinal de aprovação.

Pelas três horas, Luis Bouriette encaminhou-se para Massabielle, afim de encher outra sacola de terra. Encontrou na gruta um pequeno grupo de mulheres, curvadas sobre um fio d'água que, partindo da mancha de terra encharcada, procurava abrir caminho na areia em direção ao Savy — um fio d'água não mais volumoso do que os regos que as chuvas do estio abrem nas alamedas dum jardim. Corria, porém, com rapidez e regularidade, parecendo bem alimentado.

— Que é isso? — perguntou Bouriette, com espanto.

— Rezamos o nosso terço — respondeu uma das mulheres — e, de repente, demos com essa água. Antes, nenhuma de nós a tinha visto.

— "Sapristi!" — assobiou o zarolho. — Isso não tem cara de poço e sim de verdadeira nascente!

Os olhos duma velha camponesa de Omex luziram de triunfo.

— Nossa Senhora disse a Bernadette: "Vá ali à fonte beber e lavar-se". Aí está a fonte!...

— Verdade de Deus! — exclamou Bouriette. — Isso não é um poço!

E desatou a correr para o moinho de Savy, afim de informar Antônio Nicolau do extraordinário acontecimento. Um bom moleiro deve ser perito em três coisas: em cereais, em cavalos e muares e finalmente em água. Sendo preciso, deve saber pôr um dique a um riacho, dirigir uma embarcação e represar uma vertente.

Nicolau curvou-se, com ares de conhecedor, sobre o reguinho e explorou-lhe a nascente com os dedos.

— O que Bernadette diz — declarou afinal — sempre tem pés e cabeça... Isto é um veio d'água que brota das pedras.

— A Santa Virgem fez um milagre! — gritou uma voz aguda de mulher.

— Represar uma fonte não é fácil — acrescentou o moleiro. Eu não entendo bem disso. Quase sempre são várias veias, e é preciso reuni-las. Mas estancam facilmente; neste caso, acabou-se a fonte! Seria melhor que as senhoras calassem a boca!

Após uma curta deliberação, Antônio e Bouriette enveredaram pela estrada de Tarbes que, além do Monte das Espeluncas, se embrenha nas alturas; ali trabalhavam antigos colegas de Bouriette que se prontificaram, em nome da Virgem, a colaborar na obra.

Terminado o serviço, seguiram todos, de ferramenta ao ombro, para a gruta. A parte mais difícil da empresa seria reter o fio d'água, que se desviava perigosamente para a orla do rochedo, e rodeá-lo dum parapeito.

Ainda não escurecera, quando Antônio mandou buscar ao moinho alguns archotes, a cuja luz continuou habilmente o trabalho melindroso que, no entanto, lhe corria mais fácil do que ele supusera. Cavando o veio a uma profundidade de alguns pés, contra a parede rochosa, o moleiro fez jorrar um jacto da grossura do braço duma criança. A cova encheu-se d'água, até à beira.

Os trabalhadores começaram imediatamente a levantar uma bacia circular do tamanho duma pia batismal, escolhendo as pedras polidas pelo rio, ajustando-as exatamente, obturando as frestas com argamassa. Cimentaram-lhe igualmente o fundo, deixando livre apenas a nascente, que Antônio continha com as mãos, como se refreasse um cavalo fogoso.

E a água jorrou, límpida e pura, na bacia recém-murada. Todos beberam avidamente. Era a linfa boa e comum das vertentes montesinas, sem o mínimo ressaibo.

Mais tarde, Nicolau e Bouriette voltaram ao moinho e de lá trouxeram as calhas de madeira tão usadas pelos moleiros. Com elas proveram ao escoamento da nova fonte, que se alegrava visivelmente de ter vindo ao mundo e gorgolejava, sonora, nas goteiras. Só depois de tudo pronto, Antônio Nicolau correu ao Calabouço, a anunciar a Bernadette a nova triunfal.

Ao escurecer, Clarens e de Lafite passeavam na ilha do Chalet.

Fevereiro findava; a primavera adejava no ar. Uma enorme lua cheia erguia-se no céu. Os dois cavalheiros iam entrar no parque do castelo, quando avistaram em Massabielle o clarão avermelhado das tochas.

— Verá — disse Clarens, — que não teremos sossego, enquanto...

— Enquanto...? — repetiu de Lafite.

Mas o outro não respondeu.

Tomaram ambos o caminho da gruta — Lafite pela primeira vez. Clarens assistira já à decepção da véspera.

Antônio e os seus colaboradores contemplavam, satisfeitos, a obra acabada.

— Olá, vocês! — bradou Clárens. — Que fazem aí?

— Eis a fonte! — replicou Bouriette, com um gesto de mágico.

Antônio Nicolau mergulhou o braço na bacia, até ao cotovelo.

— Bernadette prometeu uma fonte. Aqui está. E que fonte! Dá, pelo menos, cem litros por minuto.

Lafite bateu no ombro de Clarens.

— Agora, meu amigo, que diz do meu dom divinatório? Faz três semanas que eu falei, não duma dríade ou duma oréade e sim duma náiade...

— Quem lhes encomendou este serviço? — perguntou Clarens aos trabalhadores. — E quem o pagará?

— Oh! meu senhor — acudiu jovialmente um canteiro. — Trabalhamos algumas horas para a Virgem. Ela é que manda. E há-de pagar-nos de qualquer maneira.

No meio das risadas, Antônio ponderou:

— Aqui temos um verdadeiro milagre, graças a Bernadette de quem ontem zombaram tanto...

— Devagar, prezado Nicolau! — atalhou Clarens. — De que milagre fala? Uma fonte não é nenhum milagre. Já estava nesse rochedo. Bernadette não a fez brotar por encanto. Só a descobriu.

O escritor apontou o céu, com um gesto largo.

— E a lua ali, meus senhores? Luna, o astro morto, a girar perpetuamente à roda de nós, não é acaso um milagre? Vós não enxergais os grandes milagres; por isso tendes necessidade dos pequenos...

Essa manifestação panteísta suscitou o mais vivo desagrado no grupo. Um calceteiro grisalho sacudiu ironicamente a cabeça.

— Que diz o senhor? A lua, um milagre? Por que? Nós todo conhecemos muito bem a lua. Ela sempre está ali. O que sempre está aí não é milagre.

Os dois cavalheiros voltaram ao Chalet.

— Os autores hodiernos — opinou o pedagogo — desaprenderam infelizmente a falar ao povo, meu amigo.

— Talvez tenha razão, meu caro — tornou-lhe de Lafite. — Não consigo sequer fazer-me entender pelo senhor! Só Deus sabe o que sucedeu a todos vós! Quanto a mim, evaporo-me. Abandono a dama da gruta e os meus caros parentes, que me anunciaram o seu regresso.

CAPÍTULO XXII

A TROCA DOS ROSÁRIOS OU "ELA GOSTA DE MIM"

O manancial de Massabielle era, além do triunfo de Bernadette, a vitória de toda a população de Bigorre sobre as autoridades imperiais e a Igreja. A partir dessa sexta-feira, não só de manhã peregrinavam milhares de pessoas à gruta, para sentir e gozar, através do êxtase da pequena Soubirous, a visibilidade do divino invisível. À noite, formavam-se igualmente longas procissões que com círios, fachos e archotes, se encaminhavam para Massabielle. Cumpria-se, pois, naturalmente o desejo expresso da dama, acerca das procissões que o clero lhe recusara. Embora as autoridades teológicas não reconhecessem um milagre na simples erupção duma fonte, até aí oculta, todos falavam dum milagre. Os próprios espíritos cultos e desapaixonados, como Estrade, Clarens e Dozous, reputavam pelo menos sumamente, singular o acaso que levara à descoberta do manancial.

A massa, porém, que ainda na quinta-feira estigmatizara Bernadette como alienada repulsiva, manifestava um entusiasmo, exaltado pelo remorso. Os tíbios, os desconfiados, os adversários rivalizavam em manifestações de fé. Antonieta Peyret, por exemplo, chegava às seis horas da manhã ao Calabouço, para venerar, ajoelhada na rua, a humilde morada da taumaturga. Grangeava assim a benevolência da senhora Millet a qual, porque acreditara desde o princípio, se considerava quase mãe do milagre.

A tia Piguno, cheia da mais assombrosa humildade, pedia a Luisa que Bernadette lhe benzesse o rosário. A menina recusava-se, indignada. Joana Abadie, que dias antes não vacilara em apedrejar a colega privilegiada, em vão tentara uma vez beijar-lhe a mão.

O próprio povo, sobretudo a população rural dos Pireneus, revivia nessa semana dias passados, como não ousaria sonhá-los nos tempos modernos o fantasista mais romântico. Dir-se-ia que, em torno de Lourdes, oscilava um alicerce vulcânico do sobrenatural e que, dum ponto longamente escarificado, jorrava improvisamente a erupção. Os homens eram ali como alhures; os pobres, talvez mais indigentes do que nas outras regiões da França. Viviam no campo em míseras choupanas; dormiam no estábulo, com o gado. Raramente lhes chegava às mãos uma moeda de vinte soldos. Os pensamentos dos homens gravitavam em torno dessa moeda de vinte soldos; as aspirações das mulheres compendiavam-se na broa quotidiana, em obter a quantidade desejada de manteiga ou de banha, no corte de flanela branca ou encarnada para um capuleto novo. Não é a riqueza, mas a indigência, o campo propício ao materialismo. Só a miséria, as privações, estão condenadas a prezar demais as coisas positivas.

Entretanto a filha de Soubirous, com o auxílio de forças misteriosas, lograra realizar o grande milagre de descobrir um manancial. Sem o saber nem querer, Bernadette comunicava aos pobres um pouco do caridoso consolo, que a inundava em todo encontro com a dama. Graças a uma transposição obscura, transferia às massas uma parte do paraíso do seu enlevo. A multidão sentia, em tudo e em todo pormenor, um alívio que não entendia; percebia, por intermédio de Bernadette, que atrás das palavras, das fórmulas, dos ritos eclesiásticos, havia mais do que uma vaga possibilidade, uma realidade quase tangível.

Essa aproximação do outro mundo a este mudava muitas coisas. A miséria deixara de ser o bloco de granito, arrastado desde o absurdo do nascimento ao absurdo da morte. O granito tornava-se poroso, singularmente leve. O próprio cérebro obtuso de Leyrisse sentia alguma coisa da consciência vibrante da festiva dualidade da vida, que enchia as almas. O porqueiro já não levava os seus suínos a Massabielle e regougava o dia inteiro, as toadas das suas montanhas. A vida, o ódio, a inimizade, a ambição, a inveja, o medo, a desconfiança, o ciúme, tudo perdia, em medida considerável, o caráter sério. A dama aparecia todas as manhãs, para provar que havia outras condições além da existência terrena. Para que, pois azafamar-se por um bocado de pão, como um cão esfaimado? Insinuava-se na lida diária um elemento jovial. Ordenhavam-se as cabras, lavava-se a roupa com outras disposições. E as almas transbordavam de esperança: "Amanhã! Que acontecerá amanhã na gruta?"

Lourdes tornara-se o centro dum terremoto que se irradiava pelo país inteiro. A França atravessara três revoluções convictas de estarem defendendo o espírito da liberdade contra o abuso da cruz, de que as classes superiores se valiam, para garantirem os seus privilégios. Essa França insurgia-se contra a recaída num pretenso estado de espírito retrógrado. — Estava-se — como dizia Clarens aos seus discípulos — na aurora dos tempos. A terra ainda não fora conquistada. A indústria, com as suas máquinas recentes, criava ventura e bem-estar para todos. Problema algum parecia mais significativo do que a conquista do mundo, para a felicidade do gênero humano. Quem quer que estorvasse esse empreendimento, com sonhos absurdos, era inimigo mortal da evolução inevitável e, portanto, da sociedade.

Assim pensava o senhor Duran, considerando os grandes jornais de Paris.

E assim pensava igualmente a imprensa de Paris, tendo em conta os muitos Durans. Não se elevava ela ao conceito do poeta Lafite de que a lua é um milagre. Partia antes do princípio de que o milagre é apenas o atraso, teimando em não ver que a natureza não está organizada racional e simplesmente, que o céu é um espaço gélido e vazio, preenchido por vários trilhões de diferentes sistemas astrais, que o céu é a própria natureza; e, onde boceja um vácuo incomensurável, entre esferas de fogo, não pode haver lugar para uma pretensa super natureza. Num satélite insignificante, do menos significativo desses sistemas de astros, vegeta uma espécie de símios chamados homens.

A noção de que os animais masculinos e até um animal feminino dessa mesquinha espécie de macacos hajam sido criados à imagem e semelhança do ente que rege o universo — reger, outra dedução antropomorfa — corresponde ao modo de pensar dos deploráveis selvagens que se constrangem a não exceder o feito máximo da sua tribo.

Só vencendo a ignorância dolosa, premeditada, derribando todo ilusionismo, só libertando-se do antigo e ilusório conceito de que o ser humano e o seu planeta são um centro, e o seu espírito é alguma coisa mais do que uma função útil da matéria, condicionada às suas necessidades, finalmente só resignando-se a ver na existência apenas o mecanismo físico-químico-biológico que ela é essencialmente, o homem seria homem e não um semi-bruto, atormentado pela crença do demônio.

Essa integração do homem na sua verdadeira dignidade acarretaria imediatamente a tolerância, o advento da razão, a supressão de todos os instintos obscuros e mortíferos. Em conseqüência, o caso de Lourdes se afigurava àquelas mentes esclarecidas um mal que sensatamente não se podia depreciar, pois ameaçava tolher a marcha luminosa da espécie humana para a redenção terrestre da miséria, do preconceito e da ignorância, arremessando-lhe no caminho o antiqüíssimo entulho.

Em verdade, "Le Siècle" e ainda mais "La petite République" não ousavam exprimir-se em termos tão explícitos, pois ainda era preciso contar com o poder eclesiástico, com o risco duma desagradável acusação de blasfêmia. O pequeno "Lavedan", porém, publicava no seu último número um artigo inspirado provavelmente pelo "maire" Lacadé e intitulado "A Fonte", demonstrando que, num solo crivado como o de Lourdes e dos arredores, de fontes minerais e medicinais, não havia necessidade de damas milagrosas para as fazer brotarem da terra e torná-las utilizáveis.

Ao lado da França desse combativo artigo de fundo, havia outra — não a França das massas devotas e da aristocracia clerical, mas a terra das almas propensas para se deixarem seduzir e comover, um país principalmente de mulheres. Essa França aguardava, fremente, as crônicas diárias de Lourdes. A história da pastorinha e da dama — uma história francesa — enchia-a de júbilo. Bernadette encontrou, nessas fileiras, defensores que por seu turno escreviam em certos jornais.

Travou-se a luta. "As aparições de Lourdes" converteram-se em assunto nacional de vastas proporções. Um assunto nacional, com efeito. O governo imperial podia esperar um ataque de qualquer facção, menos do céu.

Se os socialistas, os jacobinos, os maçons, os realistas, os orleanistas se valessem de qualquer caso de corrupção ou processo político, para armar uma emboscada ao regime, seria fácil fazer-lhes frente com os recursos usuais. No estreito círculo do conselho ministerial, onde as aparições entravam pela segunda vez na ordem do dia, corria um motejo análogo ao que a indignação arrancara ao "maire" Lacadé, quinze dias antes:

— Não se pode exigir que mandemos prender a Virgem Maria!

Entretanto a chancelaria imperial reclamava urgentemente um relatório do ministro do Culto. O senhor Roulland redigiu-o, bem circunstanciado, e concluiu, solicitando maliciosamente a manifestação da vontade soberana. Chegou-lhe esta, sob a forma de instruções vagas, sugerindo que se pusesse termo, quanto antes, às aparições de Massabielle e às dissensões por elas suscitadas. O modo como se havia de obter esse resultado não o indicava, porém, a chancelaria imperial que comprometia ainda a seriedade dessas instruções, recomendando que se evitassem medidas drásticas e se respeitassem, quanto possível, os sentimentos religiosos da população dos Pireneus.

O ministro Roulland riu-se ironicamente, reconhecendo no ofício pomposo, sem possibilidade de dúvida, o estilo complicado do seu senhor, o pequeno Napoleão. A partir daí, a imprensa podia esbravejar à vontade. Ele estava relativamente garantido. Assim um único laço ligava as autoridades do Estado, desde o imperador até ao comissário Jacomet: a perplexidade.

Roulland agraciou imediatamente o prefeito dos Altos-Pireneus com essa ambígua manifestação da vontade imperial. Do barão Massy o mundo só tinha a dizer que o prefeito de Tarbes era "um homem correto". Sempre trajado corretamente de preto, calçava sapatos de verniz e luvas de pelica, no próprio exercício do cargo; não prescindia dum colarinho duro que excedia a própria correção.

O barão Massy descendia duma das famílias mais corretas da França: possuía corretamente as ordens e distinções da sua classe, inclusive a ordem vaticana de São Gregório. Quanto ao mais, quadrar-lhe-ia a fórmula dos passaportes: "Sinal característico: Nenhum."

Por uma razão ignorada, o departamento chefiado por ele equivalia, na nomenclatura secreta da administração francesa, a um trampolim para atingir a prefeitura do departamento do Sena, que abrange a cidade de Paris. Partia, pois, de Tarbes o caminho direto para um dos mais altos cargos do império. O barão avaliava exatamente a importância do jogo. Se, no caso nacional de Lourdes, não lograsse contentar o seu soberano e restabelecer a ordem, Paris e a carreira corriam o risco de irem por água abaixo.

Mal passara os olhos pelo prolixo despacho do ministro, Massy meteu-se na sua carruagem. Entre o palácio da prefeitura e o paço episcopal, mediava curta distância; mas o barão desdenhava, por princípio, mostrar-se aos seus súditos como simples pedestre. As suas relações com o príncipe da Igreja em Tarbes, sem serem tensas eram bastante frias. Recebendo o anúncio dessa visita na sua capela privada, monsenhor Bertrand Severo Laurence, ciente do que se lhe preparava, não vacilou em infligir a Sua Excelência uns quinze minutos de espera.

Monsenhor Bertrand era todo o oposto dum homem correto, descendente duma família correta. Muito pelo contrário, não passava dum plebeu "parvenu", dum proletário filho dum humilde trabalhador do cantão de Béarn. Os seus inimigos murmuravam até que o reverendo bispo aos quinze anos ainda não sabia ler nem escrever. Mais tarde, esse talentoso analfabeto cursara o seminário de Aire e, com o labor fervoroso e assíduo dos humildes, sequiosos de saber, concluíra os estudos universitários, obtendo distinção em todas as disciplinas.

O barão Massy, obrigado a esperar, fremia de indignação.

— Raposa das raposas! — resmungou ele, percebendo com raiva que, na sua impaciência, amolgara entre os joelhos a cartola lustrosa.

Mas, quando se viu ante o vulto rude e majestoso de monsenhor, dobrou-se numa respeitosa mesura e esboçou o beijo ao anel. O prelado furtou-se brandamente à homenagem.

— Venho solicitar o concurso de Vossa Grandeza — começou o barão. — As coisas assumem em Lourdes um caráter de revolta. Só Vossa Grandeza pode impedir que puxemos outras cordas...

A natureza dera aos lábios do bispo tal feitio, que raramente o seu rosto perdia o traço de orgulho sarcástico.

— Puxe sossegadamente as outras cordas — suspirou monsenhor. — Seria apenas desejável que...

— Defendo — atalhou Massy — o respeito e a santidade da religião, ameaçados gravemente por essa indigna farsa, monsenhor.

O bispo franziu as espessas sobrancelhas brancas.

— O cura de Lourdes vedou severamente ao clero do seu cantão assistir a essa farsa, como a Vossa Excelência apraz denominá-la.

— Isso não basta, monsenhor. É preciso proibir a própria farsa, impedir que as pretensas aparições ridicularizem a religião, aos olhos dos crentes e dos incrédulos.

Bertrand Severo Laurence recostou-se na poltrona e, apoiando a mão rude no báculo de marfim, disse lentamente:

— E, se nessas aparições, se ocultasse um conteúdo sobrenatural?

O colarinho duro ameaçou sufocar o correto barão Massy.

— Um conteúdo sobrenatural! Quem o poderá discernir?

— Uma única instituição, Excelência — tornou o bispo, com um leve sorriso. — A santa Igreja.

O prefeito resolveu afrouxar um pouco o nó da gravata.

— Tenho a impressão de que Vossa Grandeza não crê absolutamente nesse conteúdo sobrenatural e condena a farsa, exatamente como eu.

— É possivel, é possível, prezado barão — replicou jovialmente o prelado, de novo impenetrável. — Mas o senhor convirá em que um bispo deve ser a última pessoa a se atravessar no caminho dum provável milagre. E o milagre, a manifestação do sobrenatural, pode ocorrer sempre e em toda parte, mesmo na minha modesta diocese. O meu papel, neste caso, resume-se em vigilância e abstenção. De Vossa Excelência esperamos, pelo contrário, a energia habitual.

E, em despedida, o bispo curvou profundamente a cabeça branca, diante do potentado leigo.

Mal se viu de novo no seu gabinete, o barão Massy ditou um telegrama circular ao sub-prefeito e ao comissariado de polícia em Lourdes ao procurador imperial e à "mairie", aconselhando uma vigilância mais rigorosa sobre a família Soubirous e os possíveis presentes que lhe fossem enviados. A permuta não autorizada de serviços sacros, como a benção de rosários por moeda corrente ou valores, permitiria lavrar uma contravenção suficiente para decretar a prisão dos culpados. Se as autoridades pudessem averiguar a existência de semelhante tráfico, mandar-se-ia prender imediatamente a família toda. No fecho do mencionado despacho, o barão Massy formulava ainda a memorável recomendação, de conformidade com a qual os gendarmes de serviço na gruta deveriam apresentar-se sempre uniformizados e enluvados.

Essas luvas acudiam à memória correta de Massy, apenas para mostrar a essa dama etérea que ele — personificação do poder do estado — pretendia levar as coisas a sério. As coisas, porém, tomavam um curso tão malicioso, que as mencionadas luvas não causaram o efeito duma ameaça dos poderes imperiais e sim dum sinal da reverência destes à dama.

Entrou o mês de março.

— Ainda quatro vezes — pensava Bernadette, — e serão quinze dias. Não tarda a última quinta-feira, e "ela" não voltará.

Nunca mais? A dama não dissera que, ao cabo desses quinze dias, não tornaria à gruta. Era a tia Bernarda quem o afirmava e sustentava, com intransigência. Mas a tia Bernarda era uma alma forte; e, à semelhança de tantas almas fortes, uma pessimista. Ao contrário do casal Soubirous, nutria especial predileção pelas coisas desagradáveis.

Bernadette oscilava entre um medo opressivo e uma esperança infinita. Seria, de fato, de se excluir que a dama se lhe conservasse fiel à vida toda? Não poderia ela envelhecer, par a par com a sua protegida, vendo-se ambas todos os dias em Massabielle? Pouco a pouco, o povo já não estranharia as aparições e deixaria de comparecer. Ela, Bernadette trabalharia o dia inteiro como os demais. O senhor Felipe já estava muito velho. Talvez que a senhora Millet a aceitasse como criada de quarto. Ah! Qualquer trabalho lhe serviria!

Se a dama consentisse em vir diariamente a Massabielle, Bernadette sujeitar-se-ia até a lavar roupa suja, o serviço que mais detestava. A menina afagava a esperança de que a comunhão do seu amor pudesse durar a vida inteira. A outra hipótese, a idéia de que tudo acabasse na próxima quinta-feira, era tão pouco natural, que ela não a admitia. Poderia continuar a viver sem essa ventura quotidiana? Essas interrogações ansiosas relegavam, na consciência da pequena, o próprio prodígio da descoberta do manancial à penumbra dos fatos secundários. Bernadette quisera reter cada hora desses últimos dias, para que não findassem. Todas as manhãs, na gruta, ela implorava silenciosamente:

— Por favor, senhora, fique mais tempo!

A dama respondia com um aceno alegre. Mas, apesar disto, não satisfazia o desejo da menina e nunca se demorava mais de quarenta e cinco minutos ou, no máximo, uma hora. Sabia provavelmente o que devia ou não exigir das forças físicas de Bernadette. Se já para ela, depois de fascinar a pequena, era tão fatigante provocar o êxtase, que não seria para Bernadette suportá-lo?

Ao ofício da gruta acrescentavam-se alguns ritos. A dama exigia diariamente, no início da aparição, que Bernadette comesse ervas, bebesse e se lavasse à fonte. Por mais estranho que pareça, a multidão — que se habituara, nas últimas visões, a imitar mais e mais os gestos da jovem vidente e a repetir-lhe as palavras — desdenhava utilizar-se da nova fonte, que jorrava cada vez mais murmurante e buliçosa. Embora a história de Bouriette tivesse dado a volta à cidade, ninguém a acreditava. Bouriette sempre se proclamara cego, e nunca o fora; sempre enxergara bastante para bisbilhotar. Era um caso equívoco, pouco apropriado para exemplo dum milagre. A fonte não passava, segundo a opinião geral, duma pronta resposta da dama ao desafio do vigário que lhe exigira um milagre floral. A dama não era um sacristão, obrigado a obedecer às ordens do cura. Tinha também os seus caprichos, não aceitava as pilhérias dum velho rabugento. Ah! Tu exiges rosas em fevereiro para que eu te mostre o que posso? Espera, amigo! Rosas não as terás; não me dou tão de barato. Em compensação, arranjo-te o que nem tu nem os outros imaginastes. Reconheces finalmente que sou superior a vós todos?

A fonte equivalia a um triunfo esmagador da dama sobre a hostilidade e a abstenção do clero. Ninguém, exceto Bouriette, atribuía àquelas águas utilidade prática. O próprio zarolho, desde alguns dias, não abria a boca; banhava a vista, bem calado, de medo que o manancial perdesse o poder salutar, se ele o partilhas-se com outros enfermos.

Eram milhares, todas as manhãs, as testemunhas de como, no início do êxtase, Bernadette por ordem da dama se lavava à fonte e sorvia a água do jacto nas palmas das mãos. E não viam nisso senão um sentido místico. Bernadette celebrava nesses ritos uma singular comunhão com a dama. A ninguém ocorrera ainda que, desentranhando o manancial, a bela senhora podia ter em vista um fim sumamente prático. Ninguém entendera que, repetindo diariamente as suas ordens, ela visava sobretudo a pôr os fiéis no bom caminho, com o exemplo de Bernadette. Só Bernadette, a vidente, a apaixonada, a compreendera a ponto de perceber que a visão querida nem sempre podia manifestar diretamente a sua vontade. E, assim como não pronunciava nomes, assim não dizia explicitamente:

— Faze isto ou aquilo, para que isso ou aquilo aconteça.

Uma reserva altiva de rainha sugeria-lhe o emprego de rodeios enigmáticos. Bernadette, porém, não se preocupava com o mundo; pensava única e exclusivamente na dama. Por isso, nem desconfiava da essência e dos fins do manancial. Praticava a obediência mais pura que se conhece: a obediência que não pergunta. Ainda assim, não desdenhava certas astúcias inofensivas — os ardis inocentes do amor. Ela aplicava-os de quando em quando, para experimentar a dama. O terço, rezado aos pés desta, era o momento mais delicioso dessa comunhão, uma espécie de serena fusão espiritual. Quando Bernadette, murmurando uma "Ave-Maria", desfiava uma conta preta do seu pobre rosário e a dama, sem abrir os lábios, mas acompanhando com os olhos luminosos e atentos os gestos da pequena, fazia deslizar entre os dedos uma pérola do seu rosário longo e cintilante, era mais do que uma prece em comum, era a forma de contato mais inebriante desse amor, quase como se cada uma das parceiras segurasse um dos extremos duma vara invisível e, através dessa matéria comunicante, fluísse o sangue quente e a impaciência apaixonada de ambas. Tudo o que Bernadette executava sob a direção da dama adquiria uma significação nova, mais fresca, inédita como se jamais houvesse ocorrido. Não escapava a essa regra a própria reza do terço, rito já tão antigo.

Uma tarde, a costureira Peyret chegara ao Calabouço, acompanhada pela sua jovem ajudante Paulina Sans, dois anos mais velha do que Bernadette. Antonieta Peyret, que trocara os primitivos desdéns por uma humildade acanhada, estimava muito a sua melhor aprendiz e amiga. Bernadette bem poderia satisfazer um desejo de Paulina. Esta corou intensamente e propôs a Bernadette uma troca de rosários. Nada lhe parecia mais desejável do que rezar, desfiando as contas abençoadas pelo olhar da dama. Por elas oferecia à pequena um lindo rosário de coral, herdado de sua mãe. Por mais que, à primeira vista, a proposta a seduzisse, Bernadette recusou-a. Depois, refletindo melhor, acedeu em usar na manhã seguinte o rosário de Paulina; mas exigiu que esta se conservasse junto dela.

Nessa manhã, após o primeiro cumprimento e a cerimônia das abluções, Bernadette ajoelhou-se como de costume numa larga pedra chata, ao pé do nicho, e tirou da bolsa o rico rosário de coral. O coração palpitava-lhe, inquieto: ia averiguar até a que ponto a dama a estimava. O seu pobre rosário preto era, por assim dizer, o único laço material do seu amor. Por isso, à noite, a menina o conservava debaixo do travesseiro. Aterrada pela sua própria coragem, Bernadette estabelecia consigo mesma esta experiência:

— Se a dama não notar nada, eu lhe sou indiferente. Se ela estranhar o rosário, é que gosta de mim.

Depois, porém, com o desalento da criatura que duvida do ente amado, já não se atrevia a assentar o caso em base tão radical. Lembrou-se, pois, de ajudar um pouco a sorte, sacudindo o rosário, exibindo-o ostensivamente, para atrair a atenção da dama. Esta, a princípio, hesitou, deixou pender a sua preciosa enfiada de pérolas; a sutil perturbação, que Bernadette conhecia tão bem, transpareceu-lhe no semblante. E os seus lábios articularam:

— Não é o seu rosário...

Do coração palpitante de Bernadette evolou-se a resposta:

— Não, senhora, não é o meu. A senhorita Sans pediu-me que eu trocasse o meu rosário feio por um mais bonito. Imaginei que a senhora preferisse este.

Recuando, com um ar sentido, a dama insistiu:

— Onde está o seu?

Bernadette precipitou-se para Paulina, ajoelhada ao pé dela, arrebatou-lhe o rosário preto e levantou-o triunfante. A assistência, mal interpretando o gesto, imitou-o. E um clamor se elevou das fileiras:

— A dama benze os nossos rosários!

O que, porém, parecia a muitos um ritual sacro era para Bernadette uma sagrada realidade. Com o corpo e a alma frementes de júbilo, a menina dizia consigo:

— Ela gosta de mim!

CAPÍTULO XXIII

UM LUIS DE OURO E UMA BOFETADA

Vital Dutour, o procurador imperial, alisou a calva amarelada. A proposta de Jacomet, produto típico dum cérebro de policial, desagradava-lhe profundamente. Estranho: esse Jacomet era um rapaz vulgar, mas bondoso e honrado; desempenhara até aí as suas funções, com plena satisfação dos seus superiores, conseguindo fazer-se respeitar e temer. Chefe de família exemplar, tinha uma filha, a senhorita Jacomet, cognominada o anjo dos pobres. A moça tecia o dia inteiro saiotes e mantas que distribuía nas ruas; João Maria e Justino Soubirous, na qualidade de "os pequenos mais pobres da cidade", tinham compartilhado os benefícios desse coração compassivo. O abade Pomian soía dizer que a senhorita Jacomet empregava, nos seus trabalhos, uma verdadeira lã policial, feita mais para arranhar do que para aquecer; mas todos conheciam os ditos chistosos do capelão, capaz de sacrificar, sem cerimônia, a um "bon mot" a indulgência sacerdotal. Domingos Maria Peyramale que, no entanto, não era um cordeiro, censurava frequentemente ao seu adjunto esses aforismos.

— Passou o tempo, meu, caro — costumava dizer o cura de Lourdes — em que os nossos irmãos espirituais se aventuravam como Vauvenargues, a viver como parasitas dos salões!

Logo, Dutour considerava Jacomet uma inteligência limitada e um caráter honrado. Mas essa idéia do comissário podia ser tudo, menos honesta.

O procurador imperial sabia, por antiga experiência, que a mentalidade dos criminalistas tem obscuros pontos de contacto com a mentalidade dos criminosos. Policiais e delinqüentes são, em certo sentido, irmãos de vocação. Mas o agente provocador, o aliciador, personifica por assim dizer o centro em que se equilibram os dois polos dessa vocação. E a idéia de Jacomet nada mais era do que o emprego dum engodo.

O prefeito de Tarbes exprimira, no seu último despacho, o desejo de que se descobrisse um caso capaz de demonstrar que os Soubirous abusavam da credulidade dos seus conterrâneos, auferindo proveitos pecuniários das aparições e das suas conseqüências — por assim dizer um raro e grave caso de corrupção metafísica. Mas isso bastaria; pois o juízo dos homens em nada é tão inexorável como para a ação que cada um deles está pronto a praticar a toda hora: a exploração da ingenuidade confiante. Não se baseia porventura a propaganda comercial no princípio mencionado acima?

Se fosse possível convencer o casal Soubirous de que as aparições da filha representavam um negócio rendoso, libertar-se-iam dum só golpe Lourdes e a França. Para o compreender, Dutour não precisava, em verdade, do barão Massy. Entretanto não se resolvia a adotar a idéia trivial de Jacomet. O certo era, porém, que se anunciavam, para a próxima quinta-feira, grandes coisas: o triunfo definitivo de Bernadette e da sua dama sobre o Estado. Logo, cumpria proceder sem contemplações contra ambas, antes desse dia, para o que dispunha a autoridade apenas de quarenta e oito horas.

Antes de outorgar plenos poderes ao comissário, Vital Dutour quis apelar para o derradeiro recurso. Dizia-se que Bernadette benzera os rosários dos fiéis de Massabielle. Com a brandura costumada, a menina fornecera, no entanto, uma explicação: a dama exigira que ela continuasse a usar o seu velho rosário; por isso a tinham visto erguê-lo para o mostrar. Que importava? Com um pouco de boa vontade do clero, a benção de instrumentos de prece por leigos permite fundamentar um delito contra o culto. Demais, a expensas da senhora Millet, armara-se na furna um altar, com um crucifixo, várias imagens de madonas e numerosas velas, ao passo que a concordata vedava notoriamente a instituição de novos locais de oração, sem licença do ministério do Culto.

O procurador imperial fez o que fizera o prefeito: recorreu à Igreja. O vigário Peyramale antipatizava com Dutour, tanto quanto o bispo com o barão. O procurador imperial fez ver circunstanciadamente ao cura de

Lourdes que as coisas já iam tão longe, que a intervenção da Igreja seria não só recomendável como inevitavelmente necessária. A benção de rosários, a ereção de altares por iniciativa de profanos constituía delito contra as instituições leigas e eclesiásticas. Peyramale recebera Dutour, recém-restabelecido da gripe, no gélido salão do presbitério. O promotor sentia os pés gelados; tremia, de medo duma recaída. E esse cura incivil nem lhe oferecia uma bebida quente!

O representante da justiça estava de péssimo humor. Sabia que Peyramale mandava cordialmente Bernadette aos diabos, tanto quanto o faziam ele próprio ou Lacadé. Mas percebia, ao mesmo tempo, que o vigário considerava essa visita um ato de submissão e, apesar disso, não dava um só passo ao encontro do solicitante.

Dutour interpretava mal uma só coisa: os motivos do cura. Este sempre tivera um pendor juvenil para, na luta entre os ladrões e a polícia, tomar o partido dos ladrões. Estava farto de ouvir falar da dama e continuava a reputar Bernadette uma embusteira — contudo, sem saber porque, sentira um choque estranho, ao dar, nas matinas de vinte e seis de Fevereiro, com estas palavras do Profeta: "Vi uma torrente sair do templo, do lado direito; e todos os que se chegavam a essas águas estavam salvos." Fosse como fosse, o cura achava demais que a lei e a polícia o quisessem obrigar a tirar-lhes as castanhas do fogo! E fitava impiedosamente o olhar perspicaz no seu interlocutor que encolhia um tanto os joelhos, para evitar aos pés o contacto com os ladrilhos gelados.

— Prezado senhor — disse enfim o sacerdote — engana-se quanto ao pretenso delito contra o culto. Uma mesinha de madeira com círios e imagens sacras, é uma mesa e não um altar. A ereção dum altar está ligada a certas condições, ao passo que qualquer pessoa pode arrumar uma prancha, com velas, cruzes e flores, em casa ou ao ar livre, desde que as autoridades não se oponham. A "mairie" ou a procuradoria imperial tem poderes para banir a mesa da gruta. Quanto a mim, estou inibido de ajudá-los nisso, como de proibir o que quer que seja em casa da senhora Millet.

Essa declaração explícita pôs termo à hesitação de aplicar o expediente de Jacomet.

Pelas onze horas dessa quarta-feira apareceu no Calabouço um visitante novo: um forasteiro. Corretamente trajado de lã inglesa quadriculada, com um "plaid" escocês no braço, guarda-chuva na mão e cartola cinzenta na cabeça, o desconhecido assemelhava-se a um dos tantos turistas britânicos que, nos meses de estio, afluíam às estações termais de Gavarnie e Cauterets. A presença dessa personagem de terno de xadrez não passara despercebida em Lourdes. O cocheiro Doutreloux, que a trouxera de Tarbes na véspera, estranhara que tal nababo, com três brilhantes nos dedos, se valesse da modesta diligência, em vez de viajar em "landau", já que não se utilizava duma carruagem própria.

Doutreloux, cocheiro loquaz, ousara exprimir a sua estranheza em termos comedidos, e recebera a explicação de que, sendo já Lourdes um lugar de peregrinação, os romeiros deviam viajar modestamente, sem luxos supérfluos. Às palavras "lugar de peregrinação", Doutreloux assobiara entre dentes, dizendo consigo:

— O excelente Soubirous andaria melhor, dando boa sova na sua Bernadette, para que ela lhe desse menos cuidados sacros!

O opulento forasteiro encontrou no Calabouço apenas Luisa e Francisco Soubirous que ultimamente voltava a dizer-se enfermo. Maria estava na escola. Bernadette recebera o encargo de trazer ao redil os dois pequenos, cujos impulsos de independência ameaçavam exceder todo limite.

Não era a primeira vez que a família Soubirous recebia visitas de turistas curiosos. Nem admirava, pois o nome "Soubirous" figurava diariamente nos jornais. Esses estrangeiros contemplavam a casa paterna da taumaturga, com olhares ora compassivos, ora espantados. Aparentemente não viam no Calabouço a residência de seres humanos e sim uma espécie de museu onde se guardasse, para o futuro, o inventário da penúria mais crua. Como quem não refreia a língua diante de crianças, deixavam escapar, acerca dessa habitação miserável, observações vexatórias que impeliam o orgulhoso Soubirous a explicações: o Calabouço não passava dum abrigo provisório, enquanto a família não se instalasse no moinho, à beira do riacho Lapaca. De quando em quando, os turistas deixavam cair uma peça de ouro nas mãos do pai ou da mãe Soubirous. Ninguém poderia censurar por isso os donos da casa, que esperdiçavam tempo, expondo a gente ociosa a sua indigência.

O homem de roupa xadrez parecia mais importuno, porém mais sociável do que outros visitantes dessa espécie. Criticava o Calabouço, não da altitude da sua opulência, mas elogiando a ordem e o asseio que ali reinavam. Grangeou, assim, de golpe, a confiança da senhora Soubirous, cujas panelas examinava com olhos curiosos e ares de entendido. Luisa e Francisco não estranharam absolutamente que esse fidalgo milionário falasse o dialeto dos Pireneus, com o mais rude sotaque popular. Essa circunstância aumentou ainda a simpatia que ele lhes inspirava. No curso da conversação, o distinto estrangeiro puxou um frasco empalhado, onde cintilava um conhaque cor de ouro, e ofereceu um cálice ao dono da casa, que lhe saberia dar o devido apreço.

Finalmente o forasteiro chegou ao ponto que o interessava:

— Escutem, meus amigos: venho de Biarritz, onde possuo uma casa, nas vizinhanças da "vila" imperial. Tenho lá uma filha da mesma idade que a de vocês — Ginette fez quinze anos, no outono — uma criança meiga, um tanto triste, fraca do peito e que tem um único desejo: conseguir o rosário da "pequena vidente" de que tanto ouve falar. Preço algum me parecerá exagerado.

— Bernadette não se separa do seu rosário — atalhou rispidamente Soubirous.

— Então benzerá o de minha filha; eu o trouxe.

Francisco repeliu a bebida sedutora e sentenciou:

— Vê-se que o senhor é um fidalgo e conhece o mundo muito mais do que nós. Mas eu sei uma coisa: é que minha mulher e eu somos pessoas vulgares; portanto, os meus filhos só podem ser crianças iguais às outras. Bernadette vê a dama. Seja! Esta gente fala isto e aquilo, a respeito da dama, sem saber ao certo quem ela é. Mas a minha Bernadette é uma menina qualquer. Não é padre, não usa estola, e não pode benzer coisa alguma...

— Não o acredite, senhor! — interveio Luisa. — A minha Bernadette não é uma criança qualquer; já quando ela estava para nascer, eu tinha sonhos esquisitos. Minha irmã, Bernarda Casterot, a conhece. E os Laguès, de Bartrès, sempre me diziam:

"A tua pequena, querida Luisa, tem na verdade uma cabeça dura; nessa cabeça, porém, acontecem coisas que ninguém entende."

O punho avermelhado e plebeu do milionário semeou na mesa várias moedas de ouro.

— Bastará isto para a benção do rosário?

Luisa e Francisco arregalaram os olhos: luises e napoleões de ouro, ducados e outros cunhos que Soubirous mal conhecia. Algumas moedas de vinte soldos na palma da mão eram para o ex-moleiro a suma do bem-estar. Mas esse ouro corruptor podia mudar, da noite para o dia, a sorte da família, permitir-lhes finalmente uma moradia decente e — quem sabe? — talvez o arrendamento dum moinho. Luisa também não estava menos alvoroçada. Foi com um suspiro que ela objetou:

— Oh! não; Bernadette nunca benzerá esse rosário...

— Minha filha se contentaria, minha senhora — insistiu o forasteiro — com que a senhora mesma pusesse o rosário em contacto com algum objeto de uso de sua pequena. E eu daria por isso dois luises de ouro.

Luisa olhou Francisco; Francisco olhou Luisa. De repente, senhora Soubirous tirou o rosário das mãos desse estranho suplicante e meteu-o debaixo do travesseiro de Bernadette murmurando:

— De noite, ela não tira daí o rosário.

O forasteiro, enfim satisfeito, enfiou no bolso o rosário assim consagrado.

— Muitíssimo obrigado, senhora Soubirous! A minha filhinha terá uma grande alegria. Dois luises de ouro são, ao câmbio atual, cinqüenta e dois francos e quarenta cêntimos. Quer ter a bondade de me passar o recibo, Soubirous? Método acima, de tudo!

— Não aceitem dinheiro, meus pais! — recomendou da porta Bernadette, que ouvira as últimas frases. — A dama se zangaria!

Depois, como para se desculpar dessa intromissão cumprimentou o forasteiro e anunciou à mãe:

— Os pequenos já vêm, mamãe.

O que então se passou foi "puro Soubirous", como diria Luisa. O chefe da família levantou-se majestosamente e repeliu, com um gesto desdenhoso, o dinheiro que ficara na mesa, em sinal de negócio fechado. Depois, dirigindo-se primeiro a Bernadette explicou dignamente:

— Não tenho nada com isso. Foi o coração de tua mãe que fraquejou um instante. Com os poucos soldos que eu ganho, como funcionário da posta, ela tem de alimentar muitas bocas. Ao senhor, agradeço a bondade, embora não possa aceitar.

— Negócio é negócio, Soubirous — protestou o outro. — Eu recebi a mercadoria; tome você o dinheiro.

— Nós não vendemos aqui nenhuma mercadoria — rebateu Soubirous, com altivez espanhola.

— Se dois luises lhe parecem pouco, aqui tem cinco! — gritou o milionário. — Tenho obrigação de cuidar de minha filha; e vocês, da sua.

Bernadette soltou um grito abafado: acabava de ver a nuca taurina do forasteiro, lavrada de úlceras e cicatrizes.

Caindo em si, o homem mudou de tom e acrescentou com certo ar de cumplicidade:

— Afinal, você me deu o que eu queria, Soubirous. Eu não devia ser tão franco...

Estas palavras perderam-se numa improvisa confusão. Entravam os dois garotos; Maria acabava de voltar da escola; vizinhos curiosos, informados da visita do "milionário inglês", espreitavam à porta. À falta de melhores possibilidades, o forasteiro resignou-se. Malograra-se o desejo dos mandantes de que o dinheiro — todo ou em parte — ficasse no Calabouço. Em conseqüência, o inglês despediu-se do casal Soubirous, com agradecimentos calorosos e apertos de mão, afagou paternalmente as faces da "pequena vidente", apanhou a cartola, o sobretudo e o guarda-chuva, e retirou-se, deixando de propósito o frasco sobre a mesa.

Ao pé da porta, havia um banquinho de madeira, onde Luisa costumava guardar certas quinquilharias. Com a destreza do pelotiqueiro que, nas suas mágicas, faz aparecerem e desaparecerem instantaneamente os objetos, o pretenso turista deixou cair no escabelo um pérfido luis de ouro. Ninguém o percebeu, exceto o pequeno João-Maria que personificava, na família, o senso prático e já o demonstrara dias antes, trazendo à mãe os cotos de vela da igreja. João-Maria não era mais ladrão do que outrem, quando o ensejo se oferece impunemente. Escondendo a moeda vistosa, cujo valor ignorava, não tinha o intuito de guardá-la para si. Percebia porém que, desde a aparição da dama, se apossara da sua família uma singular elevação, não raro contrária ao interesse prático. O pequeno fez deslizar a moeda no bolso, para a resguardar do perigoso idealismo dos seus. No outro dia, entrega-la-ia triunfalmente à mãe, quando estivesse só com ela e Bernadette não o pudesse ver.

Minutos depois, o forasteiro reapareceu no Calabouço, com mil desculpas, para apanhar o frasco esquecido. Enquanto oferecia ao dono da casa o cálice da despedida, certificava-se com um rápido olhar de que a sua visita não fora inteiramente baldada.

Pelas duas horas da tarde, Bernadette viu-se agarrada, no caminho da escola, por um tal Leo Latarpe, canteiro que exercia também as funções de auxiliar da polícia.

— Vais comigo para a cadeia, pequena.

A menina fulminou-o com um olhar altivo. Sabia, já então, que a dama a estimava. Que lhe podia fazer o mundo?

— Segure-me bem, senhor — tornou ela ao policial improvisado — ou eu me desmancharei em pó.

À mesma hora, Callet prendia o casal Soubirous e conduzia-o, através de duas alas de curiosos, ao edifício do tribunal, escolhido, pessoalmente por Vital Dutour para mostrar que a brincadeira acabara de vez. Quem caía nas garras do juiz de instrução, não se livrava tão facilmente como das malhas do comissariado. O Senhor determinara, no entanto, que para protagonista dessa farsa grotesca o procurador imperial só pudesse dispor dum tolo consumado: o juiz de instrução Rives, em cuja residência Luisa servia como lavadeira.

Para se avir com a dama, o estado lançara mão dum recurso absolutamente indigno. É porém da essência do próprio estado não poder, em presença duma ameaça, escolher os meios de ação. Na era da indústria, o milagre significava, sem dúvida, um perigo para o estado, desde que abalava a moderna organização da sociedade. Esta relegou, por assim dizer, todas as aspirações metafísicas ao ervaçal de estação secundária da religião, para que elas não atravanquem as linhas capitais do tráfego da vida. Ali lhes está reservada a missão de fenecerem nobremente, como decoração dos três acontecimentos patéticos da existência: o batismo, as núpcias e a morte.

As aparições de Massabielle significavam, portanto, uma revivescência inadmissível dos resíduos sobrenaturais que todo estado moderno deve repudiar. Nem Dutour nem Jacomet eram indivíduos particularmente maus; funcionários leais e conscienciosos, agiam como deviam agir. O profeta Isaías põe nos lábios do Senhor estas palavras: "Os meus caminhos não são os vossos." Do mesmo modo poderia o Estado dizer: "A minha moral não é a vossa."

Assim como dispõe da faculdade de prender ou enforcar cada um dos seus cidadãos por homicídio, furto, embuste, extorsão ou calúnia, assim vale-se o estado dessa mesma prerrogativa, sem remorsos e desde tempos imemoriais, quando o anima o intuito de defender a sua estrutura. Contudo, até nessa face mais sombria do seu modo de ser, a razão de estado poderia citar um trecho da Bíblia, justificar-se com as palavras pontificais:

"É preferível eliminar um homem por um povo, a arruinar um povo inteiro por um só homem..."

Anunciava-se para essa quinta-feira uma afluência de dezenas de milhares de fiéis a Massabielle. A razão de estado, personificada convenientemente por Vital Dutour, devia impedir esse triunfo da dama. Logo, nada podia fazer, senão prender a vidente. O tempo urgia. Para alcançar o fim, todos os meios eram lícitos. Mas, desde o início, o procurador imperial cometera um erro grosseiro. Abstendo-se, como bom burocrata, de intervir no "ramo" de outro funcionário, deixara o campo livre ao juiz Rives, um asno desastrado. O citado juiz de instrução ambicionava convencer Bernadette e seus pais da sua "culpa", sem perceber que essa "culpa" representava o ponto mais fraco e menos importante desse enredo lamentável.

Tratava-se simplesmente de paralisar Bernadette e a sua dama quanto fosse possível, antes e depois dessa quinta-feira. A lei prescreve que todo preso seja apresentado ao juiz de instrução, dentro de vinte e quatro horas. Se Rives fosse inteligente, reteria Bernadette e seus pais até à tarde seguinte. Aí, então, graças aos cem estratagemas que nenhum juiz ignora, prolongaria o inquérito o tempo preciso. Mas, muito pelo contrário, Rives mandara vir, imediatamente, Bernadette Soubirous à sua presença.

— Estás aí, embusteira atrevida? — trovejou ele, contando amedrontar a menina.

— Sim; aqui estou, senhor — tornou-lhe ela, com toda a calma.

— Agora vais para a prisão, queridinha! Nem Deus te salvará! A história da gruta acabou-se. Receberás a tua dama atrás das grades.

Bernadette sorriu e respondeu, palavra por palavra:

— "Que soi presto. Boutami, é qué sia soulido e piu ciabado e quem descaperei."

Isto é:

— Estou pronta. Levem-me para a cadeia; mas que seja sólida e bem gradeada; do contrário, saberei fugir.

Tamanha certeza assombrou o juiz de instrução que a tomou por uma audácia inconcebível. Levantando-se dum salto Rives sacudiu brutalmente a menina.

— Onde tens o luis de ouro?

Bernadette encarou-o, com uns olhos tão inocentes, que ele abaixou os seus.

— Que é um luis de ouro, senhor? — redargüiu ela.

— A moeda de ouro que vocês furtaram ao forasteiro.

— Nós não tiramos nada; nem eu nem os pais — afirmou Bernadette, com serena displicência.

Era o momento oportuno para interromper o interrogatório. Mas o procurador imperial desdenhara dirigir a farsa, e Bernadette fizera o juiz Rives sair dos gonzos.

— Realmente, és capaz de tirar o juízo a alguém, marota! — berrou o magistrado, agitando o tímpano e ordenando ao contínuo que mandasse entrar o casal Soubirous, para uma "acareação".

Outra falta imperdoável, dessa vez de natureza formal!

A atitude dos esposos Soubirous foi irrepreensível — a dignidade natural do moleiro decaído impressionou o juiz. Em todas as respostas, transparecia a inocência mais completa. Rives cometeu, então, o erro mais crasso desse dia: descobrindo a mesquinha conspiração da justiça, mandou introduzir o "agente provocador". O pseudo inglês entrou, com um ar tão contrafeito, que os Soubirous não tardaram a perceber o triste papel desempenhado por esse homem junto deles. Rives fremia de vergonha e, no íntimo, amaldiçoava Dutour.

— Alguém há de ter esse luis de ouro! — exclamou afinal. — Quem estava presente, além de vocês?

— Minha irmã e os meus irmãozinhos, respondeu Bernadette pausadamente.

— Tragam-me a família toda! — ordenou o juiz.

João-Maria confessou logo, e tirou a moeda, do bolso.

— Caiu no banco. Eu o apanhei para mamãe... — soluçou o garotinho.

Ocorreu então uma coisa que ninguém esperaria duma extática, duma visionária: corando até à raiz dos cabelos, severa e enérgica tal qual a tia Bernarda Casterot, Bernadette avançou calmamente para o irmão, e assentou-lhe tamanha bofetada, que o fez recuar, chorando. Ao mesmo tempo, arrebatou a moeda de ouro e atirou-a ao "inglês", como uma irrevogável sentença de morte. Esse ato fora tão pronto, inevitável e soberbo, que o juiz Rives não soube dizer senão:

— Saiam todos! Vão para o inferno!

Defronte do tribunal, densa multidão acolheu a família Soubirous e acompanhou-a, entre aclamações entusiásticas, até ao Calabouço. A razão de estado infligira a si própria um dano incalculável. Ao escurecer, as janelas do procurador imperial, do comissário Jacomet e do juiz Rives foram apedrejadas.

Pelas quatro horas, a diligência partira da praça Marcadale para Tarbes. O "milionário inglês" e o padeiro Maisongrosse eram os únicos passageiros.

Na estrada real, exatamente a meio caminho, entre Lourdes e Bartrès, Doutreloux sofreou os cavalos. Antônio Nicolau, Bouriette e dois robustos canteiros tinham já o pé no estribo. O "inglês" foi retirado do carro e deitado convenientemente de bruços, numa cama de seixos. Antônio desenrolou o chicote que prudentemente trouxera consigo. Coube-lhe dar a primeira chicotada. Maisongrosse, "fã" de diversões populares, animava os executores, com brados de entusiasmo. Doutreloux, de cachimbo entre os dentes, formulava sugestões práticas. O "inglês" guinchava:

— Aviso-os de que o crime de lesões corporais graves é homicídio...

— Já sabemos que entendes de leis — rebateu Antônio, com escárnio, enquanto um dos seus auxiliares rasgava, a facão, as roupas do forasteiro, até à pele. — Mas podes estar descansado: já arranjamos o caso com a justiça.

E o chicote continuou a assobiar.

Terminada a operação, o "milionário", quieto e sem fala, com o rico trajo em frangalhos, foi embarcado na diligência.

Antônio e os seus companheiros, porém, estavam sossegados. Nem Dutour nem Jacomet se atreveriam a responsabilizá-los.

CAPÍTULO XXIV

O PEQUENO BOUHOUHORTS

À semelhança de Bouriette, havia em Lourdes outra pessoa que não conseguia banir dos pensamentos o manancial da gruta: o "maire" Adolfo Lacadé, nem mais nem menos.

Ao contrário dos servidores do Estado envolvidos no caso, Lacadé era dotado duma visão larga e imparcial, duma autêntica imaginação mercantil.

Sem saber porque, não se sentia contrariado pelos reveses da autoridade imperial, embora essas derrotas significassem, a vitória da dama, isto é dum poder não menos fatal à cidade do que ao Estado. O edil pressentia, porém, que o enfraquecimento das autoridades estaduais poderia, em momento azado, contribuir para fortalecer a posição do poder municipal. Inegavelmente Lacadé enxergara longe. Sofria dum apetite formidável e duma digestão laboriosa que, não raro, o condenava à insônia. Nessas longas noites em claro, propunha a si mesmo quesitos interessantes deste teor:

— Por que há de ganhar Tivrier centenas de milhares de francos, desde que o imperador freqüenta as termas de Vichy, com aquelas águas minerais? As fontes — brotem onde brotarem — são todas provavelmente a mesma coisa. Quem poderia diferençar às águas de Vichy das de

Gavarnie ou de Cauterets? Os professores das faculdades fornecem, contra o pagamento correspondente, todos os certificados desejáveis.

Havia sessenta anos que Lacadé observava o mundo com olhos perspicazes. Conhecia-o bem. Sabia que a própria ciência, tão respeitada, se entrega de bom grado, no que dela depende, aos espíritos empreendedores que a cortejam. Por que seria irrealizável em Lourdes o que era possível em Vichy? Os cientistas atestariam convenientemente que a água de Massabielle continha, em estado ativo, estes ou aqueles elementos eficazes contra a azia, o reumatismo, a gota, os cálculos biliares ou renais e as moléstias do coração. Não obteria Lacadé o que conseguira Tivrier? Mas o tino comercial do "maire" voava ainda mais alto.

A seu ver, o caso de Bernadette bem dirigido não seria, em suma, tão imprestável para os seus fins. Muitas das antigas e afamadas estações termais da Europa se vangloriavam de origens lendárias. Lacadé já sonhava com um prospecto de que mandaria espalhar cem mil exemplares. Nesse opúsculo, um literato da força de Jacinto de Lafite narraria a história comovedora duma adolescente humilde, uma espécie de taumaturga que, inspirada por visões e vozes interiores, desentranhara das pedras o famoso manancial de Massabielle. A ciência abençoaria a descoberta. E o que começara como simples superstição popular, acabaria à luz dos fogos de bengala do progresso vigilante. Nem Vichy nem Cauterets ou Gavarnie poderiam publicar uma brochura tão digna de ser lida.

Como bom negociante, Lacadé conservava secretos os seus planos. Menos do que todos, devia o Estado saber que se cogitava da exploração lucrativa duma fonte medicinal. Felizmente, porém, o Monte das Espeluncas e a área adjacente, à direita e à esquerda da estrada de Tarbes, pertenciam à comuna. As propriedades do velho Lafite, que também não era mau comerciante, não ultrapassavam a praia da ilha do Chalet; e os domínios do estado só começavam muito além do Gave. Na opinião de Lacadé, não existia um terceiro concorrente. Cumpria proceder com prudência, aguardar, sorrindo, que a celeuma serenasse e, ao contrário de Dutour e Jacomet, evitar todo passo falso. Dentro dum ano, talvez já fosse possível fundar, com Cazenave e alguns testas de ferro, uma "Sociedade Termal" e vender as ações.

Lacadé enviou secretamente à gruta os seus dois ajudantes, Courrèges e Capdeville, para trazerem algumas garrafas da água recém-descoberta. Mal a provou, desiludiu-se. Faltava o sabor picante do ácido carbônico que a tornaria uma agradável água de mesa. Mas os cientistas converteriam essa falta numa virtude. Lacadé estava resolvido a reputar insalubre o ácido carbônico, bem capaz de provocar arrotos e gases. O parecer igualmente secreto do técnico da comuna foi, pelo contrário, muito satisfatório: a fonte fornecia cento e vinte e dois mil litros de água por dia. O "maire" encheu-se de júbilo: era quanto bastava para torná-lo tão abastado como Tivrier...

Florescia na universidade de Tolosa uma grande capacidade balneológica: o professor Filhol. Lacadé não era, porém, tão tolo, que disparasse num momento ainda imaturo, um canhão de tal calibre. Antes que um Filhol pronunciasse a sua sentença irrevogável, convinha experimentar a viabilidade do projeto comercial. Essa experiência não podia partir igualmente da farmácia local, a farmácia Labayle. Labayle, por exemplo, cidadão muito rico, membro do conselho municipal, podia ter a mesma idéia que o seu "maire".

Lacadé contava, na cidadezinha de Trie, perto de Tarbes, com um excelente amigo, o farmacêutico Latour. Esse, sim, era um amigo capaz de prestar um favor. Um atestado gratuito seria em primeiro lugar barato; secundariamente, não obrigava a coisa alguma. O senhor Latour recebeu, portanto, uma garrafa da água de Massabielle, como pedido de lhe analisar o conteúdo químico e o medicinal.

Ao passo que o procurador imperial e o comissário, depois de lhes haverem sido apedrejadas as vidraças, se retraíam, furiosos, o "maire" timbrava, mais e mais em se mostrar, passeando nas ruas de Lourdes, majestoso e afável como nunca, descrevendo por assim dizer arcos melódicos com o seu chapéu mole — monumento dum passado revolucionário — ao responder aos cumprimentos. Lacadé via diante de si um futuro brilhante, como chefe de família e da pátria. Esse espírito previdente não adivinhava, no entanto, que o concorrente perigoso não era o estado nem Lafite ou Labayle, mas a própria dama.

No quarto dos Bouhouhorts, as vizinhas já se haviam reunido para coserem — segundo o antigo uso — a mortalha do pequeno, pois a morte se anunciava próxima. Desgraçadamente Luisa Soubirous não estava em casa, quando sobreviera o ataque — o mais grave dos que a mísera criaturinha suportara até aí. A senhora Bouhouhorts tinha uma fé inabalável na eficácia dos meios de Luisa e não lhe perdoava, no íntimo, essa ausência, na hora da sua maior necessidade. Que lhe valia saber aplicar as mesmas cataplasmas quentes, as mesmas palmadinhas no corpo contraído e febril do pequeno? Embora fosse ela a mãe, não tinha a mão boa. Tudo era inútil! E ali estava o pobrezinho, arquejando, com os olhos revirados, tanto que se lhes via só o branco, no rostinho convulso que, apesar da febre, ia tomando um tom amarelado.

Junto da mãe desesperada, encontrava-se nesse dia o marido, um canteiro que andava quase sempre trabalhando fora, e passava em casa só um dia da semana. Bouhouhorts dava graças ao céu por ver o fim dessa desgraça, por se libertar finalmente dos cuidados e remorsos que o assaltavam, toda vez que voltava da sua faina rude. Não era um desalmado, e a criaturinha agonizante era seu filho. Mas que significava, em suma, um pequeno de dois anos? Ele, o pai, tinha vinte e oito; outras crianças viriam, sem dúvida, povoar-lhe o lar, se Deus lhe livrasse Croisine desse pesadelo. As mulheres são assim: a dele agarrava-se, com todas as forças, a esse pesadelo; e esse enchia-lhe a vida a tal ponto, que ela chegava a esquecer o marido.

Bouhouhorts afagou ternamente o ombro da sua Croisine.

— Procura mais uma vez Dozous, Bouhouhorts... ou Peyrus... Talvez um deles venha — soluçou a mulher.

— Onde? — replicou ele, encolhendo os ombros. — Peyrus não está em casa e Dozous tem conferências. Demais, estás vendo, é muito tarde. O pequeno já tem estertor. Isso chama-se agonia.

Chiquinha Gozos, uma das vizinhas, filha do açougueiro, levantou a voz, para consolar a mãe aflita. Mas escolhia mal os seus argumentos:

— De que te queixas, Croisine? Conforma-te! Preferes, que teu filho se arraste, como um pobre aleijado, pela vida afora? O inocente está batizado. Esperará por ti, no céu, com os anjos...

A pobre mãe enterrava a cabeça nas roupas do berço. Não custava a essas mulheres, como Chiquinha ou Germana Raval, dizerem essas coisas... Nesse instante, ela não pedia a Deus senão a graça de ver o filho aleijado, mas vivo. Não queria ter um anjo, no céu, à sua espera. Imagens extravagantes passavam-lhe pelo cérebro; uma persistia: Bernadette, mergulhando a cabeça na bacia de Massabielle, durante a cerimônia das abluções...

Improvisamente o relâmpago da consciência iluminou a alma de Croisine: esses banhos não eram ritos de igreja, sem um fim determinado, e sim uma receita que a dama recomendava continuamente à multidão, por meio da vidente...

Croisine ergueu-se, com um grito. Tomara a sua resolução. Arrancando a criança do cesto que lhe servia de berço, enrolou-a no avental e correu para a rua. Iluminava-a uma luz tão intensa, que ela nem se lembrou de abrigar o filho num cobertor. João Bouhouhorts e as vizinhas, certos de que a dor desvairava a pobre mãe, saíram-lhe no encalço, em altos brados. Ela corria, aos saltos, como louca; alarmando a cidade. Ninguém conseguia detê-la.

Na sua porfia com a morte, Croisine distanciava-se cada vez mais. O marido não chegava a alcançá-la. Enorme multidão se precipitava, atrás dela, para a gruta.

Ao pé do tanque, a pobre criatura caiu ao chão, banhada em suor, arfando, quase morta. Ainda assim, teve a força de mergulhar o pequeno até ao pescoço.

— Toma-o, ou devolve-me o meu filho, Virgem Maria! — gaguejou a desesperada, sem dar ouvido às mulheres que a admoestavam.

— Matas o teu filho, Croisine!... A água está gelada!...

— Desde que não posso salvá-lo, mato-o; é a mesma coisa — arquejava a mãe.

Tentaram arrebatar-lhe o pequeno. Ela arreganhou os dentes, enfurecida. Ninguém ousou aproximar-se. Estabeleceu-se então profundo silêncio, cortado apenas pelo estertor do menino. Depois, esse também cessou.

De súbito, uma das mulheres soltou um grito estridente:

— Santa Virgem!... O garoto chora!...

Percebia-se, com efeito, um fraco lamento de recém-nascido. Os circunstantes entreolharam-se, pálidos e surpresos. Após o banho, que durara uns quinze minutos, Croisine tornou a embrulhar o menino no avental, apertou-o ao seio e desatou a correr. Quando a multidão, que a seguia, chegou à rua des Petites Fossées, diante do prédio contíguo ao Calabouço; onde residiam os Bouhouhorts, Croisine já vedava a porta, com os braços abertos em cruz.

— Silêncio! Ele dorme... O meu filho adormeceu...

O pequeno Bouhouhorts dormiu o resto do dia e a noite inteira. Na manhã seguinte, sorveu com insólito apetite dois copos de leite. Bouhouhorts saiu para o trabalho; a mulher foi encher o balde à bica do botequim. Voltando à casa, encontrou o filho sentado no berço, pela primeira vez na vida. Croisine Bouhouhorts quis gritar, e não pôde...

O menino sorria como um triunfador. Do peito da mãe, romperam soluços fracos, suspiros de alegria.

Ocorrera em Lourdes a primeira cura, o primeiro milagre.

Uma hora depois, centenas de pessoas subiam e desciam a estreita rua des Petites Fossées. Dois médicos discutiam junto ao berço do pequeno. Não encontrando o doutor Peyrus, que por certo tempo tratara o doentinho, Dozous fizera-se acompanhar pelo colega Lacrampe, embora este médico, membro duma família aristocrática da cidade, dono de ingentes riquezas, não exercesse regularmente a sua profissão.

O médico municipal vinha munido do seu protocolo. Depois de haverem os dois clínicos examinado minuciosamente o pequeno, Dozous folheou o caderno e leu:

"Justino Maria Adolar Duconte Bouhouhorts, nascido em fevereiro de 1856. Corpo raquítico. Em março de 1856, grave catarro intestinal. A 25 de agosto, febre alta, violentos espasmos, reflexos. No dia seguinte, os reflexos desaparecem. Temperatura normal. Meningite tuberculosa? Paralisia progressiva das extremidades inferiores. Morte esperada a toda hora. Posteriormente, nenhum fato novo. O diagnóstico oscila entre meningite e polimielite. Paralisia completa das pernas."

— Acaba de ver, caro colega — concluiu Dozous, largando o livro — que os meus apontamentos são mais ou menos exatos; costumo comunicar todos os casos interessantes aos meus correspondentes em Paris.

Uns quinze vizinhos formavam um círculo respeitoso e atento, em redor dos dois médicos. Estes, porém, alheios ao humilde auditório de leigos, continuavam a celebrar no latim e no grego dos seus termos técnicos um ofício da ciência, ao qual os pobres profanos assistiam, absortos e contritos, como a um serviço divino.

— Examinei, pela última vez, este garoto, há três dias — continuou Dozous. — A paralisia total das pernas subsistia. O senhor mesmo verificou as atrofias e as contrações, colega. De então para cá, deu-se inegavelmente uma nova intervenção. Apalpando, sente-se a substância muscular recém-formada. Experimente.

— Se o meu diagnóstico era exato, colega — opinou Lacrampe — é de se excluir essa inervação. Como podia ela sobrevir, se os nervos do sistema motor estavam atrofiados? Não admite a possibilidade de simples alterações raquíticas?

— De modo nenhum, colega. Confio no meu diagnóstico.

O doutor Lacrampe encolheu os ombros.

— Então estamos perante um mistério da medicina. Um banho gelado não cria matéria nervosa do nada. Atribui tamanha virtude à água fria, caro Dozous?

No rosto do medico municipal transpareceu um ar de ironia e de enfado.

— Costumo prescrever banhos frios aos doentes corpulentos — uma receita ascética para corrigir a hipernutrição e a vida sedentária.

— Crê, porventura, num processo traumático, num choque salutar, colega?

— Pergunta-me demais, colega.

— Nesse caso, não nos resta senão admitir que, na água de Massabielle, existe em solução um remédio, desconhecido, mas possante, para as afecções nervosas.

O doutor Dozous apanhou o chapéu e as luvas.

— Seja como for, expedirei hoje mesmo, a Charcot e a Voisin, um relatório sobre o caso do pequeno Bouhouhorts.

— Guarde-se disso, caro colega! — protestou Lacrampe. Esses deuses romperiam em risadas homéricas sobre a ciência médica de Lourdes. Seria desagradável para nós.

— É desagradável para nós — rebateu Dozous, secamente — porque eu também não costumo crer no que não vejo.

CAPÍTULO XXV

BRINCAS COM FOGO, Ó BERNADETTE!

Duboë, o sub-prefeito, quisera presidir pessoalmente as últimas medidas relativas à quinta-feira que encerraria a gloriosa quinzena das aparições. A cura do pequeno Bouhouhorts faria duplicar ou triplicar a afluência de romeiros. As gendarmarias de Saint Pé de Bigorre, de Algun, de Lauruns, de Eaux Bonnes, de Begnères de Bigorre, de Pierrefitte-Nestalas, de Luz — para mencionar só os sítios principais — comunicavam os preparativos de populações inteiras, já prontas a empreender na noite de quarta-feira a peregrinação a Lourdes. A manutenção da ordem convertia-se em problema técnico de primeiro grau. Presididas por Duboë, realizaram-se na "mairie", diversas reuniões, a que compareceu o comandante militar da cidade. Ficou estabelecido conservar as forças em prontidão, para o caso de se tornar necessária a assistência militar nesse dia nefasto; e, de conformidade com as ordens do barão Massy, a tropa usaria, não o uniforme de campanha, mas o de gala. Ninguém se lembrou nesse momento de que, por virtude dessas disposições e pela primeira vez, a dama convocava o exército da França.

Contemporaneamente, o procurador imperial, Dutour, recebia com um expresso do seu superior Falconet, de Pau, uma carta do ministro da Justiça, Delangle, e numerosos recortes de jornais. Uma parte da imprensa parisiense previa surpresas extraordinárias para a próxima aparição. Aludia a manobras de que ninguém ousara valer-se, desde a época dos fraudulentos sacerdotes de Isis, nos templos de Roma, a lances inauditos que assinalariam a última quinta-feira do ciclo. As populações ignorantes assistiriam a espetáculos miraculosos. Uma máquina elétrica, ligada a uma lanterna mágica habilmente disfarçada tornaria a aparição de Bernadette visível pelos menos ao magote de fanáticos que a acompanhavam todos os dias. Se havia coisa apropriada para evidenciar a incapacidade do funcionalismo de Lourdes, era sem dúvida a possibilidade desse grosseiro truque teatral. Entretanto, alarmado pelas notícias dos jornais, o ministro Delangle esbravejava, ordenando o confisco dos instrumentos técnicos do milagre.

E não era só isso. Certas circunstâncias — afirmavam outros periódicos — traíam um ardil que, decerto, datava de longe. Vista de perto, a história comovente da ingênua pastorinha não passava dum achado decorativo da propaganda. Bernadette Soubirous não era uma jovem camponesa, mas uma esperta rapariga da cidade, oriunda da ínfima camada da população — assim escrevia outro jornal — eivada dos vícios morais que proliferam na escória da sociedade. Já o interrogatório na polícia punha à mostra um caráter astucioso, ávido de lucro. Essa índole determinara justamente a escolha dessa personagem para heroína do pretenso milagre, em vista do qual ela fora preparada e instruída num claustro, perto de Pau. O ensaio geral devia ter se realizado um mês antes da primeira aparição...

Posteriormente, o barão Massy expediu outro despacho, recomendando que a gruta de Massabielle fosse submetida a uma vigilância rigorosa e ininterrupta, da parte da procuradoria imperial, da polícia e da "mairie". Por bem ou por mal, os representantes da alta autoridade deviam entrar na furna e descobrir, para gáudio da multidão, a máquina elétrica e a lanterna mágica.

Os peregrinos do interior começaram a chegar, já à meia-noite. Fazia um frio terrível. Os romeiros de cada povoado, obrigados a passarem várias horas ao ar livre, traziam lenha e acendiam grandes fogueiras. Não tardou que o largo vale, fronteiro ao Monte das Espeluncas, às duas margens do Gave, se convertesse num acampamento. Novas fogueiras flamejavam continuamente na escuridão da noite sem luar, iluminando os prados do Chalet e de Ribères, a floresta de Saillet, todo o território entre a Ponte Velha e as alturas de Betharram. Quem observasse o vale, do alto do castelo ou das encostas de Vicennes, poderia crer que um incêndio se alastrava na baixada.

Cumprindo as ordens do prefeito, Jacomet mandara retirar da gruta não só o altar da senhora Millet, com as imagens e as oferendas, como também os numerosos círios que lá ardiam, dia e noite. As únicas luzes que brilhavam, de quando em quando, na furna eram as lanternas de furta-fogo dos gendarmes, ali destacados, para impedir a instalação de quaisquer aparatos mágicos.

Alguns vendedores ambulantes de Lourdes já estavam a postos, exibindo salames, castanhas assadas, bolos de amêndoas, açúcar-cande, aguardente e vinho, e auferindo receitas superiores aos próprios encaixes obtidos na feira anual e nas festas locais dos meses de estio. Quanto ao resto, reinava na aglomeração antes um ar festivo do que uma expectativa mística e devota. Esse estado de alma, elevado mas expansivo, também se devia atribuir à naturalidade da dama, tão bem representada por Bernadette. A criatura invisível, espreitada pelas lanternas de furta-fogo dos policiais, como uma traidora do Estado, já era havia muito uma amiga íntima da população de Bigorre. Falava-se da formosa senhora de Massabielle, não como duma aparição, e sim como da mais poderosa soberana do mundo, que naturalmente só aos eleitos é dado encontrar, mas cuja imagem e personalidade todos conhecem nas mínimas minúcias. A pequena Bernadette Soubirous conseguira o que alcançam apenas os sumos poetas, transmitir ao povo, como realidade tangível, o que os seus olhos viam por graça do céu.

Nessa quinta-feira, como na da grande decepção, não se contavam os sequiosos de milagre. Alguns alimentavam até a esperança de que, nesse dia, a dama se revelasse ao povo. Todos a deviam ver: essa geração, no júbilo; as gerações futuras, em vestígios perenes. Outros opinavam que despontara o dia do adeus; e, não havendo prodígio maior, floresceria ao menos a roseira brava. Essa massa campestre, que viera chegando aos grupos, era um estupendo elemento condutor do prodígio. Realmente, se tivesse o poder de se fundir numa única personalidade, como Bernadette, vê-lo-ia com os seus olhos. Contudo, esse povo já não era susceptível de decepção como na quinta-feira precedente. A sua fé já não dependia do que ocorresse ou deixasse de ocorrer nesse dia. Não fora a cura do pequeno Bouhouhorts um milagre? Ao que parecia, renovavam-se na terra os dias do Evangelho.

Ao amanhecer, pelas cinco horas, Jacomet contou de sete a oito mil pessoas. Às seis, eram já doze mil; às sete, vinte mil. A baixada inteira fervilhava de gente. Desciam das pastagens dos Pireneneus, envoltos nas capas pretas, campônios e pastores — alguns já velhos — empunhando o "alpenstock" pontudo. Vinham da Provença bandos de raparigas, sérias e serenas como as virgens da Campagna romana, com as quais tinham antepassados comuns. Muitas traziam na cabeça bilhas de barro que contavam encher à fonte abençoada. Não faltavam os agricultores de Bigorre, de crânio redondo e pescoço reforçado, como os Césares de Roma. E, em oposição àqueles, os camponeses de Béarn, gauleses vivos, de perfil animado. E o basco, nem gaulês nem romano, diferente de ambos e mais antigo, aferrado ao seu lugar, capaz de esperar horas, com o busto ereto, o queixo erguido, os olhos severos, no rosto macilento, fitos no mesmo ponto. Rondavam pelo vale muitos espanhóis chegados da vizinha fronteira, isolados ou em grupos. Envoltos nas pregas complicadas das suas capas escuras, conservavam-se altivamente de parte. Visto de cima, os capuletos vermelhos e brancos das mulheres, os gorros azulados dos bascos, os uniformes dos dragões, assemelhavam-se a uma floração humana, na primavera de Deus.

O comissário enfiara a sua farda melhor e luvas de pelica branca. A gendarmaria marchava reforçada por diversas brigadas, em uniforme de gala, seguindo as instruções superiores. Ocupava a Ponte Velha meia companhia do quadragésimo segundo regimento de linha, sob o comando dum lugar-tenente, com a missão de defender a cabeça da ponte do iluminismo contra a dama. De resto, o iluminismo e o progresso tinham enviado embaixadores curiosos — quase todo o "Café Français", exceto Duran e Lafite. Um único poder abstivera-se de comparecer: o clero.

Uma parte da assistência chegara de carro e a cavalo. Os cavaleiros não hesitavam em entrar no Gave, para estarem mais perto da gruta. Os carros vinham abarrotados de gente que se acomodava nos troncos ou nas pedras. Entretanto, muito poucos podiam ter esperança de enxergar, sem estorvos. A maioria resignava-se a ver o milagre nos olhos desses poucos.

Bernadette apareceu; a multidão rompeu em aplausos, como se recebesse o imperador vitorioso, após uma batalha. Os gendarmes de Lourdes, incumbidos de vigiar a menina, seguiam-na, reduzidos a uma espécie de guarda do corpo. O comissário corava de se ver constrangido, como um arauto ou marechal de corte, a abrir caminho a essa doida, que fazia endoidecer a França inteira, até ao teatro das suas loucuras. E essa doida era tão doida, que nem dava mostras de prezar a sua celebridade. Vira-se, acaso, desde que existia o mundo, tributar semelhantes honras a uma garota entre quatorze e quinze anos?

— Oh! eleita! Oh! abençoada! — bradava a multidão, arremessando-se-lhe aos pés, tocando-lhe os tamancos apalpando-lhe as mãos, agarrando-lhe o capuleto desbotado.

E ela permanecia séria, com um ar de choro quando a importunavam demais. Oh! dama severa, porque não permitíeis à vossa protegida o mínimo gozo do doce prazer da vaidade?

O coração de Bernadette estava tão cheio de angústia, que não havia lugar para outro sentimento. Seria essa quinta-feira o último dia? Terminaria deveras essa aventura celeste?

A menina parou no largo vazio, rodeada apenas pela sua comitiva — cerca de cinqüenta pessoas munidas duma permissão especial da polícia: a família, as vizinhas, o doutor Dozous, Estrade, Clarens e outros adeptos.

Bernadette ajoelhou logo. A dama estava presente. De joelhos! E, como se obedecessem a um comando, os vinte mil fiéis ajoelharam respeitosamente. Um tanto incertos, os gendarmes um a um imitaram-lhes o exemplo. Ficou de pé, junto de Bernadette, só o fiscal do mistério, o comissário Jacomet, que não se sentia muito à vontade. Bernadette cumprimentava, sorria, benzia-se. E, aos poucos, Jacomet foi também dobrando os joelhos, atitude que provocou na assistência uma chuva cerrada de dichotes.

Nessa quinta-feira, nada ocorreu que pudesse satisfazer a enorme expectativa da multidão. À semelhança de Bernadette, a dama não era uma índole teatral que se deixa arrebatar pela presença de espectadores. Evitava, pois, os efeitos empolgantes e atinha-se aos ritos usuais. Não se prolongaram estes mais de meia hora nem proporcionaram à massa a sensação almejada. Ainda assim, os aplausos não foram menos entusiásticos do que no início da aparição.

— Bernadette levantou-se, radiante de felicidade. A mãe, a irmã, as tias as senhoras Baup e Millet, Antonieta Peyret, Joana Abadie, Madalena Hillot crivaram-na logo de perguntas.

— Que te disse ela?... Voltará?... Foi a última vez?... Terás de voltar à gruta?

Bernadette respondeu, serena como sempre:

— Oh! sim; ela voltará. Eu, porém, deixarei de ir à gruta.

— Para sempre?

— Não; só enquanto ela não estiver.

— E quando voltará ela?

— Ela me avisará — tornou Bernadette, como diria de alguém que, ausentando-se para uma breve excursão, lhe pudesse anunciar o regresso com uma carta.

— E como te avisará? — inquiriu Bernarda Casterot.

— Eu mesma não sei minha tia.

A felicidade de Bernadette era completa. A despedida inundava-a dessa paz que nada é senão a continuidade da ventura realizada. Essa extraordinária quinzena desgastara-lhe as energias. Evidentemente a dama concedia-lhe uma pausa, para que ela se concentrasse e pudesse acumular a colheita dessas duas semanas. A pausa fazia-lhe bem. A dama tinha obrigações alhures. Além disto, as muitas aparições também a deviam ter fatigado. Há separações desejadas até pelos que muito se amam, porque são a respiração do amor.

Na praça Marcadale, nas estreitas ruas de Lourdes rumorejava a multidão em festa, ameaçando esgotar mantimentos e bebidas. Cazenave mandara uma carroça a Tarbes, para trazer vários tonéis de vinho e outros gêneros. Duran vira-se obrigado a tomar um ajudante. Defronte das hospedarias, enfileiravam-se procissões de sedentos e famintos. Os negociantes de Lourdes, progressistas e retrógrados, começavam a abençoar a dama de Massabielle.

Bernadette regressava, rodeada pelos íntimos que a protegiam contra o excessivo entusiasmo dos fiéis de Bigorre, cada um dos quais pretendia beijá-la. Não sem custo, conseguiu o grupo entrar no Calabouço.

Foi ali que se desenrolou o grande acontecimento do dia, embora Bernadette não o julgasse tal.

— Ainda hoje, a dama não te disse quem é? — perguntou a senhora Nicolau.

Bernadette tornou-se pensativa, e só ao cabo de alguns instantes respondeu:

— Eu não perguntei alto. Ela, porém, adivinhou que eu perguntava; corou um pouquinho e disse, tão baixo que eu quase não podia ouvir...

— Então? Vamos! Que foi! Já esqueceste?

— Não; vim repetindo comigo, na volta, para decorar. Ela disse...

— Ela disse...? Por que hesitas?

— Ela disse: "Que soy l'immaculada Councepciou."

— Como foi? Repete!...

— "Que soy l'immaculada Councepciou."

— "L'immaculada Councepciou!...

E a senhora Nicolau saiu, com os olhos esbugalhados, a contar o caso a Germana Raval. Esta largou o ferro e a roupa, que estava engomando, para levar a novidade à sua amiga Josefina Ourous, ocupada em sacudir um tapete. Josefina correu a informar a camareira Rosalia, a que tinha visões, mas que foi surpreendida pela amiga surripiando guloseimas à dispensa de "madame". Rosalia transmitiu a nova à senhora Baup, que se apressou a passá-la à senhora Millet; ambas decidiram, então, comunicá-la imediatamente ao abade Pomian o qual, por sua vez, se julgou obrigado a dar parte do ocorrido ao vigário Peyramale.

— Meu pai e meu avô eram, médicos e naturalistas — disse Domingos Maria Peyramale, passeando no seu gabinete confortável, enquanto o abade Pomian se aquecia à lareira.

Passava das cinco horas; as luzes já estavam acesas.

— Se agradeço a Deus a graça da minha fé — prosseguiu o vigário — devo agradecer a meu pai o espírito crítico que dele herdei. O espírito crítico, não é nada mau, prezado Pomian. Ambos o sabemos muito bem.

— E qual é a sua conclusão, senhor cura?

— Nenhuma, meu caro. A menina estará aqui, dentro de alguns minutos. Peço-lhe que não se retire, meu amigo, enquanto eu não lhe acenar. Então deixe-nos sós.

Bernadette ainda não lograra vencer o medo que o vigário lhe inspirava. Entrou trêmula, com as mãos geladas, no gabinete que não era, em verdade, um ambiente ameaçador como a gélida sala de recepção. À vista dos dois eclesiásticos sentiu-se ainda mais tolhida. O coração batia-lhe com força.

— Aproxima-te, minha menina — disse Peyramale, constrangendo-se a ser afável, embora nos primeiros instantes revivesse nele a antiga cólera injustificada. — Senta-te aí, ao pé do fogo. Aceitas alguma coisa... uma bebida?

— Oh! não; obrigada, senhor cura.

— Então, fica à vontade. Nós, o teu catequista e eu, queremos fazer-te algumas perguntas. Prometes responder, dizendo a verdade?

— Oh! sim, senhor cura.

Peyramale puxou uma cadeira, bem junto de Bernadette que aguardava, muito direita, de costas para o fogo. O sacerdote olhou-a de perto, como um médico ao paciente.

— Que foi, então, o que a dama te disse hoje?

— "Que soy l'immaculada Councepciou" — repetiu a menina com visível esforço de memória.

— E sabes o que quer dizer: "Sou a imaculada Conceição"?

— Oh! não; não sei.

— Sabes, acaso, o que é "imaculada"?

— Isso, sim; "imaculada" é uma coisa muito pura...

— Bem! E "conceição"?

Bernadette abaixou a cabeça e não respondeu.

— Bom. Deixemos isto. Podes dizer-me o que sabes sobre a Mãe de Deus? O senhor catequista ensinou-te decerto muitas coisas.

— Oh! sim! — exclamou a pequena.

E, contando nos dedos, como o mau estudante que desconfia da sua fraca inteligência, começou:

— Oh! sim; a Mãe de Deus trouxe ao mundo o Menino Jesus. Ela o deitou nas palhas do estábulo de Belém. À esquerda, espreitava o boi; à direita o burrinho em que ela montara até ali. Depois, vieram os pastores e os Reis Magos. Mais tarde, a Mãe de Deus teve muitos, muitos desgostos na vida, e sete espadas atravessadas no coração, porque seu filho, o Salvador, foi pregado na cruz...

— Está tudo muito certo, minha filha — aprovou o vigário. — O senhor catequista não vos ensinou mais nada? Nunca falou da Imaculada Conceição?

Nesse ponto, Pomian tomou a palavra.

— Estou convencido, senhor vigário, de que nunca mencionei esse dogma. Não pertence absolutamente à matéria duma aula elementar.

— É provável que haja falado dele a irmã Vauzous?

— Não é admissível — replicou o abade, meneando a cabeça.

Peyramale fitou na menina um olhar quase penalizado. Lembrava-se das palavras do professor Clarens; dissera-lhe este, horas antes, que a maior força de Bernadette, na conversação, era a sua indiferença.

— Nalguma parte deves ter ouvido essa expressão — insistiu o cura, curvando-se mais. — Procura lembrar-te de quem mencionou diante de ti a Imaculada Conceição. Ou nunca te falaram disto!

Bernadette fechou os olhos, para obedecer melhor à injunção do cura. Ao termo dum instante replicou, em tom de desculpa:

— É possível que eu tenha ouvido falar; mas agora não me lembro.

Peyramale ergueu-se e postou-se atrás da menina.

— Então eu te direi, pequena, o que há, a respeito da Imaculada Conceição. Faz quatro anos, a oito de dezembro, o nosso Santo Padre, o Papa Pio, em Roma, anunciou ao mundo a doutrina de que a Santíssima Virgem Maria, desde o primeiro instante da sua concepção, isto é, do primeiro instante da sua existência no ventre materno, fora isenta da mácula do pecado original, por graça e vontade de Deus, em consideração aos méritos de Jesus Cristo... Entendes, Bernadette?

A pequena meneou lentamente a cabeça.

— Como hei de entender, senhor cura?

— Acredito, minha filha. Como podes entender isto? Não é coisa para o entendimento do mundo. Aos próprios sábios tem quebrado a cabeça. Mas uma coisa entenderás talvez: se a Virgem falasse realmente, só poderia dizer de si mesma: "Eu sou o fruto da imaculada conceição." Nunca diria porém: "Eu sou a Imaculada Conceição." Nascimento e concepção são fatos. Uma pessoa não é um fato. Ninguém dirá de si: "Sou o parto de minha mãe", não?

Bernadette encarava Peyramale, calada e indiferente. A voz sacerdotal tornou a ressoar, velada como sempre:

— A tua dama cometeu, pois, um erro imperdoável. Concordas?

Bernadette não respondeu logo; franzindo a testa, sob o capuz do capuleto que ainda não despira, refletiu um instante e observou:

— A dama é estrangeira. Pareceu-me que às vezes não pode falar direito...

A essas palavras, o abade Pomian não conseguiu disfarçar um sorriso. O vigário fez-lhe um sinal imperceptível. O capelão retirou-se em silêncio. Bernadette lamentou que o seu bondoso catequista houvesse saído, deixando-a nesse inquietante colóquio com Peyramale. Este suspirou profundamente:

— A hora é muito séria, minha prezada filha. Pensa bem nisto. Dentro de poucas semanas te aproximarás da mesa do Senhor. Eu sou responsável por ti. Preocupo-me com a tua alma. Como hei de começar contigo? Não pareces mentirosa. Falas como quem diz a verdade. Eu, porém, não posso acreditar-te — hoje menos do que nunca. Preparas-me desgostos, Bernadette. Agora, como teu cura, como se estivesse no confessionário, peço-te: não mintas! Confessa: "A senhora Millet, a senhora Baup, a senhora Cénac, seja quem for, sopraram-me essa história da imaculada conceição, para que eu me engrandeça diante do povo"...

— Não posso confessar — replicou Bernadette, com tristeza. — Não é verdade. Nenhuma dessas senhoras me soprou nada.

O vigário mergulhou os seus olhos perscrutadores no olhar apático da menina.

— O velho cura Ader, que conheceste em Bartrès, visitou-te decerto, contra a minha vontade. Cai em ti: não terá sido ele, sem querer, quem te sugeriu essa idéia?

— O senhor cura Ader não falou só comigo — respondeu Bernadette, impassível. — Estavam presentes meus pais, a tia Bernarda, a tia Lucília e a tia Sajou. E não se falou disso.

Peyramale não disse mais. Sentou-se à secretária e pôs-se a folhear um livro. Após uma longa pausa, recomeçou com voz mudada, branda, profunda:

— Como imaginas a tua vida, o teu futuro, prezada pequena?

— Iguais aos das outras meninas daqui — replicou Bernadette, pronta e desembaraçada.

Peyramale levantou os olhos, sem os tirar do livro.

— Já és uma moça — quase uma mulher, pode-se dizer. Depois da primeira comunhão, todas as meninas costumam divertir-se, dançar, conhecer os rapazes; há tantas diversões! E, segundo a vontade de Deus, unem-se a um homem honrado. Tu és filha de moleiro. Poderás em breve ter ao lado outro moleiro. Depois, vêem os filhos. Lembra-te de tua mãe. Mais trabalhos do que alegria, Deus o sabe. Mas a vida é a vida. E o Senhor a criou assim. Não gostarias também de dançar, de ser como tua mãe? Responde!

Bernadette respondeu, corando:

— Naturalmente eu também irei aos bailes; e posso encontrar um homem como as outras...

O gigante adiantou-se para ela; os sapatos rangeram-lhe no soalho.

— Então, cuidado! — exclamou, pousando os punhos nos ombros da adolescente. — Senão... adeus, vida! Por que brincas com o fogo, ó Bernadette?

CAPÍTULO XXVI

REFLEXOS OU ARREMEDOS DO MILAGRE

A partir dessa quinta-feira, Bernadette deixou de ir a Massabielle. As mulheres de Lourdes continuavam a freqüentar a gruta de manhã e à noite. O altar, apreendido por Jacomet e guardado na cocheira do "maire", já na sexta-feira voltara, engrinaldado de flores e guarnecido de círios, ao nicho de Massabielle. Confiscado novamente pelo comissário, tornava no sábado ao mesmo lugar. A brincadeira prolongou-se até que, por ordem do procurador imperial, a mesa foi rachada e atirada ao fogo. Ao mesmo tempo que apresentava queixa, por subtração e destruição de objeto de sua propriedade, a senhora Millet doava outro altar mais suntuoso do que o primeiro. O "maire" Lacadé — que, na opinião de Vital Dutour, se tornara singularmente tíbio na luta contra a dama — aconselhou o promotor a renunciar à política das alfinetadas. Ela degenera em exasperação — dizia ele — e a exasperação, quer nas grandes, quer nas pequenas coisas, é a menos feliz de todas as políticas.

— O golpe que dermos — acrescentara Lacadé — tem de ser decisivo. E nós o daremos, caro promotor. Fique descansado.

Consternado por essa sabedoria esclarecida, Vital Dutour desconfiou logo de que o "maire" estivesse urdindo uma intriga própria. Nos dias imediatos, porém, a sua atenção foi atraída por fenômenos novos e deveras extraordinários. Assim como o céu, graças à intervenção da dama, quisera espalhar o bem em Lourdes, assim parecia o poder infernal possuído do desejo compreensível de se pôr em evidência. Essa aspiração concretizava-se numa verdadeira epidemia de insânia que irrompia aqui e acolá.

A região de Bigorre fervilhava de videntes, de extáticos, de lunáticos, de sonâmbulos. Nem só o sucesso provoca imitações. Há, entre a psicopatia e o diabólico, um elo profundo. A crença na divindade não é senão a convicção firme de que o mundo tem um sentido — que é, portanto, um mundo espiritual. A insânia é a mais completa negação desse sentido; mais do que isto: o absurdo da criação na criatura. Onde falta deveras, numa alma, a última evidência do senso — o que é, contudo, extremamente raro — entra a insensatez na posse dos seus direitos. Eis porque os tempos que negam o sentido divino do universo, são dilacerados cruentamente por insânias coletivas, embora na sua consciência se julguem sensatos e esclarecidos.

O primeiro desses fenômenos de imitação manifestou-se numa colega de Bernadette, Madalena Hillot, a jovem pálida, esbelta e dotada duma linda voz de soprano, que dantes pertencia ao grupo de Joana Abadie.

Madalena era uma índole extremamente musical. O divino empolga inteiramente o ser que pretende agraciar. O demoníaco se dá a esse trabalho; procura, portanto, insinuar-se através dos nossos talentos. Nasce daí a vaidade mórbida das criaturas talentosas. Em Madalena Hillot, escolheu o maligno justamente o órgão mais dotado: o ouvido.

Uma tarde, a mocinha rezava um terço, ajoelhada na gruta. Subitamente sentiu-se envolvida por um canto angélico e ouviu, enlevada um coro melodioso como nunca lhe fora dado escutar. A princípio, olhou naturalmente em redor de si; mas de súbito um orgulho insensato cresceu-lhe no coração:

— Agora, eu também sou uma eleita!

E a meia voz, mas indiscretamente, uniu o seu canto à melodia celeste; só alguns segundos, que já no compasso seguinte interferiam nesse "duo" tão puro as cacofonias mais extravagantes: instrumentos esquisitos, imitando o grunhir do porco, o grito estridente do pavão, o grasnar do corvo, em sons que se diriam emitidos através dum funil de folha. O andamento calmo da música degenerou igualmente num incerto ritmo de dança a que uma bateria qualquer, com as suas pancadas regulares, dava visos de batuque. O pior, porém, não foi isso: Madalena levantou-se e, sentindo as pernas moverem-se-lhe ao ritmo dessa estranha dança, saiu da gruta aos brados, em corrida louca.

O comissário Jacomet era homem consciencioso. Esses fenômenos de rivalidade só lhe podiam ser proveitosos, a ele como ao procurador imperial. E o relatório da polícia conservou aos pósteros o episódio da visão acústica de Madalena Hillot.

Dias depois, um rapaz de Omex, costeando o Gave, avistou um enorme balão de fogo balançando acima do Monte das Espeluncas. O rapaz benzeu-se, e o balão desapareceu. Esse outro visionário correu também ao comissariado. Mas Vital Dutour riscou a expressão "balão de fogo" da ata que Jacomet lhe apresentava, opinando que não se tratava provavelmente de perturbação mental, mas do fenômeno muito raro dum relâmpago esférico. Não se cancelou, contudo, no relatório a narração de certos garotos que, numa tarde tranqüila, tinham visto na gruta a Sagrada Família reunida. Interrogados por Jacomet, os pequenos davam-lhe as descrições mais grotescas: a Madona, vestida de ouro, como uma rainha de baralho; São José, com um alforje às costas e um bordão de prata na mão. A Sagrada Família tinha ainda hóspedes sentados à mesa, comendo broas: São Pedro e São Paulo.

— Por que justamente eles?

— Eram eles, senhor comissário.

Deram mais que pensar outros dois casos: estando uma criança com a mãe, perto de Massabielle, à beira do Gave, deparou-se-lhe nas águas alguma coisa — invisível aos outros — que a assustou, a ponto de lhe provocar violento espasmo. Só duas horas depois, a criança recobrou a fala. E a sua primeira palavra foi: "Laid" — feio — o que equivalia a dizer "demônio".

Outro exemplo igualmente clássico de possessão verificou-se no palacete Cénac, onde residiam Estrade e Jacomet. Um casal de locatários, modestos burgueses, tinha um filho de onze anos, Aleixo, que era o seu orgulho. Aleixo, verdadeiro menino modelo, o primeiro da classe, o melhor em todas as disciplinas, exemplar na aplicação, no aproveitamento, no asseio escrupuloso, evitava os condiscípulos cujo convívio se lhe afigurasse demasiado plebeu. Irrepreensível nas atitudes e no trajo, respondia a quem o interrogava sobre o seu futuro, que desejava ser juiz.

Pois o pequeno Aleixo, duma hora para outra e sem motivo plausível, enlouqueceu. Num acesso de fúria, acometeu à mãe e feriu-a com o canivete. Depois entrincheirou-se na cozinha, donde respondia às exortações das pessoas da casa com os palavrões mais horripilantes. Os pais, consternados, juravam por todos os juramentos que o seu Aleixo nunca podia ter ouvido semelhante calão. Afinal, o possesso foi subjugado e amarrado à cama. Tinha os lábios molhados de espuma e, nos olhos, chamejava-lhe uma raiva, um ódio tão apavorantes, que os honrados pais não lhe suportavam o olhar.

Já o doutor Peyrus prescrevia o transporte do pequeno insano, quando a mãe se lembrara de recorrer ao padre Beluze, um religioso seu conhecido que então se encontrava em Lourdes. Beluze pronunciou, com êxito feliz, um exorcismo em regra; dias depois Aleixo, outra vez alegria de seus pais, voltava à escola, correto, sisudo e compassado.

Surgiam, pois, numerosos epígonos de Bernadette. Para gáudio de Jacomet e desapontamento de Estrade, ofereceu-se a ambos a ocasião de observar alguns deles, eméritos em reproduzirem as atitudes e os gestos da pequena vidente. Mas dir-se-iam enviados justamente para evidenciar o imenso abismo que medeia entre o verdadeiro e o falso: quanto mais se esforçavam por significar que viam a dama, tanto mais vazio parecia o nicho aos assistentes.

Ainda assim, houve entre esses arremedos um caso singular. Certa manhã, antes das sete horas, espalhou-se rapidamente a notícia de que, nesse dia, Bernadette voltara à gruta. Não tardou que uma multidão compacta se precipitasse para Massabielle. Ali encontrou deveras uma Bernadette ajoelhada na furna, de costas para os espectadores, com a vela acesa, o capuleto branco a sombrear-lhe profundamente o rosto, a camisola comprida e os tamancos, executando os mesmos ritos com as ervas e a fonte, recomendando: "Penitência! Penitência!"

A cópia era tão perfeita, que nenhuma das testemunhas da quinzena sublime teve qualquer desconfiança. Apenas, o efeito dessa imagem e desses ritos permaneceu estranhamente nulo.

Mas, ao cabo duns dez minutos, a menina ajoelhada levantou-se, atirou para trás o capuleto, descobriu um rosto moreno e bexigoso e, arregaçando a camisola, começou a dançar diante da multidão assombrada. Antes que alguém chegasse a deitar-lhe a mão, a estranha bailarina sumiu-se nas pedras, como um cabrito montês. Uns afirmavam reconhecer nela a criadinha espanhola, despedida pela senhora Lacrampe em razão dos seus furtos ousados. Outros sustentavam, pelo contrário, que devia ser uma cigana da tribo expulsa dias antes do território de Lourdes. Ninguém soube ao certo quem era a pequena desconhecida.

Jacomet participou ao prefeito um "grave distúrbio religioso". Jacinto de Lafite, porém, cativado por esse episódio, comentou:

— Poder-se-ia compor um bailado sobre essa cigana mística; e o "maestro" Giacomo Meyerbeer escreveria a música, no estilo de "Roberto, o Diabo".

Ligou-se provavelmente a essas agitações diabólicas, que se multiplicavam desde a despedida da dama, o pecado de Francisco Soubirous. Havia pelo menos duas semanas que o ex-moleiro não punha os pés no botequim de Babou — e isso por várias razões, Em primeiro lugar, o restaurante convertera-se em banca do motejo, em refúgio dos viciosos, em clube dos incrédulos. Correspondia, em grau menos elevado, ao "Café Français". Embora não se erigisse decerto em campeão do milagre, Soubirous era o pai da criatura afetada em primeiro lugar por essa irregularidade mundano-celeste. Vergonha e orgulho vedavam-lhe freqüentar a taberna enfumaçada, onde a inteligência e a sinceridade da sua filhinha eram arrastadas no lodo.

Havia, porém, outro motivo mais importante: serena e firmemente Francisco Soubirous jurara a si mesmo abster-se de beber. E, desde muitos dias, cumpria esse voto, com uma força de vontade inesperada.

Seria grave injustiça qualificar de ébrio o ex-moleiro Soubirous. Já a sua dignidade inata não lhe consentia um comportamento indecoroso. Nenhum dos seus concidadãos podia gabar-se de o ter visto embriagado. Os dois ou três copos de aguardente, de que o pai da taumaturga precisava para a sua felicidade, correspondiam exatamente ao vazio do mal-estar com que ele acordava de manhã. Coisa estranha, desde a gloriosa transformação da sua Bernadette, esse vazio do mal-estar não só não diminuíra como ainda se dilatara consideravelmente. Apesar da sua leviandade, Francisco Soubirous era um indivíduo lerdo, propenso para o pessimismo. A fama que, havia um mês, cingia o Calabouço inspirava-lhe receios e cuidados, e principalmente uma surda animosidade contra a autora desse estado de coisas. No íntimo, o pai condenava a filha que ilustrava, de maneira tão imprevista, o nome humilde dos Soubirous. Ao mesmo tempo, muitas conseqüências dessa glória eram-lhe naturalmente agradáveis — sentimentos contraditórios, como se vê. Francisco Soubirous pertencia aos teimosos que haurem da obscuridade a doçura dum orgulho arisco.

— As mulheres são diferentes — pensava ele. — Gostam de andar na boca suja do mundo.

Para recobrar o equilíbrio interior, o ex-moleiro precisaria diariamente de mais de três copos. Mas, cumprindo a promessa, tornara-se absolutamente abstêmio. Era uma luta que ele tinha de sustentar contra si mesmo. O voto visava a obter um êxito feliz no que o interessava. Simultaneamente, Francisco Soubirous percebia o que devia a si próprio, como pai duma taumaturga. Por isso ia diariamente à igreja; não podia, no entanto, evitar várias passagens por dia pelo botequim de Babou e outros locais congêneres — outras tantas culminâncias da luta que se travava nele.

No segundo domingo de folga, vindo da missa solene, dobrava Soubirous a esquina da rua des Petites Fossées, quando o seu destino o alcançou em frente à casa do tio Babou, sob a forma do policial Callet, do brigadeiro d'Angla e do gendarme Belhache. Esses zeladores da ordem também estavam de folga, aproveitando o descanso que lhes concedera a dama. Avistando Soubirous, lembraram-se de tudo o que tinham jurado a si mesmos. Eles, os órgãos subalternos, tomavam a peito a causa do Estado contra o milagre tanto como o ministro Roulland, o prefeito Massy, o procurador imperial Dutour e o comissário Jacomet. A prova da fraqueza moral do pai não seria um mau indício no processo.

— Então, grande homem, porque tanto orgulho? — bradou o brigadeiro. — Pareces um bispo à paisana.

Soubirous usava, efetivamente, um trajo preto de burguês endomingado, com que o presenteara Cazenave. Preparava-se a esgueirar-se, com um cumprimento cortês aos policiais, mas d'Angla o reteve.

— Ora, Soubirous, para falar verdade, não tens queixa de nós.

Francisco parou e fitou ao longe o olhar sombrio.

— Posso queixar-me da história do inglês...

— Do inglês! — insurgiu-se o barbado Belhache. — Quem agüentou que Nicolau e Bouriette surrassem esse bacalhau, em Ayola? Nós fechamos os olhos, para que tivesses a tua vingança!

— Meus senhores — observou o brigadeiro — vai chover. É melhor entrarmos no botequim.

— Eu vou para casa — escusou-se Soubirous.

— Para casa? — protestou d'Angla, batendo-lhe amigavelmente no ombro. — Que vais fazer em casa, à meia-hora de domingo? Não irás para casa, porque a gendarmaria te convida para uma ronda.

— Vou para casa — teimou Soubirous, enquanto os outros o arrastavam para dentro.

As duas salas do botequim estavam apinhadas, como soía acontecer, desde que Lourdes se tornara a cidade mais famosa da França. Arranjou-se lugar aos clientes ilustres. D'Angla cumprimentou o poderoso tio Babou.

— Nada da tua aguardente, hoje! Alguma coisa especial. Queremos honrar o nosso amigo.

Babou inchou as bochechas e beijou a ponta dos dedos!

— Tenho na adega ainda três garrafas da melhor!

Ocorreu então a história de sempre com os apreciadores de aguardente: resiste-se melhor ao primeiro copo do que ao segundo; ao segundo, com menos custo do que ao terceiro, e assim por diante. Ao primeiro copo, Soubirous disse consigo:

— É preciso não ofender a autoridade.

Ao segundo copo, não pensou absolutamente; limitou-se a saborear aos goles a bebida. Ao terceiro copo, estava resolvido a continuar a beber e a ficar calado. Não falando muito, não aconteceria nenhuma desgraça. Em torno da mesa dos gendarmes, comprimiam-se os basbaques, como se contassem assistir a um jogo de azar com altas paradas. D'Angla desfazia-se em elogios a Soubirous.

— Tens procedido brilhantemente, meu amigo! O teu nome anda em todos os jornais, e vocês ainda moram no Calabouço. Eu não me meto nisso; mas poderias fazer dinheiro, se quisesses. As beatas ricas te encheriam de moedas; ninguém poderia reclamar. Entretanto, sabemos pelas autoridades que não aproveitas, e continuas a ser o mesmo pobretão. Todo o meu respeito, Soubirous!

— Faz-se o que se pode — tornou Francisco prudentemente.

Um dos curiosos bradou, por sua vez:

— Um moinhozinho não te ficaria mal, Soubirous. À beira do Lapaca, há dois parados e não faltará água, depois deste inverno. Deverias arranjar um moinho de presente. Ninguém teria que falar. Dirigir um moinho é um ofício útil.

— Não sou pior moleiro do que outros — replicou Soubirous laconicamente, embora o assunto lhe apertasse o coração.

Durante essa palestra cautelosa, fora-se a primeira garrafa, tocando ao convidado a maior parte. A satisfação longamente desejada apossava-se da alma do perjuro. E já se via o fundo do segundo frasco, quando o olhar claro e leal de d'Angla perscrutou o de Soubirous.

— És para mim um grande enigma, amigo — disse o brigadeiro. — Tens uma filha privilegiada. Há dias, estiveram na gruta umas vinte mil pessoas. E tu só aparecias ali de vez em quando. Que havemos de pensar disso? E qual é mesmo a tua opinião?

— Sou um ignorante. O que eu penso não interessa a ninguém.

— Não te faças de tolo, Soubirous. Acreditas ou não acreditas?

O ex-moleiro, que continuara a ter a primazia na aguardente, já não conseguia refrear a língua.

— Que espertalhões! — motejou ele. — Porque viajam de trem e telegrafam para toda parte, pensam que a Virgem não pode aparecer entre nós. Não é assim, não! Se quiser, ela tomará até o trem.

— Muito bem! — aprovaram os curiosos. — Por que não poderia a Virgem viajar pela estrada de ferro? Aí está o que o vigário Peyramale deveria telegrafar ao bispo, em Tarbes.

Callet, o primeiro que perdera a tramontana, bateu os punhos na mesa.

— Pela estrada de ferro, não! — resmungou ele. — Num balão! Num balão! E, num balão, ela poderia trazer toda a Sagrada Família...

Essas blasfêmias primitivas alegravam o coração desses homens rudes que, de resto, não era incrédulos. Esse modo de tratar o céu davalhes, sem grande dispêndio, um tom desabusado.

Ouviram-se gargalhadas. No meio dessa hilaridade, o brigadeiro perguntou:

— Como é, quando se faz parte da Sagrada Família, Soubirous?

— Como é o que...? — gaguejou o ébrio.

— Pois agora pertences à Sagrada Família, Soubirous?

— Por que pertenço eu à Sagrada Família?

— Por isto... presta atenção! Sabes o que é a Sagrada Família: a Virgem, seu filho, o honrado São José...

— São José! — bradou alguém. — Sempre me lembra o príncipe-consorte Alberto da Inglaterra, o marido da rainha Vitória?

— Nada de trivialidade contra os chefes de Estado estrangeiros — advertiu Callet. — Senão, teremos de intervir.

— O príncipe Alberto pode muita coisa que São José não pode! — observou um cliente.

Mas o brigadeiro sabia ser perseverante. Coçando as suíças, que lhe emolduravam o rosto redondo e muito corado, de olho de peixe, prosseguiu:

— Quando a Virgem procurava a tua Bernadette, fazia-o por motivos de parentesco. É claro! Ou não é claro? Sentia-se aparentada com Bernadette, hein? Podes negar isto?

— Não podes negar! — apoiou Callet, com energia. — Confessa já que pertences à Sagrada Família!

Soubirous emborcara o copo decisivo que transforma a embriaguez em ênfase trágica. Endireitou-se, pois, lentamente e gaguejou, com ar sombrio:

— Confesso que pertenço à Sagrada Família!

Estrugiram palmas.

— Quem pertence à Sagrada Família — berrou Callet — não continua a apodrecer num buraco...

— Calma! — intimou d'Angla.

E, mal se restabeleceu o silêncio, aproximou através da mesa o rosto vermelho, das faces amarelentas do ex-moleiro.

— Agora dize-me, Soubirous — e não te envergonhes: como é, quando se faz parte da Sagrada Família?

Francisco Soubirous girou em redor de si o olhar embaciado. Grossas gotas de suor umedeciam-lhe a testa. A aguardente vencera-o; a longa abstinência facilitara a embriaguez.

— Quando se faz parte da Sagrada Família — gaguejou ele, com a língua presa — quando se tem uma Sagrada Família, é... é... é uma praga!

E, deitando-se sobre a mesa, escondeu a cabeça nos braços.

Ninguém se animou a rir. Os gendarmes e Callet saíram para o pátio e mergulharam a cabeça na água fria, até recobrarem a lucidez e poderem aventurar-se na rua. Meia hora depois, acompanhavam Soubirous ao Calabouço, originando em Lourdes o boato insistente de que o procurador imperial mandara prender outra vez o pai de Bernadette.

O brigadeiro d'Angla, o gendarme Belhache e o policial Callet envergonhavam-se tanto da sua leviandade, que após curta deliberação resolveram não notificar esse "caso grave de embriaguez" embora soubessem que os seus superiores se lhes mostrariam gratos e que o semanário "Lavedan" folgaria de publicar um artigo, entre moral e científico-popular, intitulado: "A filha do alcoólico".

CAPITULO XXVII

O FOGO BRINCA CONTIGO, Ó BERNADETTE

Passaram-se vinte dias, sem que a dama "avisasse" Bernadette do seu regresso a Massabielle.

Nesses dias multiplicaram-se os vexames, especialmente da parte da garotada de Lourdes, cujo procedimento ninguém sabia explicar. Uma tarde, verdadeira procissão de vadios de nove a onze anos invadiu a gruta, consternando com arremedos irreverentes as boas mulheres que ali rezavam.

O vigário Peyramale espumava de cólera e não hesitava em atribuir a certos leões do "Café Français" a responsabilidade desse escândalo — naturalmente com plena aquiescência das autoridades.

Nada podendo contra os adultos, o cura apanhou na manhã seguinte, na escola, os dois chefes do bando sacrílego e puniu-os exemplarmente. Nesse domingo, numa curta prédica, defendeu Bernadette, sem a mencionar, contra a maldade desses pequenos caricaturistas. Os fiéis ouviram-no, surpresos. Teria a Igreja mudado de atitude? Não. Domingos Maria Peyramale continuava a duvidar da sinceridade e da integridade mental de Bernadette. A pequena preocupava-o; embora não o deixasse perceber, o sacerdote sentia-se indeciso, abalado, e involuntariamente agia a favor do que desejaria afastar de si como uma perturbação importuna.

Entretanto Vital Dutour e Jacomet exploravam quanto podiam as contrafações do milagre, enviando diariamente longos relatórios ao barão Massy e ao procurador imperial de Pau, e referindo não só as façanhas da procissão infantil e as cópias mais ou menos sérias da taumaturga, como também o caso agudo de insânia de Aleixo, o menino modelo, o pronto exorcismo do padre Beluze, os numerosos ataques, desmaios e exemplos de perturbação mental ocorridos na zona de Massabielle. Esqueciam-se, porém, de citar as declarações de alguns enfermos que, com o uso das águas do manancial, se tinham curado prontamente ou, ao menos, obtinham sensíveis melhoras. Aliás, não seria justo censurar ao comissário tais omissões, visto que a maioria dessas curas assentava em dados confusos e próprios para gerar confusão.

Os relatórios de Lourdes satisfaziam o ministro do Culto. Graças a eles, podia o senhor Roulland pôr à disposição da imprensa subsidiada pelo governo um material excelente para o seu intuito de retirar as aparições de Massabielle da luz dos debates político-religiosos e relegá-las à claridade dúbia e indiferente que os jornais reservam às casas assombradas, às serpentes marinhas, às vinganças das múmias, ao espiritismo e análogas sensações sobrenaturais.

Uma nota nova intervinha no acorde, Primeiro, Bernadette fora uma embusteira, Em segundo lugar, sofrera de alucinações pueris. De acordo com a terceira versão, ela via realmente a dama na furna. Desde que o mundo existe, as pessoas nervosas sofrem dessas visões ocultas. Sempre e em toda parte, houve "fenômenos misteriosos", desagradáveis e insulsos, meras fantasmagorias que não pertencem à religião, mas a um obscuro domínio da existência, povoado de elfos, que a luz da razão ainda não esclareceu. A Igreja é a inimiga mais implacável dessas paragens crepusculares. Quanto à dama, ela não deveria diferir muito do papão que assusta as crianças sensíveis, quando as mães pouco inteligentes o pintam, demasiado ao vivo na parede.

Tais eram, mais ou menos, os termos em que externava o seu parecer a imprensa moderada oficial, empenhada em não afetar as boas relações entre o Estado e a Igreja — obra pessoal de Luis Napoleão.

As folhas jacobinas da esquerda, pelo contrário, insurgiam-se novamente, não admitindo de modo algum as "paragens crepusculares" em pleno século XIX. Crepúsculo é obscurantismo; se algum fantasma ousava aparecer na França iluminada, cumpria rechaçá-lo com desassombro. À vista de semelhante celeuma, ergueu-se por sua vez, a imprensa católica e conservadora, e particularmente o importante jornal "L'Univers", cujo redator-chefe, Luis Veuillot, com grande espanto do ministro Roulland, seguiu para Lourdes e, com uma série de artigos entusiásticos sobre Bernadette, introduziu a dama de Massabielle nos salões mais austeros da burguesia reacionária. O que devia servir para atenuar o "caso nacional" contribuía, pois, para suscitar novas controvérsias e alojar mais amplamente o milagre na consciência espontânea ou forçada do povo francês.

O ministro do Culto confiou a sua causa ao seu colega o ministro da Fazenda Fould, que desempenhava o papel de intermediário entre o imperador e o governo. Historiador competente, Roulland declamava:

— Napoleão é Cesar. A Cesar, a última palavra.

Dois dias depois, o ministro Fould pagava a visita ao colega.

— O senhor não pode ignorar que o imperador é supersticioso, caro colega — começou Fould.

— Quer isso dizer que Sua Majestade acredita na dama? — redargüiu Roulland.

— De modo nenhum! As damas em que o imperador crê, são menos misteriosas. Ele acredita, porém, que a dama, na qual não crê, o possa prejudicar. É a psicologia da superstição.

— E que aprouve ao imperador determinar?

— Que os senhores se avenham sozinhos com essa história.

— Logo, temos o direito de interdizer a gruta?

— Eu usaria de prudência, meu amigo — tornou Fould, com um sorriso. — O imperador tem atualmente um grande desejo de não contrariar o clero. O senhor sabe que ele sonha em ser o libertador da Itália, como Bonaparte. Recebe continuamente cartas de Cavour que lhe propõe uma aliança. Se chegarmos à guerra, os estados pontifícios constituirão a questão mais espinhosa. Meu caro Roulland, obtenha o consentimento do bispo de Tarbes para fechar a gruta. Monsenhor Laurence deve ser um homem sagaz.

O resultado dessa conversação obrigou o barão Massy, muito contra a sua vontade, a visitar novamente o prelado de Tarbes e a esperar, ainda dessa vez, não menos de cinco minutos, contados no relógio. Em conseqüência, ao começar a entrevista, ele perdera um tanto a sua fria correção.

— Espero que Vossa Grandeza se resolva a abandonar a sua reserva prudente. Os relatórios policiais, que recebo de Lourdes, são de arrepiar os cabelos: a garotada consagra água, benze rosários; raparigas dignas de lástima arremedam a Virgem Maria. Se isso continuar, os acontecimentos de Lourdes acabarão por impelir a França para o campo dos protestantes e do ateísmo.

Dominado pelo despeito, o barão elevara o tom do seu preâmbulo. Monsenhor Severo Laurence não se alterou.

— Já conheço esses fatos — disse ele, após uma pausa bem medida. — São realmente deploráveis. Não os exageremos, porém. Alguns colegiais provocaram um escândalo. Informaram-me, todavia, de que o cura de Lourdes os corrigiu. Receio, senhor prefeito, que os seus distintos funcionários mostrem neste caso um excesso de zelo.

Esquecendo a cortesia — coisa que lhe ocorria muito raramente — o barão replicou, agressivo:

— Os meus funcionários, monsenhor, esforçam-se pelo restabelecimento da normalidade, enquanto o seu clero esconde o nariz na areia!

O bispo acentuou imperceptivelmente o vinco trágico e sarcástico da boca.

— O clero convirá em que tais proporções procede segundo os preceitos; e Vossa Excelência não é fácil agir, ante um movimento popular de tais proporções.

— O silêncio do clero, monsenhor, será um perigo crescente para a paz e a ordem. Ou as aparições de Lourdes são de índole sobrenatural no sentido teológico do termo — e a Igreja deve, então, reconhecê-las como tais — ou são falsas; nesse caso, cabe a Igreja repudiá-las. É preciso que o bispo se resolva.

— Não posso concordar com a sua alternativa, barão — tornou o prelado, sorrindo. — Demais, o senhor interpreta mal o papel do bispo. Sim; se fosse tão fácil resolver a questão do verdadeiro e do falso em assuntos sobrenaturais! Entre o seu verdadeiro e o seu falso, há mil escrúpulos; e nós necessitamos da pesquisa mais conscienciosa, do tempo mais ilimitado e, sobretudo, do auxílio do Espírito-Santo, para chegar à verdade, através de todos esses escrúpulos.

— Noutros termos, a história não acabará.

O bispo levou a mão rude à cruz cintilante de pedrarias que lhe ornava o peito.

— O senhor barão vê apenas os escândalos censuráveis que lhe comunica a polícia. Eu, felizmente, recebo outras informações; posso confiar-lhe que, em Lourdes e em toda a minha diocese, ocorrem coisas deveras edificantes. Os inimigos estendem as mãos para uma reconciliação cristã; ora-se, com um fervor desconhecido há decênios.

O barão Massy enfiava nervosamente as luvas pretas.

— Reza-se num oratório não consagrado e ilegal!

— A prece vale em toda parte, Excelência.

O barão julgou o instante oportuno para empregar o seu trunfo mais poderoso.

— Posso levar ao conhecimento de Vossa Grandeza a opinião duma das nossas folhas mais influentes? — perguntou ele, tirando discretamente da carteira um recorte de jornal. — Eis o que escreve "L'Ere Impériale": "Para instituir novos locais de culto, são necessárias razões mais válidas do que as declarações duma pequena cataléptica, e um sítio mais digno do que o atoleiro onde ela faz as suas abluções."

Monsenhor Severo escutou a citação, com evidente displicência.

— Senhor prefeito — disse afinal, com brandura desdenhosa. — Vossa Excelência é obrigado a pensar só administrativamente. Eu tenho o dever de não pensar *só* administrativamente. Logo, pesa-me dizer-lhe que não lhe posso ser agradável.

Bernadette nem desconfiava desses colóquios, argumentos e intervenções dos grandes da terra. Nem lhe causariam eles a menor impressão, já que o efeito do seu amor nada tinha a ver com esse amor.

Nos dias seguintes ao da despedida, a menina timbrava em atenuar a distância que se estabelecera entre ela e os seus. Passava as horas no Calabouço, cuidando dos pequenos, ajudando a mãe, mais assídua do que dantes. Esquivava-se apenas, sempre que podia, a freqüentar a escola. Na véspera do último domingo de março, um obscuro pressentimento advertiu-a do regresso da sua dama. Inquieta, fremente de felicidade, a menina informou logo a mãe e as tias, e não conseguiu dormir a noite inteira.

Pelas onze horas da manhã desse último domingo de março, o doutor Dozous entrou no presbitério. O cura e o médico municipal de Lourdes encontravam-se raramente, de ordinário em circunstâncias oficiais. Apesar desse escasso convívio, ligava-os uma sincera simpatia, pois cada um deles sabia que o outro se consagrava aos deserdados, não obstante a reprovação da boa sociedade local. O vigário acolheu o visitante com surpresa e efusão, oferecendo-lhe logo um bom copo de borgonha.

— Não temos muitos ensejos de palestrar, meu caro Dozous.

— Não venho propriamente para conversar e saborear o seu vinho, senhor cura — tornou o médico, examinando contra a luz o líquido purpurino.

— Folgaria de que me desse o ensejo de servi-lo — acudiu Peyramale, cravando o olhar fogoso no rosto magro do seu interlocutor.

— Desconfio que só me poderá servir, se quiser ouvir-me, reverendo... Estive hoje, muito cedo, na gruta de Massabielle.

Peyramale ergueu a cabeça, sem dizer palavra, e pareceu concentrar-se. Dozous prosseguiu, com certa hesitação:

— Não é a primeira vez que assisto às aparições... Mas o que vi hoje é... como direi?.. muito mais do que extraordinário.

Peyramale continuava a fitar atentamente o médico, sem mudar de atitude nem pronunciar uma palavra.

— Preciso desabafar um pouco, senhor cura. Já sabe decerto que, há seis semanas, examinei a pequena Soubirous, durante uma das visões. Já então me convenci de que não se trata de catalepsia nem de enfermidade mental...

— E chegou a formar algum juízo médico? — atalhou Peyramale.

— Os estados psíquicos dessa natureza ainda estão pouco estudados. Há, a respeito uma rica literatura, que pouco me adiantou. Finalmente encontrei uma espécie de explicação em diversas citações, segundo as quais os visionários podem ser mergulhados no sono hipnótico pelas próprias imagens que se lhes revelam.

— Um momento, prezado doutor! Pretende dizer, com isso, que considera Bernadette uma autêntica visionária, e exclui qualquer outra explicação mais trivial?

— Bernadette é, sem dúvida, uma visionária autêntica. Mas, a meu ver, as visões não tem nada de excepcional, desde que não provocam efeito objetivo. O senhor de Lafite sustenta que elas permitem aos cérebros muito desenvolvidos criar grandes obras literárias ou artísticas. Tal teria sido o segredo de Miguel Ângelo, de Racine, de Shakespeare. Esses espíritos sublimes não tinham, no entanto, plena consciência das suas visões, ao passo que outros cérebros, geniais mas primitivos, as vêem nitidamente materializadas como, por exemplo, a dama de Massabielle...

Peyramale largara o cachimbo e permanecia imóvel, à mesa.

— Considera aceitável a definição do parisiense, doutor?

— Julguei-a aceitável, até que vi brotar a fonte...

— Parece-lhe esse fato razão bastante para admitir um milagre?

A pergunta inquietou visivelmente o médico.

— Sou um pesquisador da natureza, meu respeitável amigo, não suscetível portanto, de crer facilmente num milagre. Uma fonte não passa duma fonte. A ciência conhece naturezas hipersensíveis, dotadas dum faro especial para os veios de água ou de metais, ocultos no subsolo. Bernadette poderia ser uma delas.

Peyramale articulou energicamente os três usuais:

— Primitiva, genial, hipersensível!... Basta isto para explicar?

— Bastaria, senhor vigário, até... Sim, até à cura do pequeno Bouhouhorts...

— Essa cura o constrange, acaso, a abdicar a qualidade de investigador da natureza e a crer num milagre?

— Não de todo, senhor vigário — tornou Dozous, um tanto incerto. — O meu colega Lacrampe opina que a água de Massabielle deve conter algum elemento medicinal desconhecido. Não devo excluir absolutamente essa possibilidade.

— É extraordinário deveras — disse o vigário lentamente, com a sua voz velada — que um único banho nessa fonte cure uma criança paralítica...

O médico acenou afirmativamente.

— Tanto mais extraordinário, porquanto a cura foi imediata. Quero, contudo, conceder ao colega Lacrampe que esse banho haja apenas rematado um processo lento que escapara à minha observação, embora a mãe e numerosas testemunhas sustentem que, no momento da cura, o pequeno já agonizava. Todavia, no que ocorreu hoje, não posso fazer a menor concessão à dúvida. É um fato irrefutável de que eu mesmo sou testemunha ocular.

Peyramale mantinha-se calado, sem desviar do rosto do seu hóspede o olhar, já agora menos fogoso e singularmente fixo.

Dozous referia-lhe, entretanto, que fora nessa manhã à gruta, porque o interessava ver como se refletiria, após essa longa separação, o novo encontro com a dama nas atitudes da vidente. Realmente Bernadette caíra num êxtase mais profundo e dilatado do que os anteriores. O enlevo devia ser poderoso, pois a transfiguração das feições infantis da vidente nunca fora tão impressionantes como nesse dia. Todas as mulheres, e uma parte dos homens presentes, choravam.

Bernadette, ajoelhada, mal se movia da sua posição. Os ritos usuais à fonte, os cumprimentos e murmúrios, a própria reza do terço pareciam esquecidos. Pela primeira vez, na gruta, Dozous vira a pequena Soubirous mergulhada numa espécie de sono que raiava pela inconsciência. O médico estranhara-o, pois averiguara anteriormente que, apesar do estado de êxtase, Bernadette percebia o que se passava em torno dela. Nessa manhã, a pequena segurava, como sempre, a vela acesa na mão direita; o rosário pendia-lhe, solto, entre os dedos abertos da outra mão. Talvez pelo peso do círio, a mão direita desviara-se-lhe de modo que a chama passava entre os dedos separados da mão esquerda. Já as parentas se precipitavam, para arrebatar à menina a vela acesa. Mas, em Dozous, despertara — como ele próprio dizia — o investigador da natureza. Abrindo os braços, o médico impediu que as mulheres se aproximassem da extática. Depois, puxou o relógio.

— Não há estupor — pensara ele — que resista à dor duma queimadura.

Embora passasse entre os dedos, a chama da vela tocava-os; devia, em conseqüência, destruir o tecido celular das camadas externas da epiderme e produzir bolhas. Basta pensar em como se retraem os dedos, mal se aproximam do fogo.

Entretanto, Dozous contara bem dez minutos, sem que a chama do círio envolvendo a mão de Bernadette provocasse o mínimo sinal de dor. Ao termo desses dez minutos, a extática levantara-se, como se nada houvesse, e aproximara-se do nicho. Provavelmente a dama a chamara. Finda a visão, Dozous examinou a mão da vidente. Achou-a levemente enegrecida, mas ilesa. Nem a lesão mais superficial! O médico apanhara então uma vela acesa e aproximara-a da mão de Bernadette.

— Que quer o senhor? — gritou logo a menina: — Por que me queima?

Dozous narrara tudo com frases desapaixonadas.

— Vi esses fatos com os meus olhos — concluiu ele. — Juro-lhe, porém, senhor vigário, que se o senhor pretendesse impingir-me semelhante história, far-me-ia rir cordialmente.

Domingos Maria Peyramale levantara-se, e percorria a peça dum a outro extremo.

— E a sua explicação? — perguntou afinal.

— Tenho lido alguma coisa sobre os santos e os faquires hindus, que se deixam sepultar vivos, que passam através das chamas ou se deitam em leitos de agulhas. Talvez seja verdade; talvez não. Verdade é, porém, que nós, os médicos, somos obrigados a admitir que o corpo humano, escorado em energias intelectuais e anímicas desconhecidas, pode cair em estados contrários às leis materiais...

— Bernadette não é um faquir hindu nem um asceta consumado, mas uma criatura absolutamente banal e indiferente — objetou Peyramale, irritado. — Isso não é uma explicação.

O médico também se levantara, e não escondia a sua impaciência:

— O senhor vigário pede-me explicações! Mas eu vim justamente para ouvir as suas! Era a minha esperança...

Peyramale não respondeu. Continuava a sua marcha, através do gabinete, intimamente agitado, atormentado pelas suas dúvidas acerca de Bernadette — dúvidas que não conseguia vencer.

CAPÍTULO XXVIII

ADOLFO LACADÉ NÃO RECUA ANTE UM GOLPE DE ESTADO

O "maire" estava radiante. A pera grisalha sobressaía-lhe petulante, sob as faces congestionadas.

Diante dele, na secretaria do seu gabinete, no edifício da "mairie", alvejava o parecer do seu amigo, o honrado farmacêutico Latour, de Trie, um atestado, não só gratuito como cientificamente favorável da amostra da fonte de Massabielle.

Adolfo Lacadé não sabia química; entendia, porém, alguma coisa da eufonia propagandística dos termos altissonantes. Na sóbria exposição de Latour — semelhante às longas receitas de certos luminares da medicina — figuravam, sob o número um, as combinações de cloro com cálcio e magnésio e até no grau mais elevado. Excelente o cloro, tanto quanto o cálcio e o magnésio. Todos os médicos os prescrevem. Ótima a combinação desses três corifeus da farmacopéia, na mesma água, fundidos numa unidade medicinal.

— Este, porém, é só o número um — dizia consigo Lacadé, absorvendo-se mais e mais nessa dedução agradável, através da qual a Fada Morgana lhe acenava com outras conclusões mais auspiciosas.

Atrás dos cloratos marchavam em fila cerrada, os carbonatos. Sabe Deus, que os carbonatos não são menos desejáveis do que os cloratos, especialmente quando combinados com sódio, como na amostra analisada! O velho gastrônomo Lacadé não ignorava a química médica, a ponto de não saber que, depois dum jantar de doze pratos, nada há como uma colher de bicarbonato de sódio. E a fonte de Lourdes servia grátis a salvação dos glutões.

O "maire" não podia avaliar, com a mesma consciência, o terceiro elemento: os silicatos. Mas, por que havia de desconfiar dos silicatos, se eles apareciam emparelhados com alumínio, provavelmente um metal garantido? E a presença do óxido de ferro, que se administra às crianças anêmicas, e do fósforo vivificante era já quase um bem supérfluo. Restava ainda a "matéria orgânica", o número sete da série. A existência desse material, que encerrava, sem dúvida, o segredo dessa água, satisfazia particularmente Lacadé. A denominação fascinava-o pelo seu ar filosófico e por designar o resíduo ainda não explicado pela ciência, no qual bem se podia esconder o remédio dos nervos mencionado pelo doutor Lacrampe, no "Café Français".

O farmacêutico Latour acrescentava, com certa ênfase, à parte positiva da sua análise um curto período negativo:

"Verificamos, na composição desta água, a ausência absoluta de enxofre."

Lacadé esfregou as mãos. Dispensava de bom grado o enxofre. E, com satisfação crescente, correu à recapitulação de Latour: "As propriedades desse manancial são extremamente notáveis. Cumpre inscrever a seu favor não só a leveza peculiar das suas águas, tão propícia à digestão, como o seu poder refrigerante, adequado para estimular os processos orgânicos. À vista das excepcionais combinações químicas, que determinam o valor do manancial, julgamos não exagerar, prognosticando que, em breve, a ciência médica outorgará à fonte de Massabielle, pelas suas virtudes curativas, a primazia entre as nossas águas termais."

Essas frases, redigidas em estilo técnico, diziam mais do que se podia desejar. A alusão à ciência médica equivalia já a uma sugestão. O eminente Filhol não hesitaria em subscrever o parecer do modesto Latour, pois, mesmo sob os céus da análise, não costuma uma gralha arrancar os olhos à sua semelhante.

— Mas, devagar, Lacadé! Ainda não é tempo de recorrer a Filhol. Filhol comandará o ataque final e decidirá a vitória! Dentro dum ano talvez, a análise firmada por ele poderá enfeitar os rótulos das garrafas que a "Sociedade Termal de Lourdes" espalhará no vasto mundo.

Antes de tudo, cumpria vencer outra batalha — uma batalha cuja preparação estratégica fora, em verdade, comprometida pelo correto Massy, pelo super sagaz Dutour e pelo desastrado Jacomet. Contra esses trapalhões temerosos, que se debatiam nos percalços burocráticos, levantar-se-ia finalmente um homem — o homem de ação e da realidade, o homem capaz de cortar o nó górdio. Quem havia de ser em Lourdes, esse Alexandre comercial, senão Adolfo Lacadé? Para edificar esse futuro grandioso, cumpria garantir a fonte e a gruta. Para defender o Estado contra um milagre, Dutour e Jacomet não vacilavam em perseguir, com insensatez imoral, Bernadette e a sua família. Naufragavam, porém, ante a pobreza, a ingenuidade, a inocência. Lacadé acometia e eliminava o próprio milagre. Disso tinha certeza, alisando o atestado de Latour.

Havia, no entanto, uma questão capital: por que meios arrebataria a gruta à dama, isto é, à superstição, ao encanto do mistério, à sede de fábulas do gênero humano? O Estado falhara. Falhara a Igreja. Ambos estacavam ante os vinte mil adeptos, ante o "movimento popular" que os surpreendera. O Estado e a Igreja receavam o poder volitivo latente na massa rebelde. O móvel mais profundo das duas instituições tão prejudicadas era o medo da vontade popular. Mas o motivo que impelia Lacadé era o móvel mais poderoso e sincero da época hodierna: o bom negócio.

O edil de Lourdes passara a Páscoa — festejada cedo, nesse ano — inativo, porém não ocioso. Na sua secretaria amontoavam-se as leis, os decretos, as disposições do governo francês, colecionados na comuna de Lourdes, desde o ano memorável de 1789. O "maire" explorara conscienciosamente esse caos legislativo. Ele próprio não tinha pleno conhecimento do alto grau de autonomia e livre iniciativa que a constituição francesa assegura às comunas. O "maire" é soberano absoluto no seu domínio. Eleito livremente pela população comunal, só por ela pode ser destituído da dignidade de edil. Em relação ao Estado, é por assim dizer o delegado e não um subalterno do prefeito. Compete-lhe exclusivamente legislar sobre o que diz respeito à sua comuna. Vital Dutour lembrara a Lacadé, semanas antes, um decreto muito praticável. Mas o procurador imperial era um verdadeiro jurista, sempre pendente entre o pró e o contra. Chegara o momento de pôr em prática o alvitre do promotor, não, porém, como ele imaginava. O "maire" convocou os seus dois secretários, Capdville e Courrèges:

— Sentem-se aí e escrevam.

E, com ares de chefe de exércitos, começou a ditar:

"Reportando-nos às leis de 22 de Dezembro de 1789, de 24 de Agosto de 1790, de 22 de Julho de 1791 e finalmente de 18 de Julho de 1837, referentes à administração municipal, tornamos público..."

Lacadé saboreava essas datas históricas, que nobilitavam o que as mencionava para uma ação atual. Alisando a cabeleira com o pente de bolso, continuou a ditar, em estilo burocrático:

"Considerando que, no interesse da religião, convém pôr termo às deploráveis cenas de Massabielle..." Nova linha!

Os escreventes repetiram. As alíneas de Lacadé assemelhavam-se a golpes de espada:

"Considerando que incumbe ao "maire" velar pela saúde pública... que a população local e forasteira se habituou a beber a água da fonte dessa gruta... que se trata duma rica fonte mineral que só poderá ser franqueada ao uso público após a análise científica e mediante prescrição médica;

"Considerando que, para esse uso, é indispensável a autorização oficial, determino o que se segue...

— Determino o que se segue... — repetiu o eco altivo dos adjuntos.

Sempre ereto, Lacadé balançou a sua corpulência e continuou a ditar tão depressa, que os secretários mal o podiam seguir:

"Artigo primeiro: É proibido tirar água da citada fonte. Artigo segundo: É igualmente vedado transpor os limites dos domínios comunais, em Massabielle. Artigo terceiro: Levantar-se-á, diante da gruta de Massabielle, uma cerca de estacas, para lhe impedir o acesso. Artigo quarto: Toda transgressão destas disposições será punida nos termos da lei. Artigo quinto: O comissário de polícia, o chefe da gendarmaria e os órgãos de vigilância da comuna velarão pela observância rigorosa destas disposições. Dado em Lourdes, na Câmara Municipal. Data. O "maire"."

Lacadé tomou fôlego e passou a estabelecer a ordem de batalha. Capdeville copiaria imediatamente o decreto em letra redonda! Courrèges seguiria para Tarbes, em diligência especial posta à sua disposição pelo chefe Cazenave, afim de submeter a nova lei à aprovação do prefeito. Às duas horas, o decreto do edil deveria estar em mãos do destinatário.

— O governo — calculava Lacadé — não se abalança a dar um passo decisivo, de irresolução e fraqueza, ou por motivos de alta política que eu não posso penetrar. Essa política pode depender da atitude ambígua da Igreja que se esquiva a reconhecer o milagre e, ao mesmo tempo, não se decide a negá-lo. Eu, o "maire", sou uma autoridade autônoma. Com a interdição da gruta, pratico um golpe de Estado, sem exceder as minhas atribuições. Não sou nenhum maricas, meus amigos; meto-os todos num chinelo! Ninguém me pode destituir. Antes, a prefeitura e o ministério do Culto muito me agradecerão este passo — o serviço mais valioso que posso prestar ao prefeito. O barão não tem a fazer senão subscrever as minhas disposições: "Visto. *M*". Um simples *M*. Ele toma conhecimento das medidas do "maire" autônomo de Lourdes e garante-lhes a execução, por intermédio dos seus órgãos. Nada mais! Embora, porém, o visto do prefeito figure abaixo da minha firma, a responsabilidade não é minha; é dele. Perante o meu conselho municipal e a população da comuna, posso apontar o *M*, e encolher desoladamente os ombros. Não mereceria eu ser nomeado presidente do conselho de ministros da França?...

— Escute, Courrèges — disse o "maire", em voz alta — se não receber uma contra-ordem escrita, pode ficar em Tarbes e passar uma tarde agradável. Espera-lo-ei até às cinco horas. Se até lá não tiver voltado sairei.

Às cinco horas, Courrèges ainda não voltara. Passava, sem dúvida, uma tarde agradável em Tarbes, que representava para os "viveurs" de Lourdes o papel de grande cidade e contava um teatro de "vaudeville". O visto do barão estava, pois, assegurado. Lacadé deixou a "mairie".

O procurador imperial e o comissário de polícia receberam cópias da promulgação que passava à tipografia do "Lavedan". Convinha desferir o golpe com a máxima celeridade; em conseqüência, o "maire" tratou de apressar Jacomet. À noite, alguns trabalhadores marcharam para a gruta, sob as ordens do comissário. Não sendo a hora demasiado tardia, o clarão das tochas atraiu uma considerável multidão de testemunhas que presenciavam o espetáculo, num silêncio obstinado. Dias antes, colocara-se ao pé da ogiva uma caixa de esmolas, com o fim de juntar o dinheiro para a capela exigida pela aparição. Jacomet deitou fora o cofre, as velas, as oferendas, as imagens; quando, porém, se dispunha a arremessar pessoalmente ao Gave os ramalhetes recém-colhidos e pousados ao pé das madonas, um assombro ameaçador sublevou a multidão. O comissário teve medo, pressentindo que, se completasse o gesto esboçado, ele próprio iria parar nas águas do rio. Mudando de idéia, dirigiu-se para a carroça que devia transportar o altar e os seus pertences, e largou as flores sobre os demais objetos. Os operários levantaram a cerca à altura dum homem, provendo-a de tabuletas de advertência. Bernadette já não poderia, da margem oposta do riacho, ver a dama na ogiva de pedra.

Nesses dias, porém, Bernadette ficava em casa e não voltara à gruta. A dama não a chamava desde a segunda-feira da Páscoa. A bela senhora ausentava-se frequentemente e por largo tempo. Bernadette suportava-lhe a ausência, sem queixa, pois sabia já que a dama devia regressar.

Na manhã seguinte, relativamente cedo, Courrèges chegou à "mairie". O *M* do barão sobressaía em boa letra; o golpe de Estado obtivera êxito; pelo menos num dos lados. A dama encontrara finalmente um adversário digno dela. Ver-se-ia, agora, se ela conseguiria parar esse golpe. Uma hora depois, a proclamação era colada aos muros de Lourdes e Callet a promulgava, ao rufar do tambor, nas ruas da cidade. O policial gostava dessa função, que lhe dava ares de orador ou de chefe político. E ouvia a sua própria voz estrídula e desafinada declamar, em mau francês, com péssima pronúncia e cadência montesina:

"Considerando que... determino o que se segue..."

Na noite do grande dia, celebrava-se no "Café Français" a despedida do poeta Jacinto de Lafite. Os parentes do literato haviam regressado a Lourdes pela Páscoa; o solar da ilha do Chalet estava superlotado. Lafite partia para a capital onde o esperava o seu mesquinho aposento da rua dos Mártires. O poeta sentia saudades de Paris, embora tivesse, de rabiscar artigos ridículos para os jornais e experimentasse antecipadamente o amargor das decepções e vexames a que está exposto o artista malogrado. Vitor Hugo, que outrora se dignara formular sobre ele uma apreciação amável, vivia já desde nove anos no mais suntuoso desterro. Théophile Gautier, natural de Tarbes como Lafite, cumprimentava-o de quando em quando, no café ou no teatro. Contudo, se alguém lhe perguntasse:

— Leu o senhor algum escrito de Lafite?

Gautier responderia, sem dúvida:

— Mas Lafite escreveu, acaso, alguma coisa?

Jacinto de Lafite sentia em Lourdes saudade de Paris, a cidade-luz. Ao mesmo tempo, sabia que em Paris teria saudade de Lourdes, a cidadezinha mal iluminada, a sua permanência ali prescindindo mesmo de alguns versos felizes, não fora absolutamente infrutífera para o seu pensamento. O literato jamais confessaria que a agitação reinante em Lourdes, desde o dia onze de Fevereiro, não o deixara indiferente.

Na realidade, ele pertencia aos que nunca tinham ido à gruta nem presenciado o êxtase de Bernadette Soubirous. Não há, no mundo, orgulho maior do que o do intelectual. Pode ele estar sem pão e sem abrigo; ainda assim, não se julgará atirado por Deus ao palco da vida, mas convidado no camarote real. A consciência de pertencer, não aos atores da comédia, e sim aos seus desinteressados espectadores dá-lhe uma superioridade inebriante que o ajudará a suportar até uma vida de privações. O literato considera-se não uma criatura de Deus, mas o hóspede de Deus. Nenhum imperador ou papa poderia comparar-se a essa posição excelsa, de ordinário oculta aos homens, o que lhe aumenta o sabor secreto. Por essa razão Jacinto, o parente pobre do opulento Lafite, contemplava a competição travada entre Bernadette, a dama e os poderes do mundo, do cimo da incomensurável e gélida atitude de espírito absoluto que roça a vida humana só com o raio travesso da ironia. Numa palavra, Lafite julgava-se igual à divindade em que se vangloriava de não crer.

Nesse dia, não faltava nenhum dos freqüentadores, nem sequer, os que, como Estrade e Dozous, nos últimos tempos raramente apareciam no "Café Français".

— Sentirei a sua falta — disse o velho Clarens, habituado a encontrar todos os dias o poeta. — Em todos estes meses, discutimos valentemente. Como poderei passar sem as suas contradições, senhor não-conformista por excelência?

— Agradeça à dama, caro amigo — gracejou de Lafite. — É ela que me põe em fuga.

Estrade tomou o gracejo a sério.

— Por que a dama? — perguntou ele. — Acho que a dama não lhe faz mal nenhum.

— Mal nenhum? — redargüiu jovialmente o literato. — Por mim, julgo-a uma natureza extremamente despótica. Ela exige que nos declaremos por ela ou contra ela.

Estrade concordou energicamente.

— É verdade, Lafite. A dama exige essa decisão.

— Veja, meu amigo — prosseguiu o poeta — essa exigência é, aos meus olhos, uma prepotência, o pior ataque à minha liberdade individual. Sou realmente um pobre homem, sem excessiva presunção — pelo menos o espero. Há, no entanto, um esplêndido direito a que não pretendo renunciar, enquanto viver: o direito à neutralidade. Apraz-me pairar, livre e feliz, entre os chamados "firmes pontos de vista" alheios. Esses pontos de vista — com sua licença, senhores — aborrecem-me todos. Não considero o homem um ser materialista, curado das ilusões sobrenaturais, nem tolero a mixórdia religiosa que se prepara atualmente. Já notaram, senhores, que as raças ou massas devotas causam sempre a impressão de coisas bolorentas, mal arejadas?

— Já tomei um dia a liberdade de observar — atalhou Clarens — que os poetas hodiernos perderam o contacto com o povo.

— Esse povo, amigo — retrucou Lafite — é apenas mais uma das abstrações supersticiosas que vós, os idealistas, tendes na consciência.

E, acrescentou, à guisa de conclusão:

— Desde que a dama surgiu em Lourdes, não me sinto à vontade. Regresso ao pecado, em Babilônia.

Lacadé e Vital Dutour chegaram à mesa. O "maire" dera duas vezes a volta à praça Marcadale, como um general vitorioso que se mostra ao povo. O "Café Français" honrou-o com uma salva de palmas. Duran e os seus triunfavam. O edil vencedor dirigiu-se afavelmente ao que partia.

— O senhor deixa-nos, meu caro poeta. Provavelmente arranjará em Paris péssima reputação à nossa cidade.

— Não seria possível, senhor "maire"! — protestou Lafite, com requintada cortesia.

— Nem razoável — apoiou Lacadé, em tom profético. — Paris e o mundo assistirão em breve a uma transformação surpreendente: a nossa cidadezinha será deveras a salvação dos enfermos, embora de maneira muito diversa da que se imagina. Mas o senhor era o poeta que eu almejava para vestir de frases cintilantes essa mudança assombrosa.

Todos os olhares voltaram-se para a porta onde se produzia um redemoinho. — Excitado e suarento, o brigadeiro d'Angla precipitou-se para a mesa dos notáveis.

— Foi um verdadeiro motim, senhores! — arquejou ele. — O povo invadiu a gruta, arrancou a cerca...

— Quando tiver de fazer alguma comunicação de ofício, d'Angla — admoestou Lacadé, após um silêncio majestoso — procure tomar uma atitude mais conveniente. Que foi então o que houve? E quando?

— Há meia hora, mal escureceu, a gruta foi invadida. Eu estava lá, sozinho.

— Compreende agora, porque não o felicitei pela sua extraordinária habilidade, senhor "maire"? — acudiu Vital Dutour, rindo-se satisfeito.

— Ora! Que importa ? — redarguiu Lacadé, levantando-se pálido, mas calmo. — A cerca voltará hoje mesmo ao lugar; duas sentinelas guardarão continuamente a gruta.

— A coragem é um divertimento caro — insinuou o procurador imperial.

Minutos depois despedia-se ele de Lafite, com estas palavras:

— Por que abandona esta peça interessante, antes do quinto ato, meu senhor?

CAPÍTULO XXIX

O BISPO AVALIA AS CONSEQUÊNCIAS

Monsenhor Laurence levantou-se da mesa. Tivera, além do vigário Peyramale, só dois convivas: um cônego da chancelaria episcopal e um jovem clérigo, seu secretário particular. Estes dois eclesiásticos não tardaram a retirar-se com uma desculpa. Após a refeição, monsenhor desejava ficar só com o cura de Lourdes, o que significava uma grande distinção, raramente concedida pelo bispo de Tarbes, excelente conhecedor de homens.

Como inúmeras personalidades eminentes, mas oriundas da ínfima classe social, Severo Laurence conservava, no cimo luminoso que atingira, como um sedimento secreto da alma, o amargar da indigência antiga. O mandamento de amar ao próximo lutava nele, sem tréguas, com um desdém dos homens, penosamente recalcado. Resultava dessa luta uma singular espécie de benevolência glacial, sob a qual se escondia timidamente uma inteligência adamantina. Pelo cura de Lourdes, porém, o bispo Severo Laurence tinha um fraco declarado. A simpatia entre homens funda-se num justo amálgama de qualidades afins e contrárias.

Aos quarenta anos passados, Peyramale ainda não aprendera a dominar o seu temperamento fogoso. Quando alguma coisa o contrariava, os olhos flamejavam-lhe, e ele deixava de pesar o que dizia. Combativo, destemido e rude, o vigário de Lourdes agradava a Sua Grandeza. Demais, o fidalgo Peyramale inspirava respeito ao bispo plebeu, cercado de eclesiásticos de origem obscura e, portanto, incapazes de vencer o servilismo untuoso que caracteriza frequentemente os clérigos subalternos, sobretudo nos países meridionais. Monsenhor orgulhava-se de contar, no seu clero, um sacerdote ilustre como Domingos Maria Peyramale.

O criado abriu os batentes de algumas salas que o bispo atravessou com o seu hóspede, arrimando-se ao báculo de marfim. Todos esses salões frios e suntuosos estavam desabitados. Monsenhor Severo ocupava, havia doze anos, o paço episcopal, sem lhe imprimir, o menor sinal da sua existência; conservava-o como o recebera do seu antecessor, o bispo Double. Filho de outro século, este prelado tinha o senso das coisas belas e era, em certa medida, um colecionador. Severo Laurence não possuía o instinto do belo nem a paixão do colecionista. Vendera, pelo contrário, certo número de quadros e objetos de arte do palácio, para custear obras de caridade. Os indivíduos de estirpe humilde são, em geral, racionalistas.

Os dois sacerdotes chegaram finalmente ao termo dessa peregrinação através do palácio. Segunda distinção a Peyramale: o bispo mandara servir o café no quarto onde soía viver, trabalhar e dormir. Antes de se elevar à dignidade episcopal, ele ocupava um modesto compartimento. Bispo de Tarbes, não mudara de hábitos. Desdenhando as objeções do mestre de cerimônias, recusara deliberadamente um aposento maior.

O quarto de Sua Grandeza não se poderia chamar confortável. Era uma peça de dimensões medianas, guarnecida duma cama de ferro, dum genuflexório, dum crucifixo, duma efígie pouco artística da Madona, dum divã grosseiro, duma secretária e de algumas poltronas. Também não se poderia qualificar de monástico ou ascético, pois monsenhor não prescindia das comodidades a que se afizera. Envergonhar-se-ia apenas — e isso sem a menor afetação — de mudar de vida, por ser bispo. Filho de proletário, fora pobre e pobre se conservava. As privações também podem tornar-se uma espécie de costume. Para falar verdade, diremos que a cozinha do bispo era boa, ou melhor: excelente. Peyramale verificava-o, a cada uma das suas visitas.

Terceira distinção: o lacaio apresentou ao cura um longo cachimbo. Monsenhor puxou a caixa de rapé, com que a sua sotaina se familiarizara, e sentou-se com o hóspede ao pé da lareira. Que primavera fria! O fogo era o único elemento alegre, nesse ambiente austero. O bispo sentia frio em pleno verão — gelava-o talvez a sua própria benevolência.

— Os sucessos da gruta, que nos narrou à mesa, fortaleceram a minha convicção de que procedemos acertadamente. Nem o prefeito nem o "maire" imaginavam que lhes derrubassem todos os dias a cerca de ripas. Imagine só que dano para a Igreja, se o mundo pudesse inscrever na nossa conta algumas dessas ripas! Tenho de lhe exprimir o meu reconhecimento, senhor cura de Lourdes.

— Atrevi-me a solicitar de Vossa Grandeza esta audiência — replicou respeitosamente o vigário — porque não me satisfaz o atual estado de coisas; receio que seja preciso mudar de atitude...

O bispo suspendeu a pitada que ia levar ao nariz e fitou, surpreso, os olhos encovados no rosto do vigário. Desviando com uma tossezinha discreta o ataque de Peyramale, acudiu:

— Farei antes de tudo, uma pergunta ao cura de Lourdes: quem é Bernadette Soubirous?

— Sim; quem é Bernadette Soubirous? — murmurou o vigário, sem levantar os olhos cravados no chão.

Passaram-se alguns minutos, antes que ele tornasse a erguer para o bispo o rosto sulcado.

— Monsenhor, confesso francamente que reputei Bernadette uma embusteira, uma Rosa Tamisier; ainda hoje, há momentos passageiros em que a julgo assim. Conheço demais este povo de noveleiros, de fantasistas, de farsantes, e a sua arte de iludir, não só os outros, mas a si próprio. Ah! pobre gente! Desoladoramente pobre! Confesso mais, monsenhor, que julguei Bernadette uma alienada e, por momentos, embora mais raramente, ainda me sucede desconfiar do juízo dela. Em terceiro lugar, confesso que vejo em Bernadette uma criatura verdadeiramente privilegiada, uma taumaturga...

— A explicação não é muito clara, vigário de Lourdes — resmungou o bispo, cujo sagaz espírito jurídico não se dava bem com os paradoxos imaginosos.

E, apontando a secretaria com um gesto vago, acrescentou:

— Recebi uma carta dum militar reformado, o general Vauzous. Pedeme ele que providencie contra este dano à autoridade da Igreja; a mesma cantiga que o governo vem entoando, há semanas — o governo, isto é, o barão Massy, Roulland e, segundo me informam, o próprio Imperador; apenas, o velho e digno general parece sincero. Ele tem uma filha entre as irmãs professoras de Nevers. O senhor deve conhecer essa freira, que leciona em Lourdes...

— Conheço-a, monsenhor; e já duas vezes lhe falei do caso Bemadette Soubirous. Desejava, naturalmente, ouvir o juízo da mestra que vê a menina todos os dias...

— A opinião da professora, que deve conhecer Bernadette Soubirous melhor do que outrem, é incomparavelmente mais significativa do que a do cura de Lourdes...

Os olhos de Domingos Maria Peyramale flamejaram.

— Tive a impressão de que a mestra não gosta muito da pequena.

— Pelo que sei — continuou o bispo, depois duma pausa de observação — a irmã Vauzous é um ornamento da sua ordem. Distingue-se em tudo. Não faltam exaltados que lhe atribuam cheiro de santidade. A irmã Vauzous descende duma família ilustre. Dentro alguns anos, será certamente mestra de noviças e mais tarde superiora. Por que deveria uma religiosa de tais méritos e virtudes desconfiar, sem motivos, duma criatura como Bernadette Soubirous?

— A irmã Vauzous — replicou Peyramale — pode aspirar às maiores dignidades, a um lugar de honra no céu; entretanto, quem lhe fala não tem absolutamente a impressão de se estar avindo com uma criatura eleita, excepcional. A irmã Maria Teresa deixa-nos indiferentes. Isto nunca ocorre com Bernadette Soubirous. Não sei o que tem essa menina. É uma pequena absolutamente vulgar, uma fisionomia banal como a da maioria destes Doutreloux, Ourous, Gozos ou Gabizos. Dá raiva pensar que um pirralho assim traz a França em alvoroço, com as suas artes! Mas, de repente, lá solta ela, no tom mais simples, uma resposta, monsenhor, uma resposta que preocupa horas inteiras — uma resposta que não se destrinça facilmente. Piores ainda os olhos da menina!

Monsenhor sabe que eu posso ser tudo, menos um fanático ou um místico exaltado. Sou antes, com a ajuda de Deus, um homem prático. Quando passo muito tempo sem ver Bernadette, as minhas desconfianças aumentam. Se, porém, a mando chamar, como fiz recentemente, não é ela quem fica perplexa; sou eu. Porque, Santa Virgem, a pequena é tão extraordinariamente verídica, tem ao falar uns gestos e uns modos tais, que eu mesmo não os entendo...

— Acaba de cantar um hino de louvor a Bernadette Soubirous — observou o bispo, sem mover um só músculo do rosto.

— Não mereço a observação, monsenhor — retrucou Peyramale, voltando à realidade. — Eu não tenho feito senão impedir que o meu clero ponha os pés na gruta — o que já é bastante difícil, especialmente com os senhores eclesiásticos das pequenas comunas rurais. Mas para explicar, para o sossego dos espíritos, nada posso, porque eu mesmo sou um centro de incerteza. Apesar da minha idade, preciso do seu auxílio paterno, monsenhor. Pense no manancial! Lembre-se da cura do pequeno Bouhouhorts! E, desde ontem, murmura-se que a fonte abençoada restituiu a vista a um rapazinho cego. Prescindindo, embora, da pessoa de Bernadette Soubirous ocorrem indubitavelmente milagres...

— Pare, cura de Lonrdes! — atalhou o bispo.— Sabe muito bem que não lhe compete — nem a mim — empregar esse termo extremamente perigoso. Cabe única e exclusivamente à Congregação dos Ritos em Roma discernir nalguma coisa um milagre autêntico duma ilusão...

— Muito justo, monsenhor! — acudiu Peyramale. — Mas para formular a sua sentença, a Cúria precisa do material necessário. O cura de Lourdes, na sua indignidade, vem à presença do seu bispo e diz: "Não posso ir além. Toda a minha diocese vive na mais profunda incerteza espiritual. Lourdes converteu-se em campo de luta, não só simbolicamente, por desgraça, desde que ontem os gendarmes acometeram o povo. Os exaltados da força da senhora Millet assumem atitudes provocantes. Os livres-pensadores tiram sucessivas vantagens destes fatos. E as cabeças lúcidas e desapaixonadas já não sabem onde estão. Eu mesmo não sei. Por isso monsenhor, ouso instar por que desenrede essa meada. Convoque enfim a comissão episcopal de inquérito e dê ao povo um ponto de apoio.

O bispo levantou-se. Arrimando-se penosamente ao báculo, deslizou até à secretária, de cuja gaveta extraiu um maço de papéis.

— Aqui está a comissão episcopal de inquérito, elaborada nos mínimos particulares.

— E quando dará o sinal para o início dos trabalhos? — perguntou Peyramale, animado.

— Nunca, se Deus quiser! — respondeu rispidamente Severo Laurence, acalmando o vigário com um gesto e acenando-lhe que ficasse sentado. Depois, aproximando-se da janela, baixou o olhar para as moitas floridas dos sabugueiros do jardim e continuou:

— Reconhecer o milagre é uma coisa tremenda, senhor. Os homens são ambiciosos; por isso desejam milagres. Muitos crentes não se contentam com crer; querem uma certeza que só o milagre lhes pode dar. E Nosso Senhor, com muito acerto, raríssimas vezes nos outorga um milagre. Pois que valeria a nossa fé, se qualquer idiota a pudesse comprovar a toda hora? O próprio prodígio quotidiano da missa oculta-se, sob a forma natural, de pão e vinho. Não; não, meu caro; para toda instituição, seja esta o Estado ou a Igreja, o extraordinário é um veneno. Considere o que os homens costumam chamar gênio: um Napoleão Bonaparte, por exemplo. Que foi esse pretenso gênio, para o mundo? Um estorvo sangrento, cura de Lourdes. E muitos dos santos, que invocamos, também foram, no seu tempo, apenas um embaraço incruento para a Igreja. Querer distinguir-se ou sobressair dos demais é um abuso que nós, os tutores legítimos da comunidade católica, devemos reprimir, enquanto não nos subjugar uma prova irrefragável do favor divino. A Igreja, Corpo Místico de Cristo, é a comunidade dos santos, e, como tal, cada uma das suas partes é santa. Instaurando agora essa comissão de inquérito eu, o bispo, reconheceria oficialmente não apenas a vaga possibilidade, mas a excelsa probabilidade de fatos sobrenaturais. E eu só o faria, se não restasse nenhum outro caminho para uma explicação natural. Agindo prematuramente, arrastaria não só a minha diocese, mas a própria Igreja, ao abismo do ridículo. Que provam duas ou três curas, cuja natureza positiva não foi atestada, de modo irrefutável, por nenhum círculo médico? O senhor mesmo, cura de Lourdes, que há pouco entoou loas a Bernadette Soubirous, não exclui totalmente o embuste ou a alteração mental. Pense no que diria o nosso século hipercrítico e hipercientífico dum bispo que entronizasse uma pequena doida ou farsante e, dando crédito à fábula duma fonte milagrosa, promovesse um concílio, para desmascarar finalmente um truque ousado! O dano seria incalculável!

Domingos Maria Peyramale, muito agitado, quis falar. O bispo reteve-o com um gesto e concluiu:

— Se a dama de Massabielle for deveras a Virgem Maria — o que, em última instância, só Roma pode decidir — farei penitência, para obter perdão. Mas, até lá, na qualidade de bispo de Tarbes, incumbe-me o dever de lhe estorvar o caminho por todos os meios ao meu alcance.

CAPÍTULO XXX

A DESPEDIDA DAS DESPEDIDAS

As semanas passavam, e a luta contra o milagre permanecia indecisa. Duboë, o sub-prefeito, praguejava; praguejava Vital Dutour, e muito mais Jacomet. As enfadonhas repartições da cidadezinha de Lourdes se tinham transformado em sedes dum estado-maior onde se forjavam, dia a dia, novos planos contra a inimiga de Massabielle que, embora ausente, mantinha a população em constante alvoroço. A caserna de Nemours cedera mais três brigadas da gendarmaria, pois d'Angla e os seus homens havia muito se tinham tornado insuficientes para o serviço. De duas em duas horas, rendia-se a guarda diante da gruta, já agora isolada do mundo por uma parede de tábuas perfeitamente ajustadas. Se aparecesse na ogiva, a dama estaria presa. Justamente essa idéia de haver a gendarmaria aprisionado impiamente a divina doadora de bênçãos exasperava a população dos Pireneus. Considerava-se ponto de honra derrubar-lhe continuamente a prisão, com a astúcia ou a violência.

Para os soldados, o prolongado serviço noturno, cuja causa lhes parecia tão absurda, não era uma sinecura. O superior mais rigoroso admitiria que as sentinelas mal aproveitadas, privadas de repouso de duas em duas noites, cochilassem de quando em quando, durante a guarda. Em suma, já não se lutava com austríacos ou prussianos, mas contra os habitantes do vale do Gave que teimavam em sitiar a gruta da dama. E os jovens camponeses do vale de Batsuguère faziam-no com grande habilidade táctica, variando infinitamente o modo de dar que fazer aos poderes do Estado. Uma vez, por exemplo, pelas três da madrugada, estava o vale envolto em densa escuridão. Só o monologo ameaçador do Gave cortava o silêncio profundo.

— A esta hora, não pode acontecer mais nada — disse consigo o barbado Belhacha, sob cujo comando estava nesse dia a guarda.

O gendarme arranjara, dois dias antes uma nova namorada que, nessa noite, de verão, lhe marcara encontro, a hora tão insólita, na floresta de Saillet.

Belhache gabava-se de conhecer as mulheres. A ciência desse caçador de saias ainda não era, porém, requintada a ponto de fazê-lo desconfiar de que essa pérfida rapariga se arriscasse tranquilamente a uma aventura, para dar uma satisfação a Nossa Senhora e granjear assim a proteção celeste.

— Vou sair um instante — disse Belhache ao policial ajudante Leo Latarpe, então de sentinela.

Latarpe, o colega de Bouriette, já estava mais do que farto dessa história. Valia a pena sacrificar um bom sono a uns miseráveis trinta soldos? Que podia suceder? A abandonar esse serviço já estava firmemente resolvido.

— Se tu sais um instante, Belhache — disse consigo o policial-aprendiz — eu bem posso deitar-me, nalguma parte, no feno.

Os rapazes de Batsuguère espreitavam, escondidos numa das furnas do Monte das Espeluncas. Vendo o campo livre, correram à gruta, amontoaram cautelosamente, ao pé da cerca, estopa e outros materiais inflamáveis e deitaram fogo ao monte. Que adiantavam as ameaças estentóreas de Belhache? Na manhã seguinte, os mil romeiros de Massabielle encontraram apenas restos carbonizados da parede de tábuas e levaram-nos para casa, à maneira de troféus.

Errava, porém, a imprensa parisiense, atribuindo só ao fanatismo da crença ou da superstição a responsabilidade dessas peças malévolas que a população pregava ao governo. A gendarmaria sabia muito bem que, entre os rebeldes, aos quais de quando em quando deitava as garras, não raro se encontravam os ateus e livres-pensadores mais intolerantes. Logicamente, estes deveriam folgar de que o Estado continuasse a luta. Mas o homem não é lógico; e esses descrentes hostilizavam, na mesma medida, a Virgem e os poderes públicos. Valiam-se descaradamente, contra o interesse das suas próprias convicções, do ensejo propício para criar obstáculos à autoridade. Percebiam nitidamente que a dama de Bernadette podia ser uma agitadora e causar contrariedades ao clero, pois aos olhos do bispo, como aos do prefeito, um motim — seja qual for a causa é sempre um motim.

Depois que os defensores da dama derrubaram pela quarta vez a cerca de tábuas, ocorreu um fato inesperado: todos os operários de Lourdes negaram-se a levantar outra parede. Requisitaram-se carpinteiros e marceneiros das povoações vizinhas. Os honrados trabalhadores vieram, ouviram e retiraram-se. Nem um salário excepcional os decidiu a voltar. Por longos dias e para descalabro dos poderes constituídos, a gruta ficou aberta. Afinal os próprios gendarmes, rangendo os dentes, tiveram de apanhar a ferramenta e pregar a nova parede.

A vigilância mais pesada incumbia ao pobre Callet. Tinha este de impedir que os romeiros bebessem à fonte a qual, entretanto, abrira caminho até ao Savy. Mal, porém, Callet voltava as costas, já alguém, rastejando no chão, se supria de água. O policial investia o infrator, com a multa de cinco francos. Quem podia, pagava-a. Em caso contrário, descontava-a dos salários a receber. Não raro, Callet multava trinta e mais transgressores. Em conseqüência, o juiz Rives e o seu colega, o juiz de paz Duprat, escogitaram nova chicana; quando houvesse contemporaneamente várias pessoas multadas, cobrar-se-ia, além da multa individual, uma contribuição coletiva.

— Dessa maneira — pensava Callet, furioso — a comuna tem boa renda e eu fico a chuchar no dedo...

A única autoridade que continuava a aparecer, com inalterável dignidade e nas melhores disposições, era o autor do feliz golpe de Estado, o senhor "maire". Lacadé ria-se do desassossego dos poderes públicos. Esses não tinham nenhum intuito determinado. Ele não; tinha o seu fim definido. E a bomba não tardaria a deflagrar. Outra amostra da água de Massabielle estava já em mãos do grande Filhol. Se a alta ciência pronunciasse o seu veredito, ratificando, ampliando e aprofundando o juízo do modesto farmacêutico Latour, estaria ganha a vitória mais imprevista. Lacadé não duvidava minimamente desse triunfo. O atestado de Filhol brilharia, como um raio salvador, na publicidade da França, esclarecendo e respondendo definitivamente à questão de Massabielle. Depois, uma comissão de médicos famosos arremessaria à humanidade ignorante e sofredora os estrangeirismos empolgantes: clorato, carbonato, cálcio, magnésio e fósforo, antes de tudo.

Lacadé já externara a Cazenave e a Duran, numa entrevista secreta, um projeto audaz: o de construir, não só um grande hotel, como um cassino suntuoso, com colunas gregas, possivelmente no centro dum bem cuidado parque termal, à margem do Gave. Na gruta de Massabielle, as mais lindas meninas de Lourdes ofereceriam aos doentes aristocráticos a bebida salvadora, em copos esmaltados, ao som alegre das valsas e dos "cancans" da orquestra da estação. A imaginação exuberante de Adolfo Lacadé via já esses hóspedes seletos, rodando para Lourdes, em comboios cujos apitos prolongados despertavam os vales mais dormentes dos Pireneus.

Bernadette lidava em casa. Bernadette ia à escola. Bernadette esperava. Bernadette esperava pacientemente.

Na segunda-feira da Páscoa, tivera com a dama a comunhão mais íntima que lhe fora outorgada, desde a primeira aparição. Nesse dia, voltando à realidade, mal sentira a estranheza do mundo. Sabia, já então, que a dama não a abandonaria e que, em cada despedida, se ocultava o prenúncio de outro encontro. Nem Bernadette sonhara ventura maior. À semelhança dos que muito amam, não se demorava a pensar num futuro remoto. Nada lhe contrariava a esperança de que a sua intimidade com a dama durasse a vida inteira.

Parecia-lhe muito natural que os encontros se espaçassem mais e mais em razão dos muitos deveres da linda moça neste mundo, e do pouco que Bernadette lhe podia oferecer. Não lhe dava cuidado como e onde se realizariam as futuras entrevistas. Conhecia bastante a dama, para recear que a gendarmaria, ou algumas tábuas, constituíssem obstáculo sério à vontade dela. A dama chamaria Bernadette e havia de encontrá-la. Pouco importava quando.

Assim decorreram abril, maio e junho. Bernadette assistia apaticamente à luta que ela mesma desencadeara. Não seria lícito dizer que lhe era indiferente. Para falar com exação, essa luta não existia para a menina que, de resto, não a entendia. Limitava-se ela a observá-la, como uma criança sonolenta. O essencial era que o procurador imperial, o juiz, o comissário a deixassem em paz. A pequena visionária era igualmente surda aos apelos quotidianos dos adeptos:

— Oh! abençoada!... O' privilegiada!... O' vidente!... O' taumaturga !...

Por mais incrível que pareça, ela não compreendia tampouco esses apelos. Toda essa gente enlouquecera decerto. Bernadette não entendia de milagres. A dama dissera-lhe: "Beba e lave-se à fonte." E ela executara a ordem. Só isso. Que podia ser um milagre? A dama sabia com certeza onde a água corria, debaixo da terra. Bernadette não falava a ninguém dessas coisas. E, quando alguém voltava ao assunto, fosse a mãe ou Maria, ela calava-se.

A filha de Soubirous não levava vida sossegada. De toda parte, acudiam curiosos ao Calabouço, com perguntas tolas e importunas. Bernadette esquivava-se quanto podia. Mas os vizinhos orgulhosos, os Sajous, os Ourous, os Bouhouhorts, os Ravals — e não em último lugar a tia Piguno — sempre a descobriam, para a ostentarem. Obrigada, assim, a conversar com forasteiros, Bernadette fazia-o dum modo que causava decepção. Adotara, para esses casos, um tom indiferente; repetia a história de Massabielle, como se não se tratasse dela, como se a obrigassem, na feira anual, a narrar alguma façanha mourisca da Antigüidade. Sob essa cantilena, escondia-se o seu acanhamento.

Os visitantes continuavam a oferecer disfarçadamente dinheiro à família. Bernadette vigiava os seus, para que ao menos os irmãozinhos não tivessem fraquezas; era o único ponto em que não admitia gracejos.

Dia a dia, aumentava a distância entre ela e os parentes; o pai, a mãe, os irmãos, todos sentiam diante dela uma espécie de temor. Constrangia-os esse membro da família que entretinha uma relação ilícita com o céu. Francisco Soubirous não renovara a promessa; entrava no botequim, nas horas de menor movimento, e encolhia-se num canto escuro, calado e carrancudo. Já não sofria privações; Cazenave promovera-o a empregado efetivo e aumentara-lhe o salário.

Luisa vivia contrariada e impertinente. Habituara-se ao renome da sua menina-prodígio. Os dias esplêndidos de fevereiro já iam longe; ficara-lhe por filha uma vidente. Para os pobres, porém, não há remédio senão conformar-se. Às vezes Bernadette chegava-se à mãe, com tímida ternura; sentia, como outrora, naquela noite de insônia de onze de fevereiro, a necessidade de esconder a cabeça no regaço materno. Mas, exatamente nesses momentos, o coração de Luisa endurecia-se involuntariamente e ela fingia não perceber nada; embora continuando a sua faina sentisse uma tristeza opressiva e não pudesse conter as lágrimas.

Pior ainda era na escola: Joana Abadie e as outras condiscípulas manifestavam a Bernadette uma espécie de respeito eivado de escárnio.

As vizinhas de banco afastavam-se dela, constrangidas. Ninguém lhe falava. Durante o recreio, ela passeava sozinha, com a sua bolsa branca.

Principalmente para a mestra, Bernadette deixara de existir. Nunca mais fora chamada. A irmã Vauzous sentia-se cem vezes mais revoltada do que o resto do clero, pelo impulso pagão da massa que acompanhava essa maltrapilha, só porque esta fingia ver uma fada elegante e faceira que não tinha um só traço comum com a Mãe de Deus. Tudo se negava, na filha do general Vauzous, a dar o mínimo valor aos êxtases dessa maltrapilha, como ao alvoroço ímpio desses habitantes das montanhas. Uns e outros causavam à freira a impressão duma revolução perigosa de forças inferiores, até aí beneficamente refreadas, e que ameaçassem o caminho excelso e familiar da verdadeira crença, da verdadeira devoção.

Por isso, chegada a época da primeira comunhão das suas discípulas, a religiosa dirigiu-se desdenhosamente à "maltrapilha".

— Por ordem do senhor cura, irás à mesa do Senhor, Bernadette Soubirous.

Palavras secas que pretendiam significar:

— Concedem-te isto por favor e caridade; não, porque tenhas direito.

Assim o próprio pão dos anjos pareceu salgado à filha de Soubirous.

O ano letivo encerrava-se em Lourdes, como em toda a França, a quinze de julho. Na tarde seguinte, ao escurecer, Bernadette cismava, sentada num estreito prado, à margem do riacho Lapaca, em direção oposta à de Massabielle. A menina não quisera voltar à gruta; sentia-se bem nesse recanto tranqüilo, sob as velhas azinheiras da Provença.

Numa aberta distante do vale, o Pic de Midi recortava-se, branco e azulado, contra o céu sereno. Ali Bernadette podia sonhar e sentir à vontade. Sentimentos e sonhos resumiam-se numa palavra: "Quando?"

São Pedro de Lourdes deu um quarto depois das sete. Antes que se desvanecesse a vibração da badalada solitária, a menina recebeu resposta à sua interrogação ansiosa. "Quando?" perguntava ela. E a resposta foi: "Agora", revestida duma insólita e singular solenidade. Com um movimento impulsivo, quase maquinal, Bernadette levantou-se e tomou, correndo, o caminho da cidade, para avisar tia Lucília. No trajeto, porém, mudou de idéia. Não queria ninguém consigo; preferia estar só com a dama.

Mas, infelizmente, não pudera impedir que a vissem. Imediatamente alguns adeptos zelosos lhe correram no encalço, enquanto outros se apressavam a espalhar a novidade: "Bernadette vai à gruta."

Sem saber porque, a menina absteve-se de tomar o caminho mais curto, o atalho da floresta. Enveredou, pois, pelo percurso seguido com Joana e Maria, nesse longínquo onze de fevereiro; costeando o Savy, atravessando a pinguela do moinho e seguindo pela ilha do Chalet, atingiu o prado de Ribères, na língua de terra. Mal viram Bernadette e o seu séquito, Callet e Pays, que passeavam na margem oposta, defronte de Massabielle, assumiram logo uma atitude hostil. Bernadette, porém, não mostrou a intenção de atravessar o regato. Ajoelhando no lugar onde tivera a primeira visão, afastou de si, com um gesto, os que a seguiam.

O bando, que aumentava sem cessar — já tinham acudido Luisa, Maria, as duas tias e os Nicolaus — dispôs-se em amplo e respeitoso semicírculo. Muitas mulheres acenderam velas. Mas que era a chama dos círios, nesse ígneo pôr-do-sol que incendiava o vale do Gave? O Monte das Espeluncas, a floresta de Saillet ardiam; o rio era uma torrente de lava esbraseada. Os picos purpúreos das montanhas, nos confins do mundo, pareciam derreter-se como cera.

O sol, no ocaso, dardejava os seus raios afogueados no interior da gruta, fechada a meia altura pela nova cerca de tábuas. Ou seria outra a labareda que chamejava ali? Bernadette, ajoelhada, só podia enxergar a parte superior do nicho de pedra, o arco da ogiva — os gendarmes não se tinham descuidado de impedir que novas "aparições" pudessem ser vistas de longe. Mas, justamente abaixo desse arco, adejava uma densa névoa de ouro candente. E que era esse floco branco? Seria o véu da dama? Sim; não havia dúvida; a dama estava ali, embora Bernadette não a pudesse ver. Oh! quão pouco imaterial e quão verdadeira era a criatura ideal que algumas tábuas podiam tornar invisível, como qualquer outro corpo! Bernadette olhou em redor de si, buscando auxílio. Que havia de fazer, para encontrar um sitio donde pudesse vê-la?

Nessa rápida inspeção, o seu olhar demorou-se um segundo na praia do Gave, a alguns passos da embocadura do Savy. Bernadette olhou, tornou a olhar, pestanejou... Era impossível! Como outrora, a menina esfregou os olhos... Depois empalicedeu mortalmente; no rosto transfigurado, as pupilas dilataram-se-lhe.

— Ela está ali — exclamou a pequena. — Sim; ali...

E as mulheres do séquito repetiram-lhe o brado:

— Ali está ela!... Sim; está ali!...

A dama postara-se diante da gruta, quase à beira do rio. Os guardas não a viam; mas Bernadette tremia de medo de que Callet ou Pays se aproximassem. Felizmente ambos se retiravam para o outro lado da gruta, afim de vigiarem melhor a perigosa mulher, e impedir que alguém se abeberasse à fonte.

A dama pisava, pela primeira vez, com os pés ebúrneos, o chão arrelvado. As rosas de ouro cintilavam. A bela senhora era, mais do que nunca, a dama de onze de fevereiro, a criatura etérea, moça e adorável. Na grande quinzena, em que atraíra diariamente Bernadette à gruta, parecia afagar planos e intenções secretos; precisava da menina, para a enviar ao cura, para exigir capela e procissões, para desentranhar o manancial.

Nesse dia, era diferente. Não escondia no coração nenhum intuito que subtraísse alguma coisa à comunhão do amor. E só a esse amor se entregava totalmente. Nunca o véu ondulara tão vivamente ao vento; nunca os anéis rebeldes tinham sido tão insofridos. Nunca os olhos azuis se haviam mostrado tão cristalinos nem os lábios tão arqueados. Nem tão vivos pareciam dantes o estofo branco do vestido e o azul da faixa, tingidos nesse dia do ouro do poente. E o sorriso não era só afável, mas malicioso...

Bernadette abriu lentamente os braços e deixou-se cair devagarinho. Depois, sem desviar os olhos, apalpou a bolsa à procura do rosário. A dama sacudiu imperceptivelmente a cabeça, como se quisesse significar:

— Poderá rezar o seu terço cem vezes. Hoje, até a prece seria desperdício. A hora é só para contemplar e contemplar...

Bernadette quis dizer alguma coisa "com o coração". Mas a dama levou o dedo aos lábios. Isso significava: "Cale-se. Que me pode contar que eu não saiba? E eu também já nada tenho a dizer."

Bernadette, porém, não conseguiu reter a dolorosa pergunta que, apesar de tudo, lhe irrompia do íntimo:

— É a última vez, senhora? Oh! será a última vez?

A dama, que entendera perfeitamente, não respondeu sequer com um aceno. O seu sorriso tornou-se mais jovial, mais animador, mais amigável. Na realidade, queria dizer: "A última vez é coisa que nós não entendemos. Hoje, vamos despedir-nos por muito tempo; mas eu fico no mundo e a senhora também..."

A dama esboçou então um terceiro gesto, correndo os dedos alvos ao longo do busto, do peito à cintura, como se dissesse: "Ainda estou aqui."

E Bernadette, desistindo de perguntar, absorveu-se na contemplação, quase inconsciente, com uma inconcebível tensão de todo o seu ser, como se quisesse encher a alma com essa visão e guardá-la no âmago de si mesma, para os dias de privação, dessa hora até à hora da morte.

E Bernadette compreendeu: era a despedida. A dama concedia-lhe tudo. Oferecia-se ao seu olhar, aproximava-se mais e mais até aos limites do possível.

Escurecera havia muito. A noite descia gradualmente; o céu de julho, recamado de estrelas, revelava-se a pouco e pouco. A luz cada vez mais forte dos círios, atrás da extática, escurecia o mundo além dos seus olhos. A dama ainda não se retirara. Com uma gentileza premeditada, escolhera essa hora em que a despedida da luz envolveria a sua despedida. Não queria deixar Bernadette como as outras vezes nem intensificar a fascinação da pequena, para se afastar, despercebida. Ia desvanecer-se, aérea e imaterial, para deixar após si o mínimo de sofrimento. Quando Bernadette já quase não a distinguia senão como uma claridade vaga, a dama começou a recuar, muito lentamente, sem tirar os olhos da pequena, levantando a mão como para acenar à sua querida, como se despedem as criaturas humanas.

Bernadette ergueu também a mão. Sem forças para a abanar, cravou os olhos na escuridão. Seria ainda a dama esse fulgor, à beira do rio? Ou ela já se fora? As estrelas cintilavam, ardendo de desejo de receberem a sua rainha. Devia Bernadette olhar as estrelas? A menina fitou o olhar, como antes, na escuridão espessa, no ponto onde se esmaecia a última luz.

Permaneceu ainda alguns minutos de joelhos, antes de se levantar ao encontro dos círios acesos. Como estavam distantes! Ela andava, andava... Os outros adiantavam-se... E não conseguiam encontrar-se. Finalmente aproximaram-se; a menina reconheceu as fisionomias, ao clarão das velas: a mãe, que lhe trazia o capuleto, porque já esfriava; o rosto enérgico de tia Bernarda, pronta a perguntar; as feições bondosas de Antônio Nicolau que lhe perscrutava os olhos. Bernadette reconhecia-os todos; reconhecia as vozes familiares que a interrogavam, sequiosas de novidades interessantes sobre a dama.

A menina repetiu o gesto da aparição, levando lentamente o dedo aos lábios. Depois, improvisamente, caiu inanimada, não como alguém que se deixa cair, mas como uma coisa que alguém deixou cair.

QUARTA SÉRIE

AS SOMBRAS DA GRAÇA

CAPÍTULO XXXI

A IRMÃ MARIA TERESA VAUZOUS DEIXA LOURDES

A princípio, todos julgaram o desmaio de Bernadette um estado particularmente profundo do êxtase habitual. Ninguém se assustou. Só muito depois quando Bernadette, deitada no colo da mãe, cerrou os olhos, pálida e ofegante, Luisa soltou um grito de angústia. A falta de ar degenerava num grave acesso de asma cardíaca. O rosto da menina estava lívido; os seus olhos dilatados vagueavam no vácuo, implorando salvação. Bernadette ia morrendo... Ao cabo dum quarto de hora, o ataque passou, mas a menina permaneceu prostrada, imóvel no chão.

Antônio Nicolau ergueu-a nos braços, pela segunda e última vez, e com ela percorreu cautelosamente o longo caminho da volta até à rua des Petites Fossées. Atrás dele, se comprimia o grupo assustado das mulheres, algumas ainda com as velas acesas. O cortejo lembrava bem um enterro; aparententente o tio Sajou não errara, profetizando que um esquife não tardaria a sair do Calabouço.

Com espanto geral, Luisa Soubirous, dantes tão retraída em presença de estranhos, pôs-se a injuriar a dama, em altos brados. Por que devia a sua filha, ela mesma, a sua pobre família, sofrer tão duras provações da parte de poderes sinistros que nem o cura nem o bispo queriam reconhecer como celestes e santos? A dama não era de modo algum Nossa Senhora, mas provavelmente uma sombra do inferno, uma enviada do diabo. Ah! os padres espertos bem sabiam porque se abstinham de ir à gruta! Como podia essa dama ser uma criatura de bondade, se virava a cabeça a Bernadette a ponto de torná-la imprestável? E agora, em lugar de lhe curar a "atma", o formoso fantasma sufocava-a, sem que ela o percebesse! Essas e outras acusações continuou a mãe exasperada a bradar contra a dama, até que Bernarda a admoestou asperamente:

— Cala essa boca tola!

O doutor Dozous, chamado imediatamente, prescreveu que Bernadette fosse logo transportada para o hospital das irmãs de Nevers. Interrogado, tranqüilizou os pais: não se tratava de enfermidade perigosa, mas da antiga asma de que a menina sofria desde a infância. Acrescentara-se a isso um esgotamento dos nervos e do coração, conseqüência da excitante quinzena das aparições.

Esgotamento era bem o termo: mortalmente exausta pelo convívio com o incompreensível, Bernadette jazia num quarto do hospital. Nos primeiros dias, os fantasmas lhe rondavam o leito, sem que a pequena pudesse sonhar com a dama. Com ela nunca sonhava. Acometeram-na ainda uns três ou quatro acessos de asma. Os intervalos tornavam-se, porém, cada vez maiores. Depois, a falta de ar atenuou-se. Cessou a dança das sombras nas paredes. O peso do esgotamento deixou de oprimir os membros frágeis. Por mais débil que parecesse à primeira vista, Bernadette possuía no seu corpo jovem energias obstinadas. Uma sensação de bem-estar voltou a distender-lhe os músculos. Certa manhã — decorrera já uma semana, desde a despedida das despedidas — sentindo-se perfeitamente refeita e sadia, a menina pulou da cama e perguntou à irmã de serviço se podia voltar para casa. A freira recomendou-lhe que aguardasse a visita do médico.

Nesse intervalo, Dozous voltara ao presbitério, para falar de Bernadette ao vigário. O Calabouço não se lhe afigurava moradia apropriada para uma adolescente fraca, ainda no período do desenvolvimento, para uma asmática gravemente afetada. Cedo ou tarde, a falta de luz e de ar levaria essa criatura ameaçada à tuberculose. Cumpria providenciar, quanto antes. Os dois homens resolveram prontamente. Peyramale apresentou-se à superiora do hospital e propôs-lhe, em seu nome e no de Dozous, conservar Bernadette Soubirous junto dela, até ulterior deliberação. Além dos motivos de saúde, o cura tinha outras razões ponderosas para essa proposta. A superiora, que simpatizava com a menina, folgou de ser, além disso, agradável ao temível vigário.

Peyramale mandou chamar Bernadette, que aguardava licença para sair. A pequena já não temia o cura, como nos dias distantes de fevereiro. Que mais podia ela querer? Contudo, quanto mudara o homem de sotaina preta, desde que ameaçara expulsá-la do templo com a vassoura!

Peyramale encolheu o corpo colossal, para não assustar com o seu vulto possante a mimosa criança, e procurou dar à voz colérica uma inflexão amigável, sob a qual se ocultava até um quê de timidez:

— Prezada Bernadette, estás agora completamente curada e poderias, com todo o sossego, voltar para casa. Entretanto, o doutor Dozous e eu achamos preferível para ti que fiques mais algum tempo; a madre superiora teve a bondade de concordar conosco. Que te parece?

Bernadette olhou apaticamente o cura e não respondeu. Peyramale imaginou que não lhe sorrisse a vida no hospital.

— Naturalmente não ficarás com os enfermos, minha filha. Disto eu mesmo não gostaria. A Madre dar-te-á um quartinho, onde farás, de dia, o que te aprouver. De noite, a irmã inspetora o partilhará contigo. Serás completamente livre, e poderás passar com os teus o tempo que quiseres. Está visto que deves obedecer ao regulamento da casa e comparecer pontualmente às refeições. O doutor e eu fazemos questão de que sejas bem alimentada pelas prezadas irmãs. Entendeste?

Bernadette anuiu em silêncio, e fitou no vigário os seus serenos olhos negros.

— Não é só isto — continuou o sacerdote. — Sei que os estrangeiros te importunam muitas vezes e os curiosos te aborrecem, impiedosamente. Isso tem de acabar. Nesta casa, estarás protegida. A madre manda-te dizer também que poderás passear nos jardins, quando te parecer. Agrada-te isto?

— Oh! sim, muito, senhor cura! — exclamou Bernadette, sorrindo francamente a Peyramale e, pela primeira vez na vida, sem receio.

Agradava-lhe deveras ter um refúgio e ser livre. Por mais que quisesse aos pais, nas últimas semanas o convívio doméstico a oprimia; no quartinho dos Sajous cumpria-lhe contar com a tagarelice interminável das visitas. A partir daí, ela poderia ir ao Calabouço, quando quisesse; e sempre teria uma desculpa para se esgueirar, pois o seu desejo de solidão era mais intenso do que nunca. Sozinha, ela estava só com o seu amor que a despedida não atenuara, mas suavizara com uma saudade constante. O que sentia, as lembranças e evocações que encerrava na alma, não os poderia ela tornar compreensíveis a ninguém — nem a si própria.

Ficando no hospital, solicitou uma ocupação. Deram-lhe trabalho na cozinha; coube-lhe assim lavar a louça, após as refeições, serviço que dantes pouco lhe agradava. Mas, como a maioria das meninas, fazia fora com satisfação o trabalho que em casa enjeitava. Entre as freiras serventes, havia algumas muito moças e alegres que lidavam, cantando. Bernadette gostava de ouvi-las. As religiosas tratavam-na com prudência não isenta de timidez e desconfiança. Ninguém entendia bem essa taumaturga; ao menos, assim parecia.

O quartinho de Bernadette era frio, estreito, caiado de branco; mas dava para o jardim. A menina podia, a seu gosto, passar meia hora sentada à janela, olhando os cimos das árvores. De quando em quando, alguém a surpreendia nessa inércia, incompreensível e irritante para o observador desprevenido. Não se atura uma cabeça oca, senão para lhe dar muito que fazer. E o único descanso admitido é o sono. Uma das enfermeiras falou, indignada, ao porteiro do hospital, um conhecido de Francisco Soubirous:

— Essa rapariga ridícula senta-se aí, com um rosto sumido, e fica parada a olhar pela janela, como uma pobre doida... Chamei-a três vezes, e ela não respondeu.

O porteiro, cliente assíduo de Babou, repetiu essas frases no "canto medico". Assim se denominava a mesa do botequim, a que se reuniam os lacaios dos médicos de Lourdes. O criado do doutor Lacrampe, emérito em diagnósticos e dono dum olhar que desvendava os casos mais complicados, formulou um juízo, contra o qual os colegas não se animariam a protestar:

— "Dementia paralítica progressiva sed non agitans". Verifiquei isso há meses.

A assembléia dos serventes aprovou, com a muda sisudez profissional da medicina, perante a enfermidade e a morte. Mas a obscura sentença latina do lacaio não tardou a espalhar-se na cidade, como diagnose do patrão.

Na cela de Bernadette havia, além do seu catre estreito, um divã destinado à irmã inspetora. Como o convento e o hospital das irmãs de Nevers ocupavam dois prédios separados, pernoitava no segundo uma irmã responsável pelo serviço. A superiora confiava esse encargo exclusivamente a freiras idosas e experientes. Cabia à irmã inspetora providenciar durante a noite, em casos graves, para que não faltassem o médico e o padre, afim de aliviar e consolar os enfermos. Competia-lhe igualmente a guarda do armário de medicamentos cuja chave não era entregue às enfermeiras comuns. O serviço não costumava ser penoso, dado o escasso número de doentes graves acolhidos no hospital. A irmã inspetora e, portanto, Bernadette quase nunca eram perturbadas; podiam dormir sossegadamente, visto que a freira designada para esse serviço ficava dispensada das preces noturnas.

A irmã Maria Teresa Vauzous, porém, recusava essa dispensa. Bernadette passou junto dela uma noite que foi, em grande parte, uma vigília, se bem que, para não molestar a sua severa adversária, a menina se abstivesse do menor gesto e mantivesse os olhos fechados, reprimindo quanto podia a própria respiração.

De fora não as perturbava o mínimo rumor. Os raios luminosos do plenilúnio de julho permitiam à pequena observar longa e disfarçadamente a mestra, seguir-lhe os movimentos, com uma curiosidade irreprimível. Enquanto as outras irmãs se despiam, no escuro, e se deitavam sob as cobertas, Maria Teresa limitou-se a tirar a touca, descobrindo a cabeça tosquiada a que a basta cabeleira, curta e loura, dava ares de rapaz.

— Não tirará ela os sapatos? — perguntou Bernadette a si mesma.

A irmã Vauzous usava botinas chatas e grosseiras que, sem dúvida, lhe magoavam os pés. Todavia, permaneceu calçada a noite inteira. Não deslizou debaixo das cobertas; deitou-se sobre elas. Antes, porém, ajoelhou-se e orou bem uma hora. Não rezava o terço como as demais; dizia talvez uma prece comovente, pois Bernadette a ouvia soltar suspiros sentidos. Às vezes, dir-se-ia até que ela lutava com alguém. A companheira de quarto não a perdia de vista, atenta a verificar se não se estariam movendo os ombros da freira ajoelhada. Não; um busto de pedra não costuma agitar-se.

Bernadette ajeitou-se no catre, de modo que pudesse ver a religiosa, sem levantar as pálpebras. A irmã Vauzous jazia no divã, sob o luar, com as mãos cruzadas no peito, qual uma santa gótica na sua eça. Também não dormia. Tinha os olhos abertos; mas, através dessa imobilidade, Bernadette pressentia um sofrimento interior. Nessa noite, Maria Teresa levantou-se muitas vezes, para ajoelhar de novo diante do Crucifixo e mergulhar em prolongada oração.

Bernadette lembrou-se então duma aula em que a freira falara às discípulas dos santos ascetas do deserto, que se alimentavam de raízes, de mel silvestre e água, jejuando dias inteiros, rezando todas as orações que se conhecem, quando não inventavam outras. A imagem dos cilícios de pontas aguçadas, que esses eremitas traziam sob o hábito, gravara-se profundamente na memória da colegial distraída. Oh! decerto a irmã Vauzous era uma dessas criaturas excepcionais, que se retiravam para as charnecas ou para as montanhas geladas! Talvez estivesse, nesse instante, lutando contra os seus maus pensamentos e desejos, embora custasse admitir que ela tivesse tais coisas no coração.

Alguém pousara na mesinha de cabeceira, junto do divã, um prato com um pêssego lindo e apetitoso. Era o tempo desses frutos, que em parte alguma são mais saborosos do que nas terras de Bigorre. Mesmo sob o luar, o pêssego nada perdia do seu colorido vivo e do contorno arredondado. Bernadette sentia vir-lhe água à boca. De repente ocorreu-lhe, porém, que a irmã Vauzous devia ter posto ali o fruto, para combater os seus apetites, tal qual faziam os santos ascetas com quem ela tanto se parecia.

— Mas — refletiu Bernadette — a dama, que sempre recomendava penitência, nunca exigiu que não se comessem pêssegos. Por que não os deveríamos comer? São tão saborosos! E baratos! Tanto assim, que mamãe de vez em quando comprava alguns...

A pequena desejaria ver a irmã Vauzous enterrar os dentes na polpa suculenta. Mas a estátua de pedra permaneceu imóvel no divã, até que a lua deixou de clarear o quarto com os seus raios leitosos. Bernadette acordou, sob a impressão de que dois olhos a observavam fixamente. O sol entrava pela janela.

— Dormiste muito — observou a irmã Maria Teresa.

— É verdade. Já me levanto, irmã, — respondeu a menina, certificando-se com um rápido olhar de que o pêssego continuava intacto.

Mas, ao mesmo tempo que tirava os pés do catre, a ombreira da camisa deslizou-lhe do ombro magro.

— Não te envergonhas de ti mesma? — sussurrou a freira. — Enrola-te já nalguma coisa!

Vendo, porém, que a outra se apressava a sair do quarto, reteve-a, com um gesto.

— Espera! Senta-te aqui na cama. Quero falar-te.

A menina encarou a freira, com os seus olhos negros e parados. Maria Teresa Vauzous nunca perceberia quanto Bernadette se ressentia da sua rispidez.

— Se voltares à escola, o que muito te recomendo — começou a freira — já não me encontrarás. Deixo Lourdes amanhã. Regresso à nossa casa de Nevers, donde fui revocada.

— Oh! A senhora deixa Lourdes, irmã? — redargüiu Bernadette, indiferente, sem manifestar tristeza nem satisfação.

— Sim. Vou partir, Bernadette Soubirous, e isto não me desagrada. Vê que feiticeira sabes ser! Enfeitiçaste o povo. Seduziste os funcionários, e eles não te prenderam. Agora estás fascinando esse homem de caráter que é o nosso senhor cura. Todos dançam nos teus fios, minha filha... Menos uma pessoa... menos eu. Porque eu não te acredito...

— Eu nunca pretendi que a senhora me acreditasse, irmã — tornou Bernadette, falando estrita verdade, e sem a menor intenção de ofender a mestra.

— Naturalmente! Aí está uma das respostas com que julgas fechar a boca aos outros — retrucou a religiosa. — Sacudiste a França inteira! Sabes, Bernadette, o que acontecia antigamente aos que se jactavam de ter visões equívocas de belas damas, que desencantavam fontes, que atiçavam a ralé, que se revoltavam contra as leis da autoridade e contra a Santa Igreja? Acabavam na fogueira, Bernadette!

A menina franziu a testa, e não respondeu.

— Uma coisa tens de saber, Soubirous: talvez julgasses, na escola, que eu me mostrava injusta e ranzinza contigo. É um grande erro. De todas as minhas alunas, nenhuma dá-me tanto cuidado como tu. A noite passada rezei por ti; e continuarei a rezar, para que o Senhor não abandone a tua alma e queira salvá-la a tempo do tremendo perigo a que a expuseste.

Dizendo essas palavras, a freira apanhou o prato com o pêssego. Deixou, um instante, transparecer a intenção de entregá-lo a Bernadette. Mas, mudando de idéia, deu-o ao primeiro doente que encontrou no corredor.

CAPÍTULO XXXII

INTERVÉM NA LUTA O PSIQUIATRA

Havia, na França, dois homens profundamente feridos pela derrota que lhes infligira a dama. Um era Vital Dutour, o calvo procurador imperial de Lourdes; o outro, o barão Massy, o correto prefeito do departamento dos Altos-Pireneus.

O impulso mais profundo da maioria dos homens é aparentemente o orgulho ou, para falar com exação, a aspiração intensa a um constante sentimento de superioridade. A vida social exige que os homens disfarcem o orgulho com mais recato do que o próprio instinto genésico. Mas o orgulho lavra-lhes na alma, com a mesma violência. Cada classe tem uma espécie própria e um grau peculiar de orgulho. Talvez que o orgulho do burocrata, quando provocado, exceda o das demais categorias humanas. O burocrata não é aos seus próprios olhos, um qualquer X., serventuário do poder constituído. Sentado à sua carteira, ele julga-se a própria personificação do poder.

Ainda que as suas funções se limitem a selar cartas, é um ser diferente, e mais alto do que o público, assim como os anjos são entes diversos e mais excelsos do que os mortais. Juiz, chefe de polícia funcionário aduaneiro ou tirano fiscal, o burocrata rege a sorte dos homens muito mais notoriamente do que a própria Providência. Todos o cortejam com respeito, porque nas mãos dele a lei é como cera. A sua força mágica vem-lhe da coroa do imperador que, por assim dizer, ele ajuda a trazer. O burocrata não ignora que, praticamente, é e pode menos do que qualquer literato, médico, engenheiro, e até do ferreiro e do serralheiro peritos no seu ofício. Se o despirem da magia que mana do poder, ele não passará dum escriturário mesquinho e desclassificado. Todavia, quanto mais vulnerável for o orgulho, com afinco tanto maior sói ser defendido. Zombar do burocrata é ridicularizar o próprio princípio divino do poder, o que não se pode tolerar.

— Não é possível tolerar que as coisas continuem assim pensava Massy.

O caso da dama de Massabielle não devia encerrar-se com o descalabro do princípio divino da autoridade.

Em verdade, a grande imprensa acalmara-se um pouco, desde que a gruta fora fechada. Talvez crescesse a relva sobre essa história de milagres e fantasmas que escarnecia tão absurdamente do espírito do século. Mas o orgulho do prefeito não se conformava com uma resignação sagaz e prudente. Cumpria-lhe suportar as censuras do seu ministro; visitara duas vezes o bispo, só para se ver obrigado a esperar, e ser despedido com ironia. Todo passo que empreendera com o fim de se livrar desse estorvo irritante, redundara em amarga decepção ou franca recusa.

O barão Massy não era homem que deixasse incompleta a frase escrita ou falada. Com ele, o predicado seguia-se ao sujeito; e o ponto final precedia o emprego da areia secante. Render-se, desistir da perseguição, equivalia para ele a adoecer. O barão consagrava uma antipatia declarada a Bernadette Soubirous, embora nunca a tivesse visto. Estava, porém, convencido que devia ver nela — e só nela — a fonte dessas intermináveis dissensões. Enquanto Bernadette não desaparecesse da consciência dos franceses não haveria paz em Lourdes nem em torno de Lourdes. Todas as tentativas de convencer a pequena de embuste, ou ao menos de exploração utilitária de credulidade do seu próximo, se tinham malogrado, graças à esperteza dela e aos caprichos ineptos do comissário de polícia. Mas o barão Massy ainda dispunha duma arma...

Fazia um dia horrível. O sol estival abrasava o espaçoso gabinete de Sua Excelência. O prefeito trazia, sob a infalível casaca preta, o colarinho duro, a cortar-lhe o queixo, e punhos impecáveis, enquanto os demais funcionários, contrastando com a correção do chefe, trabalhavam em mangas de camisa, alagados em suor. O barão nunca suava, por princípio.

O prefeito absorvia-se no exame dum documento que lhe foi enviado muitas semanas antes. Era o laudo da junta de médicos que examinara Bernadette Soubirous, em fins de março. Essa comissão constava dos doutores Balencie e Lacrampe, ambos residentes em Lourdes, e dum modesto profissional dos arredores . Vital Dutour exigira então, inflexivelmente, que o doutor Dozous, o médico municipal de Lourdes, não participasse da junta. Bastava-lhe o relatório que esse mau recruta lera no "Café Français" sobre a pequena visionária.

O prefeito lia e relia, com a testa franzida, o texto do parecer:

"A jovem Bernadette Soubirous gozou saúde perfeita, até manifestar-se nela uma asma congênita. Nunca sofreu de cefaléia nem doutros distúrbios nervosos. O apetite e o sono são dignos de nota. Não se verificou a presença de alterações patológicas. A menina é, por natureza, extremamente sensível a toda impressão. Trata-se provavelmente duma hipersensitiva que pode facilmente ser vítima da imaginação ou de alucinações. É possível que um raio de luz, no nicho, represente para ela a aparição. Os hipersensitivos têm frequentemente propensão para exagerar certos fatos, tendência que, em casos mais graves, atinge maiores proporções. Não há, porém, motivo para o presumir, em relação à jovem Soubirous. Os infras-escritos opinam que, nessa menina, os pretensos êxtases não excluem uma afecção física, semelhante ao sonambulismo e até a esta data insuficientemente estudada, mas que não constitui perigo algum para a paciente..."

— "Poderia"... "Deveria":.. "Provavelmente"... "Talvez" — resmoneou o barão Massy, repelindo o laudo com um gesto de enfado.

Nesse momento — em boa hora! — anunciaram-lhe o psiquiatra. Ele mesmo o mandara vir de Pau, onde essa personagem dirigia uma clínica privada.

O estado necessita, de quando em quando, dum médico da alma para se desembaraçar de algum indivíduo particularmente ranzinza. Especialmente quando se trata de grandes riquezas mal empregadas, de testamentos caprichosos, da paixão de algum patriarca grisalho por uma beldade leviana, e inconveniências análogas, o estado ou a família burguesa reclamam o concurso do psiquiatra. Por que não seria lícito requisitar-lhe o auxílio contra o sobrenatural, num século que esperava sair-se bem com o natural?

O psiquiatra era um cavalheiro ruivo que se poderia qualificar de formoso, se uma paralisia muscular não lhe repuxasse o canto esquerdo da boca. Não o favorecia igualmente a expressão vaga dos seus olhos pardacentos — o médico dos loucos sempre adquire algum traço peculiar dos seus pacientes.

O prefeito expôs brevemente o caso, esclarecendo o ponto de vista do governo. Com sua grande satisfação, percebeu que encontrara no outro um ouvinte perspicaz. Apesar da sua completa indiferença pelas questões filosóficas, o psiquiatra não tolerava que, no mundo da razão iluminada se abrisse uma fresta sobrenatural. Para ele, Bernadette Soubirous poderia optar apenas entre o embuste e a loucura. Como, porém, a insânia concernia à sua profissão, ele tinha por ela franca preferência. Também não percebia por que razão, nesses tempos difíceis, os poderes celestes haviam de fundar impunemente um arremedo de estação termal, dispensando o exame médico.

O barão Massy mencionou a lei de 30 de Junho de 1838, que autorizava a procuradoria imperial a manter em observação todo cidadão suspeito de enfermidade mental, quando bastasse o diagnóstico médico e o alienado constituísse um perigo para o público. O psiquiatra sorriu:

— Não é preciso mais, Excelência. Entre a plena liberdade e o internamento rigoroso, há um caminho intermediário que costumo prescrever nos casos difíceis. Ponho o paciente em observação. O psiquiatra não é, afinal, um ortopedista obrigado a repor no lugar um pé deslocado.

— Notável, caro professor! — exclamou o barão, radiante,. — Desconfio que essa observação será indispensável...

Já na manhã seguinte, o psiquiatra aportava ao hospital de Lourdes, acompanhado dum robusto enfermeiro, como quem se aprestasse a observar o gigante Golias. Bernadette foi logo conduzida à presença do recém-chegado, e afrontou-o com o olhar frio, circunspecto e perspicaz das suas horas de luta. O cavalheiro ruivo assumiu logo os modos familiares dum tio condescendente; sorriu com enlevo, juntando em bico os lábios tortos, e pôs-se a apalpar o corpo de Bernadette. A menina suportava de má vontade o contacto dessas mãos revestidas de pêlos ruivos. O médico enredou-a, depois, numa prolongada conversação que, à sua maneira, visava ao mesmo fim do interrogatório de Jacomet: obrigar a pequena a evidenciar a sua fraqueza mental. Negando ao intruso essa satisfação, Bernadette formulava, como sempre, respostas breves e incisivas: soube dizer quantas horas tem o dia, quantos dias fazem uma semana, a que horas aparece o sol em julho e quem reinava na França. Sabia quanto são sete vezes cinco. Não soube, é verdade, quanto dá dezessete vezes trinta e oito; mas atirou à cara do inquisidor esta resposta muito séria:

— Isso, o senhor com certeza calculou antes.

Interrogada sobre os acontecimentos da véspera, pôde expor uma excelente narração cronológica. Duas das irmãs mais jovens, presentes ao interrogatório, riam-se disfarçadamente. O antigo sistema de Bernadette voltava a produzir efeito; as suas respostas aturdiam quem pretendera embaraçá-la.

O psiquiatra solicitou licença para ficar a sós com a paciente, num recinto escuro. Acedendo a esse pedido, a superiora não se descuidou de avisar o vigário e o casal Soubirous.

Bernadette sentou-se numa cama, enquanto o cavalheiro ruivo se movia com cautela na penumbra, tirando sucessivamente do bolso, à semelhança dum alfaiate, uma fita métrica e alguns alfinetes.

A anatomia craneana e cerebral celebrava nessa época o seu triunfo: descobrira-se e limitara-se escrupulosamente o centro do talento, da sensibilidade, do movimento. O homem devia depender desses centros, quase como um ágil polichinelo mecânico. Eles representavam, em suma, o que outrora se compendiava na denominação obsoleta de "alma". O psiquiatra mediu o crânio de Bernadette e inscreveu os resultados num caderninho — exatamente como um alfaiate. Depois picou-a, com os alfinetes, em várias partes do corpo.

— Ai! — queixou-se a menina.

— Ao que parece, dói-te muito — verificou o psiquiatra em tom de triunfo.

Difícil seria, porém, dizer se isso significava para a paciente bem ou mal.

— Naturalmente, dói-me muito! — confirmou Bernadette.

O médico ruivo examinou-lhe então os reflexos musculares e, antes de tudo, a reação das pupilas. Em seguida fê-la andar para a frente e para trás, com os olhos abertos e fechados.

— Por que caminhas assim, sem firmeza?

— Porque já estou cansada — replicou a menina.

— Façamo-la sentar-se e conversar — disse consigo o ruivo, retomando os seus modos paternos.

— Então, é verdade que vês a Virgem Maria na gruta?

— Eu nunca disse isso, meu senhor.

— Que foi o que disseste?

— Eu *vi* a dama na gruta — replicou Bernadette, acentuando o verbo no passado.

— Mas a dama tem de ser alguém — insistiu o médico.

— A dama é a dama.

— Quem vê damas, que não existem, é um doente, minha filha; não pode ser uma pessoa normal.

Ao cabo duma pequena pausa, Bernadette explicou com energia:

— Eu vi a dama. Agora não a vejo, porque ela se foi embora. Portanto, o senhor também já não me pode declarar doente!

O psiquiatra calou-se um instante, aturdido por essa lógica irrefutável. Mas logo continuou:

— Escuta, prezada pequena: há sinais certos de que, em ti, nem tudo está direito. Dou-te, porém, a minha palavra de honra de que em breve estarás curada. Não queres ficar completamente boa, sair desse estado que tanto te prejudica? Passarás algum tempo numa bela casa, cercada dum grande jardim. Viverás como uma princesa. Não gostas de chocolate quente e nata batida?

— Nunca provei.

— Então tomarás, quando quiseres; e já de manhã cedo. Nunca passarás melhor, na vida, do que em minha casa. Tudo de graça! Teus pais, não gastarão um vintém, e o teu futuro melhorará.

— Eu não tenho tamanha vontade de tomar chocolate com nata batida — replicou Bernadette. — Vou fazer quinze anos. Prefiro ficar aqui.

O médico meneou a cabeça, sorrindo.

— Querida pequena, é melhor que me acompanhes voluntariamente. Não será mau para ti nem para teus pais, com quem vamos falar daqui a pouco. Já notei que és uma menina inteligente. Duas ou três semanas passam depressa. Ficarás boa. Não tornarás a ver damas na gruta, e estarás preparada para a luta pela vida.

— Não tenho medo da luta pela vida, senhor — tornou Bernadette, olhando as suas mãozinhas; já bem habituadas ao trabalho.

E, antes que o psiquiatra desse por isso, pulou da cama e saiu, correndo.

Duas horas depois, o psiquiatra e o procurador imperial entravam juntos no Calabouço; não foi pouca a sua surpresa, ao darem bem junto da porta, nada menos do que com Domingos Maria Peyramale. O vulto possante do padre atravessou-se-lhes no caminho de tal modo, que a conversação se travou quase no limiar. A família Soubirous refugiara-se, assustada, no outro extremo da peça, junto da lareira.

— Tenho a honra de falar ao senhor cura de Lourdes? — começou o psiquiatra, com uma reverência.

— Tem essa honra, senhor. Em que o posso servir?

— Não seria melhor continuarmos a conversação noutro lugar? — alvitrou Vital Dutour, com uma tossezinha contrafeita.

— Foram os senhores, e não eu, quem escolheu este campo de ação — tornou Peyramale, sem ceder uma polegada de espaço. — O testemunho da família Soubirous só me pode ser agradável. Conheço o senhor procurador imperial. Não conheço o outro cavalheiro. Deve ser o psiquiatra que o senhor prefeito houve por bem despachar-nos...

— Eu sou professor extraordinário de psiquiatria e terapêutica nervosa — anuiu o ruivo, com a boca torta e a empáfia um tanto abalada.

— Desconfio que não encontrará, em Lourdes, campo apropriado para os seus estudos, digno professor — lamentou Peyramale.

— Senhor vigário, estou agindo por incumbência das autoridades sanitárias do departamento. Existe um laudo médico, datado de vinte e seis de março, que reconhece na jovem paciente certas anomalias. O senhor prefeito deseja comprovar esse laudo e submeter a menina, por certo tempo, à minha observação. Eis a minha missão aqui.

A estatura colossal de Peyramale pareceu crescer mais.

— Conheço o laudo insignificante de fins de março. O senhor mesmo acaba de interrogar a pequena. Que anomalias conseguiu notar?

— Há anomalias que não saltam aos olhos — tornou o ruivo, hesitando.

A voz velada de Peyramale encheu o ambiente.

— Lembro-lhe, digno professor, o seu juramento de médico pergunto-lhe: é Bernadette Soubirous uma alienada furiosa, perigosa para a coletividade?

— Meu Deus, senhor cura, — replicou o outro, esquivando-se — quem falou aqui de semelhante coisa?

— Em que direito se funda, pois, o desejo do prefeito de tirar a liberdade a esta menina?

— Num direito que figura na lei francesa — tornou Vital Dutour, com calma irritante.

O vigário respirou profundamente. Já mal conseguia dominar-se.

— A lei francesa é demasiado excelsa, para estender a mão à chicana!

— Mas, reverendo — acudiu o psiquiatra, em tom apaziguador — se houver necessidade de aplicar a lei de 1838, o proveito será todo da pequena paciente. Por injunção do senhor prefeito, ela se submeterá a uma observação temporária e a um tratamento baseado em todos os recursos da ciência moderna...

Peyramale perdeu de vez a paciência. Todos os registros do seu temperamento soltaram-se a um tempo.

— É a hipocrisia mais descarada que já vi! — trovejou ele. — Dou-lhes a minha palavra de que lhe arrancarei a máscara, e levantarei perante a França inteira tal celeuma, que o senhor prefeito de Tarbes sentirá tinirem-lhe as orelhas!... Vem cá, Bernadette Soubirous!

Bernadette aproximara-se instintivamente do vigário. O papão da sua infância agarrou-a e apertou-a nos seus braços de ferro, em sinal de proteção.

— Conheço esta criança — exclamou ele — como a conhece o procurador imperial. Quem sustentar que Bernadette Soubirous é doida, ou é louco ou não passa dum maroto. O texto da lei de 1838 se refere a dementes furiosos. Ainda pretendem aplicá-la, senhores? Muito bem! Saibam, então, que eu não me afastarei desta menina! Sim! Agora, podem chamar os gendarmes.

— E se os gendarmes vierem senhor cura? — perguntou Vital Dutour, com soberba displicência.

— Se os gendarmes vierem — tornou Peyramale, rindo-se — se vierem eu lhes direi: "Meus senhores, carreguem sem pena, porque o caminho passa pelo meu cadáver!"

Postos assim em xeque e mate, o procurador imperial e o psiquiatra abandonaram o recinto onde, graças a Peyramale, não haviam logrado avançar dois passos. Vital Dutour sabia que o vigário era homem capaz de pôr em prática as suas ameaças. O delegado da justiça imperial não previra a improvisa transformação do cura de Lourdes. Bernadette era uma autêntica bruxa de estilo antigo! Cumpria pedir a Tarbes novas instruções...

Pouco depois duma hora da madrugada, uma diligência especial parou na esquina da rua des Petites Fossées com a praça Marcadale. Àquela hora, a cidade parecia morta. Luisa e Bernadette Soubirous embarcaram no carro, onde já tomara lugar o padre Peyramale. O veículo embrenhou-se nas montanhas, a caminho de Cauterets onde o cura contava abrigar a perseguida e sua mãe numa choupana pertencente ao pároco dessa estação termal.

Esse digno eclesiástico tomou Bernadette sob a sua guarda. A polícia do prefeito não lhe descobriria o refúgio.

CAPÍTULO XXXIII

"DIGITUS DEI", OU O BISPO OFERECE À DAMA UMA PROBABILIDADE

Encontrando-se naqueles dias em Cauterets, monsenhor Thibaut, bispo de Montpellier, conheceu Bernadette Soubirous na casa paroquial.

Monsenhor Thibaut era exatamente o oposto de Monsenhor Laurence. No rosto, emoldurado pela comprida cabeleira branca e sedosa, a boca — sob os magníficos olhos azuis — não tinha vincos amargos e sim uma dobra bondosa e pueril. O bispo de Montpellier era também uma índole poética, fácil de cativar. Não há mal nenhum em dizer que ele consagrava as horas de ócio a compor bons versos franceses e latinos, glorificando o Senhor, a natureza, o céu, a Virgem e a amizade.

Monsenhor Thibaut sabia das aparições de Lourdes, como o público francês, pelos jornais. Partilhava a opinião do clero da França de que, em vista do estado de espírito reinante, era aconselhável a máxima abstenção, em presença de qualquer incidente sobrenatural.

— Nada mais perigoso — pensava ele — do que uma confusão das fronteiras sagradas entre a religião e a crença nos espectros.

Apesar disso, pediu a Bernadette que lhe contasse tudo exatamente. O que ocorreu então foi maravilhoso: Bernadette, que nunca se negava a satisfazer esse pedido, mas adotava, ao narrar, um tom indiferente, monótono, sentiu-se inspirada pelos olhos luminosos do seu ouvinte. Era como se, pela primeira vez na vida, encontrasse uma alma irmã da sua, pronta a acolher com a mesma intensidade o mistério do júbilo, do amor, da emoção. Já após as primeiras palavras, ela abandonava o costumado tom uniforme de recitativo; ora levantando-se, ora ajoelhando, pôs-se a reproduzir o seu próprio papel nos encontros, a representar a dama. Onze de Fevereiro; aqui, o regato; acolá, a gruta. A representação era tão viva, que a própria Bernadette tinha consciência de estar, com energias ignoradas, atraindo a dama, constrangendo-a a estar no nicho direito da peça.

O rosto da menina empalidecia; Luisa já temia vê-la cair em transe. Quando Bernadette, reproduzindo os gestos e repetindo as palavras da dama, disse a si mesma: "Queira a senhora ter a bondade de voltar aqui, todos os dias, durante uma quinzena", monsenhor Thibaut levantou-se e saiu da sala, com os olhos rasos de água, o peito arfante. Fora, no jardim, apoiou-se numa árvore, murmurando:

— Que poema!... Que poema!...

Dois dias depois, o bispo de Montpellier chegou a Lourdes, hospedou-se no hotel de Cazenave e, procurando imediatamente o padre Peyramale, pediu-lhe que lhe apresentasse algumas testemunhas fidedignas das aparições e dos êxtases de Bernadette. O vigário escolheu Dozous e Estrade. O coletor declarou textualmente ao prelado:

— Monsenhor admirei na minha vida as maiores atrizes do teatro francês, entre elas uma artista como Rachel. Comparadas a Bernadette, todas não passavam de estátuas, a exagerar com esgares paixões torturantes. Mas a pequena vidente de Massabielle refletia para nós bem-aventuranças que não se podem exprimir com palavras.

— É isso!... É isso!... — exclamou Thibaut.

Valendo-se do ensejo, o cura de Lourdes recomendou então:

— Monsenhor não se deveria esquecer de falar disso ao bispo de Tarbes.

Monsenhor não se descuidou deveras. Embora os médicos lhe prescrevessem, depois da rigorosa cura termal, duas semanas de repouso, o prelado adiou o regresso à sua diocese e tomou o caminho de Tarbes, onde a sua conferência com Bertrand Severo Laurence se prolongou pelo espaço de três horas.

Pouco depois, um despacho convidava o pároco de Lourdes a comparecer no paço episcopal. Peyramale não foi recebido amigavelmente, como da outra vez, à mesa e no aposento do bispo. Cumpriu-lhe esperar duas horas na secretaria. Vendo-o entrar, monsenhor bateu o báculo na mesa de trabalho.

— Pretende pôr-me nos ombros todo o episcopado da França, cura de Lourdes?

Antes que o vigário pudesse responder, o bispo estendeu-lhe um desses pergaminhos imponentes, ornados de selos e usados para as pastorais e outras proclamações do bispado.

— "Lege" — ordenou o prelado, em latim. — Leia!

À vista do solene pergaminho, Peyramale notou com satisfação quanto progredira o esboço informe, guardado na gaveta de monsenhor.

— A instauração do concílio de investigações? — perguntou o cura.

— "Sede et lege" — intimou o bispo, cuja benevolência glacial se convertera em rudeza menos álgida.

O vigário sentou-se docilmente numa poltrona, e leu o título latino, lavrado em magníficos caracteres azuis, — carmesins e dourados.

"Ordenação do bispo de Tarbes, concernente à instituição dum concilio, para investigar os acontecimentos relacionados com as pretensas aparições numa gruta a oeste de Lourdes."

E, abaixo desse título frisado à antiga:

"Bertrand Severo Laurence, bispo de Tarbes por misericórdia de Deus e graça da Santa Sé Apostólica; ao clero e aos fiéis da nossa diocese, saúde e benção, em nome de Nosso Senhor Jesus Cristo..."

Peyramale encarou o prelado e logo abaixou os olhos. À saudação romana, seguiam-se muitas linhas de escrita cerrada. O vigário era présbita e encontrava grande dificuldade em decifrar esse texto. Mas esforçava-se por ler, com os olhos e com o espírito. Dissimulada profundamente sob os termos claros de carta pastoral, se lhe deparava, quase angustiosa, a escrupulosa desconfiança do bispo. Na introdução, Severo Laurence argüia sobre o como e o porquê do caso. Peyramale reconhecia os argumentos em que monsenhor, intencionalmente, dava a entender que não agia por impulso próprio, e sim coagido de fora, pela hostilidade dos negadores, como pelo fanatismo dos crédulos. E Peyramale esbarrava constantemente na restrição que se ocultava sob a superfície polida do estilo pastoral: "Nada podemos reconhecer "a priori", sem a averiguação mais séria e mais desapaixonada."

Assim, era preferível fazer, quanto possível, abstração das asserções subjetivas, e passar ao exame científico dos pretensos fenômenos de cura: "É mais fácil confundir a humanidade do que convencê-la" — escrevia o bispo. Peyramale, porém, lia mais nas entrelinhas. Uma nova confusão seria infligir novo golpe ao cristianismo empenhado em defender as verdades eternas, numa das mais veementes lutas históricas. O espírito moderno, mesmo quando não negava a Deus, era de tal feitio, que não estaria apto a entender nem a sentir exceções às leis gerais da natureza. Se a Igreja, sempre e eternamente preparada nesse sentido, reconhecesse semelhante exceção, fortaleceria involuntariamente os adversários de Deus, provocando excitação num círculo vasto. Logo, antes que a comissão episcopal admitisse uma influência sobrenatural, deveriam exaurir-se, completamente e por todos os meios da moderna crítica científica, todas as explicações naturais. Em conseqüência, dessa comissão não participariam só os professores de dogmática de teologia moral e de teologia mística, mas — em igual número — professores de medicina, de física, de química, de geologia...

Peyramale lia, lia, sem chegar ao fim. As letras miúdas dançavam-lhe diante dos olhos. Monsenhor, já impaciente, tirou-lhe o pergaminho das mãos.

— Quem negar o milagre não é bom católico — resmungou o bispo. — Quem contestar ao Senhor o poder de aplicar ao universo medidas próprias não é um crente. Todavia, um milagre dessa espécie provoca escândalo. A meu ver, pelo menos. Não o considero milagre. Uma criança paupérrima, nascida num lar miserável, filha dum beberrão e duma lavadeira... A misericórdia do Senhor é infinita mas eu sou apenas um mesquinho ser humano. Deus perdoe a minha alma, isso repugna-me. E vós todos me impelis para essa coisa...

— Não somos nós que o impelimos para essa coisa, monsenhor — tornou Peyramale. — É essa coisa que o atrai, como me arrastou a mim. Eu não sou, Deus o sabe, nenhum adepto dum misticismo fútil e imbecil de mulheres velhas. Mas quem nos explicará, monsenhor, essa assombrosa sucessão de fatos? Filha de pais inferiores, seja! Uma criança desprevenida, que mal tem a noção mais elementar da doutrina, que nunca se entregou a sonhos exaltados, vê uma, dama e, a princípio, não a julga absolutamente uma aparição, e sim uma verdadeira criatura de carne e sangue. Essa criança conta o seu encontro à irmã e a uma colega. A irmã repete-o à mãe; a amiga, às condiscípulas. E dessa bisbilhotice de fuso e roca, entre crianças e gente miúda, forma-se, em poucos dias, uma avalanche de "sim" e "não" que submerge a França inteira. O seu confrade, monsenhor, o bispo de Montpellier, denomina-a "o mais belo poema moderno".

— O meu confrade, o bispo de Montpellier — retrucou Bertrand Severo, com um sorriso desdenhoso — deixa-se comover com facilidade...

— Eu, porém, não me exalto facilmente, monsenhor — atalhou Peyramale. — Entretanto, essa história incompreensível, essa criancice, traz-me em constante agitação. Mas, agora Vossa Grandeza acaba de convocar os homens que nos dirão: "Hic est digitus Dei". Ou: "Não há aqui o dedo de Deus".

O bispo franziu os lábios e o sobrecenho.

— E, entre esses homens convocados — disse ele — figura o vigário de Lourdes, com toda a sua incerteza...

No olhar do cura transluziu uma fugitiva expressão de temor. Ele bem preferiria declinar essa honra; mas era impossível.

— Quando ordenará que a comissão se reúna, monsenhor? — perguntou Peyramale, com voz abafada.

— Ainda não... Ainda não... — replicou rispidamente o bispo segurando com as duas mãos o pergaminho, como se receasse que lhe fosse arrebatado.

— Mas a ordenação já está impressa... — advertiu o vigário.

O velho prelado virou-se, resmungando:

— A ordenação pode esperar... Ainda não traz data... Quererá explicar-me, cura de Lourdes, como irão trabalhar os naturalistas da comissão, os químicos, os geólogos, se a gruta está fechada?

— A sua carta pastoral constrangerá a levantar a interdição — opinou Peyramale, imprudentemente.

O bispo elevou a voz a um tom cortante:

— Eu não constrangerei absolutamente nada! Nego-me a exercer a mínima pressão sobre o poder leigo. Primeiro, abra o Imperador a gruta. Depois, a comissão se reunirá. Nunca admitirei o inverso!

— Reserva-se o Imperador a faculdade de resolver?

— O Imperador decide, porque os outros fracos não chegarão a uma conclusão.

E ao termo dum instante, baixando a voz quase a um murmúrio, o bispo acrescentou:

— Dou à dama a derradeira probabilidade. Entende cura de Lourdes?

— Não; não entendo, monsenhor.

— Pois eu lho explicarei. Ofereço à dama a probabilidade de triunfar do Imperador ou de ser vencida por ele. Se a dama vencer, a comissão iniciará os seus trabalhos. Se ela for vencida, e a gruta continuar interdita, a dama não é a Virgem, e a comissão reverterá ao nada.

Após essas palavras, Monsenhor começou a ler os artigos do estatuto. Soavam ao ouvido de Peyramale os nomes dos prelados, a que estava confiada a direção do concílio, e os dos professores do seminário incumbidos da investigação científica. Afinal o vigário pôde despedir-se. Não chegara, porém, à porta, quando o bispo o tornou a chamar.

— E que será de Bernadette, hein, cura de Lourdes?

— Já se pensa nisso? — redarguiu Peyramale, para ganhar tempo.

— Claro que sim! Como imagina a pequena o seu futuro? O senhor é, ao que parece, o paladino dela; já lho devia ter perguntado.

— Bernadette é a criatura mais simples deste mundo — respondeu o cura, com grande prudência. — Não tem ambições. O seu único desejo é reintegrar-se na massa obscura donde saiu. Quer viver como vivem as outras mulheres da sua classe...

— Um desejo compreensível — tornou o bispo, rindo-se. — E o senhor, o teólogo, acredita na possibilidade desse porvir idílico?

— Espero-o de coração embora não o creia — respondeu o cura, enfim com a ambigüidade condizente com o seu modo de considerar Bernadette e a dama.

O bispo levantou-se, arrimando-se ao báculo, e postou-se diante do seu interlocutor.

— A comissão, meu caro, pode pronunciar três sentenças. Dirá, por exemplo: "És uma impostora, pequena Soubirous. Em conseqüência, pertences ao instituto correcional". Ou: "És uma doida, pequena Soubirous. Logo, pertences ao hospital de alienados." Ou, finalmente: "A Virgem te abençoou, pequena Soubirous. Da tua fonte manam milagres. Nós enviaremos os documentos que te concernem à Congregação dos Ritos em Roma. Portanto..." Portanto,o que, hein?

Domingos Maria Peyramale preferiu não responder.

— "Portanto" — concluiu monsenhor, elevando a voz — "és uma mortal eleita, digna de aspirar à honra dos altares; por isso deves desaparecer, compreendes? Porque nós não deixamos uma santa à solta no mundo." Uma santa que talvez se encontre com rapazes, que se casa e pode ter filhos, seria uma inovação engraçada...

Subitamente, o bispo mudou de tom, dando à voz uma inflexão meiga e reflexiva:

— "Por isso, pequena Soubirous, a Igreja toma-te sob a sua guarda. Por isso, pequena Soubirous, a Igreja cultiva-te como flor preciosa, num dos seus melhores jardins, entre as carmelitas ou as cartuxas, onde a regra monástica é rigorosa... queiras ou não..."

— Ela não há de querer, monsenhor — sussurrou Peyramale. — Bernadette é uma filha do século e não tem, que eu saiba, vocação para a vida claustral. Demais, é ainda tão criança! Nem quinze anos!

— Ela crescerá — atalhou o bispo. — A ordenação ainda não foi promulgada. Ainda não se reuniu a comissão permanente. E, se alguma vez iniciar os seus trabalhos, serão dias e dias, meu caro — isto prometo-lhe eu, — e até alguns anos. Porque eu, eu só me renderei à última evidência. Até lá, a sua protegida, essa pequena poderá viver como filha do século, embora sob rigorosa vigilância. Exijo-o. Se o senhor quer bem à menina, cura de Lourdes, aconselhe-a a se desdizer a tempo. E ela entrará para uma casa de correção. Numa era como a nossa, seria o melhor para Bernadette Soubirous, e bom até para a Igreja...

CAPÍTULO XXXIV

UMA ANÁLISE E DOIS ULTRAJES À MAJESTADE

Sérias perturbações ameaçavam surgir num meio que dantes não pertencia absolutamente ao partido da dama de Massabielle. Corria entre os trabalhadores da província a versão de que Bernadette fora raptada e fechada num cárcere ou no manicômio. A visita do psiquiatra a Lourdes não passara despercebida. Jacomet vira-se obrigado a fazê-lo sair da cidade em carro particular, sob a proteção da gendarmaria, porque Antônio Nicolau jurara pelos santos parar a diligência, antes de Bartrès, e apanhar o "professor extraordinário", não para o espancar simplesmente, como ao "milionário inglês", mas para tirar-lhe a pele.

Depois da visita do psiquiatra, Bernadette Soubirous desaparecera. Em conseqüência, o moleiro Antônio empreendeu uma tumultuosa propaganda política, arengando os operários da serraria Lafite, do grande moinho Claverie, da fábrica de carruagens Duprat, da olaria Sourtroux e da destilaria Paguès. Não descurou também os calceteiros e os canteiros das pedreiras de ardósia, os lenhadores e os trabalhadores da estrada, quase todos seus conhecidos.

— Somos, na França, homens livres ou escravos? — perguntava ele, em tom demagógico.

— Somos escravos — responderam-lhe, não sem razão, já que o imperador era soberano absoluto em virtude da lei da "Sureté Générale".

Antônio encontrava campo favorável para a sua demagogia em prol de Bernadette. Embora habitasse o Sul católico, essa população era o mesmo povo proletário que em 1789, em 1830, em 1848 erguia barricadas, para se insurgir contra os privilegiados, entre os quais catalogava também "Le bon Dieu" e "La très sainte Vierge". Bernadette Soubirous era filha desse proletariado da França — uma das suas filhas mais indigentes. Havia meses, as classes privilegiadas oprimiam essa criança, martirizando-a por intermédio da polícia, da procuradoria imperial, do juiz de instrução, da psiquiatria e — não em último lugar — da própria Igreja. Por que todos esses vexames? Porque "la très sainte Vierge" aparecera, não a uma beata fidalga, mas a essa pobre filha do povo, e porque na gruta difamada de Massabielle os doentes ficavam sãos. Que importava isso — com os diabos! — a Jacomet, a Dutour, a Massy, ao imperador? Nada! Absolutamente nada, nem a Jacomet nem a Dutour nem a Massy nem ao imperador.

Eles deveriam folgar de que se aliviasse a fome, a desocupação, a miséria mortal do povo! Mas ninguém se preocupava com isso, desde o imperador até Jacomet; cuidavam todos exclusivamente de que ricos e governantes não perdessem um vintém. E, ao mesmo tempo fechavam uma gruta inofensiva, proibindo ao povo, por desaforo, a água dum manancial que já valera a tantos doentes. Por que? Para, dentro em pouco, vender essa água muito caro e encher com ela os seus frascos e taças douradas. E ainda pior: davam sumiço a essa inocente, filha de trabalhadores, para a enterrar de vez na cadeia ou no hospício!...

A tempestade rebentou na primeira quinta-feira de agosto. Pelas quatro horas da tarde, mais de mil trabalhadores largaram a ferramenta e marcharam, em fileiras cerradas, para Massabielle. Jacomet mal teve tempo de despachar para a gruta, a passo acelerado, toda a gendarmaria disponível: uns quinze homens que se estenderam à maneira de muralha humana, diante da cerca de tábuas. Após violenta descarga de ameaças e de injúrias, a luta começou. Três vezes os gendarmes desembainharam os sabres, para repelir a massa enfurecida. Cobriu-os então uma saraivada de pedras que feriu a Belhache a vista direita.

Esperando salvar a situação, o "maire", o comissário, o procurador imperial, numerosos juizes, acudiram ao local do conflito. Jacomet quis falar; um verdadeiro clamor abafou-lhe a voz. Outro tanto sucedeu a Dutour. Lacadé, o antigo tribuno, teve mais sorte. Conseguira fazer ouvir as primeiras frases, quando Antônio Nicolau o interpelou:

— Onde está Bernadette?

— Bernadette está em lugar seguro — berrou Lacadé. Empenho-vos por ela a minha cabeça. Não fui sempre um dos vossos? E vós não me elegestes livremente? Se tiverdes confiança em mim, eu confiarei em vós. Acaba com essa desordem condenável, Nicolau; depois saberás onde está Bernadette.

Antônio Nicolau acreditou.

O relatório policial de Jacomet dir-se-ia feito para mergulhar o barão Massy na mais negra hipocondria. Depois da malograda tentativa de internamento, esse outro golpe, o mais sério de todos!

Os jornais atiravam-se aos "sucessos de Lourdes", propalando-os com um cuidado hipócrita. O povo francês é o povo da razão independente; não, porém, da obediência cega. Seria possível subjugar cossacos ou prussianos; não, a grande nação de Voltaire e dos enciclopedistas. A raça gaulesa é dotada de ironia bastante para se ler dum episódio supersticioso a fim de elevar a sua voz admonitora. A pobre Bernadette via uma senhora mística na caverna de Massabielle. Certos círculos poderiam distinguir na mesma furna os caracteres de fogo com que o povo soberano admoestava aqueles que pretendessem cercear-lhe os direitos. Tais eram as palavras que "La Petite République" se atrevia a imprimir; e, antes que o censor lhe confiscasse uma parte da tiragem, o resto já chegara às mãos dos leitores.

Na escada de Jacó da burocracia, recomeçou o vaivém de perguntas e respostas. Não havia meio de obter do imperador uma solução. Esposo e pai, o soberano encontrava-se então em Biarritz, aproveitando os banhos de mar e dizia-se ausente, quando o ministro Fould se lhe anunciava com as suas queixas. O barão Massy, cansado do andamento infrutífero do processo, jurara vingança contra a gruta de Massabielle, que tanto lhe humilhara o orgulho.

Após a primeira perplexidade, julgou divisar o caminho para essa desforra. Podiam os "elementos subversivos" juntar-se aos milhares, às dezenas de milhares! Rebentasse uma autêntica revolução em Lourdes! Ele folgaria de vê-la. E não hesitaria em mandar, por sua conta e risco, metralhar a maldita gruta pelo regimento de artilharia de Tarbes.

As instruções mais rigorosas desceram, pois, às mãos do subprefeito, do "maire" e de Jacomet: "Repetindo-se os distúrbios e as vias de fato contra a força armada, a gendarmaria imperial, bem como a tropa eventualmente requisitada para reforçá-la, poderá, após a intimação legal fazer uso das armas de fogo."

Recebendo essa ordem, Lacadé sentiu violentos arrepios. "A batalha de Massabielle", com numerosos mortos e feridos não era prelúdio desejável para a prosperidade do futuro negócio das termas e da exportação da água medicinal. Poder-se-ia erigir um cassino com café-concerto, pavilhão de música, campo de jogos, festas venezianas e fogos de artifício num campo de batalha? Céus clementes! E o "maire" correu, horripilado, a avistar-se com o vigário.

Começou então para o padre Peyramale uma semana em que ele pouco se alimentou e menos dormiu. A sua primeira investida descarregou-se sobre Antônio Nicolau.

— Asno ímpio! Idiota! — rugiu o cura. — Que fizeste? Por que me revoltas essa gente? Queres misturar sangue com o manancial de Bernadette? Tudo estaria acabado para ela. Haveria motivo para trancá-la como uma criminosa. E essa fonte, que pode ser uma grande benção, seria amaldiçoada para todo o sempre! Compreendes afinal o que fizeste, parvo desgraçado?

Branco mais do que a cal, Antônio abaixou a cabeça.

— Anda comigo! — trovejou o cura.— Aponta-me os cabeças do motim. Todos!

Domingos Maria Peyramale colheu, nesses dias, o fruto de ter sido o padre dos humildes, dos deserdados. Conhecia os camponeses, os operários, os pobres; e eles o conheciam. O cura sabia falar-lhes. Acompanhado pelo submisso moleiro, percorreu os estabelecimentos de Lafite, Claverie, Soutroux e Baguès. A sua voz velada, irresistível, chamava os recalcitrantes à razão:

— Sei o que vocês preparam para a outra quinta-feira. Pretendem juntar-se aos milhares, hein? Só conseguirão que os soldados os metralhem, matando muitos, deixando outros tantos estropiados. E para que? Para libertar a gruta? Não me iludem! Vocês juntariam a sua causa a outros manejos. Não convém, e acabaria mal.

— Queremos ver Bernadette! — responderam-lhe os homens.

Peyramale não se deu por satisfeito. Entrava nas casas, nas choupanas, nos pardieiros dos montanheses e exortava as mulheres a envenenarem a vida aos maridos, até que estes desistissem da sua loucura.

— E, se a dama for deveras a Virgem — exclamava ele — vocês não servem uma ingrata.

A esse argumento, as mulheres prometiam tudo; mas, por seu turno, reclamavam Bernadette.

Dois dias antes da data marcada para a revolta, o vigário mandou vir de Cauterets Luisa e Bernadette Soubirous, e levou-as a passearem de carro pela cidade e os arredores. O aspecto sadio da menina, após esse veraneio nas montanhas, impressionava profundamente. Bernadette sorria distraída; mas os seus adeptos aplaudiam-na como uma triunfadora.

O "maire" Adolfo Lacadé absorvia-se na leitura duma comunicação importante que acabava de receber.

— Em boa hora! — comentara ele.

O grande Filhol enviava-lhe a análise solicitada. A partir daí, perante a França e o mundo, a ciência entregava incondicionalmente a mais poderosa fonte medicinal da terra ao público sofredor. O edil de Lourdes não duvidava desse fato auspicioso, ao rasgar solenemente o envelope. Mas a primeira leitura deixou-o aniquilado.

Lá estavam de fato, na sua totalidade, os honrados carbonatos, cloratos e silicatos, o cálcio, o ferro, o magnésio e o fósforo do farmacêutico Latour. Como convinha ao maior luminar da hidrologia e balneologia, o conciencioso Filhol acrescentara à lista alguns nomes brilhantes, embora esses materiais só se acusassem por vestígios: amoníaco e potássio. Ah! Como soava bem o termo "potássio"! Era como um limpador para as vísceras pecadoras dos glutões. Mas que valiam essas denominações salvadoras, se o resultado anulava todas as esperanças? Efetivamente, abaixo da nítida escrituração dos seus cálculos químicos, o professor Filhol escrevera, a tinta encarnada, estas frases aterradoras:

"Da análise acima, depreende-se claramente que a amostra da fonte de Lourdes pode ser classificada como água potável comum, de composição exatamente análoga à das fontes montesinas em terreno fortemente calcário. Não contém a menor substância ativa que autorize a presumir a presença de propriedades terapêuticas. Pode, em conseqüência, ser usada, sem dano e sem proveito."

— Sem dano e sem proveito... — resmoueou Lacadé com azedume.

Acompanhava a análise uma breve carta, endereçada pessoalmente ao "maire".

"Os extraordinários efeitos que se atribuem ao uso dessa fonte — leu ele — não podem ser explicados, pelo menos do ponto de vista da ciência hodierna, com os sais mencionados na análise e que se encontram em solução nas águas do manancial."

— Que monstro de astúcia esta frase! — resmungou o edil. Hoje, as curas não se podem explicar com os sais da análise; amanhã, é possível que sim. O senhor professor — que coisa abjeta! — introduz o milagre pela entrada principal, enquanto pisca o olho e abre à ciência a porta dos fundos. Esse professor tem duas caras! Dele não há muito a esperar. É uma punhalada nas costas do progresso e do bom negócio. Com que intuito, senhor professor?

Assim como o procurador imperial sempre inquiria: "Cui bono?", assim Lacadé perguntava, sem cessar: "Ad Quem Finem?" com que fim? Naturalmente, não o perguntava em latim. Mas conhecia-se demais, para não desconfiar que toda ação humana só visa a um proveito.

Provavelmente ele avaliara mal o célebre Filhol. Os sábios hodiernos já não são uns estouvados. Uma capacidade como Filhol sabia exatamente que a sua análise valia bom dinheiro, sobre o qual ele não poderia em verdade exigir comissão. A sua sentença criava termas do nada, ou condenava-as à ruína. Por que devia ele, por amor de Deus, ajudar a cidade de Lourdes a fazer um negócio fabuloso?

Lacadé bateu o punho na testa, injuriando-se:

— Idiota! Cego e avarento demais, para ir a Tolosa e lá presentear o professor com algumas notas! Contavas com que o teu palavreado te trouxesse de Tolosa uma análise mirabolante? Caíste na tolice de publicar o atestado de Latour no "Lavedan". E ainda anteontem — leve-te o diabo, Lacadé! — foste vaidoso e imprudente a ponto de te pavoneares diante dos vereadores, com a tua junta termal, sem cuidares dos olhos do manhoso Labayle. Com mais de sessenta anos, e ainda precipitado, incorrigível! E agora? Não é possível voltar atrás. Não podes anular a análise de Filhol. Não podes queimar. Terás de publicá-la. Provavelmente a esta hora, o senhor professor já a divulgou no "Dépèche de Toulouse". E com esta dor de cabeça, com esta dor de cabeça!...

Lacadé comprimiu as mãos sobre as fontes, mas a enxaqueca — um velho achaque oriundo da digestão — piorava inexoravelmente. O "maire" passeava no gabinete, gemendo. De súbito, estacou e fitou os olhos no vácuo.

— E se Filhol, esse tipo ladino, fosse ainda mais esperto? Se ele, cem vezes mais sensato do que eu, me tivesse apontado a única senda certa?

A enxaqueca excedia a medida usual. Uma idéia insólita alvoroçou a imaginação do edil.

O secretário Courrèges, chamado ao gabinete, recebeu o encargo de ir buscar às escondidas uma garrafa da água de Massabielle. Meia hora depois, tinha-a o "maire" diante de si, na mesa, e vazava-a numa bilha de cristal. O sol dourado da tarde estiva fazia cintilar o líquido singular que, sendo água potável comum, não possuía propriedades terapêuticas, mas realizara já tantas curas, que sarara a vista enferma de Bouriette e dera asas ao pequeno paralítico Bouhouhorts. Lacadé contemplou longamente, no vaso de cristal, os efeitos de luz que projetavam um tênue arco-íris na parede.

— Segundo a ciência de hoje — matutava ele — esta água não tem o menor préstimo. Isto não quer dizer que, assim mesmo não se alcance o fim — não recuando, mas avançando noutro sentido. Os hóspedes das estações termais são hóspedes, e trazem dinheiro ao país, quer procurem carbonatos e fosfatos, quer venham em busca do milagre... Não apitou aí uma locomotiva?

O "maire" chegou à porta e fechou-a cautelosamente, de modo que Courrèges e Capdeville não ouvissem ranger a chave. Depois correu os reposteiros, mergulhando a peça numa penumbra purpurina e extinguindo o brilho dos prismas da bilha. Mediu então a intensidade da sua dor de cabeça; achando-a satisfatória, sorveu um copo da água milagrosa, ajoelhou bufando num canto, e começou a rezar algumas "Ave- Marias". Como os joelhos lhe doessem, sob o peso da sua corpulência, já antes da décima" Ave-Maria" emborcou o segundo copo.

Após esse esforço, deitou-se exausto no sofá, aguardando o efeito. De tempos em tempos, perguntava a si mesmo:

— E a dor de cabeça? Melhorou?

Era estranho; ele mesmo não sabia.

— Tentemos mais uma vez — disse Lacadé, ajoelhando-se e repetindo os ritos anteriores.

Na terceira vez, certificou-se de que a enxaqueca abrandava.

Então Adolfo Lacadé, "maire" de Lourdes — o antigo jacobino Lacadé — riu-se, admirado do que o homem mais esclarecido é capaz de fazer, quando está a sós consigo. Mas a dor de cabeça passara deveras...

— Isto não prova — ponderou Lacadé — senão que quem tem dores também tem fé. Como há muitos que sofrem, nem só de simples dor de cabeça, os crentes são numerosos. E aqueles que não tiverem, para as suas dores, senão a crença, não deixarão de vir.

— Não serão talvez um público invejável — refletiu ainda o "maire", antes de adormecer, cansado.

Esse ano fora o mais aziago da carreira do procurador imperial Vital Dutour. Começara com o teimoso resfriado em fevereiro. Uma semana de espirros, o nariz vermelho e inchado não concorrem absolutamente para elevar o ânimo dum homem orgulhoso. Seguiam-se, depois, a singular entrevista com Bernadette Soubirous, o interrogatório que infligira a Dutour o primeiro sopapo. Um bom jurista sabe separar as suas funções públicas da sua existência particular. Aonde iria ele parar, se o destino de cada acusado, a dúvida sobre a equidade desta ou daquela sentença lhe deixassem vestígios na alma? Os magistrados aprendem depressa a arte de despir-se, à porta do tribunal, do peso importuno que lhes sobrecarrega a profissão. Assemelham-se nisto aos médicos que também não podem romper em pranto, ao pé de cada leito de morte. Escorado na rotina mais sólida, Vital Dutour esquecia, já no limiar da sala dos debates ou do seu gabinete, os interrogatórios mais cerrados.

O de Bernadette, porém, não lhe saía da idéia. Ainda nesse dia, ao cabo de seis meses, repetia-o consigo mesmo. Tinha a impressão de haver sido não o interrogador, mas interrogado, como se a índole indiferente, imperturbável, inatingível dessa criança lhe insinuasse na alma a necessidade de mudar de vida. E, por mais que lhe pesasse, era evidente que, desde algumas semanas, ele se sentia perturbado. Era essa perturbação — e não os seus motivos filosóficos — a origem do seu nervosismo, da sua aversão a Bernadette Soubirous, à dama, à gruta, à fonte, aos milagres que, até nas horas de sono o exasperavam.

Vital Dutour desaviera-se por isso com os cavalheiros da mesa redonda do "Café Français", com Estrade, Dozous, o professor Clarens e outros que, ou irresolutos ou incapazes de resistir como o coletor, se tinham passado para o campo do misticismo. Por outro lado, Dutour não se orgulhava decerto da banal comunhão de idéias com Duran e os seus pares. O restaurante e o café são um sucedâneo do lar, da família, do teatro e de outras diversões civilizadas para o solteiro, constrangido pela insondável providência da administração da justiça francesa a viver numa aldeia populosa. Dutour passara duma sociedade de espíritos ágeis ao convívio com o medíocre Jacomet e alguns juristas e oficiais da guarnição, igualmente incultos.

Após o episódio imperdoavelmente vulgar do agente provocador, que ainda o fazia corar de vergonha e, apesar de toda reserva, transpirara na imprensa, Vital Dutour sofrera do procurador imperial de Pau uma reprimenda memorável; depois do motim da gruta, de que saíra ferido o gendarme Belhache, fora chamado pessoalmente a Pau. O seu superior, Falconet, velho advogado, recebera-o gesticulando:

— O Imperador queixa-se amargamente da justiça! Recebi uma carta assustadora do ministro! Tudo isso tem de mudar. Eu não estou perto da fonte; o senhor está! Faça alguma coisa, senhor!

"Faça alguma coisa, senhor! Faça alguma coisa, senhor!" ritimavam os cavalos da posta, trazendo Dutour de volta a Lourdes. Que havia ele de fazer? Não custava a Falconet expedir instruções!

O procurador imperial mandou vir à sua presença gendarmes e policiais e ordenou a mais escrupulosa vigilância sobre a conversação das pessoas que continuavam a reunir-se em redor da gruta. Quem quer que manifestasse desrespeito ao governo, ou ousasse ferir algum termo passível de pena, devia ser preso, sem misericórdia.

Já no outro dia, Callet entrou, triunfante, no gabinete de Dutour, junto de quem se encontrava então o comissário Jacomet, conduzindo presa a senhora Cyprine Gesta, uma dama da boa sociedade de Lourdes, amiga da senhora Millet e da sua roda seleta. O excelente Callet trazia de ponta a boa sociedade em geral e a senhora Gesta, em particular.

— Ela afirmou — coaxou o policial — que o escândalo só acabará, quando o Imperador e a Imperatriz vierem pessoalmente à gruta!

— Concorda com essa declaração, senhora? — perguntou Dutor.

— Concordo, palavra por palavra — confirmou Cyprine Gesta, com a cara mais tranqüila deste mundo.

A indiferença da prisioneira exasperou o procurador imperial.

— Julga deveras que Suas Majestades visitarão a gruta, fechada pelo seu governo?

— Estou firmemente convencida, senhor, de que Suas Majestades se riem do seu governo zonzo e, em conseqüência, virão em romaria à gruta da dama de Massabielle.

A essa resposta zombeteira, Vital Dutour, o burocrata escaldado, perdeu a cabeça. Possesso, como se o dominasse uma influência fatal, pulou na cadeira, bradando:

— Isso é um ultraje à majestade! Denuncio-a por ofensa à majestade imperial!

— À vontade, meu senhor — tornou madame Gesta, com ironia. — Se é lícito perguntar, em que consiste essa ofensa à majestade?

— Em comparar aos seus predicados espirituais os dos soberanos, minha senhora!

Quando um raciocinador perde a razão, perde-a em geral pela raiz. Um sentimento, antes dominado inflexivelmente, irrompe em explosões imprevistas. Vital Dutour, verde de bilis, instaurou realmente esse ridículo processo contra a senhora Gesta, e apressou-lhe o julgamento público, presidido pelo juiz de paz Duprat. Esse magistrado, amigo de Vital Dutour, proferiu a sentença em meio da hilaridade do enorme auditório absolvendo a acusada do crime de ultraje à majestade, e condenando-a apenas à multa comum de cinco francos.

Mas a obsessão de Dutour já não conhecia limites. O que não se conseguia em Lourdes havia de ser obtido em Pau, sob os olhos do senhor Falconet. O procurador imperial recorreu dessa absolvição. O processo subiu ao Supremo Tribunal de Pau.

No dia do julgamento, Cazenave teve de aprestar uma segunda diligência, pois um gárrulo bando de damas faceiras e elegantes timbrara em escoltar, a expensas próprias, a acusada. Dir-se-ia uma festa!

O tribunal de Pau não só ratificou a absolvição, mas ainda cancelou a multa insignificante; e o promotor Falconet declarou, em presença de testemunhas:

— Esse pobre Dutour necessita do psiquiatra, dez vezes mais do que todas as Bernadettes Soubirous.

O procurador imperial passeava, acabrunhado, no seu gabinete. Causara a si mesmo — só Deus sabia porque! — uma ferida insanável. Expusera-se à zombaria da imprensa e, para falar verdade, não só das folhas clericais. Presumivelmente a sua carreira estagnaria nesse ponto. "Condenado eternamente à província mais provinciana", rezava sem dúvida a sua sentença. Toda vez que se defrontava com o espelho, Vital Dutour fazia a si próprio uma careta de nojo.

Callet, porém, não esmorecia. Já na outra semana, reaparecia com uma nova presa. Era, dessa vez, uma dama pomposa, de crinolina, vestido de seda escura, sombrinha cor de violeta, cabeleira loura frisada, sobre a qual se balançava um faceiro chapeuzinho de flores. Callet pousou energicamente na secretária de Dutour o corpo de delito: uma garrafa de água.

— Essa senhora encheu-a à fonte e não queria entregá-la. Depois colheu flores e ervas das margens e negava-se a sair de lá!

— Como se chama a senhora? — indagou Dutour, começando o interrogatório.

— Sou a senhora Bruat — replicou a dama, com a simplicidade de quem preferiria não pronunciar um nome notório.

— A senhora Bruat? — acudiu o procurador imperial — Será parenta do almirante Bruat, o ex-ministro da Marinha?

— Ele é meu marido — tornou a dama.

Vital Dutour levantou-se e apresentou-lhe uma cadeira.

— Queira ter a bondade de sentar-se, minha senhora.

Mas a senhora Bruat repeliu a cadeira.

— Fui presa e conduzida por este senhor, através da cidade. Não quero ser tratada aqui melhor do que os outros presos. Posso saber de que me acusam?

O calvo promotor estava visivelmente aniqüilado.

— Minha senhora — disse ele a meia voz, depois de despedir com um aceno o temível Callet — acabo de ouvir que usa um nome ilustre. Sabe-se que o seu esposo é muito familiar de Sua Majestade o Imperador... Nós, os funcionários desta cidade, estamos há meses às voltas com um dos mais absurdos qüiproquós deste século. Travamos esta luta por incumbência do governo imperial, com ciência e aquiescência de Sua Majestade o Imperador. Certos círculos políticos, hostis uns aos outros, valem-se das alucinações duma pequena idiota e dos boatos de pretensas curas, para atacar o governo imperial — e, portanto, o próprio Imperador — no ponto mais vulnerável do sistema vigente. Falo das medidas de exceção em que se baseia exclusivamente o regime atual. Qualquer dano, por menor que seja, a uma autoridade que se funda em medidas de exceção, a expõe a graves perigos. Foi para poupar a essa autoridade absoluta reveses perigosos que nós fechamos a gruta de Massabielle... Agora, porém, aparecem damas como a senhora, pertencentes ao escol social da França, e mostram ao povo que elas mesmas desrespeitam e desobedecem a essa autoridade suprema. Que nos resta fazer então, minha senhora?

— Denunciar-me — tornou a dama, sorrindo — acusar-me talvez de ultraje à majestade...

Dutour aturou, sem pestanejar, a picada venenosa.

Após uma longa pausa, advertiu:

— Sou obrigado, minha senhora, a aplicar-lhe — a multa regulamentar de cinco francos. O comissário de polícia competente a receberá.

— Com muito gosto, senhor. E eu lhe acrescentarei cem francos, para os pobres de Lourdes. Mas, agora, dê-me a minha garrafa.

— A garrafa está confiscada, minha senhora.

— Não creio que o senhor a possa confiscar — tornou a dama sorrindo-se. — Eu a enchi por incumbência duma alta personagem.

Dutour estava firmemente decidido a não ceder nesse ponto.

— Que personagem, se é lícito perguntar, minha senhora? — inquiriu ele, puxando bruscamente a garrafa para o seu lado.

— Sua Majestade a Imperatriz Eugênia — respondeu a senhora Bruat. — Tenho a honra de ser a aia do príncipe herdeiro.

Dutour amarelo de raiva, repeliu a garrafa.

— Aí tem, minha senhora!

E, sem se desculpar sequer, acrescentou:

— Não vejo porque hei de teimar só eu, em cumprir o meu dever, num mundo imbecil!

CAPÍTULO XXXV

A DAMA VENCE O IMPERADOR

As janelas da residência imperial de verão, em Biarritz construída no cimo de altos penhascos, davam para o Atlântico. O fragor da ressaca chegava até ao gabinete. O ar morno dessa noite de setembro não impedia que as vidraças estivessem fechadas. A fumaça dos cigarros enchia o ambiente, adensando-se em torno do lustre e dos suntuosos lampiões de querosene, das duas mesas de trabalho.

Essa hora tranqüila, entre meia-noite e uma da madrugada era o momento preferido do imperador. À semelhança de numerosos escravos do fumo, ele só adormecia a custo e muito tarde, e a sua lucidez e fertilidade intelectuais se intensificavam depois da meia-noite. Para os poderosos do mundo hodierno são essas as horas dos sonhos arrojados. O rosto pálido e sulcado do soberano quinquagenário, de faces dantes tão lisas, denotava abatimento. Os cabelos tintos de preto, e de ordinário frisados na testa, da esquerda para a direita, o bigode fixado com pomadas, caíam, desgrenhados. O monarca vestia um elegante roupão de seda e calçava chinelos macios. Determinar, com todo o sossego, os destinos futuros do continente, em semelhante "negligé", é uma das satisfações do poder.

Napoleão III passeava no vasto gabinete duma à outra mesa de trabalho, como se a cada uma delas estivesse às suas ordens um invisível demônio-secretário, a quem ele ditasse, todas as noites, a ordem de batalha do século. Na mesa maior jazia estendido o mapa da Itália setentrional, coalhado de sinais misteriosos em tinta encarnada, verde e azul. O mapa viera anexo ao plano de campanha — selado cinco vezes — do estado-maior, trazido pessoalmente, na véspera, a Biarritz pelo ministro de Guerra.

O mundo não desconfiava de que as coisas, em relação à Itália, houvessem chegado a esse ponto. O próprio conde de Cavour, o grande ministro da casa de Sabóia, ainda se consumia na incerteza. E os jornais exaltavam o senso modernista e os pendores bucólicos do imperador que se banhava e nadava diariamente no oceano.

Na mesa menor, sob um cúmulo de atas e documentos, apareciam os mapas da Argélia, da África Equatorial e da América Central. O imperador sonhava em modo polifônico. Seu tio Bonaparte considerava um mundo pequeno, sempre adstrito à Europa e ao Mediterrâneo; nem sequer lograra transpor o Canal, para punir a Inglaterra. Não obstante o culto tributado ao fundador da dinastia, o terceiro Napoleão sentia-se superior ao primeiro. A sua obra não eram batalhas, perdidas logo depois de ganhas. A sua obra era a perfeita rede de vias férreas que ele estendera sobre a França, no curto espaço de sete anos. O seu escopo não eram conquistas pomposas, mas a edificação harmoniosa dum mundo civilizado pelo espírito francês, que se estenderia até ao Congo, à Ásia oriental e talvez até ao México.

O imperador voltava, a todo instante, a curvar-se sobre o mapa da Alta Itália. A guerra com a Áustria seria inevitável. O sagacíssimo Cavour, convencido de dirigir fantoches, não desconfiava de ser, por sua vez, simples títere em mãos mais hábeis do que as suas. O fim de Cavour era a unificação da Itália, por mérito da casa de Sabóia. Esse não era absolutamente o intuito do imperador. Napoleão III não cogitava de investir Vitor Emanuel na soberania duma nova grande potência. Na sua mocidade aventurosa, jurara em verdade aos carbonários e à "Giovane Itália" levar a termo vitoriosamente o "Risorgimento" — o reerguimento — e a unificação dos italianos. Isso não passava, porém, do sonho republicano dum pobretão revoltado, dum pretendente desiludido. Luis Napoleão não se obrigara a entronizar a casa de Sabóia e a pregar assim uma peça malévola aos Hohenzollerns: O seu plano era original e bem ponderado: unificar a Itália, não sob o cetro dum só monarca, e sim sob quatro soberanos que, sendo preciso, se arremessariam uns contra os outros. Uma liga privada de estados e de dinastias, de restrita liberdade de movimentos, cuja presidência séria confiada ao Papa em Roma, ao soberano dos estados da Igreja. E estaria resolvida a quadratura do círculo da política italiana com um presente opimo aos clericais de todas as nações, que garantia, contemporaneamente, o manejo dos partidos católicos. Os liberais se enfureceriam — disso o imperador tinha certeza — e clamariam contra a traição. Clericais e liberais eram os dois extremos do travessão da balança do poder imperial. A arte consistia em equilibrar quanto possível essa alavanca.

Não era o sentimento religioso o que impelia o imperador a planear essa régia oferenda a Roma. Luis Napoleão pensava e sentia liberalmente como os seus contemporâneos. Mas a hegemonia dum império francês fundava-se em não consentir, nem a italianos nem a alemães, a posse dum verdadeiro estado nacional. Não se podia, em verdade, falar disso, sem suscitar a indignação dos revolucionários da Europa, inclusive os da França. Cumpria, pelo contrário, fazer que os liberais não percebessem coisa alguma, antes do golpe grandioso. Seria mero acaso a atitude das folhas radicais que, apesar de toda censura se tornavam dia a dia mais hostis?

Por isso, o caso de Lourdes não era a insignificância que esses incapazes, como Fould, Roulland e Delangle, timbravam em menosprezar, só porque em longos oito meses não haviam logrado abafar essa história de milagres. Custava crer que, desde oito meses essa mesquinha Lourdes fornecesse assunto ao jornalismo internacional. O imperador via-se compelido, de toda parte, a tomar uma resolução.

A sua arte experimentada de não ver nem ouvir e de se dar tacticamente por morto sofria ataques árduos e incessantes. Na véspera, falara ao soberano, sobre esse caso, o senhor de Ressegnier, ex-deputado dos Altos Pireneus; nesse mesmo dia, monsenhor Salinis, arcebispo de Auch, durante uma visita manifestara-se contrário à intervenção das autoridades em Lourdes. Não deixava de ser estranha a visita desse príncipe da Igreja, à vista do prudente silêncio em que o episcopado da França aguardava os acontecimentos. Napoleão III respondera evasivamente ao ex-deputado como ao arcebispo. Ressegnier deixara-lhe até um memorial.

— Onde está agora esse memorial? Que é feito dele? Se esses malditos secretários e lacaios não tivessem a mania de arranjar minhas mesas! Na minha desordem, há mais ordem do que no arquivo mais bem arrumado...

O imperador encontrou, enfim o memorial e leu rapidamente:

"Digne-se Vossa Majestade fazer abstração da questão das aparições, embora centenas e milhares de testemunhas estejam convencidas de que houve aqui realmente revelação de poderes excelsos. É, no entanto, fato averiguado e fora de toda dúvida, que a água do manancial, tão estranhamente desentranhado na gruta ora interdita pela polícia, não pode ser nociva a ninguém. A análise firmada pelo professor Filhol de Tolosa demonstrou que se trata de água potável absolutamente inofensiva. Está provado positivamente que grande número de enfermos recobrou a saúde, com o uso dessa água. Em nome da liberdade de consciência, mande reabrir a gruta de Massabielle, Senhor! Em nome da humanidade, garanta salvação aos que sofrem! Em nome da investigação livre, ofereça ensejo à verificação científica!"

O imperador riu-se alto e arremessou o memorial às cesta de papéis.

Ah! Ah! Eis que os retrógrados invocavam a liberdade de consciência, a humanidade e a investigação livre, como os progressistas apelavam para o céu, quando quadrava aos seus interesses. Tudo neste mundo é mentira vã! Cada qual aspira apenas a conquistar, para si e para o seu grupo partidário, um pouco de poder que lhe assegure satisfação e preponderância. Ciência ou céu são, para o ambicioso, apenas o prolongamento em abstrato dessa parcela de poder. A fonte, a Virgem, a saúde do próximo eram tão indiferentes ao clerical senhor de Ressegnier, como a poeira das ruas. Ele queria ter êxito — eis tudo. Desejava vingar-se dos adversários liberais que o tinham derrotado nas últimas eleições. Era já grande coisa ser imperador, ter a plena posse do poder, em vez de mentir e intrigar por ele.

— Sob muitos aspectos, o imperador leva vantagem ao bom Deus. O bom Deus apóia-se só nos clericais; eu conto, pelo contrário, com clericais e liberais. Senhores clericais, prometo-vos um suculento bocado. Em compensação, deveis renunciar à vitória política interna. E os senhores liberais verão, nos próximos meses, os efeitos do meu favor declarado...

O imperador deitou um olhar ao relógio; meia hora, depois da meia-noite. O soberano não tinha sossego; antes de se deitar, desejava informar-se do estado de Loulou. Loulou, o seu único filho, estava indisposto desde a antevéspera. Nada de extraordinário; uma pequena elevação da temperatura. Numa criança de dois anos há, porém, que temer as surpresas mais perigosas. Luis Napoleão não se criara em palácio, mas em residências burguesas. Homem de nervos experimentados, estava em verdade preocupado, senão aflito como a esposa. Da saúde de Loulou dependia o futuro da casa imperial corsa.

O imperador chamou os lacaios, para que o vestissem e calçassem. Já não era tão moço nem confiava tanto em si, que ousasse apresentar-se em "negligé" a Eugênia Montijo. Embora de origem modesta, a imperatriz prezava particularmente as formalidades.

Informado de que o médico fora chamado meia hora antes, Luis Napoleão entrou, inquieto, no quarto do pequeno. A mãe desfazia-se em lágrimas junto do berço onde Loulou, indiferente, com as faces rubras e os olhos brilhantes de febre, choramingava e contraía o rosto, só quando a senhora Bruat ou a enfermeira lhe mudavam a compressa na testa.

O médico sorriu, para tranqüilizar o soberano.

— Nada de grave, Senhor. Já sabemos que o príncipe costuma ter essas febres.

— É difteria, a verdadeira difteria!... — gemeu Eugênia.

— Nada autoriza a supor semelhante coisa, Senhora — replicou o médico. — A garganta do príncipe está levemente inflamada; só isto. Já nos vimos muitas vezes diante de indisposições análogas.

— Não há a recear alguma enfermidade infantil: escarlatina, sarampo?

— Nunca é possível excluir essa eventualidade, Senhor. Entretanto, não devemos preocupar-nos antecipadamente. Eu aconselharia Suas Majestades a deitarem-se.

— É difteria, a verdadeira difteria — repetiu Eugênia, com voz monótona.

O imperador, muito pálido, aproximou-se da esposa.

— Realmente, deverias deitar-te, querida — disse com ternura, pousando a mão no peito do menino. — Loulou será corajoso. Não é verdade, Loulou, que mamãe deve descansar?

Loulou não concordava absolutamente.

— Não! Mamãe não vai dormir! Mamãe fica comigo! Eugênia ergueu para o marido o rosto apaixonado, os olhos chorosos.

— Oh! Luis, não negues o que te peço! Bruat trouxe uma garrafa de água da fonte de Lourdes. Loulou tomará um copo...

— Será preciso, querida?

— É preciso, Luis. Muitas pessoas já se curaram com essa água. Um pequeno de dois anos, como Loulou, ficou bom dum minuto para outro.

— Sobre isso nada há de certo, querida.

— Quem tiver um resto de crença no coração, não pode duvidar.

O imperador já não escondia a sua perplexidade.

— Se outrem se torna ridículo, minha filha, nós não podemos, não devemos expor-nos.

— Pela vida de meu filho, Luis, pouco se me dá que me achem ridícula!

— Essa água é absolutamente inofensiva, Senhor — interveio o médico, fazendo ao soberano um sinal de conivência. — Desde que a imperatriz o deseja tanto, podemos dá-la tranquilamente ao príncipe.

A esse alvitre, o imperador teve de se resignar à retirada.

— Eu quisera apenas — disse ele, hesitando — que isso não se espalhasse...

— Não seria nobre! Seria uma ingratidão mesquinha, Luis! Como há de valer-nos a fonte, se já antes a negamos? Pelo contrário! Prometo aqui, diante de Deus e dos homens o meu reconhecimento à fonte e a Nossa Senhora de Lourdes, se ela salvar o meu filho.

A senhora Bruat voltava com o copo de água. O imperador saiu, encolhendo os ombros.

Dois dias depois, às primeiras horas da manhã, a imperatriz entrou no quarto do imperador, para lhe anunciar pessoalmente que Loulou estava sem febre.

— A fonte de Massabielle valeu-nos, Luis.

— É uma afirmação leviana, meu bem. Loulou já esteve doente outras vezes; e sempre se restabeleceu muito depressa, com a ajuda de Deus. És deveras injusta com as drogas do doutor.

— És um ateu, Luis.

— Seria a mais rematada asneira, num soberano — tornou jovialmente Napoleão.

— És pior do que ateu, Luis; és totalmente incapaz de agradecer a Deus a graça que nos concedeu. E, ainda ontem, tremias de medo de que fosse crupe ou escarlatina.

O imperador, que em cinco anos de casamento não recebera cinco vezes a visita matinal da esposa, constrangido de se ver surpreendido com rede na cabeça e frisador no bigode, replicou enervado:

— És injusta querida. Sei que devemos só à graça de Deus a vida de Loulou. Mas essa convicção não me obriga a renunciar à razão e a crer que um copo de água potável dos Pireneus tenha livrado o pequeno duma escarlatina.

As feições clássicas de Eugênia Montijo tomaram uma expressão de dureza.

— Logo, negas toda possibilidade de haver a água de Massabielle cortado, em vinte e quatro horas, a febre de Loulou.

— Isso também é uma injustiça — tornou o imperador, cerrando os olhos. — Admito, ao lado das explicações naturais, as razões sobrenaturais. Recuso apenas crer num milagre, enquanto a natureza e a medicina bastarem para explicar plausivelmente um fato. Deixemos isso às comadres. O nosso filho está bom. Sei bem que Deus nos valeu. Mas também sei que o médico e a natureza concorreram para essa cura. Lourdes pode ter ajudado; eu, porém, não sei.

— Mas eu sei, Luis! — rebateu a imperatriz, pronta a lutar. — E ninguém me fará mudar de idéia — nem tu!

— Porque iria eu dissuadir-te, querida? — observou o soberano, em tom conciliador.

— Então, Luis, estás disposto a satisfazer o meu desejo? — acudiu prontamente Eugênia. — Prometi por nós ambos que, se água de Lourdes nos valesse, tu revogarias a interdição da gruta.

Luis Napoleão não ocultou o seu desagrado.

— Cada qual deve fazer promessas por si e não pelos outros, querida. Além disto, Lourdes é uma questão política espinhosa. Neste momento, tenho motivos ponderosos para não contrariar o partido liberal.

— Os meus motivos de mulher e de mãe são muito mais sérios do que a política do momento — replicou Eugênia, empalidecendo.

A obstinação, o orgulho, a energia, tornavam-lhe o semblante ameaçador para o marido.

— O meu governo mantém, nesse caso, desde o princípio, uma atitude de abstenção — explicou o imperador. — Não só o meu governo, querida, como o episcopado francês, a que não se pode tachar de ateísmo. Todos nós dependemos da opinião pública. A opinião pública da nossa época se insurge contra o misticismo bolorento de populações atrasadas. E insurge-se, porque luta por um espírito novo. Fosse espírito moderno desafia-me. Se eu me atravessar no seu caminho, derruba-me. Escuta bem: revogando a interdição da gruta, condeno o meu governo, isto é a mim mesmo. E que exiges tu de mim? Que, contra toda a razão política, eu esbofeteie o espírito do tempo e, sem necessidade, me desdiga publicamente?

Eugênia acercou-se do marido e tomou-lhe as mãos.

— Luis — murmurou em tom misterioso. — O imperador depende de poderes muito mais fortes do que a opinião pública. Bem que o pressentes! Do contrário, porque te aconselharias com a senhora Frossart, a vidente e adivinha? Na tua situação não há sopro que seja indiferente, nem subterfúgios oportunistas. Quando sonhas, fazes história. O soberano não pode desafiar o céu. Sempre o disseste. E, justamente esta vez, queres fazer isso? Agora, quando te defrontas com o ano mais significativo do teu governo? Pena! Corre na França um manancial milagroso que realiza cura após cura. Tu mesmo deste essa água a teu filho, que estava em perigo...

— Para falar verdade, senhora — atalhou rispidamente o imperador — não fui eu; Deus é testemunha.

— Que importa? — retorquiu a espanhola. — Loulou já não tem febre. O poder que, por meio duma rapariguinha inocente e abençoada, desencantou essa fonte singular, concedeu-te uma graça. Em recompensa, ousarias enganá-lo? Julgas menos perigoso esbofetear a Deus e, a Virgem do que o teu pretenso espírito da época? E isso, depois de prometeres gratidão?

— Foste tu quem prometeu — insistiu o imperador, já sem esperança.

— Que importa? A promessa foi feita e tem de ser cumprida. Menos por ti, do que por mim. Porque o teu império está em jogo, Luis.

O imperador reconduziu a esposa ao outro aposento, sem dizer mais uma palavra.

Esse dia correu-lhe desagradável. Essa linda mulher tinha o dom de lhe tirar o sossego. A imperatriz passou a mostrar-se cada vez mais fria, e por fim tão glacial, que o soberano julgou ter de deixar Biarritz antes dela. Também, que mais podia fazer ali? Os banhos já não lhe davam prazer. O trabalho não o atraía; nem lhe era dado gozar a solidão produtiva das horas matutinas.

Mas as palavras de Eugênia continuavam a lavrar o coração do marido. Ela tinha razão; não devia faltar à promessa. E ele também devia cumpri-la, embora nada houvesse prometido. Fosse qual fosse o poder que se ocultava sob as aparições e as curas de Lourdes, quem podia garantir que o mesmo não se dissimulasse sob a História e, portanto, atrás da campanha da Itália?

Não custava aos pobres diabos serem livres-pensadores! Que arriscavam eles? Devia, porém, o maior monarca do globo, para não contrariar os livres-pensadores, atrever-se a desagradar ao poder mil vezes mais irritável que decide da vitória e da derrota das nações?

— Já estas considerações frias são uma imprudência — pensou o imperador — pois quem pode saber se esse poder, que exige dedicações exaltadas, já não tem conhecimento destas reflexões capciosas? Quem adultera documentos ou falsifica mercadorias pode rir-se despreocupadamente da superstição. Quem domina o mundo sabe, por experiência quotidiana, que nem sempre as coisas correm bem, que o andamento dos fatos não depende dele e que o seu papel é o da bola num jogo de misteriosas forças contrárias, a exigirem constantemente idolatria e holocaustos — forças que é mister aliciar e conciliar incessantemente. Que a bala dum atentado acerte ou não o alvo é causa que depende menos da balística do que desses poderes, sejam eles um Deus uno e trino ou a vontade dos astros. Só um soberano sabe quanto a sua pessoa escapa às leis normais da natureza, isto é vive em pleno milagre. Por isto, a crença dos reis e dos poderosos sempre é superstição...

Na terceira noite da sua guerra muda com a mulher, o homem confessou-se vencido. Já não se tratava senão da forma que assumiria a capitulação. Após longas reflexões, o imperador decidiu-se a dar um passo insólito, evitando os trâmites burocráticos. Envergonhando-se de recorrer aos seus ministros, resolveu agir pessoalmente. Nem Fould, nem Roulland, ou mesmo Delangle, seriam informados.

E o próprio imperador redigiu o despacho ao prefeito de Tarbes:

"Reabra imediatamente ao público a gruta ao oeste de Lourdes. Napoleão."

Só isso. O telegrama passou ao telégrafo.

Napoleão III levou a cópia do despacho à imperatriz. Eugênia corou intensamente.

— Eu sempre soube, Luis, que tens um coração generoso, capaz de se vencer a si mesmo.

O fato é, senhora — replicou ele, a essa declaração extremamente formalista — que a dama de Lourdes encontrou em Vossa Majestade uma excelente aliada...

CAPÍTULO XXXVI

BERNADETTE ENTRE OS SÁBIOS

O barão Massy tinha na mão o telegrama do imperador. Passados os primeiros minutos de estupefação, após um violento assomo de orgulho, que o impelia a exonerar-se imediatamente, conseguiu recuperar a sua álgida presença de espírito e analisar a situação com a sagacidade habitual.

Em primeiro lugar, o telegrama. O texto, seco e conciso qual o duma ordem militar, contrastava com o estilo de Napoleão, costumado a revestir de cortesia, não raro a fundar nela, as suas instruções às autoridades civis. O laconismo do despacho traía um mal-estar. Se o telegrama era autêntico, o imperador fora coagido. Sem dúvida uma promessa de Eugênia, de alguma beata dama de honor, ou de quaisquer sotainas que, segundo parecia, iam percebendo mais e mais o valor propagandístico das "aparições de Lourdes". Só o bispo de Tarbes se mantinha irredutível. O resto do clero estava desde algum tempo em movimento, como o gelo dum rio, em época de degelo. Um milagre documentado por várias curas, provadas mas inexplicáveis, equivalia a uma irrupção no deísmo oficial e no niilismo. não-oficial da época, a uma brecha que abalava a segurança dos incrédulos como a incerteza dos crentes. Provava-o à evidência o telegrama do imperador. A questão capital consistia nisto: seria autêntico esse despacho?

— Enquanto não for confirmado, não será autêntico nem falso — decidiu o barão.

Um telegrama da côrte, sem firma legalizada, pode ser levado ao correio por qualquer lacaio. Para poupar uma mistificação ao soberano, cumpria esperar a confirmação devidamente assinada. Aliás, o procedimento de Sua Majestade contrariava tanto os seus hábitos, que essa hesitação justificava-se plenamente.

O prefeito, para quem ganhar essa causa se convertera em idéia fixa, teve a coragem de deixar oito dias sem resposta a ordem telegráfica e de não tomar a mínima providência. Só ao termo desses oito dias, enviou o telegrama ao ministro Roulland, solicitando instruções explícitas.

A cobardia, a defecção do imperador exasperaram o ministro do Culto e os seus colegas. Era bem o pequeno Napoleão! Primeiro, com as suas indecisões, a sua subserviência aos maçons, envolvera-os nesse caso que, sem a oposição oficial, já estaria liquidado; depois que ela mesmo soprara o incêndio, largava ardilosamente o fardo nos ombros dos seus ministros. Oh! essa desgraçada espanhola que o governava! Se o ilustre Massy não fosse tão avisado e corajoso, o governo em peso ver-se-ia ridicularizado e iludido perante o mundo, constrangido a resignar as suas funções. Nesses dias, a censura à imprensa foi mais rigorosa do que nunca, e o prefeito dos Altos Pireneus recebeu do ministério uma carta de agradecimento.

— Bom — pensou Massy — ganhar tempo é ganhar muito.

E, para não ser encontrado em Tarbes, iniciou uma viagem de inspeção que o reteve vários dias em Lourdes. Avistou-se ali com Lacadé, a quem comunicou a sua intenção de obter licença em outubro. O senhor "maire" deliberara espontaneamente fechar a gruta. Se sobreviessem, nas próximas semanas, certos acontecimentos, não desagradaria ao barão que o senhor Lacadé, na qualidade de "maire", se valesse da ausência do prefeito, para determinar pessoalmente a reabertura da mesma gruta. Lacadé recusou, espavorido. À vista do que ocorria, medidas dessa ordem excediam a sua competência. Lourdes passara a pertencer à alta política. Ele não era senão um modesto administrador de comuna. Demais, desde que recebera a luminosa análise do professor Filhol, a sua opinião sobre a fonte e a gruta mudara radicalmente. O governo, que autorizara a interdição com o seu "visto", devia revogá-la com um "visto" análogo. O barão Massy deitou um olhar interessado à ponta aguçada dos seus sapatos de verniz, puxou os punhos fora das mangas e saiu, sem uma palavra, do gabinete do "maire".

— É um homem morto — disse consigo Lacadé, dotado dum faro especial para os cadáveres políticos.

O prefeito convocou, no hotel de Cazenave, os senhores Dutour e Jacomet — um depois do outro — para criticá-los à sua maneira pedante e atribuir-lhes a responsabilidade desse lamentável estado de coisas, embora soubesse que os dois homens não eram particularmente culpados e se tinham mostrado, contra a desordem, mais enérgicos e inflexíveis do que o prefeito, o qual timbrara em se manter até ao fim em segundo plano. Nesse caso diabólico, todo passo empreendido redundava em erro!

Dia a dia mais aterrado pela sua coragem, o barão Massy tratou de conjurar ao menos uma clamorosa derrota pessoal. Instaurou, pois, uma nova táctica — uma táctica de recuo. O procurador imperial e o comissário receberam a recomendação de abrandar o rigor contra os infratores da proibição de beber à fonte, e de sustar a aplicação das multas. A cerca de tábuas e as tabuletas admonitoras continuariam no lugar. O Estado não se desdiz. Mas, ao mesmo tempo as sentinelas da gendarmaria seriam retiradas e o serviço de guarda ficaria confiado exclusivamente aos órgãos da comuna. O dignitário dava assim a entender que alcançara os fins visados. No íntimo, esperava que os bandos de romeiros e os curiosos passassem, a pouco e pouco, à margem esquerda do rio, à zona proibida, e insensivelmente retomassem posse da gruta. Formalmente, a interdição ficaria em vigor; na prática, porém, cairia no esquecimento. E o prefeito, esse era o seu intuito principal — não subscreveria pessoalmente o seu opróbrio.

A idéia era boa, digna dum Massy. Infelizmente o inimigo não deu ao prefeito o gosto de concordar com ela. O inimigo era, dessa vez, o povo de Massabielle. Percebendo a ausência dos gendarmes e de Callet, com o caderninho pronto a notar as contravenções, os adeptos da dama conceberam logo a suspeita de que se lhes preparava uma armadilha. Antônio Nicolau, o zeloso vizinho da gruta, deu a senha:

— Ficar à margem direita!

E assim aconteceu. Desde o fechamento da gruta, a interdição nunca fora tão respeitada, como nos dias em que uma inobservância discreta pareceria ao prefeito a solução mais bem-vinda. A cerca, as cordas, as tabuletas continuavam expostas à luz outoniça, como instrumentos de martírio duma paixão desconhecida. E não poucos indiferentes, a quem nada importava a dama nem a fonte, passando ali diziam, indignados:

— É coisa inaudita fechar essa gruta, como o local dum crime, e tratar homens livres, como malfeitores!

Certo dia, passava o prefeito, em companhia de Jacomet, pela praça Marcadale, quando o comissário lhe apontou uma menina embrulhada num capuleto branco.

— Aí tem Bernadette Soubirous, Excelência.

— Sim, sim; hum! hum! — pigarreou o barão, exteriormente mudo, mas com o coração a pulsar com força.

O alto funcionário envergonhava-se dessa emoção inexplicável. O desembaraço abandonava-o; faltavam-lhe palavras. Bernadette olhou-o, como olhava os poderosos, com os grandes olhos atentos e circunspectos. Finalmente Massy, muito perplexo, estendeu a mão à pequena, tirou o chapéu alto e voltou-se, para continuar o caminho. Dados poucos passos, disse a Jacomet:

— O senhor descreveu-me muito mal essa menina! Não é grosseira nem vulgar!

— Se Vossa Excelência a conhecesse antes! — protestou o comissário. — Ela mudou completamente, depois das aparições.

— Tem uns olhos magníficos — tornou o barão Massy, comovido.

Enquanto o prefeito se aprestava para deixar Lourdes, os ministros Fould e Roulland chegavam a Biarritz, onde ocorreu entre o soberano e os seus auxiliares convocados uma cena penosa. O imperador sentia-se apanhado numa das suas fraquezas. E o mais forte nunca é tão forte, que possa perdoar a quem lhe desmascara uma fraqueza.

Luis Napoleão calculara que o prefeito dos Altos Pireneus executaria imediatamente a ordem imperial e que o governo, encontrando-se ante o fato consumado, não levantaria objeções. E eis que esse descarado Massy não só desacatara as injunções do soberano, mas ainda as despachara ao ministério, como o tema errado dum jovem simplório. O imperador estava amarelo; o bigode tremia-lhe. E, como se não bastasse, esses parvos entoavam a cantiga dos liberais e dos maçons que seria preciso afrontar!

Napoleão quisera bradar-lhes:

— Um monarca tem todo o direito de ser supersticioso. Um monarca avem-se, dia e noite, com poderes obscuros de que emanam as casualidades. Na vossa chata mesquinhez, vós nem desconfiais da existência desses poderes.

Mas limitou-se a dizer:

— Responsabilizo-os, meus senhores, pela negligência com que se arremessam ao vento as minhas resoluções.

Felizmente os ministros eram cobardes; e, no que concernia a esse caso, o imperador também não se sentia muito intrépido. As duas partes concordaram, pois, na escolha duma vítima comum. Essa vítima seria o barão Massy.

Dias depois, o prefeito recebia do governo uma admonição tão inesperada quão assustadora: a ordem de Sua Majestade devia ser executada imediatamente. O barão sentiu a boca seca.

— Estou perdido — disse de consigo.

E, sem perda de tempo, expediu instruções telegráficas a Lacadé e Jacomet. Era o dia 7 de outubro. No dia seguinte, bem cedo, Callet tamborilava a "retratação" pelas ruas de Lourdes, com a costumada cantilena:

"O decreto referente à gruta de Massabielle foi revogado nesta data. Dado na Câmara municipal de Lourdes. A. Lacadé, "maire". "Visto. O prefeito — barão Massy."

Mas, como quando se tratara de levantar a cerca derrubada, os operários de Lourdes negaram-se a abatê-la. Jacomet não teve remédio senão marchar, com Callet e dois policiais auxiliares, e fiscalizar o seu próprio descalabro. Milhares de pessoas testemunharam essa capitulação, após um cerco prolongado. A multidão permanecia na outra margem num silêncio de mau agouro. O comissário subiu à mesma pedra donde, numa quinta-feira memorável, arengara o povo, quando o milagre ameaçara ir por água abaixo, antes que a água fizesse milagres. Nesse dia também Jacomet elevou a voz dos interrogatórios, num pequeno discurso que pretendia salvar o que ainda pudesse ser salvo:

— Caros amigos, estão vendo que retiramos a cerca levantada por ordem do governo. Eu sou um funcionário. E um funcionário é como um soldado: não pergunta; obedece. Nós não lutamos contra vocês, como talvez julgaram, mas por vocês. Antes, não sabíamos se a água da fonte era nociva ou não; cumpria impedir que a bebessem. Agora, porém, depois do sábio atestado da universidade de Tolosa, todo cuidado seria supérfluo. O governo conseguiu o seu fim. Por isso, o senhor prefeito e eu resolvemos reabrir a gruta, e remover todo obstáculo do caminho de vocês.

Cumpre confessar que o discurso era digno e próprio para justificar soberbamente o procedimento das autoridades. Mas caiu na multidão, como uma pedra num charco, provocando, se tanto, fracas ondas de risos irônicos. Em casa, à refeição, Jacomet disse à mulher e à filha:

— É bom que nos vamos desta toca imunda! O comissariado, em Alais, corresponde a uma promoção vantajosa. Depois de Nimes, Alais é a maior cidade do departamento de Gard, sede duma sub prefeitura. Teremos uma excelente residência e, abaixo da senhora do sub-prefeito, a senhora do comissário seria a primeira dama da cidade...

Com essas palavras, Jacomet participava à família a remoção cujo decreto encontrara na sua mesa de trabalho, ao voltar da gruta. Apesar das circunstâncias, o comissário folgava de sair de Lourdes. Os jornais das últimas semanas estavam cheios das façanhas dum bando de malfeitores que infestava o departamento de Gard entre Nimes e Alais. A especialidade desses marotos eram os assaltos aos trens, coisa mais moderna do que a fonte milagrosa e as visões. Demais, um criminalista podia, sem dúvida, proceder mais facilmente contra os salteadores de comboios do que contra a dama de Massabielle.

A primeiro de novembro, o jornal" oficial "Moniteur" noticiava a nomeação do barão Massy para a prefeitura de Grenoble. A notícia era exata. O imperador não se animara a sacrificá-lo totalmente, a arremessá-lo ao nada. Mas o departamento do Isère, com a sua capital Grenoble, equivalia na nomenclatura secreta da administração francesa à transição para o nada. Grenoble era uma estação terminal. Dali não partia o caminho ascendente para os pomposos palácios de Paris. O barão acordara desse sonho. Em todo caso, continuava prefeito. A vingança da dama fora clemente.

Pior aconteceu ao procurador imperial, Dutour. A sua situação permanecia inalterada. Ele não fora removido, mas condenado a ficar. Dia após dia, o calvo promotor continuou a percorrer, na ida e na volta, o caminho entre a praça Marcadale e o tribunal. Sentava-se, de manhã e à tarde, à mesa do "Café Français" e ali tinha de aturar o fruto das leituras de Duran e as trivialidades provincianas daquela roda de advogados, de oficiais e de modestos burgueses. Era um dia de festa, quando podia gratificar os renegados Estrade e Clarens com uma das suas orgulhosas maldades.

Pelas onze horas de dezessete de novembro, os sinos de São Pedro de Lourdes repicaram inesperadamente, anunciando a presença do reverendíssimo bispo Bertrand Severo Laurence. Por mais que o desejasse, monsenhor já não podia hostilizar a dama. Todas as condições impostas por ele haviam sido satisfeitas pontualmente. Contra toda expectativa, o imperador fora vencido; o governo batera em retirada; o prefeito estava relegado ao outro extremo da França; a cerca da gruta acabava de ser derrubada pela polícia. Nenhum obstáculo oficial autorizava já o bispo a protrair a investigação desses complexos acontecimentos sacros.Cumpria-lhe render-se. Mas o bispo não se rendia à discrição. "Entrincheirava-se atrás da sua última linha de defesa. Ainda na véspera, reunindo os membros do concílio, acentuara numa breve oração que, para caracterizar uma cura genuinamente milagrosa, não bastava a impossibilidade de a explicar pela medicina; fazia-se mister que interviesse nela um elemento peculiar, a prontidão empolgante e fulmínea do "Ergue-te e anda" do Evangelho. Nessa espectativa, o bispo reservava a si mesmo a sentença definitiva sobre os casos estudados pela comissão episcopal.

Consultara-se o cerimonial prescrito em assembléias análogas que se congregavam sob a proteção do Espírito-Santo, cuja inspiração era indispensável para o bom êxito das pesquisas. Inaugurou os trabalhos uma solenidade religiosa em São Pedro de Lourdes, como prenúncio da outra cerimônia mais solene com que um dia, muito mais tarde, numa igreja de São Pedro muito mais suntuosa, a investigação ratificaria a existência de coisas sobrenaturais.

Nesse dia de novembro, os teólogos da comissão episcopal agrupavam-se em torno do modesto altar-mor da igreja paroquial de Lourdes, em cujos degraus estavam dispostos os lugares de honra destinados aos sábios leigos: médicos, químicos, geólogos.

Logo atrás deles, nas primeiras filas, sentavam-se as testemunhas mais notáveis das aparições: a senhora Millet e as suas amigas, radiantes paladinas da glória celeste. A costureira Peyret com um vestido escuro, adequado à cerimônia, também se pavoneava nos bancos da frente, ao lado do lacaio Filipe. Estavam presentes as condiscípulas de Bernadette, chefiadas por Joana Abadie que, outrora, apedrejara a vidente, mas honrava nesse dia a antiga companheira. Não faltavam igualmente as irmãs de Nevers, exceto Maria Teresa Vauzous que, seis meses antes, regressara ao seu convento.

Os vizinhos do Calabouço formavam um grupo cerrado: tios Sajou, Bouriette, a senhora Bouhouhorts resplandecente de alegria, com o filho são nos braços, a tia Piguno, os Ourous, os Raval, os Gozos. No meio deles, troneava Bernarda Casterot, o oráculo, ao lado da inseparável Lucília. Os Nicolaus, mãe e filho, tinham tomado lugar mais longe, nas últimas fileiras.

O cônego Nogaro, vigário da catedral de Tarbes, entoou o "Veni Creator Spiritus". Um murmúrio de surpresa circulou entre bancos: onde estava Bernadette? E a família Soubirous? Finalmente descobriu-se a protagonista de todos esses fatos, bem escondida entre a massa anônima, junto dos pais e de Maria. Bernadette esquivava-se, mas viu-se impelida para a frente. A senhora Millet estendeu-lhe os braços saudosos, os fiéis abriram-lhe caminho, e a menina conseguiu enfim sentar-se junto da sua protetora que chorava de felicidade.

Bernadette também estava comovida — não de júbilo, mas de medo. Antes fora torturada com interrogatórios por Jacomet, Rives e Dutour. Nesse dia, eram os padres e os doutores. Ela sentia-se inquieta. Para que tudo aquilo? E o seu temor não era infundado.

Após a cerimônia religiosa, o concílio reuniu-se no presbitério, em primeira sesão plenária. Vinte membros do congresso, eclesiásticos e leigos, sentaram-se em semicírculo a uma grande mesa. Junto das paredes enfileiravam-se os bancos destinados às testemunhas. Bernadette foi chamada em primeiro lugar, menos para depor do que, por assim dizer, para se justificar como um réu.

Convidada a repetir várias vezes a sua história, não o fez com o antigo tom apático e monótono nem com a mímica empolgante que arrebatara monsenhor Thibaut. Adotou antes um modo de se exprimir singularmente conciso, mas animado, como quem luta perante um tribunal pela sua existência.

Os juízes interrompiam-na a cada instante, para que as suas declarações fossem apoiadas ou retificadas pelas demais testemunhas: Maria, Joana Abadie, Antonieta Peyret, Luiza, Bernarda e Nicolaus.

Verificou-se, porém, que a memória das testemunhas adultas falhava em muitos pontos, enquanto Bernadette não esquecera o mínimo pormenor desses dias decorridos para sempre. Dir-se-ia que ela vivera fora do tempo, mergulhada no grande acontecimento da sua vida . Todo olhar, aceno, gesto ou movimento da dama gravara-se-lhe profundamente na memória. Mais do que isto: esses gestos acudiam-lhe continuamente à lembrança. E nem só os gestos, como tudo o que ocorria antes e depois dos êxtases. A convicção irresistível dessas recordações foi a primeira impressão profunda do concílio investigador.

Bernadette não perdera o hábito das respostas desconcertantes. Tal foi a que ela deu ao cônego Nogaro, quando este a inquiria sobre os segredos que a dama lhe confiara.

Isso é só da minha conta — rebateu Bernadette, impaciente. — Se eu o disser ao senhor, deixará de ser segredo.

Outro membro da assembléia levantara objeções à injunção de comer ervas:

— Não compreendo porque a dama exigiu de ti semelhante sensaboria. Não condiz com a imagem que dela nos pintaste, esse capricho de te mandar fazer o que fazem os animais...

— O senhor é, acaso, um bicho quando come alface? — redarguiu Bernadette, tranquilamente.

Os congressistas entreolharam-se, sem saber ao certo se deviam qualificar de insolente essa resposta. O olhar sereno da menina desmentia essa presunção. Mas Antonieta Peyret, no banco das testemunhas, não conteve um gritinho de espanto.

Entre as autoridades de Lourdes, empenhadas em luta com a dama, só Lacadé não fora derrotado. Esse glutão elástico tinha a capacidade de haurir proveitos das situações mais incríveis. Mas quem falava, aliás, de situação incrível? Se os milagres de Massabielle contrariavam a filosofia vigente, a obrigação dum homem prático não era dessangrar-se pela validade das leis da natureza. O tempo é uma coisa incompreensível; o mundo, uma doida bolha de sabão. Lourdes parecia ser uma cidadezinha em marcha para destinos mais altos; e Adolfo Lacadé não era nenhum parvo. Desde essa tarde de estio, em que comprovara o poder da fonte na sua enxaqueca, tinham-lhe caído os antolhos. Todo ser humano traz consigo o grau e o modo duma possível conversão. Adolfo Lacadé também se convertera à sua maneira.

O "maire" convencera-se definitivamente de que um manancial milagroso nada fica a dever a uma fonte mineral e pode até, sob "muitos aspectos, ser mais original e rendoso. Pessoalmente, Lacadé preferia cem vezes uma suntuosa estação termal à meta mais consagrada de peregrinações. Mas que se havia de fazer? O erudito Clarens declarara-lhe, com razão, no café que, já na era pagã, Lourdes devia ter sido um local de culto e que semelhantes sítios nunca perdem o seu caráter místico. Lacadé resignava-se. Cumpria, em verdade, renunciar, ao fúlgido sonho dum cassino com parque, pavilhões de música, terraços e campos de desporto. Os prazeres estivais dos ricos e dos felizes não ficariam bem no distrito da gruta milagrosa. Adeus, concertos, fogos de artifícios, batalhas de fores, bailes de máscaras, mulheres lindas e elegantes, crianças alegres!...

— É pena — matutava o epicúreo Lacadé — sacrificar a variegada festa mundana aos bandos negros dos peregrinos!

A água medicinal transformava-se em água benta. Gorava o plano da "Sociedade Termal" e do próspero negócio de exportação. Garrafas, com rótulos figurando a Virgem que restitui a vista a uma criança cega, seriam coisa de péssimo gosto, e a Igreja não toleraria. Muitas coisas falham; porém, sempre há meio de conseguir certa vantagem, se não lhes largarmos o cabo... Felizmente, ainda era tempo, ainda estava aberta a possibilidade de ir ao encontro da Igreja — embora esta não houvesse pronunciado o grande "sim" — e figurar entre os pioneiros...

O velho Filipe, estupefato, anunciou à patroa a visita do senhor Lacadé.

O "maire" expôs à devota viúva um projeto piedoso; antes que, no dia seguinte, a comissão fizesse a sua primeira visita a Massabielle, convinha engrinaldar a gruta de flores, para demonstrar aos membros desconfiados do episcopado francês a confiança da população na autenticidade do milagre. Nesse tempo, depois de Finados, canteiros de Gazenave não tinham senão crisântemos. Mas a vistosa flor fúnebre, que desabrocha em várias cores, encheria satisfatoriamente o recinto. A comissão visitaria a gruta às onze horas. Logo, já uma hora antes, uma procissão de devotos do escol de Lourdes partiria do pórtico do paço municipal para Massabielle, revelando simultaneamente, com a presença e com a ausência, quem pertencia ou não aos fautores da dama. E ninguém fora mais claramente escolhida pela Providência, para essa manifestação do que a senhora Millet. Enlevada pela conversão desse ateu inveterado, a viúva não hesitou em assumir a direção do plano.

Efetivamente, no outro dia, às nove horas em ponto, uma parte seleta das rodas mais aristocráticas de Lourdes congregava-se diante da "mairie", na rua du Bourg. Os cavalheiros vestiam casaca; as damas traziam as cabeleiras castamente dissimuladas sob um véu. O dia estava lindo. Lacadé assomou ao portal, entre os seus adjuntos, seguido pelos vereadores, com a pera petulante sob as faces rubras, recém-barbeadas, a faixa tricolor a cingir-lhe o ventre, o chapéu alto na mão esquerda e, na direita, um círio aceso.

— Entoemos um hino? — Sugeriu ele a Cazenave,.antes de dar o sinal da partida. — Talvez: "Queremos Deus?"...

O cortejo desfilou, cantando, defronte do "Café Français".

O espírito da época, encarnado na pessoa de Duran, seguiu com um olhar colérico.

CAPÍTULO XXXVII

A ÚLTIMA TENTATIVA

O vigário dissera ao bispo, com pena sincera:

— Bernadette ainda é tão nova!

O bispo respondera-lhe:

— Ela crescerá.

E monsenhor dispunha-se deveras a deixá-la crescer, antes de pronunciar a sentença definitiva sobre a pequena Soubirous e a sua dama.

Bertrand Severo Laurence estendia entre o milagre e o reconhecimento do milagre a mais espessa camada isolante: o tempo, conformando-se exatamente com os preceitos de Benedito XIV no qüinquagésimo segundo capítulo do terceiro volume da sua grande obra: "Da beatificação e canonização dos santos".

O tempo é o ácido mais ativo do mundo, uma água-régia a que só o ouro mais puro e mais pesado consegue resistir, que corrói e dissolve todo metal menos consistente, seja qual for o seu valor peculiar. A maior parte das coisas, que comovem os homens pelo espaço dum dia, já na manhã seguinte não passam dum sonho. A própria lembrança das horas mais gloriosas e mais sombrias dos povos empalidece, ao anúncio clamoroso duma nova sensação.

O caso de Lourdes prendera extraordinariamente a atenção dos jornais. O bispo presumia que, no fim do primeiro ano, a celeuma esmoreceria. No segundo, talvez, já ninguém falasse de Massabielle; a história das aparições e das curas seria uma reminiscência agradável, sem maiores conseqüências. Nessa previsão, monsenhor Severo marcara ao concílio uma duração de quatro anos. Antes de se esgotar esse prazo, o material deveria estar examinado, comprovado e registrado; mas ainda não se faria nenhuma declaração definitiva. Num largo espaço de tempo, há maior poder de discernimento do que no mais sagaz intelecto humano. Assim averiguar-se-ia, por exemplo, se as curas milagrosas cessavam ou prosseguiam. Ver-se-ia se subsistia o movimento popular, que se alastrava pela França inteira, ou se esse alvoroço não passara dum assomo efêmero das massas, cansadas do niilismo das camadas superiores. Demais, com esse longo intervalo, o prelado submetia a uma prova rigorosa a veracidade do princípio sobrenatural.

Quanto às curas, porém, elas não acenavam em verdade a acabar; antes, multiplicavam-se de mês em mês. Os médicos da comissão, já por motivos profissionais pouco inclinados a protegerem o "arremedo celeste de estação termal", investigavam escrupulosamente cada um dos casos. As atas eram coligidas pela comissão e transmitidas ao bispo que as lia e distribuía em três classes. A primeira abrangia as curas aparentemente milagrosas e excepcionais, cujo processo a medicina se declarasse incapaz de penetrar e definir.

— Mas o que a ciência não pode definir, ainda não merece a qualificação de milagre — opinava o bispo.

Seguiam-se os casos tão inexplicáveis, que a comissão estivesse pronta a lhes atribuir unanimemente o caráter de milagre. Nessa classe figuravam, por exemplo, abcessos volumosos que o uso prolongado da água de Massabielle reduzia e eliminava totalmente; ou paralisias que em poucos dias, acusavam melhoras dignas de nota. O bispo não contestava o subido valor desses fenômenos; recusava, porém fundar só neles a sua sentença. As virtudes curativas do manancial não constituíam, de per si, uma prova. Posteriormente, poderia a ciência atribuí-las a causas naturais, descobrindo nessa água algum ingrediente até ali ignorado. A própria e inconcebível polivalência da fonte abençoada, que exercia, sem exceção, o seu efeito poderoso em qualquer órgão afetado, não bastava ao bispo. Também nesse ponto, o futuro poderia trazer à luz alguma causa imanente. Só o elemento imediato, fulmíneo, ficaria na opinião de monsenhor inexplicável em qualquer tempo. Se um olho cego passa a enxergar dum segundo para outro, se um nervo morto distende subitamente um músculo atrofiado, então a justificada dúvida humana atingiu o limite extremo, e só lhe resta curvar-se.

O bispo não esperava encontrar muitos casos que se adaptassem à última categoria da sua classificação. Entretanto, viu-se ante quinze processos de cura fulmínea que a crítica mais exigente não lograria impugnar. Duas dessas curas verificaram-se logo no princípio da investigação.

Um dos enfermos era Maria Moreau, a filha mais velha duma família de Tartas. Essa adolescente de dezesseis anos, freqüentando a escola em Bordéus, fora acometida dum dia para outro duma terrível moléstia ocular. O doutor Bermond, famoso oftalmologista da universidade de Bordéus, diagnosticara: "Ruptura da retina nos dois olhos: cegueira inevitável."

Esse diagnóstico realizou-se quase imediatamente. Ao termo de algumas semanas, o véu sanguinolento, que toldava as pupilas claras da linda menina, convertia-se em sombra dia a dia mais densa. Como sói acontecer nesses casos desesperados, a família lutava com afinco, negando-se a conformar-se com a desgraça. A cega foi atormentada por cem tratamentos martirizantes. Nada lhe valendo, resolveram os seus levá-la a Paris, para consultar as sumidades da oftalmologia.

Era a extrema tentativa. Dias antes da partida, caiu nas mãos do senhor Moreau um jornal que referia à cura duma senhora Rizot, restabelecida graças ao uso da água de Lourdes! O senhor Moreau lembrou-se então do nascimento da filha. Fora um parto laborioso, e os obstétras já não davam esperanças. Nessa hora grave, Moreau prometera que, se o nascituro vivesse e fosse uma menina, havia de se chamar Maria, embora o nome de Marie Moreau pudesse soar pouco eufônico. Mudando imediatamente a meta da viagem, a família Moreau desembarcou em Lourdes e, na gruta recém-reaberta, os olhos enfermos de Maria Moreau foram cobertos alguns minutos com um lenço molhado à fonte. Mal lhe tiraram a compressa, a menina soltou um grito estridente, inesquecível para quantos o ouviram. O véu purpurino, que lhe encobria as pupilas, rasgara-se. Maria enxergava. Puseram-lhe uma folha impressa diante dos olhos. Maria leu!

Uma delegação do concílio seguiu para Bordéus, a avistar-se com o doutor Bermond, afim de consultar os apontamentos que ele registrara sobre o estado desesperador da paciente, nos últimos exames. O caso contrariou de tal modo o cientista, que por muito tempo não foi possível convencê-lo a exibir o seu diário.

A outra cura, não menos súbita, verificou-se num menino de doze anos, Júlio Lacassagne, filho dum funcionário aduaneiro de Bordéus. Seu pai, Rogério Lacassagne, homem de aparência marcial, ao contrário do senhor Moreau não podia ser suspeito do mais leve assomo religioso. Júlio era vítima da rara e singularíssima enfermidade que a linguagem popular denomina "dança de São Vito". Essa moléstia cruel afetara-lhe menos os membros do que o canal digestivo. Restringindo-se este mais e mais, tornava cada vez mais penosa a ingestão de alimentos sólidos. O médico assistente, doutor Nogues, o professor Roquer, chamado em conferência, tinham aplicado todos os possíveis medicamentos internos e externos, como os prescrevem e como não os prescrevem os tratados, sem se resolverem a confessar a sua impotência. O canal digestivo do pequeno estreitava-se progressivamente; afinal, só lhe permitia engolir algumas gotas de leite ou de caldo. Júlio Lacassagne emagrecia; era já uma sombra, condenada irremediavelmente à inanição. A mãe levou-o aos banhos de mar; talvez o ajudassem as virtudes do oceano. Essa esperança malogrou-se. Um belo dia, Júlio encontrou na praia um retalho amarelado de jornal, apanhou-o com as mãos diáfanas, e leu a notícia da cura de Maria Moreau. O menino guardou o papel impresso. A princípio, não se atreveu a manifestar o seu desejo. Conhecendo o caráter e as convicções do pai, receava que este o ridicularizasse. Só muito depois, quando já sem esperança os pais conduziram a Bordéus, esse candidato à morte, o menino contou à mãe o que lera sobre Lourdes e Maria Moreau. A senhora Lacassagne exortou o marido a empreender a viagem no mesmo dia, e foi logo atendida, pois diante da morte vacila o incrédulo como o crente.

Rogério Lacassagne levou pessoalmente o filho nos braços à gruta. O antigo oficial não admitia tergiversações. Se milagre houver — dizia ele — tem de aparecer pontualmente. Por isso, munira-se dum pacote de biscoitos moles. Logo que Júlio tomou penosamente o primeiro copo de água, sorvo a sorvo, o pai estendeu-lhe um biscoito e ordenou severamente:

— Bem; agora, come!

Então aconteceu o incrível: Júlio comeu! Mordeu a massa, mastigou-a e engoliu-a sem esforço, como qualquer outra criatura. O imponente Lacassagne, com a sua cabeleira grisalha à escovinha, voltou-se, cambaleou como um ébrio e bateu os punhos no peito, clamando:

— Júlio come!... Júlio come!...

Fora da gruta, os presentes romperam em pranto. Júlio, porém, continuava a roer os biscoitos, calado e absorto, enquanto na assistência muitos juravam ver já perpassar-lhe nas faces o primeiro colorido da saúde.

Maria Moreau e Júlio Lacassagne eram apenas dois dos quinze casos que o bispo Laurence admitia como processos de cura não natural, preenchendo todas as condições. E sempre era requisitado o último testemunho médico, antes da cura, merecendo constantemente a preferência de monsenhor o depoimento dos profissionais doutra religião ou que se confessassem inimigos da fé católica.

Já nos primeiros tempos, quinze pessoas se tinham curado instantaneamente em Lourdes. Centenas de enfermos restabeleciam-se mais devagar, mas da mesma maneira inexplicável. Milhares e dezenas de milhares de doentes afluíam à gruta, para recobrar a saúde e a vida. E a fonte revelava-se caprichosa como a dama que, nos dias das aparições, nada fazia do que se esperava. O critério, com que distribuía as suas bênçãos, era impenetrável.

Em meio dessa torrente de homens e de acontecimentos Bernadette vivia como se nada a afetasse. A descoberta da fonte não era obra sua, era o negócio que a dama tinha com o mundo. Bernadette não percebia porque a louvavam a ela, Bernadette Soubirous, pela fonte milagrosa e abençoada. À medida que o tempo corria, a realidade da dama se acentuava aos olhos da menina, que não tolerava equívocos. Os agradecimentos que lhe dirigiam pareciam-lhe tão ridículos, como se alguém agradecesse uma remessa de dinheiro ao portador e não ao mandante da quantia. De resto, esses agradecimentos, esses louvores, essa gloria já a importunavam. Especialmente nos dias em que se realizavam curas excepcionais, o povo se lhe arremessava aos pés, tocava-lhe as vestes. Essas manifestações atormentavam a menina, despertavam nela a cólera das índoles enérgicas. Uma das muitas mulheres, que a seguiam na rua, costumava bradar:

— Oh! abençoada! Oh! eleita! Oh! santa!

— Meu Deus, que tola é a senhora! — retrucou-lhe um dia Bernadette, voltando-se com os olhos flamejantes.

A jovem Soubirous vivia, por assim dizer, à margem do tempo. Melhor: vivia num tempo seu próprio, que era um monótono período de espera, embora ela não soubesse da conversação entre Peyramale e o bispo. Era como o estado provisório de consciência, misto de estranheza e repugnância, que sucedia ao êxtase. Mas esse provisório prolongava-se. Efetivamente, Bernadette tinha plena certeza de que a dama nunca mais lhe apareceria na terra. O tempo corria lentamente e passava depressa. Todos moviam-se nele; só Bernadette tinha a sensação de que o tempo passava, e ela ficava imóvel. Já se ia tornando moça, sem o perceber. O convívio com a dama influenciara-lhe o aspecto exterior. Já aos dezesseis anos, Bernadette, a menina doente, era linda; na sua fisionomia, nada lembrava os traços de Francisco e Luisa Soubirous. Uma delicadeza singular, e não inata, suavizara-lhe o semblante. O talhe redondo do seu rosto de criança convertera-se num pálido oval onde, sob a fronte cinzelada, os mesmos olhos estranhamente apáticos pareciam maiores. Contrastava com essa nobreza o trajo grosseiro a que Bernadette estava costumada. A mocinha timbrava em não se diferençar da mãe e da irmã.

Vivia tanto em casa, com os seus, como no hospital onde lhe reservavam permanentemente um quartinho, porque o bispo recomendara uma observação constante e porque, em certas épocas, a intromissão dos curiosos tornava-se realmente intolerável. Muitos desses intrusos, especialmente os de certa classe e nomes notórios, não se deixavam banir nem mesmo do hospital.

— Oh! que beleza estar doente, de cama — suspirou Bernadette uma vez.

Um dia, apareceu-lhe certo abade pedante de Tolosa, acompanhado de algumas damas diante das quais ele pretendia dar-se importância. Bernadette não nutria excessivo respeito pelos eclesiásticos. Já eles a tinham confessado demais. Ainda recentemente, a comissão a atormentara a valer. Bernadette nada tinha de insinuante nem de hipócrita; quando abria a boca, dizia o que tinha a dizer, e era franca até à descortesia.

— Quero ver se é possível acreditar-te, Bernadette — disse o abade de Tolosa.

— Não importa que me acredite, reverendo — replicou a menina com franqueza esmagadora.

O padre julgou oportuno levantar a voz:

— Se mentiste, serás a causa de termos feito em vão uma longa viagem!

Bernadette encarou-o, sinceramente admirada, e respondeu:

— Mas, reverendo, eu preferia não ser a causa dessa viagem!

Um professor dos arredores, chamado Loyson, motejou uma vez:

— A dama podia ensinar-te um francês mais correto!

— Eis a diferença entre ela e o senhor— tornou-lhe Bernadette, após curta reflexão. — Ela esforçava-se por falar em dialeto, embora lhe custasse, só para que eu a entendesse mais facilmente...

Os Soubirous ainda moravam no Calabouço, mas o tio Sajou arranjara-lhes mais uma peça. No quarto ano da investigação conciliar, Maria casou-se com um agricultor das vizinhanças de Saint Pé de Bigorre. É assim a vida: Maria sempre escarnecera dos pendores campestres de Bernadette. A irmã mais velha assistiu às núpcias, alegre entre os mais alegres, porém como uma parenta que vem de muito longe, e para longe tornará a partir. Estando as duas irmãs a sós alguns minutos, Maria rompeu em lágrimas e abraçou apaixonadamente Bernadette.

— Ah! por que não posso levar-te! — soluçou a mais nova. — Eu estava aqui, e agora perco-te, minha irmã!

Joana Abadie também deixou Lourdes; ia ser camareira em Bordéus. Catarina Mengot, a ninfa precoce do senhor de Lafite servia como ninfa madura em Tarbes. Muitas outras condiscípulas e primeiras testemunhas das aparições dispersaram-se no mundo. Quando o velho Filipe morreu, Bernadette manifestou o desejo de ser criada de quarto da senhora Millet. O vigário Peyramale, a quem ela fazia confidências, mostrou-se contrariado.

— Em nome do céu, não é ofício para ti, Bernadette!

— Mas eu já estou muito crescida, ainda não ajudo meus pais, e poderia muito bem fazer esse serviço.

— Julgas, talvez, que a dama te destinou a ser camareira? — insistiu Peyramale, meneando a cabeça.

Bernadette olhou-o longamente de soslaio, com um olhar em que perpassava um sorriso indefinível.

— Eu gostaria muito de ser criada da dama...

— Acaso já combinaste com ela, minha filha? — perguntou o cura.

— A dama não me aceitaria — murmurou Bernadette, fitando ao longe o olhar triste. — Sou muito desajeitada...

Antes que findasse o último ano de prazo, Domingos Maria Peyramale, chamado a Tarbes, teve uma longa conversação com o bispo Severo Laurence, dessa vez, como na primeira, no frio quarto-gabinete de monsenhor. Estava-se nas vésperas do Advento. Regressando a Lourdes, o cura mandou logo chamar Bernadette. Uma espessa camada de neve estendia-se ao pé das acácias e dos plátanos do jardim da casa paroquial. O frio cortante penetrava até os ossos. Era o sopro glacial dos Pireneus, a álgida mensagem dos cimos cristalinos, desde o Pic de Midi ao longínquo Vignemale. No Calabouço, fazia um frio horrível; no gabinete confortável de Peyramale, o fogo crepitava alegremente na lareira. Bernadette entrou, enregelada. Em pleno inverno, a moça continuava a usar só o capuleto branco, embora não fosse o mesmo do ano memorável.

— Estás muito crescida, Bernadette — começou o vigário. Já não é possível dizer: "minha pequena". Mas ao teu velho e rabugento cura, tens de permitir que te trate por tu...

Peyramale apontou a Bernadette a poltrona da lareira, encheu dois cálices de genebra e sentou-se diante da moça.

— Escuta, minha querida: talvez saibas que os trabalhos do concílio estão prestes a encerrar-se. Depois de Ano Bom, tudo passará às mãos do bispo... Tens, aliás, uma idéia da atividade dessa comissão, Bernadette?

— Oh! sim, senhor cura — respondeu ela, no seu tom de colegial. — Eles examinam e provam todas as curas.

— Naturalmente, a comissão também trata disso. Mas pensas que essa é a sua única tarefa?

— A comissão tem muito que fazer — respondeu a menina, evasivamente. — As curas aumentam, dia a dia.

Peyramale revolvia o cachimbo.

— E tu, minha filha? Que haverá contigo? Pensas, porventura, que o teu caso não pertença aos trabalhos da comissão?

— Eu respondi a todas as perguntas dos senhores — replicou a menina, com presteza e receio. — Espero não ter mais nada com isso.

— Oh! Bernadette! — suspirou o vigário. — Não te faças desentendida! És uma cabecinha extremamente lógica, mais do que a maioria das mulheres. A dama te escolheu entre todas as crianças. A dama te mandou desentranhar a fonte. A fonte é uma fonte abençoada, uma fonte milagrosa que, dia a dia, realiza curas. A dama disse-te muitas coisas; confiou-te segredos; chegou a dizer-te o seu nome. Tu repetiste as palavras dela à comissão, sob um juramento sagrado. És o centro duma história sem par no nosso tempo. Julgas que isso tudo possa caber no curso usual do mundo e que tenhas direito de dizer: "Fiz o que me tocava; agora deixem-me viver a minha vida"?

— Mas eu fiz, de fato, o que me tocava — observou Bernadette, com os lábios brancos.

O vigário apontou com o indicador o vácuo.

— És como uma bala que se arremessou no espaço, Bernadette. Ninguém pode mudar o teu caminho. Agora, presta atenção: o concílio redigiu a teu respeito — sim, a teu respeito, minha filha — um grande, um importantíssimo relatório. Esse relatório considera a alta possibilidade de seres uma eleita dos poderes celestes e que só e exclusivamente da tua mão, dessa mão que desencantou a fonte, manam os inúmeros milagres provados. Entendes bem? Esse é o relatório que, provido da assinatura do nosso bispo, será enviado a Roma, ao Santo Padre e aos seus cardiais. E tu prenderás a atenção dos homens mais insignes e mais sábios da Igreja, durante anos e decênios; depois...

O sacerdote interrompeu-se; o seu rosto sulcado de quinquagenário corou até à raiz dos cabelos grisalhos.

Custa-me, pequena, dizer estas coisas— prosseguiu ele em tom mais velado. — Nunca imaginei que Deus me destinasse a este instante. Não é impossível que essa Bernadette Soubirous, sentada aqui diante de mim, a filha de Francisco Soubirous, que eu um dia quis expulsar com a vassoura — Jesus, Maria, a língua se nega a dizer isto! — não é impossível, digo, que esta menina ignorante, a pior aluna de catecismo... em suma, que muito, muito depois da nossa morte, não sejas esquecida como nós, mas...

Bernadette entendera. Levantando-se, alvoroçada, mais branca do que a cal, exclamou:

— É terrível! Não pode ser ! Não quero!...

— Compreendo, minha pobre pequena — concordou o cura absorto. — Não é uma bagatela!...

Bernadette recaiu na cadeira, arfando.

— Não quero!... — soluçou ela. — Não; não quero!...

— Sim, sim; eu sei — tornou Peyramale. — Mas, que se há de fazer?

O vigário pôs-se a percorrer a peça, com as mãos cruzadas nas costas. Só o crepitar da lenha na lareira e os soluços pueris da menina quebravam o silêncio. Afinal Peyramale estacou diante de Bernadette e perguntou:

— Não são felizes as irmãs da escola e do hospital?

— Oh! sim! Muito, muito felizes, senhor cura.

— Nunca imaginaste que poderias ser uma delas?

— Oh! não, meu Deus! Seria demais para mim! — protestou Bernadette, chorando. — Por que não me deixou ser criada de quarto da senhora Millet?

Peyramale pousou-lhe a mão na cabeça:

— Eu sei tudo, minha filha. A vida no mundo é a vida no mundo... Mas ninguém é obrigado a pronunciar os três votos sagrados; só deve jurar a alma que aspira sinceramente, com, intenso fervor, a consagrar-se a Deus. É um mandamento severo. O terceiro voto, a obediência, é sem dúvida o que te custaria mais, minha querida. Obedecias à dama, é verdade. Mas costumas ser uma pessoazinha teimosa e independente. O senhor bispo tem razão. "Podemos nós deixar, solta como uma selvagem, a pequena Soubirous, que a Santa Virgem se dignou distinguir?" — perguntou-me ele. — "O Santo Padre e os seus cardiais convocam concílios a respeito das aparições e dos milagres dessa menina, e ela haveria de viver como as outras mulheres? Não, não! Bernadette é uma flor preciosa que nós devemos proteger..." Compreendes, minha filha?

Bernadette, encolhida na cadeira, não respondeu.

— Um dia — faz muito tempo — continuou Peyramale — eu te disse: "Brincas com o fogo, ó Bernadette!" Mas tu mesma não tens culpa de que o fogo brincasse contigo. A tua dama é o fogo celeste, ó Bernadette. Ela te elevou acima dos teus semelhantes. É bem possível, pequena, que o teu nome sobreviva à tua morte. Pensas que isso não crie obrigações? Queres, de repente, lograr o destino, como gazeavas a escola, e fazer-te criada duma velha viúva? O céu te escolheu, querida; não te resta agora senão escolher o céu, com toda a alma. Não é verdade? Dize tu mesma...

— Oh! sim. É verdade — suspirou Bernadette, após um longo silêncio.

— O bispo Forcade, de Nevers, virá a Lourdes. É pessoa muito afável e não ríspido como o nosso bispo. Ele te interrogará, e tu lhe dirás sinceramente o que tens no coração. O convento de Nevers, que conheces desde a infância, está sujeito à sua jurisdição. A regra dessa Ordem é bela e sublime; as irmãs não são plantas de adega, mas lidam na vida prática. Não te parece melhor do que servir estranhos e lavar-lhes a roupa?

Bernadette, já absolutamente calma, não desviava os olhos do vigário que recomeçara o seu passeio.

— Mais uma coisa, — disse ele de improviso. — Tu preferirias morder a língua, a pedir-me o que quer que fosse. Mas eu sei muito bem que te aflige o estado da tua família. Teus pais atormentam-se muito; não têm sorte e não entendem de negócios. Agora, aqui tens a minha mão, Bernadette. Prometo-te que, antes de saíres de Lourdes, os teus estarão no moinho do Alto Lapaca; e eu mesmo velarei por que, desta vez, as coisas não corram mal.

Peyramale apertou, na sua mão possante, a mãozinha que nela desaparecia. E, de súbito, Bernadette curvou-se e beijou a mão benfazeja.

— Bom; é só isto — resmungou Peyramale.

Mas, quando a moça ia retirar-se, ele a reteve com a testa franzida, e acrescentou com voz profunda:

— Não; não é só isto, Bernadette.

Custava-lhe, porém, mais do que antes o que tinha a dizer. Aparentemente ocupado em acender com cuidado minucioso o lampião de querosene, Peyramale continuou enfim:

— Procura compreender-me, Bernadette. Eu creio em ti. Creio deveras. Tu me persuadiste. Só num ponto, ainda não pude livrar-me de dúvidas: são as palavras "l'immaculada Councepciou". Tudo o que a tua dama te disse é inimitável como a vida, e ninguém o poderia inventar. Mas essas duas palavras são tão fortes e positivas, constituem uma prova tão extraordinária, que mais facilmente as poderia dizer um teólogo curtido do que a tua visão. Concentra-te agora, querida; consulta a memória e a consciência. Não terá alguém pronunciado essas palavras e não as tomaste tu, no teu enlevo, por uma resposta da dama? É uma pergunta muito séria, Bernadette. Eu, o cura de Lourdes, o membro do concílio, não deveria falar-te assim. Entretanto, se pudesses lembrar-te de quem te disse primeiro aquelas duas palavras, se quisesses admitir que estavas cansada, cismando ou distraída, e mais tarde imaginaste que fora a dama quem falara, muitas coisas mudariam talvez. Bastaria que desmentisses, diante da comissão, só isso. A natureza da dama deixaria de ser tão definida como agora, e o relatório seria redigido noutros termos — Entendes? Oh! és bastante atilada, para compreender. E, na verdade, não compete ao cura falar-te assim. Todavia, se te desdisseres nesse único ponto, não é impossível que se abra para ti, nalgum lugar do mundo, uma toca onde possas arrastar uma vida qualquer... Queres pensar mais tempo?

O fogo ronronava; a luz cantava. Bernadette e o vigário suspiraram. Um sopro gelado penetrou pelas frinchas da porta. A moça travou os olhos no lampião, como se nada a interessasse, exceto a alta chama que já enfumaçava o vidro.

— Não preciso pensar — disse ela finalmente — porque não lhe menti, senhor cura.

— Quem falou de mentira? — protestou Peyramale, regulando o lampeão.

Mas Bernadette acrescentou, sorrindo;

— E eu não quero entrar na toca...

CAPÍTULO XXXVIII

A ROSA BRANCA

O bispo de Tarbes, o adversário mais obstinado, rendia-se. Curvava-se às cinco contradições contidas nas grandes curas operadas pela fonte de Massabielle, e que — segundo a declaração da ala científica do concílio — não poderiam ser explicadas pela razão humana. Eram as seguintes: Primeira: a contradição entre a insignificância do remédio e a grandeza do resultado. Segunda: a contradição entre a igualdade do meio curativo e a diversidade das moléstias eliminadas por ele. Terceira: a contradição entre o curto emprego desse remédio e o longo uso anterior dos medicamentos prescritos pela ciência médica. Quarta: a contradição entre o efeito instantâneo daquele e a ação nula destes, não raro durante anos. Finalmente a quinta contradição, entre o caráter crônico dos males estudados e o efeito súbito do remédio. Tais contradições só podiam ser negadas por espíritos decididos a excluir consciente e voluntariamente os fatos documentados, a reputar médicos e pacientes outros tantos propagandistas desonestos do milagre.

Mas, para Bertrand Severo Laurence, essas cinco contradições constituíam a base sólida em que ele fundaria a sua carta pastoral, reconhecendo enfim a índole sobrenatural das aparições e das curas de Lourdes. Ainda assim, segundo os termos explícitos dessa pastoral resplandecente de intuição sagaz, o bispo submetia o seu juízo "ao julgamento do Vigário de Cristo na terra, incumbido de reger a Igreja de Deus."

Apesar desse acontecimento decisivo, Peyramale conseguiu um adiamento para Bernadette, autorizando o exame médico na jovem de dezenove anos. Verificou-se, desse modo, a existência da asma crônica, bem como duma grave fraqueza física. Em breve ocorria, porém, novo fato que desviou de Bernadette a atenção pública. Monsenhor inserira na pastoral um apelo aos seus diocesanos. Com o auxílio do povo, seria possível satisfazer o desejo expresso da dama, erigindo um templo em Massabielle. Como, em razão do terreno difícil da Montanha das Espeluncas, esse empreendimento exigiria dispêndios consideráveis, o bispo não estaria em condições de suportá-los, sem o concurso dos fiéis.

O que, então, aconteceu foi um novo milagre, visto que apertar o bolso constitui, por assim dizer, uma lei natural. No espaço de algumas semanas, afluíram a Lourdes dois milhões de francos, provenientes de todas as partes do mundo. E, como eram em geral óbolos dos pobres, cumpre reduzir a soma ingente à unidade monetária adequada: quarenta milhões de soldos. Vinte e cinco soldos iguais a esses recebera Francisco Soubirous, de Cazenave, nesse dia 11 de fevereiro para queimar diante da gruta o lixo do hospital; e essa mesquinha quantia parecera-lhe uma salvação.

Monsenhor, que avaliava friamente a sua competência, confiou ao cura de Lourdes a administração da obra. Iniciou-se então a grande era da vida de Peyramale. O vigário negociou com Lacadé a cessão do Monte das Espeluncas e dos terrenos comunais adjacentes. O "maire" era demasiado devoto, para formular exigências absurdas. O seu espírito empreendedor já não tinha necessidade de sonhar com o futuro. Surgiam já, no solo abençoado de Lourdes, seis modernos hotéis e restaurantes, a cuja fundação e conseqüente renda o "maire" não era absolutamente alheio. E o grande feito da sua vida, o ramal ferroviário de Tarbes a Lourdes, estava em construção. Quem conhece o seu fim e sabe navegar na correnteza do mundo, não pode naufragar. Para Lacadé, o êxito não era milagre; nem mesmo, o êxito dum milagre.

Os arquitetos acudiam à casa paroquial. Peyramale não os tratava com excessiva brandura. Um deles exibia o modelo duma ermida, assentada no monte das grutas como uma figura de açúcar numa torta. O cura eliminou-o imediatamente. O gosto artístico dos homens depende da sua constituição física. O dono dum peito forte gosta de canções de fôlego. Um colosso possante como Peyramale desejava forçosamente um monumento majestoso. A nova catedral devia surgir dos flancos rochosos de Massabielle, maciça e elegante, como se o monte lhe servisse de pedestal. Esse templo fora, por assim dizer, arrebatado ao Estado e à Igreja, como símbolo da vitória sobre o espírito preponderante e positivo do "duas vezes dois são quatro". Os planos de Peyramale amadureciam. Desviava-se o curso do Gave; aterrava-se uma parte do regato. Uma larga esplanada estendia-se defronte da gruta. Operários e jardineiros convertiam o monte de Massabielle no declive florido dum parque, donde as estradas se ramificavam, vale abaixo.

Naqueles dias, Bernadette recebeu a visita da arte. Duas nobres senhoritas de Tarbes, as irmãs de Lacour, acabavam de oferecer um donativo especial. Uma comissão de senhoras, presidida pela viúva Millet, fora incumbida pelas ofertantes de encomendar a um artista digno a imagem de Nossa Senhora que ornaria a ogiva da gruta. Esse digno artista, o "'senhor Fabich de Lião, entrou um dia, com o seu gorro de veludo e o caderno de esboços, no quartinho de Bernadette. Aguçando os olhos e esticando o polegar esquerdo, pediu à "encantadora vidente" que lhe descrevesse as diferentes atitudes da aparição, o rosto, as mãos, os pés da dama, bem como o vestido, o véu e a faixa, nas mínimas pregas. Bernadette fez o que podia. O carvão rangia no papel áspero; as folhas do caderno cobriam o soalho.

— Parece-se isto com ela? — perguntava o zeloso artista.

— Não, senhor; não se parece...

— Entretanto, eu interpretei os seus dados, senhorita. Que é o que falta?

— Não sei o que falta, senhor.

Dias depois, o escultor apresentava uma estatueta — o esboço da futura estátua — muito orgulhoso de haver copiado dos clássicos o azul deslavado da faixa e o ouro bronzeado das rosas dos pés.

As senhoras Millet, Baup, Gesta, Cénac, etc. extasiaram-se. Que idéia feliz a da escolha desse artista amável, que sentia tão idealmente e tão bem transfundira, na sua criação, os seus sentimentos! As damas elogiaram a diligência do artista que, no próprio esboço, não descurara uma prega, uma unha sequer. Como se alegraria a "pequena vidente", a pobre criança inculta, de tornar a encontrar a sua dama! Convidada a participar do júri, Bernadette não só não se alegrou, mas deixou transparecer certa decepção.

— Não se parece com a tua dama, querida? — perguntou a senhora Millet, entusiasmada pelo artista e pela sua obra.

— Não, senhora; não tem nenhuma parecença — replicou Bernadette, com a franqueza costumada.

O escultor olhou-a, desconfiado. Haverá, na terra, perturbação igual à do artista que vê negar o valor da sua obra, em sua presença? Fabich tentou estender uma espécie, de tábua de salvação para si e para a sua jovem crítica.

— A semelhança, sem possibilidade de confronto, não é o que me pediram! A minha obrigação consiste em criar, tanto quanto possível, a beleza sobrenatural. Não é linda a minha dama, senhorita? — concluiu ele, com um olhar de súplica a Bernadette.

— Oh! sim, senhor, muito linda! — respondeu prontamente a moça, cônscia da sua insignificância.

À menina do Calabouço não competia discutir assuntos de tal ordem.

O escultor enxugou a testa suada, respirou, reanimado, e disse:

— Muito a agradeceria, senhorita, se quisesse apontar-me a diferença entre a sua dama e a minha.

Bernadette examinou a estatueta, com um sorriso resignado.

— Oh! A minha dama era mais natural, menos triste, não vivia rezando...

Essa frase, pouco explícita, mas exata, significava muito mais. Bernadette pensava e quisera dizer:

— Aqui está uma imagem igual às centenas que se veneram em todas as igrejas. Mas a minha dama era una e única; não se parece com nenhuma, e é só minha.

Era a verdade. O escultor Fabich, a senhora Millet, todos o demais, faziam do que ela lhes descrevera apenas uma repetição do que já existia; e com isso se contentavam. A fé, a dúvida, a própria visão e o ouvido eram neles estereotipados. Muito diferente era o estado da alma a que fora dado ver o próprio ideal!

Muito antes de se concluir a construção da basílica do monte, a população de Bigorre exigiu que a gruta, conquistada quatro anos antes, fosse finalmente consagrada como santuário. O bispo Severo Laurence, que hostilizara tão longamente a dama, aprestou-se para uma penitência digna dum príncipe da Igreja, com cerimônias solenes, jamais vistas na sua diocese. Monsenhor se dirigia para Massabielle, à frente duma procissão de cem mil peregrinos. O dia da benção devia ser, para Bernadette, um dia de glória.

Escolhera-se para a solenidade uma manhã de primavera, a de quatro de abril, quando já reverdecem as árvores dos Pireneus. Lacadé mandara embandeirar a cidade; já na véspera, milhares de círios ardiam às janelas das casas de Lourdes. O bispo chegou, nessa tarde, acompanhado dos vigários e prelados do seu capítulo. Quinhentos sacerdotes o acolitariam no "Te-Deum" da manhã seguinte, o mais solene da sua carreira. A guarnição local prestaria guarda de honra, sob o comando dum coronel. Rodeariam o bispo os membros das diferentes Ordens: os carmelitas, os irmãos das Escolas Cristãs, as irmãs de caridade, as irmãs de Nevers, as freiras de São José. Monsenhor ostentaria os paramentos mais ricos: sobrepeliz e estola, mitra na cabeça, báculo de ouro nas mãos.

Na manhã desse dia assinalado, Bernadette quis levantar-se e não pôde: sentia as pernas mortas. Após várias tentativas baldadas, recaiu na cama, exausta, já sem fôlego. Seguiu-se um acesso de asma, bem pior do que os precedentes, acompanhado de febre alta. O doutor Dozous teve de comunicar à comissão dos festejos que a moça não poderia tomar parte na procissão.

Ressoou nos ares um repique sonoro; cem mil pessoas enchiam as ruas da cidade, o vale do Gave. O povo preparara um triunfo a Bernadette, à sua filha dileta. Mas Bernadette, quase sufocada, mal percebia o clamor alegre da cidade em festa.

Ao meio-dia em ponto, a cerimônia terminou. Ao meio-dia em ponto, Bernadette levantou-se completamente refeita. O ataque durara o tempo necessário para impedir, segundo o presságio da dama, um dia de ventura terrena.

Monsenhor Forcade, bispo de Nevers, interrogou Bernadette. A moça respondeu a todas as perguntas e concluiu, declarando que se lhe afigurava, não só necessário, como sumamente agradável, retirar-se do mundo e tomar o véu entre as irmãs de Nevers, que venerava desde a infância. O prelado aprovou com benevolência essa resolução, e prometeu interessar-se pela postulante. Pouco tardou a cumprir a promessa; Bernadette foi advertida de que duas irmãs da casa de Lourdes a acompanhariam ao convento de Nevers.

O casal Soubirous geria, desde o ano anterior, o moinho do Alto-Lapaca. Os negócios não lhe corriam mal. Fazer prosperar um velho moinho era já uma arte em Lourdes, invadida pelos forasteiros. De seis em seis meses, inaugurava-se um novo hotel. Os restaurantes floresciam. O gordo Maisongrosse vira surgir muitos concorrentes. Quando Francisco Soubirous entrava na padaria, o padeiro recebia-o muito melhor do que em fevereiro de 1858; cumprimentava o visitante, levava-o ao quarto dos fundos e oferecia-lhe um copo de velho "Napoléon". Cazenave também já não tratava Soubirous como subalterno, mas como amigo e ótimo cliente. E o moleiro raramente se servia do velho ardil de "meu capitão". No botequim de Babou, onde aparecia de quando em quando, a força armada não lhe pregava peças malévolas. D'Angla, Belhache e Callet acolhiam respeitosamente o pai de Bernadette. Soubirous elevara-se acima dos vizinhos da rua des Petites Fossées. O Calabouço estava desocupado. O tio Sajou não o alugava.

Nesse dia, porém — um dia chuvoso de verão — os antigos vizinhos agrupavam-se defronte da velha cadeia. Bernadette ia partir, para iniciar o seu noviciado. Amigos, inimigos, fautores e negadores de outrora, todos os que a menina vencera, queriam despedir-se dela. A idéia de celebrar essa despedida no Calabouço partira da costureira Antonieta Peyret. Era um dia ferial. Acabava de chegar à cidade novo comboio de enfermos. Havia muito que fazer, e o moinho do Alto-Lapaca ficava um tanto longe. Bernadette passava ali as últimas semanas, com os seus. Lá a tinham ido convidar os Sajous e os outros vizinhos, para essa reunião no Calabouço.

A masmorra úmida, de muros espessos e janelas gradeadas, desolada e vazia, lembrava uma casa de que estivesse prestes a sair um enterro. A família Soubirous postara-se em fila solene; os dois pequenos, já crescidos e ajudantes do pai, com as roupas polvilhadas da honrada poeira dos moleiros, ladeavam Luisa e Francisco. Nessa estranha corte de despedida, a que Bernadette se via obrigada, os presentes passavam diante dela, apertavam-lhe ou beijavam-lhe as mãos. Muitos a abraçavam, com os olhos rasos de lágrimas. Croisine Bouhouhorts, fizera-se acompanhar do filho, já então com oito anos de idade, são e robusto, apesar das pernas tortas.

— Olha mais uma vez este anjo, meu filho — soluçou a mulher. — Lembra-te desta hora, enquanto viveres, ainda que dure cem anos!...

Acanhado e curioso, o menino cumprimentou Bernadette e encolheu-se timidamente. Muito longo era o cortejo dos amigos que iam desfilando, sob o olhar parado e afável de Bernadette:

— "Au revoir", senhor Bouriette; até à vista, tia Piguno, senhora Raval, senhor Barringue...

Antonieta Peyret tremia de emoção:

— Não esqueças que fui eu quem primeiro te acreditou...

A senhora Millet apertou a moça ao peito nutrido:

— Reza por esta pobre abandonada!...

Tia Bernarda, o oráculo da família, cochichou-lhe às pressas algumas regras de bem-viver no convento. E tia Lucília, a apagada tia Lucília, insinuou-lhe nas mãos uma cruzinha de ouro, murmurando:

— Como te invejo, como te invejo, pequena!

Por último, surgiu o "maire" Lacadé, com uma caixinha de frutos cristalizados:

— Uns docinhos para a filha abençoada de Lourdes!...

Bernadette admirava-se de não ver Antônio Nicolau entre os seus amigos.

Finalmente a moça viu-se só com os seus. A família acompanhou-a ao hospital, onde já esperava o carro que a devia levar a Tarbes, com as duas freiras. A despedida foi curta. Francisco Soubirous, em quem a dignidade paterna lutava com um obscuro desgosto, mostrava como em todos os grandes momentos uma solenidade rígida e sombria. Embora lhe tremessem os lábios, não dispensou a advertência severa:

— Comporta-te bem, minha filha; honra teus pais, mesmo no convento.

Luisa perdera, nos últimos anos, os dentes incisivos; envelhecida e humilde, refugiava-se na azáfama vã das mães que vêem partir um filho. Revistando pela última vez a bagagem de Bernadette, desdobrou o seu presente de despedida: um lenço de seda para a cabeça. A menina vestia, nessa circunstância, um vestido preto novo, de corte elegante.

— Põe esse lenço, querida — implorou Luisa. — Quero que vejam como é linda a minha filha.

Sempre dócil, Bernadette fez-lhe a vontade. A pobre mãe entristeceu-se subitamente.

— Não nos tornaremos a ver, Bernadette...

— Mas por que não, mamãe? — protestou a menina, esforçando-se por sorrir.

— "Praoubo de jou!" Estarás tão longe, tão longe! — clamou Luisa, rompendo afinal em soluços.

Bernadette procurou vencer a emoção.

— As visitas são permitidas, mamãe; pela estrada de ferro, Nevers não fica tão longe. Papai ganha agora bom dinheiro; podem vocês todos fazer uma bela viagem.

Só quando as rodas já rangiam na estrada e os seus lhe desapareceram da vista, Bernadette sentiu uma dor cruciante cortar-lhe o coração — menos a dor da despedida do que uma pena incompreensível dos pais e dos irmãos, uma pena improvisa e sem consolo. Vendo-a encolher-se num canto, com os olhos fechados, as freiras entreolharam-se. Já antes, haviam combinado reservar à moça uma derradeira alegria: ela se despediria da sua querida gruta, com uma prece à Senhora invisível. O cocheiro, iniciado no segredo, parou na esplanada que distava de Massabielle uns três minutos.

Muito se admiraram, porém, as boas irmãs, ao verem que Bernadette, em lugar de se ajoelhar fervorosamente, como nos grandes dias das aparições, se limitava a persignar-se com um gesto distraído, conservando-se defronte da gruta, numa atitude de pessoa bem educada diante dum túmulo. O sítio, que era para milhares de fiéis a gruta milagrosa, só podia ser para ela a sepultura do amor.

Os outros recebiam o que ela perdera. Bernadette já não via a verdadeira dama; no lugar dela, na ogiva de pedra, erguia-se a estátua banal do escultor Fabich, uma cópia de milhões de cópias, cada qual mais vazia, que se assemelhava à Senhora adorável como o monumento funerário se parece com o morto que pretende perpetuar. Muito custara já a Bernadette, após a despedida das despedidas, resignar-se a ver a ogiva deserta. Todavia, esse vácuo, esse vão escuro, ainda eram a moldura do passado, a esperança dum possível porvir. Mas essa estranha de mármore de Carrara, que mestre Fabich tirara do gesso, com essa faixa pintada de azul, usurpava o lugar da aparição, ofuscava-lhe a imagem nos olhos que a tinham visto, Bernadette deu volta, com o coração alanceado. E as freiras, desconcertadas, não hesitaram em atribuir essa estranha atitude a uma ímpia indiferença.

Fora da cidade, o carro tornou a parar. Antônio Nicolau postou-se junto ao estribo, com um ramo de rosas brancas na mão.

— À futura noiva do Senhor, à filha dileta da Rainha das Rosas, estas rosas! — declamou ele, apresentando o ramo a Bernadette, contente de não haver tropeçado nessa frase difícil.

— Oh! senhor Antônio! São tão lindas e vão murchar nesta longa viagem! — exclamou timidamente a moça, enquanto uma das religiosas recebia o ramo:

— Não quis despedir-me com os outros, senhorita Bernadette — gaguejou Antônio. — Queria dizer-lhe umas coisas...

— Que é o que queria dizer-me, senhor Antônio?

— Sim, o que eu lhe queria dizer, senhorita Bernadette... É muito difícil de dizer...

Longo silêncio. As duas freiras, muito aprumadas, assistiam à cena, sem um gesto. Bernadette olhava o moleiro, com ânsia mal disfarçada. Antônio alisava desesperadamente o bigode preto. Bagas de suor brotavam-lhe na testa.

— Eu queria dizer — balbuciou ele, finalmente — que minha mãe já é muito idosa. Estamos habituados um ao outro, e damo-nos muito bem. Eu tenho trinta e quatro anos, e desisti de me casar, senhorita Bernadette. Por que — não é verdade? — sogra e nora quase nunca se entendem. Eu ficarei solteiro; é o que tinha a dizer... E, agora, muita felicidade no caminho, Bernadette.

A menina apanhou uma das rosas do ramo e deu-a a Nicolau.

— Adeus, senhor Antônio...

CAPÍTULO XXXIX

A MESTRA DE NOVIÇAS

Madre Josefina Imbert, superiora do convento de Santa Gildarde, desceu ao locutório onde Bernadette Soubirous esperava havia uma hora. Ninguém desconfiaria que a veneranda religiosa estivera orando fervorosamente na sua cela, e que o objeto dessa prece não fora senão a famosa taumaturga de Lourdes que, a partir desse dia, figuraria entre as noviças do convento.

Como se não tivesse idéia de quem a esperava, madre Imbert examinou com um rápido olhar a moça, que se levantara à sua chegada.

— É a senhora a postulante que me trouxeram de Lourdes? — perguntou severamente a religiosa.

Bernadette percebeu, aterrada, que mais uma vez se defrontava com um interrogatório. E a resposta, de tão fraca, mal se ouviu:

— Sim, "madame la Supérieure".

— Como se chama?

— Meu Deus! — suspirou consigo a pobre menina. — Ela deveria saber quem sou! Mas faz o que todos fazem. Não posso reclamar...

E acrescentou, em voz alta:

— Bernadette Soubirous, "madame la Supérieure".

— Que idade tem?

— Vinte anos feitos.

— E que sabe fazer?

— Oh! pouca coisa, senhora — acudiu Bernadette, com uma das suas respostas tão verídicas, que se diriam insolentes.

A religiosa levantou os olhos e tentou sondar o olhar sereno de Bernadette.

— Então, minha filha, em que a ocuparemos?

Convicta de que não lhe competia responder, Bernadette calou-se. Após uma pausa, a superiora teve de reiniciar a conversação:

— Mas aí fora, no mundo, que ofício gostaria de exercer?

— Oh! "madame la Supérieure", eu tinha esperança de ser uma boa criada de quarto...

Nessa frase, vibrava de novo uma inflexão secreta que a religiosa não conseguia penetrar. Que havia de pensar dessa menina?

Quem a recomendou à nossa congregação? — perguntou rispidamente a freira.

— Creio que foi o senhor bispo de Nevers.

— Ah! monsenhor Forcade — exclamou a superiora, voltando com um leve sorriso para uma religiosa alta e esbelta que acabava de aparecer à porta. — Ouviu? Monsenhor Forcade, o santo homem! É a esse coração bondoso que devemos semelhantes recomendações... Aqui tem a postulante de Lourdes. Como é mesmo o seu nome, minha filha?

— Bernadette Soubirous, "madame la Supérieure".

— E essa é a reverenda mestra de noviças, com quem terá de se avir no futuro.

— Já nos conhecemos — interveio madre Maria Teresa Vouzous, sem denotar surpresa.

O belo rosto da antiga professora de Lourdes, a "amazona de Cristo" no dizer do abade Pomian, alongara-se mais nos últimos anos; os lábios delgados descobriam-lhe as gengivas. Nos olhos pequenos e encovados, não brilhava a paz da alma senhora de si mesma, e sim um estranho rancor. Bernadette encarou a freira, como a encarara tantas vezes, quando aquela a chamava a responder em plena aula.

Madre Imbert interrogou então a mestra de noviças:

— Há poucos dias, a noviça Angelina resolveu regressar ao mundo. Quem a substitui?

— A noviça Angelina só ontem deixou a casa — replicou madre Vauzous. — O lugar dela ainda não foi preenchido, "madame la Supérieure".

— Tanto melhor. Nesse caso, a postulante já amanhã pode ocupá-lo.

E, voltando-se para Bernadette com um ar de indulgência distraída, acrescentou:

— Sob a condição, minha filha, de que amanhã não esteja cansada e que o seu estado de saúde lhe permita tolerar esse trabalho. Trata-se principalmente de lavar louça, descascar legumes e batatas, limpar o chão, varrer corredores e escadas; em suma de todos os serviços mais humildes que são precisos aqui. Repare bem: não lhe estou dando ordens; faço-lhe apenas uma proposta. Se a senhora não se sentir em condições de aceitá-la, se esse trabalho lhe repugnar física ou moralmente, peço-lhe que o diga logo.

— Oh! não, senhora! — protestou Bernadette. — Esse trabalho não me contraria absolutamente, e eu estimo que me dêem o lugar da ajudante da cozinha.

A moça não imaginava que, com essa resposta, acabava de superar brilhantemente um "exame de humilhação". Mais uma vez, esse exame da superiora era um aos muitos equívocos entre Bernadette e os seus semelhantes. Ela não era filha dum general, como a mestra de noviças, nem uma dama abastada, como madre Imbert. Lavar a louça, varrer o chão, a lida quotidiana de sua mãe, não significava para ela um vexame, uma humilhação, e sim a ocupação familiar da sua infância, a tarefa conhecida, o trabalho. As religiosas esperavam receber uma leiga ébria da sua glória. Nem é de estranhar que o presumissem, após os triunfos de Massabielle. E Bernadette sujeitava-se, com alegria, aos serviços mais grosseiros da casa.

A moça sorriu, aliviada. A superiora, satisfeita, concluiu com um sinal de aprovação:

— Bem; agora acompanhe a madre mestra de noviças. Ela a levará ao refeitório; a senhora tomará lugar à mesa das irmãs de Lourdes.

— Com sua licença, Madre Superiora — interveio outra vez Maria Teresa Vauzous. — Resta considerar uma coisa. A postulante usa um nome que suscitou grande celeuma no mundo, que se tornou famoso, graças aos jornais e até à carta pastoral dum bispo. Para nós, o renome não tem muita importância, nem quando é adquirido laboriosamente. Nós nos desinteressamos do que somos para o mundo, e do que o mundo significa para nós. Demais, Bernadette é um apelido infantil, um diminutivo...

— Muito justo — concordou, madre Imbert. — Antes de entrar no noviciado, a postulante escolherá outro nome. Talvez seja melhor que o escolha agora mesmo... Já pensou nisso, minha filha?

Bernadette não pensara.

— Como se chama a sua madrinha?

— A minha madrinha é a tia Bernarda Casterot, senhora.

— Então, não lhe desagradará chamar-se Maria Bernarda, minha filha — decidiu a superiora.

E Bernadette consumou o primeiro sacrifício, renunciando alegremente ao nome com que a chamavam todos os que lhe eram caros.

No dia seguinte, ao almoço, reuniram-se no refeitório cerca de quarenta religiosas, entre elas nove noviças, a cuja mesa Bernadette ocupou o último lugar. A leitora, no estrado, já folheava o capítulo escolhido num livro edificante, quando a um sinal de madre Josefina Imbert a mestra de noviças anunciou:

— Minhas caras irmãs, sabeis que, desde ontem, está conosco uma nova postulante: Bernardette Soubirous, de Lourdes. Por estes dias, ela tomará o hábito de noviça com o nome de Maria Bernarda. Algumas de vós decerto já tivestes conhecimento das aparições e fatos místicos, com que foi agraciada a senhorita Soubirous e cujas conseqüências salutares têm despertado tanta atenção, sendo também assunto duma carta pastoral do bispo de Tarbes... Queira subir ao estrado, minha filha, e contar-nos, simplesmente, em poucas palavras, o que lhe aconteceu.

Do alto do estrado, Bernadette considerou, desalentada, os rostos moços ou engelhados que a cercavam, todos singularmente apáticos, indiferentes e calmos, visivelmente fatigados das lidas duma manhã laboriosa. Alguns fitavam a postulante, com uma curiosidade pueril; três ou quatro pares de olhos pendiam dos lábios dela, numa expectativa cheia de simpatia.

Bernadette, que narrara tantas vezes a sua história, não se animava a falar, diante da frieza dessas desconhecidas. Afinal decidiu-se; encadeando frases truncadas, à maneira duma criança de sete anos, começou:

— Uma vez, no inverno, meus pais mandaram-nos juntar gravetos. Éramos minha irmã Maria, eu e outra menina; ela chamava-se Joana Abadie. Maria e Joana deixaram-me na ilha do Chalet, à beira do riacho, defronte da gruta. E lá estava, num buraco de pedra uma linha senhora, muito bem vestida. Eu contei a Joana e Maria, e depois a minha mãe. Minha mãe proibiu-me que voltasse à gruta. Mas eu voltei. E a dama sempre estava lá, assim que eu chegava. Na terceira vez, ela falou-me e pediu que eu fosse todos os dias, durante uma quinzena. E eu fui todos os dias duma quinzena. A dama só não apareceu duas vezes — numa segunda e numa sexta-feira. Na terceira quinta-feira, ela mandou-me lavar e beber à fonte. Ali não havia nenhuma fonte. A água brotou só ao cabo de dois dias, do buraco que eu cavei, bem no canto. Depois desses dias, a dama apareceu-me três vezes. Na última vez, saiu da gruta, e eu nunca mais a vi...

Essa era a história de Bernadette, despida de todo ornato, mal contada, com muitos "ee".

Nenhum dos rostos, que a ouviam, traiu a menor emoção.

— Muito obrigada, minha filha — disse enfim a mestra de noviças. — Creio que as caras irmãs, as noviças e a senhora mesma, Maria Bernarda, entenderão bem que, dora em diante, não tornaremos a tocar neste assunto; nem nós a importunaremos nem a senhora voltará a falar disso... Agora, terminemos de almoçar.

Quando Bernadette voltou à mesa, a vizinha perguntou-lhe:

— Só isso, senhorita? Nada mais?

E Bernadette respondeu à desiludida:

— Só isto, senhorita; nada mais.

"Na véspera da sua vestidura de noviça — estava-se a 28 de julho — após a adoração na capela do convento, Bernadette apresentou-se à mestra de noviças. Madre Maria Teresa recebeu-a na sua cela, mais fria e austera do que a das outras religiosas, guarnecida apenas por um crucifixo de ferro acima da tarimba em que a freira dormia, com licença especial da superiora geral da Ordem.

— Escute, minha filha — começou Maria Teresa Vauzous. Entra amanhã numa senda difícil — o caminho que, através da mortificação temporária, conduz à vida eterna. Na verdade, o noviciado é só o atalho que desemboca na estrada real, mas representa para algumas o trecho mais penoso. Depois de professarmos temos um sólido apoio contra muitos ataques. Mandei-a chamar, para esclarecermos várias coisas. Antes de tudo, não sei se compreende bem as minhas funções de mestra de noviças.

Bernadette encarou calmamente a sua interlocutora, e não respondeu.

— Recebi dos nossos superiores o encargo de forjar a sua alma, Maria Bernarda — continuou a religiosa — como as mães educam os filhos pequeninos, fortalecendo-lhes o corpo e o espírito contra os perigos da vida. Assim, o que exigirmos da senhora, a partir de hoje, tem exclusivamente o único e santo fim de lhe formar a alma, separando o metal de toda escória. Entende-me?

— Oh! sim, madre, creio que a entendi...

— Destinaram-me também a ser, dora em diante, o seu guia espiritual. Eis porque torno a aludir às suas aparições, embora saiba que este assunto lhe desagrada. Confesso francamente que, por muito tempo, não a acreditei e atribuí as suas visões a pura hipocrisia. Entretanto, graças às extraordinárias circunstâncias que lhes sucederam, os príncipes da Igreja resolveram o caso a seu favor. Curvo-me ante o juízo dos superiores. Pois quem sou eu? Creio, portanto, que no tempo das aparições, a senhora foi uma eleita do céu, favorecida com uma graça inexplicável, Maria Bernarda... Parece-me desatenta. Custa-lhe seguir as minhas palavras?

— Oh! sim, posso segui-las, madre.

— Avalie minha filha, quanto agrava o exercício do meu cargo a sua entrada no nosso noviciado. Em geral, as noviças são criaturas jovens, que nós procuramos transformar em verdadeiras religiosas. Deixamos-lhes a faculdade de demonstrar até a que ponto é possível preparar-lhes a alma para a existência futura. Mas o seu caso, Maria Bernarda, não é um caso normal. Sendo a senhora uma eleita do céu, a minha responsabilidade cresce, não só diante da sua pessoa, mas perante o céu. Aos quatorze anos, recebeu uma graça inconcebível, como uma criança alegre acolhe um raio de sol. É justamente esse o segredo da graça, que nos é outorgada pelos méritos do nosso Salvador e não pelo nosso próprio merecimento. Entende, minha filha? Se estiver cansada, sente-se, sem cerimônia, aqui no catre.

— Oh! não; não estou cansada, madre...

— Começa para a senhora um capítulo novo — continuou a mestra de noviças, com um suspiro profundo. — Cumpre-lhe fazer jus àquela graça, quanto é possível a uma criatura humana. Eis, com certeza, a razão por que aspira a tomar o véu. A nossa alma imortal continua a sua vida no Além, dotada do que granjeia ou privada do que não pode conseguir. A senhora, uma eleita, não será recebida, na outra existência, como nós que não somos criaturas de eleição. Seria, porém, uma vergonha, se ressurgisse no céu a antiga Bernadette que eu, a sua professora, conheci tão bem — a criança indiferente, preguiçosa, distraída, sem o menor interesse pelas coisas da religião, a colegial que aprendia a ler e a escrever por obrigação, e rolava na vida como uma traça, a criatura leviana e, apesar da modéstia aparente, suscetível e orgulhosa, sempre pronta a retrucar, muitas vezes com insolência, a antiga Bernadette que gostava de ver o mundo aos seus pés: Esta é a impressão que a senhora me causou anos atrás, Maria Bernarda. Mas, depois de tanto tempo, tem o direito de me dizer. "Enganou-se a meu respeito, madre Vauzous. Não sou como me pinta. Não tenho tantos defeitos..."

— Eu tenho muitos defeitos, madre — atalhou vivamente a moça.

A religiosa procurou estabelecer uma transição:

— Examinou-a o nosso médico, o doutor Saint Cyr?

— Sim; o doutor esteve ontem no convento.

— E que lhe disse ele, minha filha?

— Achou-me perfeitamente sadia.

— Foi o que ele lhe disse?

— Sim; salvo a minha asma. Essa, porém, eu sempre tive.

A mestra de noviças sorriu imperceptivelmente.

— Apanhei-a na primeira mentira, Maria Bernarda. O doutor Saint Cyr declarou-lhe francamente que os seus pulmões não estão muito bons.

— Isso não importa — disse Bernadette, rindo-se. — Eu sinto-me bem.

— Agrada-me a sua nobre mentira, minha filha. Ela prova-me que a senhora entendeu: as nossas dores, os nossos males podem tornar-se instrumentos dum auxílio sobrenatural. Devemos converter as nossas enfermidades, os nossos sofrimentos terrestres — conseqüências do pecado — em instrumentos dessa ordem. Compreende-me.

— Desconfio que não entendi, madre.

— Há de entender um dia, Maria Bernarda. Por ora, resta-me dizer-lhe que é, não só seu direito, como seu dever, abster-se de todo trabalho superior às suas forças.

— Oh! O trabalho na cozinha distrai-me. Criei-me nisso.

— O importante, Maria Bernarda — continuou Maria Teresa Vauzous, com voz abafada, levantando-se do catre — é que a senhora perceba o sentido da obediência, o nosso terceiro voto. Ela nada tem de comum com a obediência do mundo, nem com a obediência do soldado, que eu, filha de militar, conheço bem. A nossa obediência não é cega nem forçada — não é uma obediência morta, mas voluntária, lúcida e viva. Devemos ter consciência de que timbramos em cumprir o terceiro voto, no sentido decisivo da preparação e da santificação do nosso *eu* para a eternidade. A senhora e eu, minha prezada filha, formamos dora em diante uma unidade e colaboramos para o mesmo fim. Queira acreditar que não a atormentarei com o rigor duma professora ranzinza; tudo tem de ser espontâneo. Sem essa espontaneidade, todo sacrifício seria estéril, penoso, inútil. Um claustro não é uma prisão. Aqui não há constrangimento. Antes de pronunciar os votos, pode deixar livremente esta casa. Não pusemos o menor obstáculo à sua antecessora, a noviça Angelina. A porta está aberta. Isto não é um lugar de sofrimento, mas a casa da alegria interior, que excede todos os prazeres do mundo. Em tudo o que fizer ou deixar de fazer, pense porém na graça que obteve com o seu sacrifício. É só isto, Maria Bernarda. Boa noite.

— Boa noite, madre.

Bernadette pousara já a mão no trinco, quando madre Vauzous lhe arremessou no caminho outro conselho:

— Acostume-se a tempo a adormecer logo. Um bom sono é a grande arte das religiosas da Ordem.

Dizendo estas palavras, a mestra de noviças relanceou um olhar à tarimba, forrada de cobertas grosseiras.

Mas Bernadette lembrou-se inexplicavelmente do pêssego redondo e apetitoso, intacto no prato da irmã Vauzous, sob os raios leitosos do luar.

CAPÍTULO XL

A MINHA HORA AINDA NÃO SOOU

Bernadette não aprendeu a adormecer logo — a grande arte da Ordem. Passava, acordada, no enxergão noite após noite.

Não era a cama dura o que lhe espantava o sono; muito pior fora o catre que ela partilhava com Maria. Tampouco lhe exaltava as forças e lhe tendia os nervos a rude faina diária, interrompida constantemente pela oração, pelas contemplações, pelo exame de consciência. Era a chama da vida que continuava a lavrar em Bernadette.

Madre Maria Teresa usava um martelo possante, para polir e aplainar o seu grupo. O seu fim excelso era, em verdade, forjar as almas e guiá-las, purificadas para a vida eterna. Na realidade, porém, apesar do programa sublime da filha do general, essas almas juvenis formavam após certo tempo uma companhia bem treinada. Se entrassem um dia onde é dado contemplar a verdade, a alegria e a vida, cumpriria provavelmente desabituá-las de se manterem em fila e de sentir coletivamente. É sempre a mesma cruz, a educação do gênero humano: a liberdade ilimitada degenera num caos de mata virgem; o uniforme cria o deserto sem vida. Talvez não faltasse razão a Jacinto de Lafite, quando escandalizara Estrade, no "Café Français", afirmando que o mundo foi criado só para poucos eleitos. Só esses escapam à mata inextricável e ao deserto.

Por melhores que fossem as intenções de Bernadette, a mestra de noviças não lograva aplainar e polir a jovem Soubirous tão depressa como as outras.

— Maria Bernarda, anda de cá para lá, como passearia num prado. Não é hora de recreio, mas de trabalho... — Maria Bernarda, nunca chegará a mandar nos seus olhos? Não se abrem assim. É preciso abaixá-los... — Faça o favor de não me olhar com essa curiosidade, como a um charlatão... — Maria Bernarda, sempre distraída! Ainda não compreendeu que essa abstração é repreensível? Não estamos aqui para sonhar e fantasiar, mas para nos reunirmos... — Maria Bernarda, que linguagem grosseira! Atrás do seu francês, ainda se esconde o dialeto. Por que fala tão alto? Como se arranjaria, entre irmãs contemplativas, entre as cartuchas, por exemplo, que fazem voto de silêncio? Nós respondemos em voz baixa. Infelizmente fica atrás das suas colegas, Maria Bernarda...

Efetivamente Bernadette ficava atrás das colegas. Essas já deslizavam nos corredores, com passinhos de freira; não fitavam no mundo os grandes olhos maravilhados de Bernadette; abaixavam as pálpebras diante de madre Vauzous. Não sofriam de distrações, e respondiam com voz sumida. Em poucas semanas, adquiriam os modos esquivos que madre Maria Teresa exigia delas, como se exige rumo nos quartéis. Adaptavam-se todas, sem o sentir. Só a eleita do céu recalcitrava em se submeter a essa convenção de santidade.

Bernadette passava as noites, acordada. E, pela primeira vez, se insurgia contra a dama. Não que pretendesse novas aparições. Mas por que não lhe era dado vê-la em sonho? Podia sonhar mil sonhos; só lhe era vedado sonhar com a imagem mais viva da sua vida, com o seu único e eterno amor. Se a dama lhe aparecesse, em sonho, e dissesse: "— Saia daqui; volte a Bartrès, a pastorear o rebanho da senhora Laguès", Bernadette obedeceria logo.

Mas a dama abstinha-se, de propósito bem pensado; e Bernadette era um utensílio enferrujado jogado à toa. Ao mesmo tempo, outra dor traspassava o coração da noviça: a saudade da mãe. Era a mesma pena aguda que lhe alanceara o coração, à despedida. Justamente porque mamãe não costumava ser carinhosa e raras vezes traía a sua ternura, Bernadette se consumia de saudade. Quanta coisa elas não diziam uma à outra! E Bernadette evocava cem vezes a miséria do Calabouço, os dias de serviço da mãe em várias casas, a broa cozinhando ao fogo, o pai roncando na cama, em pleno dia. É verdade que mamãe já não passava privações; vivia muito, muito melhor. Ainda assim, Bernadette acusava-se de estar ali, para o bem da sua alma, em vez de ajudar a mãe. Não raro, a hora do despertar, às quatro e meia da madrugada, a surpreendia banhada em lágrimas.

Bernadette levantava-se às pressas, e unia-se ao cortejo cerrado que se dirigia para a capela. Rezava-se, então, com as irmãs, a prece matutina. Depois, madre Imbert, ou uma das freiras mais idosas, pronunciava uma curta alocução sobre um episódio da vida de Jesus, sobre a regra da Ordem, os votos, ou a ânsia de perfeição. Já então o padre subia ao altar, para a santa missa. Seguia-se a comunhão e a ladainha em honra da Virgem, prece a que Bernadette se entregava com fervor.

Servia-se depois a primeira refeição, e começava o trabalho do dia. Bernadette gostava da sua lida, que era a lida de sua mãe. Ia buscar água; descascava batatas e nabos; lavava as saladas. Batatas, nabos, alface, eram coisas vivas; traziam o cheiro úmido da terra, o cheiro do chão em Bartrès, quando ela mergulhava o rosto na relva.

Depois do almoço, a adoração e novas rezas. Mais tarde madre Vauzous reunia as noviças ou entretinha-se com uma delas conversações mais sérias, relativas a todos os problemas morais que não pertencessem ao domínio do segredo da confissão.

— Minha prezada Maria Bernarda, a santificação em que estamos empenhadas interessa, como sabe, as nossas qualidades e nossos defeitos. De qual dos seus defeitos falamos a última vez? Ajude-me a memória.

— Do defeito, madre, de me considerar diferente...

— E que é o que lhe dá, ainda hoje, o direito de se considerar assim?

Bernadette respondeu, de cabeça baixa, como na escola:

— Ainda me sinto orgulhosa, madre, porque a dama me apareceu...

— Depois da sentença do senhor bispo de Tarbes, pode dizer sem medo: "a Virgem", minha cara filha. E que fez contra o seu, orgulho? Reconheceu o nenhum valor dos aplausos de que outrora foi objeto?

Bernadette levantou os olhos cintilantes.

— Nunca me preocupei com eles, madre.

— Não é a resposta conveniente, Maria Bernarda — Observou a mestra de noviças, timbrando em mostrar, com o seu tom afável, uma paciência inexaurível. — Já falamos dessa espécie de respostas indisciplinadas. Gostaria de ouvir outra resposta.

Bernadette tornara a abaixar a cabeça.

— Reconheci o nenhum valor do aplauso, madre.

— E que sacrifício ofereceu, para dobrar o seu orgulho?

Após uma curta reflexão, Bernadette respondeu, em voz baixa:

— Há dias, afastei-me da noviça Natália.

— Hum! Hum! Muito bem, minha filha — aprovou madre Maria Teresa. — Limite mais e mais o convívio com a noviça Natália, que eu muito prezo. A senhora sente-se impelida para ela por motivos mundanos, porque Natália é uma menina linda e alegre. Isso é perdoável, minha prezada filha, e eu não a censuro. Demais, a noviça Natália é uma natureza maleável, o que lisonjeia o seu desejo de domínio e o seu gênio vivo. Não é verdade que gosta de brigar, Maria Bernarda?

— É verdade, madre, eu gosto de discutir.

— Então será preferível escolher a companhia duma noviça mais enérgica. Que lhe parece, minha filha? Não seria melhor?

— Oh! sim, madre; naturalmente seria melhor.

— E, agora, as qualidades — continuou a mestra de noviças, mudando de assunto. — Qual das suas virtudes pretende desenvolver?

Bernadette corou, pestanejou e replicou vivamente:

— Peço-lhe perdão, madre; mas creio que tenho alguma disposição para o desenho. Ultimamente fiz de Natália um esboço que não saiu mau.

Maria Teresa Vauzous bateu palmas.

— Pare, minha filha! Ainda não nos entendemos. Errou o caminho. A sua vocação para o desenho é um talento, e não uma virtude. Um talento é uma qualidade inata, fácil de exercer. Uma virtude não é um predicado natural; desenvolvê-la custa um esforço penoso. Chamo, por exemplo, virtude à força de suportar dores, sem soltar um grito. Outra virtude é a abstinência. Não tornemos a falar de desenho. Sim? Ou não?

— Não tornaremos a falar de desenho, madre.

— A nossa Ordem não é uma academia artística — concluiu a mestra de noviças, com um leve sorriso. — Aceitamos a obrigação de cuidar dos enfermos e educar crianças. Na senhora, porém, sempre a mesma coisa, prezada Maria Bernarda: o desejo de brilhar, de se distinguir!... Seria muito louvável, se na próxima sexta-feira pudesse mencionar-me uma verdadeira virtude, em vias de ser cultivada.

O pior, para Bernadette, não eram essas conversações pedagógicas. O pior para ela era o recreio, o período de descanso das noviças, entre uma e duas horas da tarde. O claustro de Santa Gildarde dispunha dum vasto e belo jardim, cujo centro, um relvado circular, era o campo de desportos das jovens candidatas.

Filha dum, oficial, Maria Teresa atribuía com razão alto valor ao exercício ao ar livre, o que a tornava, na sua época, uma pioneira, uma exceção. A mestra de noviças via, nos exercícios físicos, o justo contrapeso à prece, ao estudo, ao trabalho, à contemplação, aos contínuos exames de consciência. Todavia, os jogos também tinham de estar sujeitos à vontade e à razão; não deviam ser uma expansão de prazer físico. As noviças adquiriam o hábito do passo cauteloso, das mãos cruzadas, dos olhos baixos, da voz abafada. Entre uma e duas horas, o regime instaurado pela mestra obrigava-as à alegria. Chegando ao campo de jogos, madre Vauzous costumava recomendar ao seu bando:

— Sejam alegres agora, moças; sejam vivas ; tenham o coração leve...

Era o sinal. E os jogos começavam: bola, volante, arcos coloridos, saltos na corda e outros brinquedos pueris. A mestra queria que, nessa hora, as noviças fossem os inocentes pintinhos da Ordem, aos quais tudo é permitido, inclusive pregar as peças mais maliciosas.

Limitava essa liberdade o tacto surpreendente da freira. Maria Teresa não tolerava que as noivas celestes pudessem desagradar ao futuro esposo com manifestações exageradas do seu temperamento.

Embora nunca houvesse sido muito estouvada, Bernadette gostava outrora de brincar com Joana Abadie, Maria, Madalena Hillot e outras meninas, dos brinquedos acessíveis aos filhos dos pobres. Mas, aos vinte anos, as criancices que madre Vauzous exigia dela vexavam-na. Por que os poderosos obrigam sempre a mentir? Faz-lhes tanto bem assim ao coração? Arrastando os longos hábitos, as noviças rodopiavam no relvado, com alegria espontânea ou forçada. Para Bernadette, o recreio era um instante de humilhação.

— Prezada Maria Bernarda — acenou-lhe a mestra — por que essa cabeça baixa? Dantes costumava levantá-la. É hora de descanso. Não quer pôr no seu dia um pouco de alegria?

Bernadette esforçava-se por obedecer. Mas, apesar da boa vontade, saía-se mal.

Era uma tarde triste, em fins do outono. Terminara a adoração e aproximava-se o recreio detestado. Era também a hora do correio para as hóspedas do convento. Maria Teresa Vauzous chamou Bernadette, olhou-a com uma expressão branda e solene; e, de súbito, prendeu nas mãos longas e ossudas a cabeça da noviça Maria Bernarda...

— Minha querida, minha boa filha, incumbe-lhe hoje um pesado sacrifício. Eu mesma sei o que isso significa. As tentativas sinceras de desprendimento não cortam certos laços naturais. Eu, por exemplo, penso em meu pai com um afeto ansioso...

Os olhos de Bernadette dilataram-se extraordinariamente.

— Meu pai... Aconteceu alguma coisa a meu pai?

— Não; nada houve com seu pai... Prezada Maria Bernarda, junte as suas forças! A senhora sua mãe passou santamente, sem dor, munida dos Santos Sacramentos. Morreu no dia da Imaculada Conceição. Seja-lhe isso uma confirmação, um sublime consolo...

— Minha mãe — gaguejou Bernadette — mamãe!...

E fraquejou tão visivelmente, que a mestra severa se adiantou a apertá-la ao peito.

— Deite-se um instante aí no catre, minha filha.

Bernadette deixou-se cair e encostou-se à parede. Houve alguns minutos de silêncio. Vendo o sangue refluir para o rosto da moça, Maria Teresa recomeçou:

— É claro que eu a dispenso, nestes dias, das obrigações que não quiser ou não puder cumprir. Se a sua tristeza reclamar o isolamento, pode ir à capela, ao jardim, aonde lhe aprouver. Entretanto, não lhe recomendo a solidão, minha prezada filha.

Nas faces descoradas da freira, um entusiasmo crescente estampava duas manchas vivas de rubor.

— Maria Bernarda, poderia exceder-se a si mesma. Sua mãe morreu. Mas a morte não existe. A senhora tornará a ver sua mãe. Morrendo na cruz, o Salvador remiu-nos da morte. Mostre que acredita essa verdade, Maria Bernarda. Ofereça a sua perda ao céu, como um sacrifício consciente. Dê um exemplo: vá ao recreio. Com a sua fé, transforme as suas lágrimas em júbilo sublime. Entenda-me bem, filha querida; eu a estou apenas aconselhando. Não quer ir ao recreio?

Bernadette respondeu quase logo:

— Sim; irei, madre.

As noviças, aos pares, chegavam ao relvado.

— A nossa querida Maria Bernarda acaba de sofrer amargamente a perda de sua mãe — anunciou-lhes madre Vauzous. — É, nesta terra, a provação mais cruel para um coração de filha. Maria Bernarda, porém, está pronta a oferecer a sua dor em holocausto. Ajudem a sua irmã, com os seus jogos alegres.

E a mestra de noviças introduziu a raqueta de madeira na mão de Bernadette.

— Joguemos uma partida de volante, minha filha — disse ela, interessando-se alguns minutos pelo jogo, coisa que nunca ocorria.

Bernadette jogou volante, arremessou os arcos coloridos, correu, pulou na corda. Por fim, já fazia tudo tão depressa, maquinalmente, com tal obstinação, que a madre intimou:

— Basta, Maria Bernarda! Está muito corada!...

O grupo reorganizou-se para a volta. Um vento glacial varria as últimas folhas secas do arvoredo.

— Acabaram-se os jogos ao ar livre — pensaram as noviças.

Bernadette e a sua amiga Natália formavam o último par. Mal tornou a entrar na sala sombria, a jovem Soubirous caiu, sacudida por um acesso de tosse que ameaçava sufocá-la. Natália ajoelhou junto dela e soltou um grito agudo:

— Socorro!... Maria Bernarda... põe sangue pela boca!...

Era uma hora da madrugada. Nas ruas desertas e mal iluminadas de Nevers, um transeunte solitário, embrulhado numa capa, lutava com a ventania, retendo com as duas mãos o chapéu sacerdotal em que um cordão roxo denunciava um prelado.

Por mais que apressasse o passo, monsenhor Forcade, bispo de Nevers, tinha a idéia de que levara um tempo imenso entre a sua casa e o convento de Santa Gildarde. Impelia-o o temor de chegar demasiado tarde.

Acabavam de acordá-lo, com toda a razão. A morte iminente da taumaturga de Lourdes reclamava a presença do bispo. A História ensina que os derradeiros instantes duma alma eleita costumam ser assinalados por milagres. Cumpria, aliás, que uma autoridade eclesiástica recebesse pessoalmente a última confissão, as extremas mensagens duma criatura favorecida pela graça celeste. Como, porém, o curso do mundo é complexo e o coração humano, um abismo, não se devia excluir que, no limiar da morte e da eternidade, a moça desmentisse certas declarações em que se fundara a sentença do concílio episcopal.

À entrada do claustro, madre Josefina Imbert aguardava o bispo. Monsenhor Forcade, idoso e corpulento, vinha esbaforido, enxugando a testa suada.

— Então, como vai a sua doente?

A superiora, de ordinário tão calma, estava visivelmente perturbada. A lamparina, que trazia nas mãos, iluminava-lhe o rosto mole, de maçãs salientes.

— O doutor Saint Cyr já não tem esperanças. Que provação, Santa Mãe de Deus!

— E que se fez, madre? — perguntou o bispo, com a testa franzida.

— Há uma hora, Maria Bernarda devia receber o Santo Viático; os vômitos constantes não o permitiram. Administraram-se-lhe então os Santos Sacramentos, monsenhor.

— A enferma conserva a consciência, madre Imbert?

— Ela está muito fraca, mas perfeitamente lúcida.

O bispo, que conhecia a casa, entrou no parlatório. A superiora seguiu-o. Monsenhor tirou a capa e sentou-se, para tomar fôlego.

— Como pôde acontecer isto, meu Deus? — perguntou ele. —Será falta de cuidado?

— Ocupamos a noviça na cozinha, com o consentimento de Vossa Grandeza — replicou a religiosa, cruzando as mãos. — Já na semana seguinte, o doutor Saint Cyr aconselhou-nos a poupar-lhe todo serviço pesado. Sabemos, porém, que a própria noviça gostava de lidar na cozinha.

O bispo deitou à superiora um olhar desconfiado.

— Exagerou-se alguma coisa, no físico ou no moral? — insistiu ele, sem rodeios.

Madre Imbert respondeu secamente:

— Madre Vauzous mostrou velar pela noviça Maria Bernarda com toda a consciência e desvelo.

— Contaram-me várias vezes que o recreio das noviças, nesta casa, toma formas um tanto insólitas...

A superiora apertou os lábios e respondeu, curvando a cabeça:

— A nossa mestra de noviças opina que os exercícios ao ar livre contrabalançam, nessas moças, certos desalentos passageiros. O próprio doutor Saint Cyr exigiu que não excluíssemos Maria Bernarda dessas distrações inofensivas.

Monsenhor Forcade suspirou profundamente.

— Estou fora de mim, prezada madre. Confiaram-nos Bernadette Soubirous, no verão passado. Ainda não faz um ano e... Os olhos do mundo inteiro estão voltados para essa menina. Calcule as conseqüências desta morte súbita. Que não se dirá, que não se escreverá, bom Deus! E quantos aborrecimentos! Monsenhor Laurence, o meu colega de Tarbes, é um velho íntegro, admirável!...

O bispo de Nevers não completou a frase. Pediu que o levassem imediatamente ao quarto da agonizante.

Transportada para a espaçosa enfermaria da casa, Bernadette jazia imóvel, com a cabeça soerguida, o rosto desfigurado pelas hemoptises, pelo vômito contínuo. Os olhos brilhantes conservavam a serenidade altiva que os caracterizava. A respiração curta e estertorosa prenunciava a agonia. O doutor segurava o pulso da enferma. O capelão Fèbvre, acompanhado pelas freiras presentes, recitava as preces dos moribundos. Maria Teresa Vauzous, a mestra de noviças, lívida, ereta, com as mãos cruzadas, cravava na agonizante os olhos encovados e ansiosos.

Monsenhor Forcade aproximou-se do leito e pousou meigamente a mão macia na de Bernadette.

— Pode ouvir-me, minha filha?

A moça acenou afirmativamente.

— Quer confiar algum desejo ao seu bispo:

Bernadette meneou levemente a cabeça.

— Ainda tem forças para falar?

Bernadette negou de novo.

Monsenhor dobrou os joelhos e absorveu-se na oração. Ao levantar-se, muito comovido, pediu à superiora que lhe cedesse uma cela para essa noite. Já seguia madre Imbert no corredor, quando ouviu ranger, atrás de si, uns sapatos grosseiros. Era a mestra de noviças.

— Monsenhor — começou Maria Tereza, com voz trêmula — não desagradará à Virgem receber a sua predileta, sem que esta haja pronunciado os votos monásticos?

— Parece-lhe? — redargüiu secamente o bispo, tomado de súbita aversão, à freira. — Desejaria a senhora que a moribunda professasse?

— Desejo-o sinceramente, monsenhor — tornou madre Vauzous, com alvoroço.

Monsenhor Forcade, homem sagaz, não se sentia sossegado, quando lhe vinha à lembrança o austero ancião de Tarbes. Uma noviça não é peixe nem carne. Atenuar-se-ia talvez a catástrofe, se Bernadette pertencesse deveras ao corpo eclesiástico a que os votos asseguram a preeminência.

— O bispo tem poderes para receber a profissão dum agonizante — declarou o prelado. — De resto, não seria a primeira vez que o faço.

Voltaram os três junto ao leito de Bernadette. Monsenhor Forcade curvou-se sobre ela e disse mansamente:

— Reúna as suas forças, minha querida. Aquela, que a agraciou aparecendo-lhe, folgaria de vê-la pronunciar a tempo, em presença do seu bispo, os três votos sagrados da pobreza, castidade e obediência. Basta-lhe responder às minhas frases com um sinal, com um "sim". Entendeu? E está disposta?

Bernadette anuiu vivamente.

O prelado iniciou então os ritos dessa profissão singular, em voz baixa, com a máxima prudência. A enfermaria regurgitava de religiosas deitadas de bruços no soalho, a exemplo de Maria Tereza Vauzous.

Terminada a cerimônia, o doutor Saint Cyr fez sorver, goles de água a Bernadette, os primeiros que ela conseguia reter desde muitas horas.

— Felicito-a pelo seu novo estado, irmã — disse o bispo, sorrindo.

Ofereceram-lhe então uma poltrona ao pé do leito. Monsenhor sentou-se e deitou ao médico um olhar que significava:

— Quanto tempo ainda?

Saint Cyr encolheu os ombros.

Decorreram uns quinze minutos de silêncio mortal. Monsenhor não desprendia os olhos do rosto da moça, que se decompunha a cada fôlego. O desenlace parecia iminente. O bispo aventurou a última tentativa:

— Talvez tenha alguma coisa no coração, irmã. Estou aqui para ouvi-la. Os outros sairão da sala...

Mal o prelado murmurou essas palavras, ocorreu um fato imprevisto: Bernadette respirou profundamente várias vezes. Julgaram todos que fossem os seus derradeiros alentos, e o abade Fèbvre elevou o tom das suas preces.

Não eram, porém, os últimos alentos e sim as primeiras inspirações que se seguem, de ordinário, a um acesso de asma. E, de súbito, Bernadette murmurou com voz fraca, mas firme:

— Minha mãe morreu... Eu, porém, ainda não morrerei...

Como sempre, falava a verdade. Seis dias depois, deixava a enfermaria. E o doutor Saint Cyr verificava que os ruídos suspeitos nos pulmões, se tinham tornado menos perceptíveis.

QUINTA SÉRIE

O MÉRITO DA DOR

CAPÍTULO XLI

MÃOS DE FADA

A espaçosa sacristia contígua à capela de Santa Gildarde era, ao mesmo tempo, depósito de alguns objetos de arte. Das paredes, pendiam velhas telas enegrecidas que, no curso do tempo, se tinham acumulado no convento e para as quais não havia, na casa, outro lugar.

As "Damas de Nevers" eram uma congregação muito antiga, fundada, quase dois séculos antes, por João Batista de Laveyne. Quando, após as tormentas da revolução, se tratou de edificar o claustro, ainda subsistiam muitos tesouros do passado.

O maior dos quadros da sacristia era uma Sagrada Família do século XVIII, obra medíocre: a Mãe e o Filho na manjedoura, os animais, os pastores reverentes — o presépio caro e familiar a Bernadette. Único traço insólito: São José que, contrariamente à tradição, apresentava um rosto imberbe e a cabeça coberta por um gorro. Nos armários, amontoavam-se casulas, paramentos, toalhas de altar. Alguns preciosos utensílios do culto eram resguardados cuidadosamente em custódias de vidro. Um baú antigo encerrava uma quantidade de figuras para o presépio anual.

A sacristia era o reino de Bernadette. Um ano após o grave acesso de asma que ameaçara matá-la, a jovem Soubirous professara solenemente, em presença do bispo de Nevers. Não fora possível encurtar-lhe o noviciado. Monsenhor determinara, porém, que lhe fosse poupado o cuidado dos enfermos e que a deixassem escolher livremente uma ocupação. Por desejo do bispo, madre Imbert confiou, pois, à irmã Maria Bernarda o encargo mais leve e mais delicado do convento: as funções da sacristã, incumbida de prover diariamente de hóstias o cibório. A velha irmã Sofia já não podia desempenhar essas funções; um ataque apopléctio paralisara-lhe um lado do corpo e tirara-lhe a fala. Irmã Sofia era uma dessas almas ingênuas e luminosas que não se nos deparam no mundo. Embora os seus lábios mal se movessem, os seus olhos irradiavam uma paz e uma alegria tais, que Bernadette gostava de trabalhar junto dela.

Outrora a mestra de noviças, sinceramente assustada, condenara o desejo íntimo de Bernadette de desenvolver, como virtude, a vocação para o desenho; em conseqüência, mal se vira investida do cargo de sacristã, a jovem freira lançara-se num domínio afim do desenho. Bordar toalhas de altar, casulas e outros ornamentos sacros não era — nem mesmo aos olhos de Maria Teresa Vauzous — presunção requintada, e sim uma tarefa recatada e louvável, que bem quadrava a uma religiosa fraca e doentia. Bernadette, que durante o noviciado percebera em si o pendor para as imagens e as formas, acabava de encontrar o mais belo campo de atividade. Essa alma não mudava; aparentemente apática, indiferente, distraída, mal se sentia impelida por uma força oculta e dirigia a sua vontade para um fim determinado, nada a fazia recuar — nem Jacomet, nem Dutour, nem Massy nem Peyramale, nem o bispo nem o imperador — nem sequer a oposição granítica da madre Vauzous.

Bernadette conseguira transladar para os seus bordados, com verdadeiras mãos de fada, as cores e as formas que viviam na sua imaginação. Além do material necessário, dispunha de papel e de lápis coloridos, com os quais esboçava previamente os seus lavores tão estranhos e originais, que só o enlevo de alguns eclesiásticos, peritos em assuntos de arte e que os tinham visto, poderia aplacar o receio de madre Imbert e a gélida estranheza de madre Vauzous. Desde então, de quando em quando, alguém solicitava o favor de ver os novos bordados da irmã Maria Bernarda. Mas madre Imbert só satisfazia esses pedidos na ausência da artista. As dirigentes do claustro continuavam a tomar por desejo de sobressair a originalidade da sua jovem irmã. Bernadette não tinha, pois, a menor idéia da impressão causada pelos seus sonhos convertidos em bordados.

A jovem religiosa entregava-se incansavelmente ao trabalho. Sobrava-lhe tempo, já que lhe poupavam as demais tarefas e, por ordem do bispo, se lhe atenuava o rigor dos deveres da Ordem. Bernadette, que não tinha a menor noção das regras do desenho, ajoelhava-se no chão, a examinar os esboços espalhados em torno dela. A princípio, atinha-se ainda a modelos e amostras; depois, passara a inventar, com as mãozinhas mal adestradas, flores maravilhosas que os seus olhos nunca tinham visto, ornatos que se diriam símbolos coloridos duma fé ainda ignorada. Ora traçava uma fila de pássaros ou de anjos, num glorioso céu arroxeado, ora o cordeiro que, à semelhança do unicórnio, ostentava na testa uma cruz.

A vidente, dotada do dom sobrenatural de ver o corpo imaterial da dama, trazia na alma inúmeras formas e feições. E ignorava-o; não saberia dizer como lhe brotavam da ponta dos dedos. Mal terminava alguns esboços, punha-os no regaço da velha irmã Sofia. A paralítica discernia exatamente os bons. Uma comparação, um sinal, e a escolha recaía no melhor. Armava-se o bastidor, e o trabalho começava, minucioso, interminável, comparável à tela de Penèlope. Mas Bernadette desconhecia a impaciência. Era como se ela urdisse os próprios segundos da sua vida, com variegados fios de seda, para os desprender de si, um a um, com serena alegria.

Só a prece, as refeições, as adorações, o terço, a Via Sacra e finalmente o sono interrompiam esse trabalho. Bernadette não era obrigada a assistir ao recreio das irmãs. Nas horas vagas, a irmã Natália insinuava-se muitas vezes na sacristia. Gostava de admirar e ver progredir esses bordados. E, uma vez, perguntou à amiga:

— A senhora viu com os seus olhos a Virgem, minha irmã. Por que não borda a sua aparição, numa toalha de altar?

— Oh! não, minha irmã! Que idéia! — replicou Maria Bernarda. — Não é possível desenhar nem pintar ou bordar a dama.

— Será que já não se lembra dela? — tornou Natália, com estranheza.

— Oh! Lembro-me bem, muito bem! — tornou Bernadette, sorrindo e fitando o olhar ao longe, além da janela.

E interrompeu o diálogo.

Nevers era uma cidadezinha medieval, pouco iluminada. Em março, já às quatro horas da tarde a sacristia estava escura. Às três, Bernadette arrastava o bastidor ao pé da janela, para não perder a menor partícula da luz do dia. Era uma hora sossegada em que uma parte das religiosas se entregava à meditação. Como, nos últimos anos, fora retardado o recreio das noviças, Bernadette ouvia às vezes os passos das moças no corredor ou alguma advertência da mestra. Na capela contígua, a freira musicista sentava-se ao órgão.

Bateram. A porteira anunciou uma visita para a irmã Maria Bernarda. A superiora mandara o homem descer à sacristia. Ele não devia demorar.

Bernadette levantou a cabeça, admirada. Uma visita? Quase nunca havia visitas! Que homem! Bernadette reconhecia, cheia de gratidão, que madre Imbert a livrara de importunos. De quando em quando, as outras irmãs lhe contavam que certas personagens ou comitivas manifestavam o desejo de ver a famosa Soubirous, como um animal curioso. Ela solicitara a permissão de ficar na cela, quando houvesse forasteiros no claustro. Quem seria, pois, esse homem?

Bernadette levantou-se. Os seus olhos, fatigados pelo trabalho aturado, distinguiram no portal escuro um vulto alto e magro, que não se atrevia a entrar.

— Louvado seja Jesus Cristo — saudou formalmente o estranho.

— Para todo o sempre. Amém — respondeu a irmã Maria Bernarda. — Em que o posso servir?

O visitante girava nas mãos um gorro basco.

— Eu vim só para saber como passa, irmã...

Dizendo estas palavras, deu um passo para a frente, curvou-se e Bernadette reconheceu o pai que não via desde tantos anos.

— Papai, és tu?... É possível? — murmurou ela, adiantando-se de braços abertos.

— Sim, sim... Sou eu; vim pela estrada de ferro, Maria Bernarda...

A moça mordeu os lábios, tentando sorrir.

— Por que dizes "irmã" e "Maria Bernarda"?... Para ti, ainda sou a Bernadette...

E, abraçando o pai, aconchegou-lhe ao rosto a cabeça velada. O moleiro Francisco Soubirous continuava no limiar. Desde que a filha, a taumaturga de Lourdes, se tornara uma religiosa austera, o seu constrangimento paterno crescera extraordinariamente. Muitas vezes se lembrava, horrorizado, de que ameaçara escorraçar essa filha abençoada, enviá-la aos pelotiqueiros, aos ciganos. Correspondeu pois, com veneração ao abraço filial de Bernadette.

— Oh! Como foi que vieste, papai? — perguntou a freira, já mais calma.

— Pedi licença, há muito tempo... Mas, então, não convinha, Bernadette... Depois da morte da tua mãe, sabes, eu estava desorientado; não podia conformar-me...

Bernadette fechou os olhos e perguntou, em voz baixa:

— Mamãe... Como morreu mamãe?

O moleiro Soubirous passara dos cinqüenta. Os cabelos já lhe iam embranquecendo. À inata altivez que conservara nos próprios dias de esquálida indigência, o tempo e os acontecimentos tinham dado um toque de devoção.

— Tua mãe não padeceu muito, minha pequena Bernadette — disse ele, persignando-se. — Esteve doente só alguns dias, e não tinha idéia do seu estado. São José — dê-nos a todos uma boa morte! — ajudou-a. E a maior alegria de tua mãe eras tu, só tu. Ela sempre trazia ao peito o teu retrato. Sabes que, agora, há muitos. E teve sempre nos lábios o teu nome, até ao último...

— Mamãe sabia que não nos tornaríamos a ver. Eu não sabia — disse Bernadette; e murmurou, como a finada: — "Praoubo de jou"!

— Mandamos fazer alguns retratos dela — informou Soubirous, com orgulho. — Chamam-se miniaturas; e o pintor cobrou bem caro. Eu te trouxe um retrato de mamãe, pequena.

E Soubirous entregou à filha uma correntinha com o medalhão dourado, onde uma arte barata idealizara os traços tão comuns da pobre Luisa.

— Poderás aceitá-la? — perguntou o moleiro, lembrando-se do voto de pobreza.

— A madre superiora há de me dar licença — replicou Bernadette, que se alegrava puerilmente de possuir a medalha.

Depois, apresentando uma cadeira a Soubirous, continuou:

Agora conta-me como vão vocês todos, papai.

Soubirous pigarreou, satisfeito. O embaraço do primeiro instante já fora vencido.

— Ora, eu não me queixo, minha filha querida. Fazemos negócio. Sempre fui um bom moleiro, como bem sabes; só os anos de seca me puseram por terra; e, para falar verdade, não fui o único prejudicado. Agora, porém, as coisas mudaram. Desde o outono passado, há em Lourdes quinze hotéis — digo e escrevo: quinze! E Lacadé fundou um grande hospital, com muitas centenas de camas. Chama-se "Hospital das Setes Dores". Uma parte do abastecimento desse hospital tocou ao moinho do Alto-Lapaca. Os teus irmãos, João-Maria e Justino, são dois rapagões; eu não lhes dou tempo para bobagens. E mandam lembranças à sua irmã. Tua irmã Maria tem um garoto e duas meninas. Amanhã, ela vem ver-te com outros conhecidos de Lourdes. Graças a Deus, tenho poupado alguma coisa para os meus filhos e netos, quando eu já não estiver aqui...

Bernadette escutara com atenção concentrada, quase como se lhe custasse ouvir.

— Ah! papai, faz-me bem ao coração saber que tudo vai bem!

Francisco Soubirous sentiu subitamente os olhos úmidos.

— E a mim, Bernadette, dói-me o coração, de noite, quando me lembro de que, então, no Calabouço, eu não te podia manter bem. E, agora, que te poderia tratar tão bem...

— Naquele tempo não sentia falta de nada, papai — disse Bernadette jovialmente. — Agora nada me falta...

— Nada te falta de verdade, minha filha ? — perguntou Soubirous, com voz soturna. — Pareces-me tão branca...

— Oh! É a touca que nos faz assim pálidas. Estou muito bem. Nunca passei melhor. Até a asma já não me incomoda...

E, para mudar de assunto, Bernadette perguntou imediatamente:

— Quando chegou o teu trem, papai?

— Justamente há uma hora... Os outros chegam amanhã.

— Bom Deus! Deves estar com fome e com sede! — exclamou Bernadette, correndo para a porta, sem permitir que o pai a retivesse.

Sufocada pela corrida, bateu timidamente à cela da superiora.

— Madre, meu pai acaba de chegar da estação. Não comeu nada em todo o dia. Posso...

— Naturalmente, minha querida... Peça à irmã assistente café, bolos e licor.

Bernadette reapareceu com a bandeja e arranjou a mesinha da sua sala de trabalho para o pai, corada e feliz por esse serviço feminino — o eterno serviço de sua mãe — que ela prestaria uma única vez. E ficou a olhar, extasiada, o homem ao mesmo tempo esfomeado e constrangido de saciar assim o seu apetite, entre imagens sacras e paramentos de igreja. Finalmente, a moça apresentou-lhe o copo cheio. Soubirous esboçou um gesto de recusa, que não era de todo sincero.

— Ultimamente costumo tomar só um pouco de vinho. Desisti da aguardente. Ela não senta com o serviço pesado.

— Mas hoje, papai, — disse Bernadette jovialmente — hoje não tens nenhum serviço pesado.

E lembrou-se da daninha aguardente que a mãe trazia fechada a chave.

— Achas? — redargüiu ele, indeciso. — Foi, de fato, uma viagem comprida...

— Olha: eu mesma beberei por ti. Não tenho medo — exclamou Bernadette, esvaziando o cálice, para animar o pai.

— Então, o caso é outro — disse consigo o moleiro.

E, ao terceiro cálice, já se sentia perfeitamente à vontade, nesse ambiente religioso em que vivia a filha.

A conversação esmoreceu. Em verdade, pouco havia a dizer. Bernadette acendeu algumas velas; o quadro da Sagrada Família resplandeceu de coloridos que não possuía. A jovem freira sentou-se debaixo dele. São José, o padroeiro da boa morte, erguia-se muito sério no fundo. A Virgem sorria, curvada para o seu divino Filho. E Soubirous não se pôde abster de pensar:

— É, afinal de contas, a família da minha filhinha...

O moleiro esquecera, havia muito, a pergunta sacrílega do brigadeiro d'Angla.

CAPÍTULO XLII

MUITAS VISITAS AO MESMO TEMPO

As visitas, que transpuseram no dia seguinte o limiar do claustro de Santa Gildarde, por mais heterogêneas que fossem, representavam uma verdadeira embaixada da cidade de Lourdes à sua filha mais famosa. O "maire" Lacadé e o vigário Peyramale enviavam respectivamente o adjunto Courrèges e o abade Pomian, para se inteirarem pessoalmente do estado de saúde da irmã Maria Bernarda, pois o mundo já não ouvia falar de Bernadette. Os jornais guardavam silêncio acerca da taumaturga da gruta; a própria notícia da grave enfermidade, a que ela escapara, mal transpirara além dos muros do convento.

O abade Pomian chefiava a comitiva que empreendera essa longa viagem. Ao enviado do "maire" tinham se associado o pai e a irmã de Bernadette, tia Lucília e tia Bernada, o sagaz oráculo da família, a quem os anos não enfraqueciam o tino; além desses parentes, dois amigos de categorias diversas: o inválido curado, Luis Bouriette, e a proprietária do maior estabelecimento de modas de Lourdes, Antonieta Peyret. Estas duas personagens também tinham vindo certificar-se do bem-estar de Bernadette — a costureira, a mandado da viúva Millet; e Bouriette, por encargo de Antônio Nicolau.

A senhora Millet, já muito idosa e doente, não lograra, apesar da saudade, vencer o seu medo supersticioso do caminho de ferro, para se aventurar a essa excursão penosa; enviara, pois, a sua antiga e importante embaixatriz. Antônio também não se resolvera a essa viagem — em verdade, por outros motivos — e mandara um delegado menos conspícuo. A comitiva aproveitara as várias estações do longo percurso, para visitar os sítios famosos desse itinerário. O moleiro Soubirous, já impaciente, deixara-os na última etapa e tomara a dianteira.

Bernadette passara a noite, acordada. A presença do pai excitara-a, alvoroçara-lhe a fantasia, refreada com tanto esforço e encaminhada para outras sendas. Assaltavam-ña as imagens do passado. E as visitas anunciadas causavam-lhe mais angústia do que alegria.

Madre Josefina Imbert e madre Maria Teresa Vauzous timbraram em homenagear a delegação de Lourdes, mandando-lhe servir refrescos, atenção que despertou em Bernadette viva gratidão. A comitiva sentou-se cerimoniosamente no mais vasto dos salões de recepção do convento: Uma peça sombria, guarnecida dum velho canapé e poltronas de veludo carmesim e duma ruim estufa de ferro. As paredes ostentavam um Crucifixo pardacento e uma imagem azulada de Nossa Senhora.

Os cumprimentos foram tão formais como entre desconhecidos. O abade Pomian, que parecia ter perdido o seu dom de humorista, começou pausadamente:

— Fui incumbido, minha irmã, de lhe apresentar a saudação cordial do senhor vigário. O padre Peyramale está bom, apesar ter muito trabalho. Pode imaginar, irmã, o que tem sido essa lida, depois que a senhora nos deixou. Há dias em que chegam, não só milhares de peregrinos, como também comboios de enfermos, de todas as partes do mundo. Às vezes, o nosso senhor vigário nem sabe onde tem a cabeça. Ele estimaria receber um recado seu, irmã Maria Bernarda. Que devo dizer ao seu antigo cura?

— Oh! senhor abade — replicou Bernadette, após uma pausa — agradeço muito ao senhor vigário Peyramale lembrar-se ainda de mim.

A superiora acolheu essa resposta com um sinal de aprovação. Agradara-lhe a forma irrepreensível; mas passara-lhe despercebida a ingênua franqueza de Bernadette.

Entretanto o adjunto Courrèges transmitia, por seu turno, o recado do "maire".

— Não imagina como nos orgulhamos da senhora, irmã. A comuna comprou de André Sajou o Calabouço, e pretende conservá-lo no estado atual.

— Deveriam deitá-lo abaixo! — exclamou Bernadette, assustada, quase com violência. — O pátio era tão sujo!

— Não é possível, irmã — tornou o funcionário municipal, com indulgência. — O Calabouço é um edifício de importância histórica. Um dia há de ter uma lápide...

Bernadette relanceou um tímido olhar a madre Maria Teresa. Bom Deus, que pensaria ela?

— Mas a culpa não é minha! — disse consigo a jovem freira.

E, para fazer diversão, perguntou em voz alta:

— Como vai sua filha, a querida Aninhas, senhor?

— Oh! Aninhas casou-se, como quase todas as moças da sua idade, irmã, exceto Catarina Mengot, de quem se dizem coisas...

Como esse assunto melindroso ameaçava extinguir a conversação, tomou a palavra o mais modesto dos visitantes, Luis Bouriette, para dar conta da sua incumbência. O moleiro Antônio ia bem. Continuava a viver com a mãe, ainda robusta, e, precedia as procissões a Massabielle como porta-estandarte e personagem notável de Lourdes. Bem o merecia, aliás, a mais antiga testemunha masculina das aparições.

Bernadette escutava, com um sorriso fugaz, as palavras do tio Bouriette, sem retribuir as lembranças de Antônio. Mas o rude mensageiro queria externar alguma coisa dos sentimentos do seu mandante; começou, pois, a gabar — metade em dialeto, metade em francês — o renome que a pequena Bernadette da rua des Petites Fossées alcançara no vasto mundo:

— É pena, irmã, que não conheça a nova Lourdes. Senhor! Como estranharia! Há agora, lá na cidade, lojas enormes onde se vendem figuras da Santa Virgem, e círios para as imagens, e copos para a fonte, e rosários de todos os tamanhos e o seu retrato, irmã. Pode-se comprar um retrato seu, irmã, já por dois soldos...

— Também, não valho mais — atalhou Bernadette laconicamente.

Bouriette assustou-se. Receando, como embaixador de Antônio, ter dado um passo falso, apressou-se a acrescentar:

— Há outros mais caros, irmã. Até de dois francos e cinqüenta, os grandes, coloridos...

Bernadette cravou os olhos no chão. Por que não se calava esse infeliz?

Mas Luis Bouriette, o canteiro, não era Antônio Nicolau; não percebia nada. Por isso, prosseguiu, entusiasmado:

— E, quem souber ler, pode comprar livros, irmã, livros onde está escrito o que houve então...

Bernadette contraiu nervosamente os dedos, o gesto dos seus instantes de dor. Nada, porém, detinha Bouriette que, em nome do seu constituinte, julgava alegrar o coração da taumaturga:

— E está sendo estudada a construção dum panorama, onde a história da gruta aparecerá pintada nas paredes. Será o "Panorama Bernadette Soubirous"...

Após essas palavras, madre Imbert levantou-se.

— Creio, prezada irmã Maria Bernarda, que os seus hóspedes gostarão de visitar a nossa linda capela. Se alguém quiser ver os seus bordados, mostre-os sem receio. — A irmã Maria Bernarda tem mãos muito hábeis, meus senhores. Mais tarde, poderá conversar um pouco a sós com a sua família. E, naturalmente, pode receber na sua cela a senhora sua irmã e as senhoras suas tias.

Bernadette desempenhou, com voz monótona, a função de guia, através do claustro que, aos domingos, era mostrado aos forasteiros. Em Lourdes, já se falava dos bordados da jovem religiosa. Especialmente a artista da agulha, Antonieta Peyret, morria de vontade de vê-los. Muito rogada, Bernadette resolveu-se afinal, com evidente má vontade, a exibir alguns.

— Santa Virgem! — exclamou a costureira, estupefata. — Como pôde fazer isso, irmã! Tirou-os de algum risco?

— Oh! não, senhorita Peyret — replicou Bernadette, indiferente. — Para isto não há riscos.

— Então, esses pássaros estranhos, essas flores, esses bichos, esses ornatos são todos da sua cabeça?

— Oh! sim, senhorita; tudo isto é da minha cabeça.

— Eu sempre desconfiei do que se escondia na sua cabecinha, irmã — insistiu a costureira, empenhada em convencer a todos de que fora ela a descobridora da taumaturga de Lourdes.

— Veja, senhorita: eu ainda não sei o que ela tem nessa cabecinha — disse jovialmente madre Vauzous, que acabava de aparecer à porta, no outro extremo da capela.

— Que trabalho! Que trabalho! — exclamou Antonieta. — Parece que não lhe custa, irmã. Tudo o que se lhe mete na cabeça, sai-lhe bem.

— Oh! isto custou-me bastante, senhorita! — protestou Bernadette.

O secretário Courrèges, digno discípulo do seu mestre, observava, interessado, balançando a cabeça.

— Se oferecêssemos alguma dessas cousas nas nossas lojas de objetos sacros, hein? Quantas centenas de francos!

— Ah! não — atalhou Bernadette, bruscamente. — Isto é só para o nosso convento:

E apressou-se a dobrar os seus preciosos lavores.

Mais tarde, a irmã e as tias acompanharam-na à cela. As quatro, especialmente a volumosa Bernarda Casterot, enchiam o quartinho a ponto de não se poderem mover.

— E vives aqui, minha filha? — perguntou tia Bernarda.

— Sim, minha tia; aqui rezo, penso e durmo.

— Vejo que rezas e pensas mais do que comes, minha querida — observou o oráculo, que não renunciava, tão facilmente como os outros, à antiga superioridade.

— Come-se muito bem no convento — garantiu Bernadette. — E eu dou-me bem com a comida...

Tia Bernarda meneou a cabeça; não se fiava muito nessa afirmação.

— Precisas alimentar-te, melhor, minha filha. Vou falar à madre superiora. É meu dever de madrinha e substituta de tua mãe. Toma cuidado, pequena. Os Casterots são sadios, apesar da desgraça da tua finada mãe. Não dou muito pela família de teu pai...

Bernadette puxou para si a irmã, que engordara muito e se esquivava timidamente.

— De ti ainda não ouvi nada, minha querida irmã...

— Não tenho o que dizer, Bernadette. Não passo duma camponesa...

— Papai disse-me que és feliz e tens filhos...

— Feliz! — tornou Maria, sorrindo. — Quando se tem saúde, e as colheitas são boas, quando não sucedem desgraças, somos felizes. Tenho filhos sim; três. E o quarto prestes a chegar.

— E assim mesmo vieste ver-me, querida irmã...

— As mulheres do campo, minha irmã, trabalham até ao último. Eu me agüento bem, e foi uma viagem magnífica. Assim tornei a ver-te. Mas, antigamente, eu não parecia um barril.

— Oh! estás muito bonita, minha irmã! — protestou Bernadette, envolvendo com um olhar a rapariga desajeitada, de mãos vermelhas e nodosas.

As mãos diáfanas da jovem freira já não eram as duma trabalhadora.

A outra, porém, era Maria, a carne quente com quem ela repartia a cama e que, depois das aparições, lhe causava certa aversão. Subitamente, com o desembaraço das futuras mães, Maria apossou-se da mão frágil da irmã e pousou-a no seu regaço.

— Vê como se move — disse ela, sorrindo.

Bernadette sentiu, através das roupas, com o calor do corpo jovem, um choque mal perceptível que a abalou singularmente e a fez retirar logo a mão.

A comitiva regressou na manhã seguinte. Madre Imbert exigiu que Bernadette acompanhasse os parentes e amigos à estação. Iria com ela outra freira. Na plataforma, aguardando o comboio, trocavam-se as palavras inúteis e dolorosas de todo adeus. Mas todos fingiam despedir-se temporariamente.

— Voltaremos, Bernadette... Em breve estaremos de novo aqui, minha filha... Não poderias conseguir que te mandassem à casa de Lourdes? Há tantas irmãs ali...

— Oh! é possível que me enviem a Lourdes. Em todo caso, papai, Maria, aqui ou lá nos tornaremos a ver.

Entretanto Bernadette sabia que não era uma despedida provisória, mas um adeus eterno. A jovem freira tinha vertigens. Fazia anos que não saía à rua e sentia-se tão débil, que mal podia estar de pé. Antes que o trem partisse, o abade Pomian chamou-a de parte.

— Trago mais um recado do vigário, irmã; só para a senhora. Ele envia-lhe esta imagem da Mãe de Deus, que costuma distribuir na escola. E manda-lhe dizer que, se um dia precisar dele, basta que ponha no correio este santinho...

Bernadette agradeceu distraidamente.

Em geral, as religiosas não gostam de andar nas ruas movimentadas. Há os que as cumprimentam e os que as olham hostilmente. Muitos supersticiosos puxam-lhes os botões do hábito. No caminho do convento, Bernadette dizia consigo:

— O desprendimento se fez sem que eu o sentisse. Nada mais tenho com esses que embarcaram no trem. Bem que agradeço à nossa mestra.. Oh! que dia fatigante!...

No refeitório, as freiras acabavam de se sentar à mesa. E, como no dia seguinte ao da chegada de Bernadette ao convento, madre Maria Teresa pronunciou um breve discurso:

— A nossa prezada irmã Maria Bernarda recebeu visitas do mundo. Ao cabo de anos, tornou a ver os parentes mais chegados e alguns conhecidos. Ser-nos-ia muito útil a todas saber que efeito causaram essas visitas à sua alma, empenhada no desprendimento. Muito lhe agradeceríamos algumas palavras edificantes, irmã.

— Oh! madre — replicou Bernadette sossegadamente, sem sair do seu lugar. — Que exemplo edificante espera tirar duma pedra?

CAPÍTULO XLIII

O SINAL

Irmã Sofia morrera, duma morte serena e risonha em que São José se distinguira particularmente. Não expirara na enfermaria, pois até ao último momento exprimira, por acenos, o seu desejo de ficar no convento. E, nos seus derradeiros dias, não tolerava junto de si senão Bernadette. Como a irmã Sofia era a freira mais querida e venerada do convento, esse privilégio de Maria Bernarda despertou muita inveja. A personalidade da menina de Lourdes contrariava constantemente o sagaz plano de ação de madre Imbert e madre Vauzous. Esse plano visava a adaptar as religiosas a um tipo determinado, o padrão das Damas de Nevers, que aliavam a uma piedade beneditina uma grande atividade em obras de amor ao próximo. No caso da eleita de Massabielle, cumpria conseguir até um verdadeiro "cliché", tal como era de esperar e desejar; uma alma pueril, ingênua e passiva, sem característicos definidos, uma Bernadette incapaz de lutar pela sua dama.

O ser original, privilegiado, devia amoldar-se às fileiras de criaturas muito mais apagadas. Bernadette prontificara-se sinceramente a esse sacrifício. Mas ali, no convento, como alhures, sem sequer abrir a boca, ela dividia as almas, despertava fé e dúvida, admiração e resistência. Tinha partidárias apaixonadas, como por exemplo a irmã Natália. Esta tornara-se, entretanto, uma freira tão enérgica e ativa, que madre Imbert a nomeara segunda assistente. A irmã Sofia, porém, distinguia tanto Bernadette das outras religiosas, que as mandava saírem do seu quarto de enferma, quando a menina de Lourdes estava junto dela.

A morte no claustro difere totalmente da morte no mundo. A morte no mundo é como um acidente num arranha-céu em construção. Um dos operários precipita-se do alto do andaime. Os colegas tiram alguns segundos o cachimbo dos lábios e espreitam para baixo, cônscios de que, hoje ou amanhã, podem ter a mesma sorte.

A morte no claustro é, porém, uma espécie de festa de cumieira da alma, que pedreiros e carpinteiros celebram conjuntamente, ao completarem a casa. Todos trabalharam assídua e infatigavelmente para esse dia único, em que é lícito respirar e crer que o sólido edifício está feito para sempre. O dia da morte, no claustro, pode estar unido a uma sensação de curiosidade festiva. As freiras agrupam-se, em torno da irmã moribunda, orando fervorosamente, crentes de que assim lhe aliviam a agonia, como assistentes da transição sobrenatural duma alma para o outro mundo. Tanto mais, quando se trata duma irmã Sofia, a mais velha, a mais experiente, a que já celebrou o jubileu da sua profissão. De semelhante morte costumam derivar graças sublimes de estímulo, de animação.

Bernadette recebeu essa graça. Era a primeira agonia que ela presenciava; por mais que fosse uma morte serena, abalava-lhe profundamente a alma. A mocidade do homem termina exatamente no instante em que a morte se lhe depara como realidade. Bernadette não desviava o olhar dos olhos claros da moribunda. Perfeitamente lúcida, irmã Sofia ainda se esforçava por sorrir. Esse sorriso penetrava no íntimo da assistente, significava-lhe que a freira muda lhe falava da dama.

— Não te deixes desalentar, Maria Bernarda — dizia esse sorriso. — A dama tinha consciência do que fazia. Sabia porque te escolheu a ti e não a outrem. Sabia também porque te destinava a esta vida. Não havia outro meio; tinha de ser assim. Mas quem chegou tão longe como eu, vai-se alegre, serena, feliz. E tu o serás mais do que eu, pequena, porque a dama te vê na vida e na morte.

Após o sepultamento da irmã Sofia, Bernadette procurou voltar aos seus bordados. Não o conseguiu. Sentia as mãos inertes; os seus olhos já não distinguiam as cores das meadas. Era como se a dama lhe dissesse: "Acabe com essa brincadeira!" Bernadette entendeu e desistiu.

Passou-se um ano. Madre Imhert e o capelão Fébvre pressentiam a transformação que se operava em Maria Bernarda, embora esta não se desse a conhecer. Percebia-se, porém, que ela já não tomava a vida monástica à maneira antiga, superficialmente, como uma obrigação a cumprir, e sim como um caminho que se deve trilhar conscientemente.

Embora, por ordem do bispo, continuasse a gozar de certas regalias, participava com atenção e fervor insólitos de todos os exercícios. O claustro de Santa Gildarde não hospedava monjas contemplativas, mas mulheres ativas no hospital e na escola. Por isso não vigorava ali a regra das preces noturnas; só algumas religiosas alquebradas ou dispensadas da lida diurna, já de madrugada rezavam as matinas na capela. Entre estas passou a figurar, mais e mais assídua, Maria Bernarda até que a superiora, temendo pela sua saúde, a constrangeu a ser menos madrugadora. Era como se Bernardette lutasse penosamente com alguma coisa que ameaçava sitiá-la por todos os lados.

Entrava no convento apenas um jornal e desse mesmo um único exemplar: "L'Univers", o periódico do famoso Luis Veuillot que, outrora, quebrara lanças por Bernadette e pelo milagre. Mas esse jornal só era lido realmente pela superiora e pela mestra de noviças; as outras freiras pouco se interessavam pelos fatos do dia; e, nas horas de lazer, estavam de ordinário muito fatigadas, para se entregarem à leitura. Houve, porém, uma época em que "L'Univers" passou de mão em mão. Cabeçalhos enormes anunciavam: "Declaração de guerra!" "O crime da Prússia!" "Para Berlim!" Seguiram-se as comunicações de grandes triunfos; depois os anúncios de vitórias menos significativas. Mais tarde, liam-se com grande confrangimento os nomes das cidades da França tomadas pelo inimigo. Finalmente o jornal noticiou a prisão do imperador e o cerco de Paris.

Já nas primeiras semanas dos reveses, o convento de Santa Gildarde esvaziara-se rapidamente; as irmãs dispersavam-se nos vários hospitais de sangue de Paris e de outras localidades. A guerra cruenta, as epidemias que rebentavam em diferentes lugares reclamavam um número sempre crescente de enfermeiras. Obedeciam ao chamado as próprias religiosas que, até então, só tinham exercido as funções de professoras. As poucas, que ainda permaneciam na casa de Nevers e nas diferentes filiais, preparavam ativamente ataduras e outros materiais sanitários. Bernadette entregara-se também a esse mister; dia a dia mais desassossegada, não cessava de rogar a madre Imbert que lhe permitisse, pelo amor de Cristo, servir no hospital onde, após o noviciado, fizera o seu estágio de enfermeira.

A superiora recomendou-lhe que, na primeira oportunidade, exprimisse esse desejo ao bispo. Monsenhor Forcade não tinha a menor vontade de expor a um perigo o tesouro que lhe confiara monsenhor Laurence de Tarbes. Sobrevieram, porém, acontecimentos imprevistos. Vagando uma sede arquiepiscopal, a autoridade eclesiástica designou para ocupá-la monsenhor Forcade, O bispado de Nevers ficou assim vários dias acéfalo. Nesse interregno, o vigário geral deferiu o pedido de Maria Bernarda. Embora distasse de Paris cento e trinta milhas, o hospital de Nevers regurgitava de feridos. Grande parte do antigo pessoal encontrava-se no norte e no oeste da França.

Reclamavam-se auxi l iares, especialmente auxiliares experimentados. Assim, Bernadette Soubirous passou a servir no hospital de Nevers. Madre Maria Teresa também não sossegava. Santa Gildarde esvaziara-se; ainda que só se houvesse dedicado ao ensino, a mestra de noviças ofereceu-se para cuidar dos enfermos. Coube-lhe, pois, o cargo de irmã inspetora no mesmo hospital.

Revelou-se então uma nova Bernadette. Tia Bernarda costumava asseverar que as Casterots eram todas meio doutoras e tinham a mão boa para os doentes. Provara-o muitas vezes Luisa Soubirous, acudindo ao pequeno Bouhouhorts e a outras crianças da rua des Petites Fossées. Bernadette demonstrava a sua qualidade de Casterot autêntica. Dir-se-ia que a dama, aparecendo-lhe para empreender alguma coisa contra os males do mundo, também sob esse aspecto pesara conscienciosamente a sua escolha.

Nenhum dos doentes hospitalizados em Nevers desconfiava de que a irmã Maria Bernarda fosse a menina de Lourdes. Viam nela uma freira como as outras, que se distinguia, se tanto, por uns olhos muito grandes e feições mais bonitas. Sucedia, porém, que lhe desejavam a presença os próprios feridos e doentes das salas entregues a outras enfermeiras. A irmã Maria Bernarda era chamada a toda hora. Dos seus gestos desprendia-se um influxo benéfico. Os seus olhos reanimavam. O lado enérgico da sua índole, recalcado no claustro, a herança de tia Bernarda

Casterot, manifestava-se vitoriosamente. Havia no lazareto inúmeros soldados dos regimentos de cavalaria e de linha que tinham servido em Pau, em Tarbes, na região dos Pireneus. Bernadette falava-lhes no dialeto local, que ela continuava a manejar mais naturalmente do que o francês. E era tão alegre, tinha respostas tão prontas e gracejos tão ingênuos e chistosos que, onde quer que a levasse a sua tarefa, deixava após si uma esteira de sorrisos e de bem-estar. Tratando-se de acalmar algum doente rebelde, recorria-se a Maria Bernarda. Havia muito que fazer; mas aparentemente as forças de Bernadette cresciam na proporção do trabalho. Fazia anos que ela não mostrava um aspecto assim saudável, e umas faces tão coradas. Os médicos e os padres do lazareto entoavam-lhe louvores que não tardaram a chegar aos ouvidos do novo bispo, monsenhor Lelong.

Maria Teresa Vauzous também não se poupava; demonstrava um desprendimento, uma abnegação superiores às suas forças. Sacrificava as suas noites; renunciava às horas de descanso; velava inexoravelmente pela execução das ordens dos médicos, para que os enfermos tivessem pontualmente alimentação substanciosa e bem preparada; gastava horas na cozinha e na lavanderia, superintendendo escrupulosamente em tudo. Depois, voltava às enfermarias; passava lentamente duma a outra cama, examinando tudo com os seus olhos claros e encovados. Entretanto, nenhuma voz se levantava para chamar a irmã Vauzous, embora esta prestasse um serviço cem vezes mais real do que o de Bernadette. Ela também dizia aos feridos e aos doentes as palavras que reconfortam; escrevia-lhes as cartas, prometia aos mais pobres interessar-se pelo futuro deles. Entretanto, quando Maria Teresa assomava à porta, uma sensação de receio passava nas filas de leitos, como em presença dum oficial severo que se aprestasse a passá-los em revista.

Certa vez, ao escurecer, Maria Bernarda e Maria Teresa estavam sozinhas na sala de descanso das enfermeiras.

— Já a conheço há muito, irmã — disse a antiga mestra. — E, creia-me, dia a dia a respeito mais. A senhora sabe enfeitiçar os seus semelhantes, vencer num relance os mais rebeldes. Fui sua professora em Lourdes. Agora torno-me sua discípula, na arte difícil de manejar as pobres almas que somos todos nós. Que é o que faz, Maria Bernarda?

— Que é o que faço, madre? — redargüiu Bernadette, estupefata. — Mas eu não faço nada!...

— Sim; é isso, irmã — concordou lentamente Maria Teresa. — É justamente isso: a senhora não faz nada...

Soube-se, depois, que o imperador e a imperatriz partiam, exilados, para a Inglaterra. E os jornais passaram a exibir, em letras graúdas, um novo nome: Gambetta. Noticiaram-se novos combates; chegaram novos feridos. Isso também passou. Mas o curso dos acontecimentos era mais rápido do que a cura dos ossos quebrados, dos intestinos perfurados e de outros males da guerra. O ano já ia adiantado, quando o convento de Santa Gildarde começou a receber as irmãs que regressavam. Maria Bernarda e Maria Teresa, dispensadas igualmente, deixaram o hospital na mesma tarde, cada uma com a sua maleta. Madre Vauzous notou que Bernadette claudicava um pouco, à esquerda. Não perguntou nada; tornava a invadir-lhe o coração o azedume antigo.

— Ah! — disse consigo a mestra de noviças. — Ela quer mostrar-me quanto a fatigou o serviço no hospital!...

Nas noites seguintes, Maria Teresa Vauzous sonhou repetidamente um sonho singular: via diante de si a gruta de Massabielle, não como a conhecia, mas como um boqueirão escancarado que, apesar dos muitos círios acesos, acabava num negro abismo infernal. No fundo do precipício, espreitava o monstro temível, o demônio perdido pelo orgulho. Ao lado da gruta não rumorejava o Gave, mas um caudal soturno, mais impetuoso do que o Loire. Subiam das águas densos panos de neblina. Na praia, enfileiravam-se centenas de vultos com ataduras sujas, arrimados a bordões e muletas, mutilados com pernas de pau. Todos fitavam ansiosamente a gruta. Lá dentro, aparecia Bernadette adolescente, brincando com outras crianças, conduzindo uma fileira que a aplaudia. De quando em quando a menina ria-se em gargalhadas tão sonoras que, até em sonho, a mestra de noviças corava de vergonha. E tinha a impressão de que essa criança maliciosa zombava do mundo inteiro.

Esse sonho, repetido várias noites, mergulhou Maria Teresa em profunda consternação. Quatorze anos, após as aparições de Massabielle, deveria ela considerar esse pesadelo um sinal profético de que as suas antigas dúvidas eram fundadas? Maria Teresa implorou noites seguidas que o céu a iluminasse. Suplicou que Maria Bernarda não fosse o que ela suspeitava. Implorou que Maria Bernarda não coxeasse de pura afetação, atitude que sempre enchia de secreta irritação a sua alma de educadora.

Uma tarde, Maria Teresa, Vauzous entrou na cela de Maria Bernarda, lívida como se acabasse de sair duma grave enfermidade.

— Ajude-me, irmã Maria Bernarda — rogou a mestra, dominada por uma perturbação que Bernadette não julgaria possível nela.

— Com toda a boa vontade, madre. Em que lhe posso valer?

— Só a senhora pode valer-me, irmã, porque se trata da sua pessoa.

— De mim? — perguntou Bernadette, preocupada. — Cometi alguma falta, madre?

— Se eu soubesse, irmã! — gemeu a outra. — Não tenho direito de lhe falar assim. Não sou o seu confessor nem a sua superiora; — e eles mesmos não teriam esse direito. Mas peço-lhe que me ajude, porque esta incerteza me martiriza...

— De que incerteza fala, madre?

Maria Teresa encostou-se à parede como se não pudesse manter-se de pé, sem um apoio.

— Bernadette Soubirous, ajude-me, porque eu não posso crer na senhora!...

— Disse eu ultimamente alguma mentira, madre ? — inquiriu Bernadette, consternada.

— A senhora nunca mente, irmã. Mas eu me consumo pela grande verdade ou falsidade da sua vida...

— Não entendo, madre — disse Bernadette, abaixando os olhos.

— Mantive o meu propósito, irmã Maria Bernarda; desde o primeiro dia, nunca mais lhe falei das aparições. Sei que pratico uma indisciplina, quebrando agora esse propósito. Sei também que é uma falta imperdoável persistir em duvidar da decisão dum concílio teológico, da sentença dum bispo, do próprio parecer do Santo Padre. Mas Deus vê o meu triste coração; e não posso repelir essa dúvida. Por isto vim pedir-lhe auxílio, minha irmã.

Bernadette, muito séria, levantou lentamente os olhos.

— Que é o que não acredita, madre?

— Que pergunta, Maria Bernarda! Não creio que a senhora teve aquelas visões, e até várias vezes. Não posso crer que a aparição falasse dialetò e se atribuísse expressamente um nome. Deus é testemunha de que, há anos, me preocupo com, a senhora em pensamentos e orações. Conheço o seu gênio pueril, afetado — como devo dizer? A sua índole artificial. Conheço a sua fantasia exuberante, pelos esboços que transfere para os seus bordados. Essa imaginação exaltada tirou talvez o essencial das verdadeiras aparições; depois a senhora mesma já não discernia o verdadeiro do falso. É possível que, naqueles dias de fevereiro, a tagarelice das mulheres e das meninas lhe acendesse mais a fantasia, de modo que a senhora julgou ver e ouvir o que lhe sugeriram. Sabe prender as almas como ninguém, Maria Bernarda. Outro dom de Deus; mas um dom perigoso! Uma coisa favoreceu a outra. A senhora era e continua a ser uma criança; já não sabia distinguir entre a verdadeira visão e a fantasia. A fábula adquiriu cada vez mais aparência de realidade. Depois de entrar nesse caminho, não podia recuar. Graças ao seu dom de comover os corações, conquistou os membros da comissão, como fizera chorar, com as suas palavras, o reverendo senhor bispo de Montpellier. Não será assim, minha cara filha?

— Não! Não foi assim madre! — tornou Bernadette calmamente.

— Oh! Se pudesse convencer-me, livrar-me-ia dum sofrimento cruel. Assim, porém, afora os negadores de Deus, eu, indigna, sou a única pessoa que ainda duvida... É horrível o que lhe estou dizendo! Mostre-me um sinal que me possa valer!

— As curas feitas pela fonte não serão um sinal? — perguntou Bernadette, após uma longa pausa.

— São um grande sinal, minha irmã — o maior, é possível. Mas eu anseio por outro sinal que lhe diga respeito, Maria Bernarda... Escute: quero contar-lhe uma coisa do tempo do meu noviciado. Ainda vivia então, na nossa casa, a velha irmã Raimunda. Parecia-se muito com a nossa finada irmã Sofia; apenas, trabalhava muito mais, nos seus bons tempos em Nimes, onde lhe haviam confiado o cuidado dos velhos que é, como sabe, a lida mais espinhosa. Entretanto, a irmã Raimunda era também a primeira na prece e na contemplação. Ao mesmo tempo, alegre e serena como uma criança. E o mundo nada sabia dela. A irmã Raimunda não contava que tinha visões. Nem os jornais nem um bispo se ocupavam com ela. Exceto o confessor, ninguém conhecia essa alma eleita. Nenhuma de nós soube, até à morte de irmã Raimunda, que ela fora agraciada com o dom mais sublime e tinha os estigmas na palma das mãos...

Bernadette sacudiu a cabeça com violência, quase com indignação.

— Creio que não lhe poderei valer, madre! — disse ela brevemente, sentando-se na cama.

Ali ficou, sem um movimento. Maria Teresa também a fitava, imóvel.

Mas, após um instante, Bernadette levantou os olhos, como se lhe ocorresse improvisamente uma idéia e, com um leve sorriso, acrescentou:

— Talvez haja um sinal para a senhora, madre.

E, erguendo o hábito, descobriu a perna esquerda. O joelho apareceu, deformado por um abscesso enorme, quase do tamanho da cabeça duma criança.

A essa vista, a freira mais idosa fraquejou; correu para a porta, e voltou logo ao pé da cama. Abriu os lábios para falar, e não conseguiu articular um som. Muda, aterrada pela percepção do encadeamento dos fatos, caiu prostrada aos pés de Bernadette.

CAPÍTULO XLIV

ESSA FONTE NÃO CORRE PARA MIM

Qual era, pois, a sublime coerência que Maria Teresa Vauzous percebera num relâmpago, e que a fizera prosternar-se, à vista do sinal tremendo?

A Virgem de Massabielle escolhera para instrumento uma criatura inocente e, como primeiro encargo, pusera-lhe obstinadamente nos lábios a palavra "penitência", embora, essa criança, na sua candura e simplicidade, não pudesse entender essa admonição endereçada aos pecadores do mundo. — "Penitência! Penitência! Penitência! Sempre e constantemente: "O mundo está impuro! O mundo está enfermo." Assim como uma relação evidente ligava a penitência ao pecado, assim um laço obscuro unia o pecado aos males físicos. A exortação à penitência era apertas o apresto do plano da dama.

Em circunstâncias extraordinárias — a absorção de terra, os vômitos para a expelir — essa criança, ingênua e despreocupada, desentranhara a fonte que, pouco a pouco, revelava o seu poder, e alvoroçava em prós e contras, com curas inexplicáveis, o globo inteiro. Descoberta a fonte, cessava a missão prática da menina, e a dama dispensara-lhe os serviços. A autoridade eclesiástica submetera o fenômeno a uma prova escrupulosa, orientada quase por uma tendência hostil, que se prolongara pelo espaço de quatro anos. Só ao termo desse prazo, a Igreja se declarara satisfeita e reconhecera o caráter sobrenatural do fenômeno.

— Mas que era de Bernadette, intermediária entre a dama e o mundo? O bispo de Tarbes compenetrara-se, havia muito, do dever de pôr sob a guarda da Igreja essa singular criatura de Deus. E fechara-a num dos mais famosos jardins monásticos da França, para que ali florescesse, oculta aos mortais, e alcançasse a perfeição atingível no claustro, a única digna da graça que lhe fora outorgada. Entre as jardineiras da Ordem, a Providência incluíra nada menos do que Maria Teresa Vauzous, a filha do general Vauzous, incumbida de criar o tipo determinado como o deseja a sabedoria milenária da Igreja, que tão bem conhece os homens e as suas faculdades. Em cem casos, consegue-se noventa e cinco vezes adaptar as diferentes personalidades a esse padrão.

Por mais estranho que pudesse parecer, a irmã Vauzous, na aparência o protótipo irrepreensível desse padrão, sofria, no coração, insaciavelmente assíduo no dever, dum *eu* imperioso que, apesar de toda ascese e disciplina, só exterior e superficialmente se conformava com o molde. A sua origem, o seu sangue, a sua educação, a sua inteligência, a sua energia eram tentações invencíveis dum orgulho zelosamente recalcado. O poder inflexível da personalidade, eis a razão profunda que inibia a irmã Vauzous de se entender com Bernadette. Porque Bernadette era também um diamante. Tudo isso, porém, não significava uma aritmética da alma; procedia do jogo obscuro da atração e da repulsão. Ninguém o sabia, nem o confessor e menos do que todos a própria mestra de noviças. Entre ela e Bernadette vigorava a repulsão. Já fora assim em Lourdes. Então, porém, essa repulsão era geral; sentiam-na as autoridades leigas como os capelães, o vigário Peyramale e o bispo Severo Laurence. Até à sentença definitiva do concílio, os dois sacerdotes desconfiavam da pequena como ela, a professora. Infelizmente, e apesar da linguagem luminosa dos fatos, Maria Teresa Vauzous estava condenada a duvidar da eleita. Insurgia-se contra essa desconfiança, em longas horas de oração. Mas, ao que parecia, as suas preces não eram ouvidas. Um gesto, um dito de Maria Bernarda bastavam para a precipitar de novo nesse tormento espiritual. Ainda que tudo se confirmasse, ela não podia admitir, no íntimo, que essa criatura, a seu ver, comum, superficial, secretamente rebelde, fosse escolhida entre todos os seres humanos.

Nos abismos obscuros da sua consciência, lavrava a pergunta terrível: "Por que ela e não eu?" E esta outra questão mais tremenda: "Será o meu eterno espasmo da vontade a senda certa, quando outra, vencendo inconscientemente todos os obstáculos, alcança o céu?" Maria Teresa Vauzous perseverara intimamente quatro longos anos nessa dissensão com Bernadette, com os outros e com a sua própria consciência. Só o pesadelo do boqueirão infernal de Massabielle rasgara o véu que mascarava essa dissidência. Ela, a personificação da disciplina, já não se dominando, exigia dessa pobre menina um sinal da sua eleição. E via, sentia e interpretava o sinal, numa iluminação fulmínea e esmagadora. Bernadette estava marcada por um estigma: o estigma duma doença mortal. Por virtude dessa enfermidade, a criatura que, sob a direção da Virgem, tirara do nada o manancial milagroso, convertia-se em protagonista de todos os doentes do mundo. O Senhor outorgava-lhe, portanto, após todos os prodígios que realizara por intermédio dela, uma segunda graça, a graça da paixão, a graça da imitação de Cristo!

Aturdida, prostrada no chão, madre Vauzous escondeu o rosto seco nas mãos ossudas. Não era possível conceber o horror sublime que coubera por sorte à menina Bernadette. Uma contrição profunda, o temor do mistério, constrangiam Maria Teresa a humilhar-se. Mas a eleita, assinalada por privilégio tão tremendo, tornara a cobrir o joelho e sorria, como se tudo fosse natural e não pudesse ser diferente.

Madre Vauzous diagnosticara com acerto. O tumor do joelho de Bernadette não derivava duma infecção passageira. Era e seria a manifestação duma enfermidade mortal. A tuberculose óssea é uma das moléstias mais lentas e dolorosas. As suas grandes pausas agravam ainda a desesperança final. Nos períodos agudos, intervém a complicá-la nevrites cruéis. A paixão da menina de Lourdes não durou sete dias, e sim mais de sete anos — sete anos são dois mil quinhentos e cinqüenta e cinco dias.

Bernadette entregava-se à doença, como se entregara a tudo o que a vida lhe trouxera, ingênua e totalmente. Assim cumprira os desejos da aparição, mastigando ervas, engolindo os torrões lodosos, entrando duas vezes, no mesmo dia, na toca do leão Peyramale. Assim suportara os interrogatórios, o exame psiquiátrico, as perguntas importunas dos curiosos, as ofensas, os aplausos, as contrariedades. Assim acolhia naturalmente a moléstia, sem aludir sequer ao mistério que madre Vauzous reconhecera e que também não escapara ao seu próprio coração.

— Tocou-me esta doença — disse ela um dia à irmã Natália à falta de outra coisa, para me castigar...

Nessa frase jovial, não transparecia o menor vislumbre da mentalidade padrão. Essas palavras não diferiam da resposta de Bernadette a Madre Imbert sobre as suas capacidades: "Oh! pouca coisa, senhora!", resposta que não era um dito espirituoso, mas fora ditada por uma virtude ainda mais rara: a autocrítica mais amarga e imparcial, que não se deixara abalar nem pelo fervor do céu nem pelos aplausos do mundo.

No decorrer da sua enfermidade, Bernadette nunca se erigiu em heroína, em modelo de resignação. Quando as dores a martirizavam, queixava-se, gemia e pedia calmantes. Se estivesse doente — o que nunca sucedia — Maria Teresa Vauzous suportaria as dores mais atrozes, sem o menor queixume, rígida e descorada, calando e oferecendo a Deus os seus padecimentos, como uma rainha medieval.

Bernadette não era assim. Não pensava em oferecer em holocausto o inevitável. Não aspirava a recompensas. Ocultara tão longamente o horrível abscesso do joelho, só para que não a revocassem do hospital. Depois, não via razão para escondê-lo. Se, ainda assim, dissimulava quanto podia o sofrimento, era de medo que a mandassem à enfermaria. Como a sua finada amiga, a irmã Sofia, a jovem de Lourdes preferia ficar no convento.

A doença erguia-se diante de Bernadette, como um alto monte que lhe cumpria escavar, com as suas fracas mãos de enferma, para atingir, onde quer que fosse, a luz. E ela ia cavando em centenas de dias, sem perder o ânimo, com a alegria imperturbável do bom trabalhador. Estava sempre ocupada, sem descanso. Deitar-se, sentar-se, todo movimento na cama, a respiração, o sono, o despertar convertiam-se numa arte. Bernadette entregava-se exclusivamente à doença, como outrora aos bordados. Não manifestava impaciência nem o desejo de ver o fim da sua tortura. E as freiras perceberam, admiradas, o apego de Maria Bernarda à vida, embora viver assim não fosse para ela senão um martírio. A cárie dos ossos das pernas e dos ombros exigia, de quando em quando, a intervenção cirúrgica. Nessas ocasiões, Bernadette era removida para a enfermaria. E, quando voltava ao convento, apesar da sua fraqueza, celebrava o regresso com alegria festiva.

O velho dom de Bernadette, a faculdade de converter as almas, manifestava-se no curso dessa enfermidade mais poderoso do que nunca. As irmãs de Nevers avaliavam, já então, o valor do tesouro confiado à sua guarda. Sem que ocorresse nada de extraordinário, a cela de Maria

Bernarda tornou-se o coração do claustro. Como sempre, a jovem de Lourdes não dizia uma palavra que excedesse o comum das coisas, a realidade tangível. Dos seus lábios não saíam frases edificantes nem expansões místicas. Entretanto, as suas respostas mais simples encerravam um sentido cintilante que só se desvendava mais tarde, e arrasava de lágrimas os olhos da irmã Natália ou da própria madre Imbert.

À frente dos convertidos, achava-se Maria Tereza Vauzous. Mas essa conversão era ainda obra de vontade. Depois que fora vencida por Bernadette e vira condenado o seu rígido caminho para a salvação, madre Vauzous esforçava-se e sacrificava-se por obter a simplicidade da alma, tão alheia à sua índole. Acima de tudo, porém, a filha do general impusera a si mesma o dever de servir, dia e noite, a obscura filha do povo. A fidalga se arrogava inflexivelmente a obrigação de cuidar da humilde; não raro, a superiora se via obrigada a intervir na rivalidade entre a antiga mestra de noviças e a segunda assistente, que também não se deixava banir do quarto da sua querida Maria Bernarda.

Sucedia, no entanto — amarga ironia da vida! — que Bernadette não gostava de ver a antiga professora e mestra prestar-lhe, com a inflexibilidade costumada, certos serviços, e envergonhava-se dessa inversão das condições. Em consequência, apesar da sua conversão e do seu sacrifício abnegado, o antigo flagelo vinha a ser para a enferma um flagelo novo.

A doença seguia o seu curso; já no segundo ano, Bernadette perdeu o uso dos membros inferiores. E, como desejava assistir à prece em comum e às refeições, cumpria carregá-la à capela e ao refeitório. Nisso também rivalizavam Maria Teresa e Natália; mas a superiora podia aí sentenciar mais facilmente. Irmã Natália era fraca; madre Vauzous, alta e nervosa, suspendia sem custo um elfo como Bernadette. Levava-a, pois, várias vezes nos braços, subindo e descendo a escada, ocasiões estas em que os olhos de Bernadette exprimiam um íntimo receio.

Muitas vezes, as irmãs haviam discutido um assunto que, por uma razão indefinível, não se atreviam a expor a Bernadette. Havia algumas semanas, a doente melhorava e engordara visivelmente. Um dia, no fim duma refeição, madre Josefina Imbert voltou-se para ela.

— Aposto, prezada filha, em que a senhora deve ter tido a mesma idéia que nós. Mas, enquanto se sentia tão mal, não podíamos cogitar duma longa viagem.

— Não sei o que quer dizer, madre — replicou Bernadette prudentemente.

— Não deseja valer-se do benefício que, por seu intermédio, se fez ao mundo? — tornou a superiora, esforçando-se por sorrir.

— Que quer dizer isso, madre? Tenho a cabeça tão dura!...

— No seu estado atual, irmã, já que se tem sentido tão aliviada, poderíamos arriscar uma viagem a Lourdes...

— Oh! não, madre. De modo nenhum! — protestou Bernadette, assustada.

— Por que não minha cara filha?

— Porque a fonte não é para mim, madre.

As freiras, à mesa, permaneciam caladas. Afinal, irmã Natália observou:

— Não compreendo. Por que a fonte não há de ser justamente para a senhora, irmã Maria Bernarda?

— Não, não! — repetiu Bernadette, obstinadamente. — A fonte não é para mim.

— Como o sabe, minha filha? — inquiriu Maria Teresa, com um demorado olhar à enferma.

— Eu sei...

— Foi a dama quem o disse? — insistiu madre Vauzous.

— A dama nunca mais me falou.

— Acaso, ela deu a entender alguma coisa?

— Oh! não! A dama já não se preocupa com isto.

E, mais uma vez, antes de mudar de assunto, Bernadette disse laconicamente:

— É que eu sei...

CAPÍTULO XLV

O DIABO PERSEGUE BERNADETTE

Nos seus dois últimos anos de vida, Bernadette emagreceu como uma sombra. Entretanto o seu estado parecia estacionário; ou, mais exatamente, dir-se-ia que a enfermidade chegara a uma espécie de esgotamento de si mesma. Raramente sobrevinham dores, durante a noite. Em compensação, Bernadette passou a sofrer de estranhos acessos psíquicos. Noutro tempo, nunca fora presa de escrúpulos nem de remorsos. Um dos encantos dessa alma era, pelo contrário, a sua maneira de viver numa reserva misteriosa. Nesses últimos anos, porém, Maria Bernarda explorava inflexivelmente os mais subtis refolhos da consciência.

À medida que, no vácuo infinito da sua vida de enferma, emergiam a existência anterior, Lourdes e o mundo daquela época, aumentavam os ímpetos contritos do seu coração. Pouco a pouco, o passado e o presente fundiam-se numa só unidade sentimental. Sucedia, por exemplo, que Natália, indo ver Bernadette, a encontrasse lavada em pranto.

— Pelo amor de Cristo, irmã, que lhe aconteceu?

— Oh! Comportei-me tão mal, minha irmã!...

— Que está dizendo, minha amiga? Com quem procedeu mal?

— Mas, Natália! Com minha mãe!... Ainda agora...

— Sua mãe morreu há mais de dez anos Maria Bernarda.

— ... ela fizera sopa de cebolas e queria dar-me um prato. Eu zanguei-me, sabe Deus porque, e gritei com mau modo: "Tira-me daí a tua sopa de cebolas; já nem lhe posso sentir o cheiro!" Tive coragem de dizer isto!...

— Mas isso aconteceu pelo menos há dezesseis anos — tornou Natália, sacudindo tristemente a cabeça.

— Qual! Foi agora mesmo — soluçou Bernadette. — Oh! minha pobre mãe, que tanto sofreu na vida, e eu também a tratei tão mal...

Noutra ocasião, ela piscou maliciosamente os olhos a Maria Teresa.

— A senhora não sabe, madre, que eu rasguei duas folhas do meu catecismo!...

— De que catecismo, irmã?

— Ora! Do meu catecismo da escola...

— E ainda se lembra disso, minha filha?

— Se me lembro, madre? Ele está aí, com as minhas coisas. Rasguei as duas folhas, de raiva. Estava furiosa, porque Joana Abadie só pensa em aprender...

Às vezes, em lugar da mãe, era a irmã Sofia que lhe inspirava esses acessos de arrependimento.

— Oh! Ela esteve aqui sentada muitas horas — disse, um dia; Bernadette à irmã Natália. — Eu desenhava e bordava como uma selvagem. E a pobrezinha não podia falar; não conseguia exprimir-se. Movia os lábios; queria dizer alguma coisa. Eu não fiz caso, não a ajudei, Natália, não a ajudei! Jesus Maria, como é possível ser tão má...

Muitos desses pecadilhos vinham à luz, como gotas de sangue. Quem quer que se atormentasse com semelhantes ninharias seria tachada de exagero e afetação. Mas Bernadette era em tudo tão veraz, que Natália e as outras testemunhas sentiam lágrimas nos olhos. Quanto mais revivia o passado, tanto mais descorava o presente. Ao receber o telegrama dos irmãos, que lhe anunciavam a morte do moleiro Francisco Soubirous, Bernadette persignou-se e não pronunciou uma palavra.

Estava-lhe, porém, reservada outra provação mais insólita, que amedrontou seriamente o convento de Santa Gildarde. A alma humana, tão sequiosa de luz, espalha as suas raízes no reino das trevas. A alma de Maria Bernarda não constituía exceção a essa regra. Já na sua infância, muito antes das suas visões celestes os seus olhos de vidente possuíam o dom de distinguir, na moldura das coisas, rostos e cenas. As manchas de umidade nas paredes do Calabouço, as nuvens em Bartrès, as folhas que se moviam à brisa, as pedras esbranquiçadas no Gave e no riacho, as línguas de fogo na lareira formavam, na verdade, o caixilho da série de imagens que surgiam do íntimo da criança. Mas a maior parte dessas imagens não pertencia ao reino das formas felizes, agradáveis ou ao menos indiferentes, e sim ao reino contrário, por mais que isso contrastasse com essa índole ávida de beleza. As manchas na parede eram o bode Orphide. A lacuna mais insignificante, na folhagem, enchia-se logo dum tumulto diabólico. As pedras do rio convertiam-se em caveiras de afogados. E o conjunto dessas coisas era o veículo da indizível angústia que oprimia o coração da filha dos Pireneus. Bernadette aprendera precocemente a ligar esse temor à essência e ao nome do espírito do mal.

Nos dias em que a torrente da sua vida entrava no último desfiladeiro, os torvelinhos desse terror avolumavam-se em cascata formidável. Era como se, antes de deixar a terra, a alma empolgada pela graça houvesse recebido do alto o encargo de alijar penosamente as imagens da treva, que se lhe ocultavam no fundo. As paredes brancas da cela e da enfermaria, as árvores além da janela, as formas e as sombras de todo objeto na penumbra, animavam-se como nunca.

Não era a gruta de Massabielle um lugar imundo e detestado, antes que Bernadette a remisse e elevasse? Não protestara o bramido e o gemido do Gave contra a opressão diabólica? Não aplacara a dama, com um olhar severo, o clamor infernal que, em presença dela, inflava com o seu sopro o rio enfurecido? O espírito maligno sempre andava perto, ligado à alma por um medo angustioso.

Noutras palavras, Bernadette passou a ser perseguida pelo demônio — um demônio pobre, que nada tinha a oferecer. Não podia mostrar à filha de Soubirous o império do mundo, que de resto ela não entenderia esse engodo. Não chegaria sequer a tentá-la com um pêssego maduro, jogo que talvez ainda surtisse êxito com Maria Teresa Vauzous. O corpo doente de Maria Bernarda aspirava só a não sentir a dor. Não seria fácil ao tentador avir-se com ela. Logo, restava apenas enviar-lhe um diabo absolutamente primitivo, um diabo elementar, dos que imperam nas gargantas dos Pireneus, sob as geleiras do Pic de Mídi ou do Vignemale, um diabo que não agisse com artes de sedução requintada, mas pela angústia opressiva, pelo pavor. Bernadette, a filha do povo, que atingira o grau supremo da subtileza espiritual, ficava à mercê dum diabo de chavelhos e cauda, como o imagina, desde séculos, o povo ingênuo de Bigorre.

O maligno esbravejava-lhe na cama, qual o Gave, trovejando: "Guarda-te!" e "Salva-te!" Rolava-lhe sobre o peito opresso, grunhindo como um javali. Tomava as mais horríveis formas humanas ou de animal. Podia ser um polichinelo espalhafatoso, que ameaçava chamuscá-la com um tição, ou Vital Dutour, o procurador imperial, com dois chifres recurvos na calva amarelada. Era estranho que, entre todos os perseguidores de Bernadette, o diabo escolhesse justamente o aspecto de Dutour, algoz menos direto do que Jacomet, o juiz de instrução Rives, o agente provocador ou o psiquiatra ruivo.

— Pensa bem no que dizes, pequena — aconselhava o demônio Dutour, com o nariz vermelho do resfriado, sobressaindo-lhe na cara satânica.

Bernadette gemia. O diabo Dutour tornava-se deveras cordial.

— Espero que não rejeites a mão que te ofereço, no último instante...

— Ápage, Satanaz! — bradava Bernadette, como lhe tinham ensinado.

E a sua fraca mão dolorida cobria o rosto e o peito com um largo sinal da cruz. De quando em quando, um grito estridente cortava o silêncio noturno do convento. As freiras acudiam, uma a uma, à cabeceira da enferma, para ajudá-la com as suas preces, contra o temível perseguidor.

— Oh! minhas queridas — murmurava Bernadette, tremendo. — Ele atacou-me hoje outra vez!...

Madre Vauzous era, porém, uma guerreira intrépida. Bernadette encolhia-se, estremecendo, sob a proteção dos exorcismos imperiosos da mestra.

Passado o dia de Reis, o médico do convento, doutor Saint Cyr, preveniu madre Imbert de que lhe cumpria contar em breve com o trespasse da irmã Maria Bernarda. A superiora comunicou-se imediatamente com o bispo, monsenhor Lelong. Este escreveu ao bispo de Tarbes, monsenhor Pichenot. Já não ocupava aquela sede monsenhor Bertrand Severo Laurence. Convocado por Pio IX, para o concílio vaticano, com todos os bispos do mundo, monsenhor Laurence, apesar dos seus oitenta anos e da sua grave enfermidade, não se deixou dissuadir de empreender essa viagem fatigante. O severo adversário da dama costumava objetar aos conselheiros:

— Uma sepultura em Roma não lhes parece prêmio digno de se lhe sacrificarem trinta horas de trem?

E o venerável ancião conquistara essa recompensa.

Por ordem do seu sucessor, o bispo Pichenot, dois eruditos teólogos do seminário de Tarbes seguiram imediatamente para Nevers, afim de se avistarem com dois colegas do seminário local. Formou-se, pois, uma espécie de comissão incumbida, por assim dizer, de realizar o último inventário do mistério, enquanto a taumaturga ainda conservava a consciência.

Não se sabia em virtude de que indiscrição, corriam fora do convento versões exageradas dos remorsos e das obsessões de Bernadette. Um jornal ousara publicar que os escrúpulos de consciência da vidente de Lourdes, às portas da morte, constituíam indício claro de como ela receava prestar conta um dia do seu ousado truque de aparições e milagres.

Em conseqüência, numa manhã de rigoroso inverno, madre Imbert anunciou a Bernadette:

— Minha querida filha, os reverendíssimos bispos de Nevers e de Tarbes desejam obter mais uma vez, dos seus lábios, a confirmação do que a Virgem fez pela senhora e por seu intermédio. Enviaram, pois, quatro ilustres eclesiásticos que vêm, esta tarde, ouvir a confissão solene das aparições com que a senhora foi agraciada. A madre superiora geral e o conselho da nossa congregação também estarão presentes, em sua honra.

Se ainda tivesse no rosto uma gota de sangue, Bernadette empalideceria. Assim como estava, só podia cerrar os olhos, quase sufocada. A superiora tentou acalmá-la, dar-lhe ânimo.

— Aceite isso, Maria Bernarda, como um dever de obediência. Não permitirei, porém, que a fatiguem. Dou-lhe a minha palavra...

O ato solene realizou-se no salão frio, onde madre Imbert mandara dispor, em semicírculo, duas dúzias de poltronas. A superiora geral, curvada pela idade, as oito veneráveis freiras do capítulo, o vigário geral de Nevers, os delegados dos bispos e vários clérigos ergueram-se, à entrada da maca de Bernadette, precedida por madre Imbert e madre Vauzous. As outras irmãs agrupavam-se modestamente no fundo. O mais idoso dos teólogos curvou-se carinhosamente para a enferma.

— Evitaremos tudo o que a possa fatigar. Cumpre-nos ler o protocolo da comissão de investigações do ano de 1858. Ele contém todas as suas declarações daquela época, isto é, o seu depoimento datado de vinte anos atrás. Nada tem a fazer, senão confirmar esse testemunho. Sente-se em estado de ouvir-nos?

Bernadette girou em torno de si os grandes olhos assustados, e anuiu com um aceno quase imperceptível. Outro interrogatório! Uma leitura monótona feriu-lhe o ouvido. E, como duma distância infinita, ela escutava a história duma criança de quatorze anos que, indo catar gravetos, encontrara uma dama formosa e elegante. A história era muito, muito comprida; o frio do ambiente gelava os membros à enferma. O hálito penoso saía-lhe dos lábios como uma fumaça. Bernadette concentrou as suas forças, para afrontar o interrogatório. Após o primeiro trecho da narrativa, a voz carinhosa do velho teólogo inquiriu:

— Irmã Maria Bernarda, pode atestar mais uma vez a veracidade do que acaba de ouvir?

Bernadette cravou no vácuo os olhos implorantes. Depois, com uma inflexão infantil, suspirou:

— Oh! sim. Oh! sim! Eu a vi...

A leitura continuou. Dir-se-ia que o tempo não passava.

E, a cada parágrafo, a voz do eclesiástico inquiria, no mesmo tom afável:

— Irmã Maria Bernarda, pode atestar, mais uma vez, a veracidade do que acaba de ouvir?

E, com o mesmo olhar implorante, Bernadette pronunciava a mesma resposta:

— Eu a vi, sim; eu a vi...

Quando, ao cabo duma hora, Bernadette tornou a ver-se na cela, sozinha com a irmã Natália, cedeu subitamente a rigidez que a sustentara até ali, e um violento acesso de pranto sacudiu-lhe o corpo frágil.

— Oh! meu Deus! — soluçou a pobrezinha, mal recobrou a fala. — Eles vêm hoje, virão amanhã e depois de amanhã; e hão de perguntar e perguntar, até ao último dia!...

Ajoelhando ao lado da cama, Natália pousou a mão na testa da enferma.

— Eles ouviram agora a solene confirmação da verdade, minha amiga. Ninguém a tornará a atormentar.

— Oh! Sei isso melhor do que a senhora! — gemeu Bernadette. — Eles hão de judiar, enquanto eu for viva, perguntando, perguntando!... Mal saem daqui, esquecem, e querem ouvir de novo...

Depois, acalmando-se aos poucos, acrescentou:

— Eles me acreditam e não me acreditam... Eu compreendo. Também, foi uma graça muito grande para mim!...

Depois desse desafogo, Bernadette parecia adormecida. Natália permanecia, calada, junto dela. De súbito, porém, a enferma levantou a cabeça.

— Quer dar-me a minha bolsa branca, irmã?

A jovem religiosa tirou da mala o velho saco encardido que Bernadette usara na escola. Outrora continha ele a cartilha, o catecismo, um trabalho de malha, uma côdea de pão, uma pedra de açúcar-cande e um burrinho com um pé quebrado. Quando Natália lhe despejou o conteúdo na colcha, ainda subsistiam a cartilha e o burrinho de pé quebrado. Bernadette acenou, satisfeita. Tão efêmeros são os tesouros do rico, quão duradouro é o apego do pobre aos dele. A enferma apontou a imagem de Nossa Senhora que lhe enviara Peyramale.

— Tome esse santinho, irmã, ponha-o num envelope e escreva o endereço: "Ao reverendíssimo senhor vigário Domingos Maria Peyramale, em Lourdes."

— Só o santinho? Nada mais? — perguntou a freira, admirada.

— Basta — replicou Bernadette.

Mas, quando a outra ia retirar-se, acrescentou:

— Escreva isto, irmã: "Prezado senhor cura, Bernadette Soubirous pensa no senhor."

Uma hora depois, um acesso de asma acometeu a irmã Maria Bernarda. Na mesma tarde, removeram-na para a enfermaria. Dessa vez, para sempre.

CAPÍTULO XLVI

O INFERNO DA CARNE

No mesmo dia em que o vigário Peyramale partia enfim para Nevers, chegava a Lourdes um forasteiro, o literato Jacinto de Lafite, que não tornara a pisar o solo da cidade, desde a longínqua primavera de vinte e um anos antes. Duas razões claras e um motivo oculto o tinham decidido a empreender essa viagem. Um dos seus sobrinhos visitara-o em Paris, e insistira em convidá-lo a passar, pela Páscoa, algumas semanas na sua "villa" de Lourdes. Os Lafites já não possuíam o velho castelo da ilha do Chalet. O bispado de Tarbes adquirira-o, com a ilha, para o sacrificar à regularização do curso do Gave e aos novos estabelecimentos. Diversos membros da família tinham levantado, nos arredores, magníficas vivendas de verão, longe dos alojamentos dos enfermos e dos peregrinos dessa cidade singular.

Jacinto de Lafite ainda era o mesmo escritor pobre e obscuro que conhecemos três vezes sete anos antes. O seu anseio juvenil de ressuscitar para nova vida os alexandrinos clássicos, e dar assim à alma romântica um corpo de mármore, estava condenado e ultrapassado lamentavelmente. Ninguém pensava já em alexandrinos, em arte clássica ou romântica. A literatura não tinha mãos a medir, para descrever, com os matizes mais realistas, a evolução da humanidade. Narrava-se a vida dos maquinistas, dos foguistas, dos operários das fábricas, dos mineiros dos poços de hulha. Os autores atiravam-se, sôfregos, à mesquinhez, à obscuridade. Desfolhavam-se as misérias sexuais das burguesas provincianas e os delírios sentimentais dos caixeiros. E Lafite, confrangido, via o nobre idioma francês arrastado nos mercados, nas mercearias, nos botequins suburbanos, timbrando seriamente em assimilar as gradações mais triviais do "argot". E toda essa vulgaridade embebia-se da banal e insípida metafísica do progresso e da ciência. Não admira que, em semelhante época, uma obra excepcional como a "Fundação de Tarbes" não fosse completada e, muito menos, justamente apreciada.

Quem se sustentava dum elogio já esquecido de Vitor Hugo e um ou de outro artigo nos periódicos, não podia recusar um convite prático que lhe permitiria viver à larga várias semanas.

A segunda razão derivava do encontro recente de Lafite com um antigo conhecido de Lourdes, João Batista Estrade, promovido havia muito a diretor de recebedoria em Bordéus. Estrade costumava passar as férias em Lourdes, justamente na primavera, pela Páscoa, e exprimira tão cordialmente o desejo de mostrar ao seu antigo camarada do "Café Français" as transformações da cidade dos milagres, que Lafite prometera atendê-lo.

A terceira razão, o motivo secreto, ainda não se evidenciara sequer ao próprio Lafite. O escritor sentia-se doente; ou melhor: sabia que sofria dum mal incurável, duma afecção da laringe onde já se lhe tinham formado vários abscessos. Se bem que estes não chegassem a supurar, o médico, interrogado com insistência, não excluíra a possibilidade dum câncer. O literato pessimista fez dessa probabilidade certeza absoluta, e considerou-se perdido. Não acreditava já que alguma coisa lhe pudesse valer — nem a ciência nem o milagre de Lourdes. O seu orgulho repelia uma e outro. Mas Lourdes era uma estação termal; nem só as folhas clericais atestavam as centenas das curas operadas pela água de Massabielle. Um homem insuspeito, como Estrade, gabava-se de ser testemunha ocular de curas instantâneas. Desde o seu encontro com o recebedor geral, Lafite sentia um alvoroço indefinível que ele próprio não entendia. Decidindo-se à viagem, dizia consigo:

— Passarei de novo algum tempo na velha toca dos Pireneus, a reavivar lembranças. Nada mais.

Jacinto de Lafite contava cinqüenta e nove anos. Tornando-o a ver, os conhecidos disseram de si para si que parecia muito mais velho. Acharam, porém, que a bela cabeça branca do poeta, com as fontes descobertas e as faces pálidas, impressionava mais do que dantes e denotava inegavelmente o gênio. Dos velhos conhecidos, muitos haviam morrido como Clarens, o parceiro combativo dos debates cintilantes de espírito, e o velho e glorioso Lacadé, que sempre se insurgia contra o poeta, com a sua bonomia jovial. À hora da morte, o antigo "maire" tivera a ventura de ver a realidade exceder os seus sonhos mais ousados.

Ladeado por Estrade e Dozous, Lafite desceu o "Boulevard de la Grotte", a nova avenida que, através da Ponte Michel, recém-inaugurada, ia dar à zona da gruta. Era um dia luminoso. Lafite contemplava, pestanejando, as mudanças sofridas pelo antigo burgo pedregoso. Os hotéis sucediam-se; os edifícios, porém, não tinham a singela austeridade, a dignidade serena, condizentes com o local. Não; eram fachadas espalhafatosas, sobrecarregada de ornatos, produtos duma arquitetura venenosa cujo grotesco mal se dissimulava sob as epígrafes sacras. Mais parecia uma vulgar estação de águas, um centro de prazeres de algum porto, do que a Lourdes dos prodígios. Dominava em toda parte o gosto do cassino barato, do teatro de variedades e do hipódromo de província. Lafite mirou, aterrado, a fila interminável de casas comerciais, nas lojas dos edifícios, a quinquilharia sacra ali exposta chegou a tirarlhe o fôlego. Já mestre Fabich de Lião conseguira, muitos anos antes, transformar em margarina o genuíno mármore de Carrara em que tivera o encargo de esculpir a dama. E o literato, consternado, via a estátua, que tanto entristecera Bernadette, reproduzida em milhares de cópias de gesso, pioradas pelo azul gritante da faixa, à venda em toda parte e a todo preço. Em torno dessas imagens, amontoava-se uma babilônia de artigos religiosos em que Bernadette desempenhava o papel principal, ajoelhada no seu capuleto branco, aos pés duma madona de açúcar, em oleografias, litografias, tapetes, lenços, bordados, obras plásticas, e até em pesa-papéis e aparelhos de mesa.

Jacinto de Lafite não conteve a indignação:

— Há vinte anos, desenrolou-se aqui uma fábula adorável. Uma criança inocente viu a Virgem e descreveu a sua visão da maneira mais empolgante e menos usual. Lá vêm, no entanto, esta época e esta humanidade abjetas, e rebaixam a fábula original ao nível sórdido da sua convenção. E a Igreja patrocina este horror...

— Quanto a essa mercadoria abominável, tem toda a razão — tornou Estrade. — Mas a Igreja, que a tolera, é talvez mais sábia do que supomos. Os espíritos fortes desviaram-se dela; ficaram-lhe, afora uma aristocracia estéril, só as populações rurais. A Igreja deixa vigorar esse gosto de feira, visto que essa gente não entenderia outro.Ou parece-lhe que a Igreja deveria mandar pintar as suas imagens sacras por qualquer espanta burgueses das exposições de arte moderna?

— Contradigo-o apaixonadamente, prezado Estrade — acudiu o literato. — Quando valia alguma coisa, a Igreja tinha ao seu lado a grande arte. Efetivamente, nenhuma coisa humana desta terra é mais santa do que a beleza, que se encarna justamente na arte suprema. Por isto, uma Igreja deixa aos meus olhos de ser santa, quando renega a beleza, porque partilha ou não quer contrariar o gosto dos trogloditas...

— Não poderíamos inverter a sua frase, meu amigo? — perguntou Estrade, sorrindo. — Dizer: "Quando valia alguma coisa, a arte tinha a Igreja ao seu lado?"

O doutor Dozous, que até aí andara calado, junto dos dois amigos, apontou um grande edifício, além da ponte, e advertiu:

— Agora, vamos ver o que há de mais sério no mundo.

Guiados pelo velho médico, os dois visitantes atravessaram o pórtico do hospital das Sete Dores, onde se alinhavam, em fileiras cerradas, as cadeirinhas em que os doentes eram transportados por padioleiros — os "brancardiers" — à basílica e à gruta, para o banho nas piscinas. Lafite e os seus companheiros percorreram o vasto refeitório em cujas salas centenas de pessoas tomavam simultanemente as refeições. Reinava ordem por toda parte, como se cada um dos pacientes timbrasse em favorecer, sem queixas, a execução das necessidades quotidianas. Em longas filas, as irmãs de serviço passavam no estreito intervalo entre as mesas, enchendo os pratos de sopa e os copos de vinho tinto. Os hóspedes não pareciam tristes; estranhamente excitados, conversavam e riam. Talvez contassem uns aos outros episódios do teatro dos milagres. Efetivamente, em Lourdes, o milagre era o assunto do dia.

— Estes são os que não sentem dores — murmurou Dozous a Lafite. — Encontramo-nos, por assim dizer, no primeiro círculo desta casa ultradantesca — o círculo dos cegos e dos paralíticos.

Reparando melhor, o míope Lafite percebeu de fato que a multidão se compunha de entrevados e de cegos. Uns vinham à mesa, apoiando-se em bordões e muletas, de que pendiam membros frouxos e dormentes; os outros fitavam no vácuo o olhar pestanejante e opalino.

Reprimindo a sua consternação, Lafite perguntou ao médico:

— Quantos destes infelizes conseguem curar-se?

— No curso destes dois decênios, muitos ficaram bons. Contudo, as curas irrefutavelmente sobrenaturais são raras. Compete ao departamento médico de verificação estudá-las e confirmá-las. E pode estar certo, meu amigo, de que o cepticismo dos médicos não perdeu um grau sequer da sua resistência. O alívio, as melhoras de graves lesões orgânicas ocorrem com freqüência. Olhe para esta gente, se um único dentre estas centenas e milhares de enfermos, por verdadeiro milagre recuperasse subitamente a visão ou o uso das pernas, empolgaria a alma dos outros todos, despertando uma esperança indizível. "O que não sucedeu este ano, pode acontecer para o ano". Compreende? E, agora, vejamos os que não têm dores nem movimento — concluiu Dozous, abrindo uma porta.

Três novas salas. Séries de leitos em que os doentes jaziam, calados e imóveis, debaixo das colchas brancas. Aqui e acolá, entrevia-se algum aparelho ortopédico. Ao lado de muitos enfermos velava um marido, uma esposa, a mãe, um parente. Debaixo das camas, aparecia a bagagem modesta dos pacientes pobres, a mala de seis soldos. Em contraste com a tagarelice alegre do refeitório, um silêncio soturno pesava sobre esses infelizes, evidentemente fatigados, exaustos pela viagem à estação "Última Esperança". Uma parte desses rostos exangues tinha os olhos cravados muito longe; os outros dormiam um sono estranho e profundo.

Os três visitantes dirigiram-se para o último círculo da casa; Lafite ia ter de dominar os seus nervos. O poeta sensível sempre poupara a si mesmo a vista da doença, das coisas repulsivas. Embora, como romântico, tivesse predileção pelos aspectos sombrios da vida, na realidade sempre os evitara. Nunca imaginara que houvesse o que via ali. E, mais duma vez, fechou os olhos. Não pôde, porém, tapar os ouvidos, quando nessa enfermaria o envolveu um clamor abafado de gemidos, de gritos agudos, de fantasias delirantes. Era esse o círculo das "moléstias internas", dos doentes de pulmões desfeitos a que se enxugavam continuamente os lábios banhados de espuma sangrenta, dos pacientes com vísceras gangrenadas que já não retinham as fezes.

O escritor quis escapar a essa visão horrenda, mas o inexorável Dozous puxou-o para o quarto vizinho. Ali se lhe deparou, sentado numa espécie de cadeira giratória, um rapazinho de onze anos, com uns olhos que Lafite jamais havia de esquecer; nas pernas disformes, maculadas desde os quadris à planta dos pés de todos os tons do vermelho, do salmão claro ao encarnado escuro, a carne gangrenada ressumava sangue e pus, embebendo as ataduras desenroladas no chão. Acompanhava o pequeno, uma velha senhora, a única pessoa que, durante a viagem, resistira junto dele, pois essas pernas ulcerosas desprendiam um fétido insuportável.

— Como vai o senhor? — perguntou Dozous alegremente.

— A Santa Virgem valeu-me — replicou o pequeno, com voz entrecortada. — Alguns pontos já secaram. Veja, senhor...

— Muito bem, meu amiguinho! Amanhã estará melhor. E, dia a dia, irá melhorando, até ficar bom.

— Sim, senhor; eu acredito — disse o pequeno com o seu olhar meigo e embaciado.

Lafite procurou fugir desse quartinho e encontrou-se na sala dos agonizantes, daqueles a quem se malograra a derradeira esperança. Assistidos por eclesiásticos, muitos deles já tinham recebido os últimos sacramentos.

O literato, horrorizado, pensou em si mesmo, na morte que se lhe escondia na garganta. Tentou engolir. Uma hora antes, nada o estorvava; nesse momento, sentia um nó espesso obstruir-lhe a laringe. A sua morte parecer-se-ia com as que presenciava. Ele sabia que pertencia já a essa longa fila de condenados, por mais que parecesse o forasteiro ilustre, em visita a esse inferno e completamente alheio às suas ameaças. Opresso, quase asfixiado, receou desmaiar, tornar-se ridículo diante dos companheiros...

A visita continuou pela enfermaria de mulheres atacadas de lúpus. As doentes, sentadas imóveis e silenciosas nos leitos, traziam a cabeça envolta em espesso véu preto, pois nem entre elas se animavam a descobrir o rosto.

Dozous convidou uma a levantar o véu. Lafite e Estrade avistaram, pelo espaço dum segundo, uma caveira da cor do presunto cru, uns olhos luzindo em buracos sanguinolentos, o nariz e os lábios carcomidos, as narinas obstruídas por tampões de algodão. A doente sorveu uma xícara de café, cuidando de que o líquido não caísse nas falsas cavidades.

Dozous dirigiu a palavra a essa cabeça repulsiva, naturalmente, como a um ser normal:

— Tivemos o ano passado um caso muito pior do que o seu minha senhora. A paciente melhorou; curou-se completamente. Compreende? E, agora, prometa sob palavra ter perseverança e não tornar a fazer tolices.

A doente anuiu, reanimada. Saindo da sala, Dozous explicou aos amigos:

— Ontem, ela quis suicidar-se...

— É verdade que um rosto assim pode sarar, e sarou? — indagou, Lafite, com esforço.

— É verdade — replicou o médico. — Pode ver as fotografias no escritório. A última enferma de lúpus curada percebeu, de repente, que recobrara o nariz e os lábios.

Numa das salas adjacentes encontraram os visitantes uma mulherzinha imóvel, com o rosto voltado para a parede. Passava assim o dia inteiro, lembrando uma criança travessa, posta de castigo num canto e que se esquivasse, despeitada.

— Sou o médico que a examinou, minha senhora.

A mulher voltou-se lentamente, mostrando um rosto que já não tinha sequer a aparência humana da enferma de lúpus cor de presunto cru; era antes uma confusão escura de pústulas em que sobressaíam os lábios que não eram lábios, mas dois lóbulos enormes e violáceos que, semelhantes a cogumelos, caíam para todos os lados. Essa inconcebível cabeça de Medusa pôs-se a falar animadamente. Dir-se-ia um ruído de mastigação, além dos beiços intumescidos. Dozous entendeu-a e respondeu:

— O seu desejo será satisfeito minha senhora. Irá à piscina à meia-noite. Estará sozinha; ninguém a verá.

Jacinto de Lafite desceu vagarosamente a escada, comprimindo o peito com o punho cerrado. Já não lhe era possível pensar com lucidez. Agitado por uma inquietação indizível, ia dizendo consigo:

— É a natureza pura e desinteressada a deusa desalmada e insensível que, num constante processo de usura, não só aniquila as suas criações, como as condena, vivas, com a mesma indiferença, à podridão de semelhantes males? Para essa deusa inexorável, as asas multicores duma borboleta do Brasil e a carne viva duma pústula são a mesma coisa. Ela não distingue a beleza, do horror — esses dois índices de orientação da mais desventurada das suas criaturas: o homem. Ou será um ídolo bárbaro que, à guisa do Huitlipochtli dos astecas, quer haurir desses rostos repelentes, desses entes torturados, holocaustos perversos? Ou será deveras o Deus teológico da Bíblia hebraica e da Igreja cristã que põe essas afecções absurdas, como um silogismo enigmático, entre o pecado original do ser dotado de alma, matéria feita homem, e a sua redenção?

Quando os três homens tornaram finalmente a respirar ao ar livre, Dozous disse ao escritor:

— Acaba de ver, meu amigo, como o inferno penetra profundamente na nossa vida.

— Sim, senhores — apoiou Estrade. — E Lourdes é, no planeta, ponto geométrico em que esse inferno corta o céu.

Continuando o caminho, o médico enfiou o braço no de Lafite e prosseguiu:

— O senhor acaba de ver apenas uma pequena amostra do sofrimento que enche o mundo, muito mais do que se supõe. E ele corre pra cá, numa romaria inaudita. Amanhã, esperamos mais cinco trens de enfermos. De resto, meu caro, não são só os devotos que esperam curar-se em Lourdes; nem mesmo só os católicos. Acodem aqui também os protestantes e os judeus. São os desesperados a quem já não resta outra saída, exceto esta.

— E cura-se o desespero mais frequentemente do que a doença. — observou J. B. Estrade, em voz baixa.

O doutor Dozous parou e olhou em redor de si.

— Imaginaríamos isto, há vinte anos — disse ele, sorrindo — quando discutíamos, no café de Duran, questões literárias e científicas? Adivinharíamos que surgiria, como por encanto, estoutra Lourdes? E tudo isto, só porque uma filha de pobres, da sórdida rua des Petites Fossées, viu na furna de Massabielle a formosa dama e lutou por ela. Se aqui há milagres, o maior deles é Bernadette Soubirous. Que diz a isto Lafite, o literato?

Jacinto de Lafite, a quem fôra outorgado o dom da palavra, não respondeu.

CAPÍTULO XLVII

O RELÂMPAGO DE LOURDES

Já às três horas, as cadeirinhas dos enfermos, puxadas pelos "brancardiers", enfileiravam-se na magnífica ladeira, em frente à basílica assentada na rocha de Massabielle, como um veleiro de altos mastros na crista duma onda. Muitas centenas desses pequenos veículos, a maior parte deles provida dum toldo, formavam em largo semicírculo a primeira fila do coro que acompanhava o espetáculo.

Um espetáculo absurdo, se refletirmos em que um dos figurantes desse coro podia tornar-se o herói do milagre, despindo de súbito o rosto carcomido pelo lúpus, da velha crosta semelhante a argamassa seca, e pondo à mostra a nova epiderme sã. Esse espetáculo não era uma brincadeira, um boato, um gracejo, mas realidade visível da qual podia convencer-se cada um, dos presentes. E era em verdade tão absurdo, fustigava com tamanha violência a alma humana, que a ninguém o faríeis crer com palavras; as próprias testemunhas oculares chegavam, depois, a duvidar do que tinham visto.

Logo atrás das fileiras de cadeirinhas, dispunham-se os entrevados, os coxos, os cegos que se podiam arrastar até lá. Aquém deles, a aglomeração de dezenas de milhares de peregrinos e espectadores, à espera dum acontecimento tal que, na terra habitada pelos mortais, só ali se lhes poderia deparar.

Uma expectativa ardente enchia o coração dos primeiros; uma curiosidade ansiosa alvoroçava os últimos. Bem no centro da multidão, Estrade e Dozous ladeavam Jacinto de Lafite. O médico de Lourdes quisera proporcionar ao escritor o ensejo de viver essa hora, bem onde palpitava o coração da massa. E o lugar, otimamente escolhido, permitia abranger com a vista a rampa inteira.

— Hoje é um grande dia — disse Estrade. — Teve sorte, amigo Lafite. Monsenhor Pichenot, o bispo de Tarbes, dirigirá pessoalmente a procissão do Sacramento.

— Cabe isso de ordinário ao vigário Peyramale? — perguntou Lafite.

O médico encarou-o, surpreso.

— Não sabe que Peyramale foi posto quase de parte? O pobre, apesar da idade, continua a ser o mesmo exaltado. Não tolera o clero da Ordem e o clero não o suporta. Já monsenhor Laurence, seu protetor, o abandonara. Os padres da gruta estão agora senhores do campo — especialmente o padre Sempet, o antigo capelão em quem o vigário tanto confiava.

Como não se interessava por essas notícias pessoais do clero, Lafite informou-se acerca da procissão do Sacramento em Lourdes.

— O bispo benze com o Santíssimo cada um dos doentes — explicou Estrade. — A maior parte das curas ocorre, após essa benção.

— Após a benção, e não depois de beber à fonte? — redargüiu Lafite.

— Num e noutro caso — replicou Dozous. — Para mim, porém, são mais extraordinárias as curas que não se prendem a nenhum aparato teatral. Por exemplo: há dias, uma jovem senhora, com a articulação do joelho absolutamente rija, recobrou o movimento normal no parque, sentada num banco a olhar o Gave. Ela ainda não tomara a água da fonte nem rezara na gruta. Essa cura foi uma surpresa absolutamente imprevista...

As sombras da tarde já se alongavam, e a multidão continuava a aumentar. Intensificava-se a mais singular das tensões. Dozous e Estrade, antigas testemunhas das aparições, afirmavam que esse estado de ânimo não diferia da emoção que sublevara o povo, na grande quinta-feira da decepção, quando todos aguardavam o milagre floral. Os espectadores, inquietos, trocavam de lugar. Um fragor oceânico rumorejava da cruz bretã, no extremo do parque, à ladeira da basílica, e vinha quebrar no silêncio mortal dos doentes graves, imóveis nos seus carrinhos. Não há, na terra, silêncio mais profundo do que o dos infelizes, cujas cabeças, pendentes para o peito ou inclinadas sobre um ombro, dobram sob o fardo excessivo do destino e da esperança.

Lafite observava a massa que o comprimia. Não era, de modo algum, só uma aglomeração de gente humilde do sul da França, tal como ele a conhecia: mulheres velhas, vestidas modestamente de preto, com as mãos engelhadas escondidas em "mitaines" de retrós; homens rústicos, mal barbeados, em trajo domingueiro, com os olhos claros fitos ao longe. Embora esses tipos representassem boa parte da multidão, não eram absolutamente a maioria. Um número surpreendente de pessoas de aparência distinta associava-se ao povo. Perto de Lafite, por exemplo, postara-se um cavalheiro de meia-idade, de "pince-nez" de ouro e cordão preto, bastas sobrancelhas e bigode — provavelmente um cientista. Dantes, essa fisionomia espiritual respondera, sem dúvida, à pergunta das perguntas com um sincero "ignorabimus". Tal qual Jacinto de Lafite, para quem — segundo ele próprio confessara — o ateísmo materialista era apenas uma religião, se bem que a pior de todas. O cavalheiro de "pince-nez" equilibrava-se nervosamente num e noutro pé. Tirou e tornou a ajeitar a luneta pelo menos dez vezes; suspirava ansioso, enxugava o suor. Esperava aparentemente alguma coisa que ele próprio não sabia ao certo se desejava ou temia. O mesmo sentimento indefinível agitava o peito de Jacinto de Lafite.

Os sinos repicaram, em sinal de que a procissão do bispo, obedecendo ao desejo da dama, se encaminhava para a gruta, onde o Corpo do Senhor seria posto na custódia. A multidão ondulou, comprimindo-se junto da barreira dos enfermos. Muito depois, soou um clamor abafado:

— Eles vêm!

Na assistência enorme, estabeleceu-se um silêncio tão absoluto, como se cada um dos presentes retivesse a respiração. Surgiu na ladeira um homenzinho, carregando um estandarte com a imagem da Virgem, à frente de outros porta-estandartes.

— Está vendo aquele rapaz de pernas tortas? — perguntou Dozous, em voz baixa. — Precede todos os porta-estandartes, sem exceção do moleiro Nicolau, porque é, por assim dizer, o primogênito do milagre. Nós continuamos a chamar-lhe o "pequeno Bouhouhorts", embora ele já conte vinte e cinco anos. O senhor lembra-se decerto do caso comovente da mulher dum trabalhador que, num dos primeiros dias das aparições, mergulhou o filho moribundo na bacia da fonte...

Jacinto de Lafite não se lembrava.

Já então, o bispo aparecera, sob o dossel de brocado. Os seus paramentos roxos sobressaíam ao sol vivo, da alvura das inúmeras sobrepelizes, pois o séqüito episcopal era numeroso. O príncipe da Igreja adiantou-se para o semicírculo das cadeirinhas, erguendo nas mãos a custódia refulgente; Os sinos cessaram de vibrar; tiniu no silêncio o trinado argentino das campainhas, enquanto monsenhor começava, no extremo direito da fila, a benzer o primeiro enfermo, traçando com o Sacramento o sinal da cruz. Todos ajoelharam, inclusive Estrade e Dozous. Lafite voltou-se para o vizinho de "pince-nez"; viu-o hesitar um pouco e dobrar os joelhos. O literato não se ajoelhava, desde a sua primeira mocidade. Não gostava de fazer parte dum coro. Era o convidado de Deus, para o camarote real. Envergonhava-se, diante de si e perante os outros, de ajoelhar e de não ajoelhar. Em conseqüência, curvou-se profundamente e permaneceu nessa atitude. O bispo passava, abençoando cada um dos enfermos. A fila era extensa. De improviso, num ponto qualquer da multidão, ressoou um apelo estridente:

"Senhor, faze que eles vejam!"

"Senhor, faze que eles andem!"

Esse brado, essa fórmula mágica de exortação, logo repetida em coro, elevou-se ao céu para o propiciar à terra. Dir-se-ia que esses ritos não se celebravam numa cidade da Europa dos cérebros matemáticos e inventivos, mas numa paisagem primitiva da humanidade, onde as massas ainda não perderam a força de desencadear, por sortilégio, correntes de sentimentos, para comoverem os poderes excelsos. Lafite sentiu-se arrebatado no torvelinho dessa correnteza. E não estranhou que o vizinho de "pince-nez", batendo subitamente no peito, entoasse por sua vez a invocação grandiosa, com uma variante:

"Senhor, faze que nós vejamos!"

"Senhor, faze que nós andemos!"

O bispo acabava de percorrer o semicírculo e subia solenemente a ladeira. Chegado ao centro da rampa, deteve-se, elevou com gesto indizivelmente harmonioso a custódia resplendente, e abençoou a multidão. As campainhas tiniram no espaço imenso. E nos ares, desdobrou-se o repique festivo. A benção terminara, sem que aparentemente se houvesse verificado nenhum fato extraordinário.

O bispo e o seu séqüito desapareceram na basílica. Despertando da fascinação que a amalgamara, a multidão perdeu a unidade, ondulou e dispersou-se em grupos. Os "brancardiers" postaram-se atrás das respectivas cadeirinhas, aguardando que a ladeira se esvaziasse, para retomarem o caminho dos vários hospitais.

— Agora podemos ir — propôs Dozous.

Lafite hesitou. Acontecera alguma coisa? Sim; acontecera alguma coisa. A princípio foi uma sensação confusa. Depois, do extremo oposto da fila de cadeirinhas, elevou-se uma vozearia estridente. Muitas mãos estendidas apontaram o mesmo ponto. A massa agitou-se em redemoinhos, arrastando Lafite e seus companheiros. Dozous abriu caminho energicamente, seguido por Estrade e pelo poeta, até às cadeirinhas onde os padioleiros, habituados a essas cenas, de mãos dadas formavam cordão. Além deles, no vasto espaço livre, entre os carrinhos e a rampa, avistava-se uma mulher sozinha.

Essa mulher, colosso disforme de gordura e carne, arregaçara um pouco a saia, como se andasse num lamaçal, e descobrira as pernas, dois cilindros parelhos, horrivelmente inchados, em que as extremidades pareciam dois cotos. E, nesses fracos pés, essa torre de graxa, com a cabeça dobrada para trás e o modesto chapeuzinho de flores caído na nuca, ia avançando, passo a passo, como um fantoche, absorta inteiramente no cuidado de caminhar num ritmo regular, duro, inflexível. Depois, soltando a saia, pôs-se a balançar o braço estendido, como se, em lugar de pisar o chão firme, se equilibrasse numa corda. Seguia-a um "brancardier", com a vigilância rotineira, pronto a ampará-la, se fosse necessário. Outro padioleiro ia atrás, puxando a cadeirinha. E a mulher continuava a avançar como numa esfera invisível, isolada do tempo e do espaço, que se movesse com ela. A multidão fitava-a, paralisada de assombro. Lafite ouviu alguém murmurar:

— Conheço-a bem; há dez anos, ela não dava um passo...

— É possível que ela não caia? — pensou Lafite.

Mas a mulher não caía; sempre no mesmo passo dançante, arrastou-se nas pernas inchadas, até desaparecer nos umbrais do templo. Quebrou-se o encanto. Um homenzinho de faces molhadas de lágrimas entoou, em voz alta e entrecortada, o "Magnificat":

"Magnificat anima mea Dominum..."

— "Et exultavit spiritus meus" — prosseguiu um grupo de eclesiásticos reunido atrás dos espectadores. Na vasta planície ecoou, então, o hino, glorificando o Senhor que destronou os poderosos e elevou os humildes, e se condoeu de seu servo Israel, em memória da misericórdia prometida a nosso pai Abraão e à sua descendência...

Jacinto de Lafite sentia a estranha sensação de se lhe terem deslocado todas as vísceras do corpo. Só para ouvir a sua voz, perguntou ao médico:

— É uma cura autêntica?

Dozous fez um gesto vago.

— Só dentro de muitos dias, e até de semanas, poderemos formular um juízo exato. Cumpre reunir todos os pareceres médicos sobre o caso.

O doutor Dozous convidou Lafite e Estrade a acompanhá-lo ao departamento de verificação. O escritor deitou um olhar ao recinto que lhe pareceu mais o camarote dum veleiro do que o escritório dum instituto. No limiar, porém, desistiu de entrar. Sentia-se mesquinho, humilhado. Tinha necessidade de estar só.

CAPÍTULO XLVIII

EU NÃO AMEI

A essa hora crepuscular dos Pireneus, a gruta ainda resplandecia de luz e de cores. Em baixo, porém, já escurecia. Sob o nicho de pedra, flamejavam filas de círios dispostos em palma, expulsando do interior da gruta a luz do ocaso. A estátua da dama, na ogiva, envolvia-se em sombras ondulantes; o espinheiro, o galho da roseira brava, já verdejantes, não haviam mudado em vinte anos. A pedra úmida e escura, ao pé do nicho, rebrilhava vertendo água às gotas. O rochedo saliente, do lado oposto da gruta, semelhante a um crânio enorme, adquiria um tom amarelado.

Enquanto Jacinto de Lafite se aproximava lentamente, vindo da margem do Gave, essa pedra alvacenta dir-se-ia coberta por uma cortina de crivo, um tapete ou uma espécie de ornato gótico. Era simplesmente a teia espessa das muletas, dos bordões, das talas, dos aparelhos ortopédicos, doados pelos enfermos restabelecidos. A gruta já não se parecia absolutamente com a furna desolada que Lafite conhecera outrora, nos seus passeios. Entretanto, não sofrera a menor alteração. Fora apenas fechada por uma bela grade, com duas aberturas. Ao longo dessa grade, corria um degrau, para os fiéis que comungavam durante a missa, ou que desejassem rezar mais perto da ogiva das aparições. Aquém da grade, cerca de vinte filas de bancos, separadas por um largo corredor central, proporcionavam assento a várias centenas de devotos.

A essa hora vespertina, os bancos estavam todos ocupados. À esquerda da gruta, junto da grade, um jovem sacerdote recitava mansamente a ladainha de Nossa Senhora. À medida que se adiantava. Lafite percebia, mais e mais distintos, os termos franceses da invocação:

"Mãe da divina graça, Mãe puríssima..."

A cada pausa do sacerdote, elevava-se num murmúrio a resposta dos fiéis.

"Mãe castíssima, Mãe intacta, Mãe imaculada, Mãe amável, Mãe admirável, Mãe do Bom Conselho, rogai por nós."

— Que belo verso! — pensou o literato. — E que ritmo apaziguante!

Efetivamente, a voz abafada do sacerdote, o coro sussurrante dos devotos fundiam-se numa toada de "berceuse" que, na penumbra crescente, arrebatava os sentidos. Muitas pessoas rezavam de joelhos, com os braços estendidos, imitando a forma e o suplício da cruz. Constrangendo assim, longos minutos, os músculos a essa posição exaustiva, desdenhando a dor, cumpriam a exortação à penitência que a dama fizera, um dia, por intermédio de Bernadette.

Jacinto de Lafite estacou a certa distância dos bancos. De pura timidez, não ousava adiantar-se mais. Sentia-se acanhado, como um estrangeiro que o acaso introduz numa reunião íntima, para a qual não foi convidado. Muitos decênios haviam decorrido, desde que ele entrava num templo, por outro motivo que não o de admirar alguma obra de arte.

— Não sou como essa gente — disse ele consigo — não tenho essa fé ingênua. Passaram-me pelo cérebro as ideologias mais arrasadoras que já se conceberam. A minha razão esbarra, na cabeça da humanidade, como um terreno inexplorado. Eu sei que somos uma raça mesquinha de animais, que só difere dos insetos e dos anfíbios por vários gânglios nervosos e alguns sofismas. A verdade é, para nós, um bilhão de vezes mais inacessível do que o cálculo integral a um piolho. A nossa mentalidade atual, incondicionalmente crítica, sente-se tão superior à antiga mentalidade religiosa. Esquece, na sua limitação, que ela própria é apenas uma forma. Eu, porém, desconfio agora de que as formas de pensamento do passado voltam, um dia, a ser as futuras maneiras de pensar, e poderiam rir-se de toda a nossa crítica. Muitas vezes, quis persuadir-me de que devemos contentar-nos com pequenos resultados; mas o meu coração ambicioso não se satisfaz com pouca coisa. Sei bem que os deuses são o reflexo da nossa natureza física e que, se os pelicanos acreditassem num deus, este deveria ser um pelicano. Isto, porém, não é uma prova contra a divindade, mas a demonstração da estreiteza do espírito terrestre, incapaz de se abstrair das imagens e das palavras. Nunca eu suportaria a idéia de ser excluído eternamente do conhecimento de Deus com o qual, apesar de tudo, tenho afinidades. Não pertenço a vós aí, que acreditais num céu no céu. Também não figuro entre os imbecis, convictos de poderem arranjar um céu na terra, mediante leis e máquinas mais aperfeiçoadas. Neste caso, eu estaria antes com os que crêem num céu no céu...

E Lafite deu mais uns passos para a gruta.

"Virgem prudentíssima, Virgem venerável, Virgem louvável, Virgem poderosa, Virgem benigna, Virgem fiel, Espelho de justiça..."

— Se Clarens estivesse aqui, ao meu lado — continuou o escritor, no seu mudo solilóquio — eu não deixaria de irritá-lo. "— Escute esta adorável ladainha, meu amigo; era assim que a piedosa gente de Efeso implorava outrora a sua deusa Diana. Não lhe parece?" "— Eu sou um historiador, meu caro Jacinto — diria ele. — Por isso, não exagero o valor da História. Ela nada mais é do que a refração do fato eterno, na água corrente do tempo — no Gave do tempo. Cada época vê o presente na correnteza, com um desvio diferente. Apolo ou Cristo, Diana ou Maria, são nomes e concepções diversos, para uma presença única, sentida perenemente pelo homem. O senhor mesmo, meu amigo, sente neste momento, mais do que outrem, essa presença." E eu tornaria: "— Parece-lhe deveras, amigo Clarens? Apesar do meu espírito crítico, eu sou um homem antiquado. Os poetas sempre o são. Mas, depois de nós, virão talvez criaturas isentas daquele sentimento..." " — Pode estar sossegado meu caro Jacinto. Sempre haverá uma Bernadette, dotada da faculdade de tornar visível ao mundo a sua dama invisível — per saecula saeculorum..."

Lafite deu mais um passo para a gruta de Massabielle. Alcançou assim a última fila de bancos.

"Causa da nossa alegria, Vaso espiritual, Vaso honorífico, Vaso de insigne devoção..."

— Escute, Clarens: já não lhe quero esconder nada. Tenho um câncer no corpo. Um médico desalmado falou-me francamente. Mas eu nem preciso dos médicos. A princípio, o mal manifestou-se na laringe; mais tarde, rebentará no estômago, no fígado, no intestino. Chama-se a isso metástase. Informei-me a este respeito. Os meus dias são contados, bem contados, Clarens. Não me diga que ainda tenho aparência digna dum homem. Dentro dum ano, talvez de poucos meses, serei uma dessas míseras massas de carne que hoje tive de ver no hospital das Sete Dores. Não me inculco absolutamente como um herói, meu amigo; creia-me antes um trêmulo poltrão. Sim; os meus dias são contados; as minhas noites são cruéis. E o medo da morte não seria o pior. É possível suportá-lo; esticam-se os braços, as pernas, e espera-se. Nas minhas noites torturantes, amigo Clarens, descobri porém uma coisa mais horrível. O senhor não zombará de mim, porque é um crente. A idade não me embruteceu; tornou-me antes mais sagaz. Descobri que, neste mundo, eu, Jacinto de Lafite, o obscuro articulista, o zero que nada significa para ninguém, sou o maior dos pecadores. Não julgue, Clarens, que nesta hora eu queira ostentar garridices à lord Byron. Não aludo aos mil sórdidos pecados do desregramento e da fraqueza com que a minha alma se tem maculado a toda hora. Refiro-me ao pecado central do Gênesis, que me invade inteiramente, ao mais imbecil, ao mais ridículo, ao mais absurdo orgulho que presidiu à nascença do meu espírito. Já aos dez anos, ele me tiranizava. Foi o orgulho que me sugeriu não dever nada a ninguém, nem sequer à minha boa mãe. Foi o orgulho que fez de mim um ente que presumiu derivar só de si próprio e estar só consigo mesmo. A idéia de ser um homem, um embrião desenvolvido, condicionado pela origem, pelo país, pela língua, pelo sangue e pelas trocas orgânicas era-me intolerável. Jurei a mim mesmo ser independente até à mania, o único indivíduo alheio a toda comunidade. Segundo a minha convicção, nada me educara, nada me influenciara, nada me dirigira. Eu era o produto de mim mesmo. A presunção do meu espírito fútil sobrepujou todo conceito. Não reconheci a Deus só por me ser intolerável a idéia de que eu não era ele. Por isso, a análise foi o trono terrestre donde reinei. Agora, porém tenho a impressão de estar postado atrás de mim mesmo, de me ver pela primeira vez plasticamente, como a um estranho. O meu pecado, Clarens, é o pecado de Lúcifer, embora eu seja apenas uma sórdida nulidade, com um câncer no corpo. Nas noites dolorosas deste meu último ano, persuadi-me também de que o nosso pecado prejudica menos a Deus do que a nós mesmos. É evidente: o meu orgulho perdeu-me...

Alguns fiéis olhavam, surpresos, o literato parado entre os bancos, no corredor central.

"Rosa mística, Torre de David, Torre de marfim, Casa de ouro, Arca da aliança, Porta do céu, Estrela matutina..."

— Onde estou agora? Sim, Torre de marfim. Eu também sou uma torre. Mas a torre está em ruínas, inçou-se de ratos e de lacraus. Sim, Casa de ouro! O meu eu também é uma casa. Mas casa de aluguel, que me arrendaram e que eu conspurquei. Agora, o prazo está a findar; mandam-me despejar a habitação e tenho de deixar tudo como está. Oh! Estrela matutina, que fiz eu da minha vida? Apesar de todos os inconvenientes, sempre era uma boa vida. Nunca fui castigado com pernas gangrenadas, como o inocente garoto do hospital. Nem o lúpus me carcomeu o rosto, embora eu o merecesse cem vezes mais do que essas pobres mulheres inofensivas. Nunca tive de me esconder num canto, de vergonha de mostrar ao mundo uma cara grotesca. E teria de me ocultar mais do que aquela infeliz, pois a máscara do que sou na realidade é mais assustadora do que a dela. Desperdicei cada segundo em abjetos apetites sensuais, em verdadeira desordem. Depois do orgulho, é este o meu segundo pecado, que assume a forma lamacenta do hipopótamo. Que me resta dos milhões de segundos dessa boa vida? As mulheres, que tive nos braços, já são para mim meros espectros. Os êxtases da beleza e do pensamento que me foram outorgados? Eu não soube dar-lhes asas. O que me resta é um ressaibo amargo, bem amargo, ó Estrela matutina...

"Saúde dos enfermos, Refúgio dos pecadores, Consolação dos aflitos, Socorro dos cristãos..."

— Ainda serei cristão? Não sei. Sei apenas que todas as fúlgidas fórmulas do meu espírito não diferem muito do coaxar das rãs, da estrídula voz do grilo. Em verdade, para mim só existe a solidão; porque o orgulho me alienou a simpatia dos meus semelhantes. Quando me aparecer o próximo abcesso, não poderei dizer nada aos meus parentes, nem procurar salvação. Terei de voltar a Paris, de me encolher no antro da morte. Ninguém estará junto de mim, no antro da morte, ó Refúgio dos pecadores, ó Consolação dos aflitos!... Mas eu não me queixo. Pois não é que o mundo me tenha abandonado; fui eu que abandonei o mundo...

A ladainha findava com o "Agnus Dei". O padre e os fiéis entoaram a "Ave-Maria". A palma de círios flamejava, cada vez mais luminosa, na sombra mais e mais densa. A estátua da dama, dentro do nicho, era uma vaga mancha esbranquiçada. Os devotos de braços abertos lembravam cruzes sombrias.

— Absolutamente lógico — suspirou Lafite.

Esse suspiro precedia uma longa cadeia de idéias confusas, rematada por esta confissão:

— A minha impiedade é uma conseqüência absolutamente lógica. Com efeito, eu não amei — ninguém e nada; nem a mim mesmo...

Entretanto, e sem dar por isso, Lafite chegara tão perto da gruta, que poderia encostar a cabeça à grade. Fitou então um olhar vago na ogiva ensombrada. E, à medida que o seu olhar inexpressivo fitava mais intensamente o vácuo escuro, mais perceptivelmente ia abrandando o mal-estar físico que, desde horas, o atormentava — a sensação de ter as vísceras frouxas e caídas . O literato respirou calmamente, penetrado por uma lassidão desconhecida. Cadenciada e maquinal, a voz suave do jovem sacerdote! Calenciada e maquinal, a resposta murmurante dos devotos! Mal se distinguiam as palavras da longa cantiga de ninar:

"Rogai por nós... Agora e na hora da nossa morte..."

Esse murmúrio rítmico infundia um torpor benéfico. Era como um encosto macio que oferecesse apoio às costas. Simultaneamente, dava a impressão de envolver nalguma coisa que socorria e resguardava. A prece dos devotos rodeava, protetora, o poeta Jacinto de Lafite, desdobrava-se sobre ele como uma ironia risonha.

— Orgulhoso, insensível? Sim! Estarei, porém, tão abandonado, mais solitário do que outrem? Não bastaria, na imensa incerteza de todo conhecimento, não ser mais presunçoso do que esta gente? Que é o que me distingue deles? A linguagem um pouco mais cuidada, em que eu dissimulo a minha ignorância, mais frívola e menos veraz. Não me terá a descrença arremessado tão baixo que ainda haja braços dispostos a levantar-me? Oh! poder maternal do universo, ó Estrela matutina!...

O sentimento duma proteção acentuava-se em Lafite. Era como se as preces ditas atrás dele o afagassem, à guisa de mãos consoladoras. O intelectual, que sempre desdenhara toda aglomeração, como um tumulto de baixos instintos e interesses mesquinhos, sentia agora atrás de si os devotos como um só corpo benigno e imaterial que o auxiliasse e socorresse. E, sem outra sensação, exceto uma timidez que se ia desvanecendo, o literato Lafite dobrou, por sua vez, os joelhos na gruta da dama, murmurando as palavras familiares às mães, familiares à infância, da saudação angélica.

Nenhum elemento novo na sua consciência. Ele sabia apenas que esse vácuo, esse vazio crítico, de que outrora tanto se vangloriava, sempre estivera preenchido por uma certeza, que só nesse instante se esclarecia e desvendava, como um dia de neblina. Não era uma reversão à fé; Lafite revertia apenas a si mesmo. De fato, ela não era uma função da alma e sim a própria alma, na sua extrema nudez. Uma paz desconhecida prendeu-o ali, até à noite, depois que a maioria dos fiéis já se tinha ido, e só viviam as chamas dos círios. Antes de se retirar por seu turno, o escritor sentiu subir-lhe aos lábios, inexplicavelmente, esta invocação:

— Bernadette Soubirous, roga por mim!

A essa hora, Bernadette Soubirous ainda vivia. Voltavam, desde dias, a alanceá-la dores atrozes. As lâmpadas da enfermaria estavam acesas. O olhar da enferma prendia-se ao Crucifixo, pendente da parede, envolto na sombra. Ela não imaginava que, nesse momento, o adversário mais orgulhoso dobrava os joelhos, ante a sua dama.

CAPÍTULO XLIX

EU AMO

Aos sessenta e oito anos, Domingos Maria Peyramale ainda era um colosso. No seu olhar, porém, já não ardia a chama antiga. Os olhos amortecidos abriam-se-lhe no largo rosto sacerdotal, um tanto inchado. Dezessete anos antes, quando fora divulgada a carta pastoral do seu protetor Bertrand Severo Laurence, que erigia Lourdes em centro da cristandade católica, Peyramale julgara que lhe caberia naturalmente o papel de soberano dessa Lourdes transfigurada. Discutia com os arquitetos, rejeitava-lhes os planos, traçava projetos próprios para a basílica, a cripta, a futura igreja do Rosário, que deveria surgir em plano inferior ao da basílica. Irritados pelas exigências imperiosas do vigário, os despeitados iam bater à porta do bispo de Tarbes. O velho prelado não era homem que perdoasse o causador de semelhantes aborrecimentos.

— Essas causas fizeram de Peyramale um megalômano — disse consigo o bispo. — É preciso fustigar-lhe os dedos.

E o cura de Lourdes viu-se fustigado, sem brandura. Os seus planos monumentais foram riscados ou adaptados a um gosto mesquinho. Os mexeriqueiros, os intrigantes ganhavam a causa. Secundou-os o senso artístico dos sacristães, das beatas, dos santarrões. Domingos Maria, descendente de três gerações de médicos e de cientistas, homem culto, dotado de sensibilidade artística, sonhara um complexo grandioso de edifícios sacros que ofuscasse, com a sua austera magnificência, os produtos da arquitetura religiosa do século. E via o seu sonho magnífico desfeito, por obra de tramas mesquinhas. Os confeiteiros da arquitetura e da arte clerical venciam em toda a linha.

O altivo cura quisera fazer de Lourdes outra Roma, que aquela o é deveras, se considerarmos o número das peregrinações que ali afluem anualmente. Nessa segunda Roma, porém, o soberbo Peyramale podia ser tudo, menos pontífice. Os milhões de peregrinos, que ali afluíam, de ano para ano, requeriam a assistência espiritual dum exército de clérigos; estes, que só podiam ser fornecidos pelas Ordens, arrogaram-se a direção dos hospitais e dos sítios consagrados. Peyramale viu-se, a pouco e pouco, relegado ao papel de cura local, sem qualquer influência na Lourdes nova e mais significativa. Outrora, antes da era da gruta, o vigário regia como soberano absoluto, na sua jurisdição. O povo, que o saudava respeitosamente, rendia-lhe homenagem. Depois, ele próprio sentia-se rei destronado. Quem o cumprimentava praticava apenas um ato de cortesia. O pior era que uma convicção, não de todo fundada, o levava a atribuir esse grave revés à astúcia dum homem — da serpente que ele acalentara no seio. Padre Sempet servira muito tempo, sob as suas ordens, como terceiro capelão; e ele, Peyramale, o preferira aos outros dois adjuntos, o mordaz abade Pomian e o inocente abade Pènes. Deus era testemunha de que Sempet parecia ainda mais inofensivo do que Pènes. Enquanto, porém, o servia e reverenciava, o adjunto ladino se ia apossando de toda a autoridade, com energia e lábia incríveis. Lá estava, feito curador da gruta e primeira personagem de Lourdes, convertido em idéia fixa e tormento espiritual do velho cura.

Saindo da estação de Nevers, com a maleta na mão, Domingos Maria Peyramale lembrou-se duma insinuação de Sempet, que zombara de Bernadette muito mais do que Pomian e Pènes:

— Sabe, senhor cura — dissera-lhe o maligno capelão — o que faz essa famosa santa acordando dos seus êxtases? Põe-se a coçar os piolhos que lhe inçam a cabeça.

Peyramale não hesitava em considerar o fim melancólico da sua carreira o justo castigo de haver sido mais incrédulo do que São Tomé, ainda na sua última conversação com Bernadette, pelo Advento de 1863.

— Mas, ó Providência insondável — dizia ele consigo — esse velhaco Sempet duvidava mais do que eu; contudo, tu o elevaste...

Percorrendo com a sua bagagem as ruas de Nevers, o gigantesco sacerdote sentia-se profundamente perturbado. A idéia de tornar a ver a que ele quisera enxotar do templo com a vassoura oprimia-lhe o coração. Bernadette Soubirous fora a graça mais significativa da sua existência. Ele, o incrédulo, asno cego, estúpido e sem merecimento, tivera ainda assim a sorte de assistir aos primórdios do maior milagre moderno. A dama convidara-o a levantar uma capela, a organizar procissões. Em agradecimento, ele desafiara-a insensatamente a arranjar o dinheiro, a fazer florir a roseira brava. Razão de sobra tinha ela, para lhe cancelar os projetos audazes e entregar a outrem as procissões. Mas, logo a Sempet? Como podia a dama tolerar Sempet? O astucioso clérigo fora muito esperto; nunca se expusera.

Peyramale pensara muitas vezes em visitar Bernadette. Dissuadira-o o receio de desgostá-la com a sua presença. Lembrara-se por, isso, anos antes, de lhe enviar a imagem de Nossa Senhora. Havia muito que se falava do mau estado de saúde da taumaturga, sem que fosse possível, mesmo em Nevers, obter informações exatas. Mas a estranha frase: "Prezado senhor cura, penso no senhor. Sua Bernadette" causara a Peyramale tal emoção, que ele resolvera imediatamente empreender a longa viagem. Já comprara a passagem, quando sobrevieram acontecimentos que o constrangeram a adiar a partida. Enquanto cuidava de se desembaraçar desses afazeres imprevistos, não conseguia livrar-se, nem de dia nem de noite, dum importuno mal-estar, dum desassossego íntimo que, não raro, chegava a ser um remorso. Ele não lograva banir da consciência a idéia de que, chamando-o, Bernadette Soubirous apelava para o seu antigo protetor.

Quando, enfim, acabou de cumprir todos os seus deveres, começava a Semana Santa. Não é hábito abandonar o cura o seu rebanho, na festa mais solene do ano. Peyramale, porém, não vacilou.

— Que importa que eu não esteja aqui? — disse ele ao seu substituto, passando-lhe o cargo. — Sou um homem velho e doente; vivo só por descuido, porque Nosso Senhor fechou um olho.

Madre Josefina Imbert recebeu o cura de Lourdes com respeito e afabilidade. Os vivos roxos de cônego mostravam que o vigário destronado ainda se revestia da dignidade eclesiástica, e tinha direito ao título de monsenhor. A superiora conduziu-o imediatamente ao quarto de hóspedes do convento, e informou-o acerca de Maria Bernarda. Admirava que ela ainda vivesse, embora a moléstia — segundo o parecer dos médicos — havia muito lhe consumisse o corpo. Só graças à sua alma forte, obstinada, a pobrezinha ainda resistia. Talvez fosse desígnio do céu, prolongar a vida da eleita da Mãe de Deus, além da semana da Paixão desse ano. Todavia o doutor Saint Cyr exprimira, três dias antes, a convicção de que a morte da vidente de Lourdes era já mera questão de horas. Desde a véspera, porém, Maria Bernarda não sofria. Monsenhor Lelong, o bispo, vedara toda visita à moribunda, sem a sua permissão expressa. Madre Imbert receava que não fosse possível fazer exceção, nem sequer para o reverendíssimo senhor cura de Lourdes. Mas consultaria imediatamente a chancelaria episcopal. Entretanto, o senhor cônego podia estar à vontade e descansar das fadigas da viagem.

Já pronto a insurgir-se contra a consulta ao bispo, Peyramale dominou-se e observou, com a sua voz velada:

— Bernadette Soubirous é filha da minha paróquia. A Providência a pôs, muitos anos, sob a minha fraca proteção.

— Quem não o sabe, monsenhor? — redargüiu madre Imbert. — Embora, por ordem superior, na nossa casa não nos tenhamos ocupado muito com esse grande acontecimento, conhecemos-lhe bem todos os pormenores.

Logo depois do almoço, madre Vauzous e a irmã Natália acompanharam o cura à enfermaria. O coração do velho sacerdote pulsava com força.

— Poderá ela reconhecer-me?

— Oh! nunca esteve tão lúcida e senhora de si ,— replicou Natália, sem esconder as lágrimas.

A enfermaria era uma peça espaçosa, com duas altas janelas e três leitos separados por uma espécie de mosquiteiro. Dois estavam vazios; Bernadette ocupava o terceiro, no canto direito da sala. Na cômoda estreita, contra a parede, uma imagem de Nossa Senhora — não, porém, a de mestre Fabich; acima dela, um Crucifixo. Em redor da cama, uma poltrona e algumas cadeirinhas de pau.

Domingos Maria Peyramale adiantou-se para o leito, com o seu passo pesado, que despertava ali um eco desagradável. E viu diante de si, não uma freira de trinta e cinco anos, mas uma menina de rosto miúdo e alabastrino. As narinas delgadas fremiam; os lábios de criança ainda guardavam um pouco de cor. A testa alta desaparecia quase sob uma compressa. Os grandes olhos escuros, atentos e apáticos, eram os olhos de Bernadette Soubirous. O cura quase septuagenário corou de embaraço, pigarreou e, após um curto silêncio, começou:

— Cheguei afinal...

Apresentaram-lhe, então, uma cadeira. Peyramale sentou-se cautelosamente, com medo de que o minúsculo assento cedesse sob o seu peso.

Na colcha da cama, duas mãozinhas de marfim amarelado tentavam, em vão, estender-se para o visitante. Com carinho extremo, o cura de Lourdes fechou na mão possante uma dessas mãos de miniatura, e beijou-a respeitosamente.

Passaram-se dois minutos, antes que Bernadette pudesse falar, em voz baixa, mas tão singularmente clara, que ecoou na sala:

— Senhor cura, eu não lhe menti...

Peyramale reprimiu um soluço.

— Deus sabe, minha irmã, que a senhora não mentiu. Era eu, só eu, o indigno,

Uma sombra de sofrimento contraiu o rosto delgado da menina.

— Sempre, sempre, tornaram a perguntar!...

E, após uma longa pausa, Bernadette confirmou, com voz trêmula:

— Eu a vi... Sim; eu a vi...

O vigário não saberia dizer porque, subitamente, lhe voltava aos lábios o antigo *tu,* como se não houvessem decorrido dois decênios e estivesse diante dele, não a irmã Maria Bernarda, assinalada com o estigma da perfeição, mas Bernadette Soubirous, a criatura serena e, contudo, impenetrável.

— Sim; tu a viste, ó minha filha — apoiou ele, aproximando da moribunda a cabeça fatigada. — E tu a tornarás a ver.

Uma reflexão ensombrou os grandes olhos. A reflexão trazia à luz lembranças antigas: o cura, sentado no gabinete, à lareira; ela, embrulhada no capuleto, porque fazia muito frio, pensando em ser camareira da senhora Millet. E o vigário perguntara-lhe se a dama não lhe teria reservado melhor lugar.

— Oh! não, senhor cura — suspirou a moribunda. — Não é certo que a dama me queira como criada de quarto...

Peyramale conseguia, afinal, exprimir-se com o desembaraço que, a princípio, lhe faltara:

— Se alguma coisa é certa, sem dúvida isso o será, minha filhinha. É o menos que a dama pode fazer por ti.

Nos olhos de Bernadette transpareceu uma luz mal perceptível de malícia, quase de ironia:

— Todos agora me tratam com carinho — dizia essa centelha maliciosa. — Serão sinceros ou fingem, de piedade?

E, em voz alta, incorruptível como sempre, ela tornou:

— Não, oh! não! Não tenho certeza. Não sei fazer outra coisa, senão estar doente! E, talvez, não sofri bastante...

Desta vez, Peyramale não logrou refrear o soluço.

— Sofreste quanto basta, para mereceres todos os céus, minha filhinha; acredita...

Uma espécie de sorriso perpassou no rosto imóvel de menina. E a voz clara de Bernadette se fez ouvir, não já em francês correto, e sim no dialeto rude da sua terra natal e da sua infância.

— Ah! senhor cura! — disse a pequena Soubirous, da rua des petites Fossées. — Conheço bem os doentes! Exageramos tudo um pouquinho. As nossas dores não são tão ruins...

E, arfando, já sem forças acrescentou:

— Creio que tive menos dores do que alegrias... então... então...

Era demais. O rostinho de alabastro se decompôs; os grandes olhos escuros dilataram-se. Do outro extremo da sala, o doutor Saint Cyr fez um sinal. Peyramale ergueu-se, com esforço; os seus sapatos grosseiros de cura provinciano rangeram no soalho.

Era a quarta-feira, dezesseis de abril, uma quarta-feira amena e luminosa. No dia seguinte, seria quinta-feira santa, com a sua solene liturgia. Nesse período, as irmãs de Santa Gildarde tinham muito que fazer. Ao meio-dia, a assistente Natália, que saíra a serviço, estacou à porta do convento; um estranho pressentimento inibia-a de entrar.

— Maria Bernarda! — pensou a freira.

E, sem hesitar, correu à enfermaria, próxima da casa claustral. As enfermeiras tinham sentado Bernadette na poltrona, pois na cama já não lhe era possível respirar. Caída de través na cadeira, com os olhos esbugalhados, a moribunda gritou à amiga:

— Minha irmã... tenho medo... tenho medo... minha irmã!...

Natália ajoelhou perto dela, tomou-lhe as mãos.

— Por que tem medo e de que tem medo, minha amiga?

O peito da enferma arfava penosamente. E ela mal pôde gaguejar:

— Recebi uma graça muito grande... Devia merecê-la... Não posso...

— Pense no nosso meigo Salvador, minha irmã — aconselhou Natália, reprimindo a custo o choro.

Mas Bernadette só podia pensar na graça da sua vida, na graça de que não se julgava digna.

— Tenho medo — gemeu ela, outra vez. — Tenho medo, tenho medo, minha irmã!...

Natália procurou escogitar um calmante e nada encontrou. Finalmente, pousou as mãos na cabeça de Maria Bernarda e disse, com esforço:

— Está de novo sofrendo muito...

— Não basta... não basta... — balbuciou Bernadette.

— Nós todas a ajudaremos, querida Maria Bernarda... Rezaremos muito pela senhora. Agora e sempre.

— Oh! sim; reze por favor, minha irmã! — suplicou Bernadette puerilmente.

Natália preveniu madre Imbert de que a enferma estava muito mal, que talvez conviesse chamar imediatamente o doutor Saint Cyr e o padre Fèbvre.

Bernadette sofreu ainda alguns acessos. De súbito, porém, tornou a respirar profundamente e inquiriu com indiferença, como perguntaria que horas eram:

— Que dia é hoje?

— Quarta-feira da Semana Santa, minha irmã — replicou Natália.

— Então, amanhã é quinta-feira — tornou Bernadette, admirada.

— Sim; amanhã é quinta-feira. E que grande quinta-feira!

— Que grande quinta-feira! — repetiu Bernadette.

E a felicidade do fim começou a iluminar-lhe os grandes olhos. Natália não o entendeu; nem lhe ocorreu que era quinta-feira o dia 11 de fevereiro, quando as pequenas Soubirous tinham ido buscar lenha e Bernadette, à margem do Savy, com um pé calçado e a outra meia na mão, esfregara os olhos, para verificar se estava sonhando ou acordada. Fora numa quinta-feira que a dama ordenara: "Vá, ali à fonte, beber e lavar-se." E, numa quinta-feira, a dama dissera o seu nome. A quinta-feira era o dia da dama, o dia das grandes dádivas. E o dia seguinte seria quinta-feira...

— Já não tenho medo, irmã; agora, ficarei quieta — disse Bernadette, como uma criança arrependida, que promete comportar-se a uma enfermeira impaciente.

Pouco depois, caiu sobre o braço da poltrona. Deitaram-na então no leito, julgando-a morta. Ela, porém, tornou a respirar, em fôlegos curtos e penosos. A enfermaria encheu-se. O médico e o capelão exerceram as suas funções. Madre Imbert e as outras freiras ajoelharam-se. Madre Maria Teresa Vauzous parecia, por sua vez, uma agonizante. Domingos Maria Peyramale, para esse ambiente e essa morte espiritual, postara-se perto da porta, com as mãos cruzadas.

Bernadette reabrira os olhos. Compreendeu tudo. Com um vigor, que desde dias não se lhe notava, traçou no rosto o sinal da cruz que aprendera com a aparição. Começaram as preces dos agonizantes. O abade Fèbvre entoou o cântico de Salomão, as palavras com que a alma da jovem saúda o noivo:

"Eu durmo; o meu coração vela. É a voz do meu amigo que bate à porta. Abre, minha amada, minha irmã, minha pomba, minha doce amiga! Porque a minha cabeça está molhada de orvalho e os anéis dos meus cabelos estão cobertos de rocio...

Bernadette cravava no vácuo os olhos cintilantes. Julgaram os presentes que esse olhar buscasse o Crucifixo na parede e deitaram-lhe a cruz sobre o peito arquejante. Ela apertou-a apaixonadamente, mas manteve os olhos fitos na mesma direção, estremecendo convulsivamente, como se a soerguesse uma energia nova. E do seu coração evolou-se, numa voz feminina cheia e vibrante, a confissão que se prolongou, em longo eco:

— "J'aime"... Eu amo...

O sonoro" J'aime" pairou no espaço, como a vibração dum sino, tão empolgante, que as preces se interromperam e reinou na sala profundo silêncio. Só Maria Teresa Vauzous, desfeita em lágrimas, se precipitou, de braços abertos, sobre o leito da moribunda, para estar mais perto da eleita. Poucas pessoas tinham visto chorar a mestra de noviças. Maria Teresa acreditava enfim: a dama estava presente. A criatura divina, adorável, viera receber e guiar a sua protegida. Diante dessa presença celeste, na grandiosa solidão da morte, a vidente saudara a que voltava: "Eu amo! Amo-te!" Desde esse instante, madre Vauzous, a céptica obstinada, julgava-se digna de ser testemunha das aparições, repudiava a velha alma empedernida, cheia de inveja, na sua indignidade. Soluços violentos sacudiram-lhe o peito, entrecortando a voz com que ela entoava uma "Ave-Maria". Bernadette seguia a sua antiga professora, com um olhar atento, desejoso de obedecer. Sabia que a convidavam a acompanhar a prece; mas o resto do fôlego fora-lhe no grande apelo do seu amor.

Bernadette tentou mover os lábios, conseguiu, na segunda parte da "Ave-Maria", dizer ainda:

— Agora e na hora...

Não logrou ir além.

De ordinário, a morte apaga, com um golpe brusco, a fisionomia humana. A de Bernadette Soubirous iluminou-se. Justamente ao exalar o último alento, ela recuperou a expressão dos seus êxtases, quando através de todos os rostos, de todos os objetos permanecia ligada à visão que contemplara. E, à vista dessas feições extáticas, todos tiveram a sensação que, outrora, Antônio Nicolau exprimira na sua frase:

— Não se deveria atormentar uma criatura assim!

"Eu amo!" A confissão apaixonada continuava a vibrar ao ouvido de Domingos Maria Peyramale, ajoelhado no mesmo lugar. Alguém abrira a janela. Algumas freiras oravam de joelhos; outras moviam-se silenciosamente, amortalhando o cadáver com hábito e touca, acendendo as velas nos castiçais. O cura mal percebia essa atividade. Isolado dos presentes, que lhe respeitavam o recolhimento, voltava de quando em quando os olhos para as árvores floridas e as nuvens além da janela, onde se diluía numa luz prateada o esplendor da primavera. E a vida se lhe afigurava indizivelmente leve, no próprio peso do seu corpo maciço. Já nem percebia ele que esse corpo pesava sobre uns velhos joelhos reumáticos. Só depois, muito depois, sentiu o alto estímulo que lhe vinha dessa morte. Tudo se transformara. Podia ainda pungi-lo um espinho, um azedume? A luz do dia era prateada; dourado, o clarão dos círios. E ambos afagavam o rosto de Bernadette, o seu êxtase perpétuo. Peyramale não podia desprender os olhos desse rosto; e admirou-se de se ouvir a si mesmo murmurar:

— A tua vida começa, ó Bernadette!

Essas palavras não diziam apenas: "Tu estás agora no céu, ó Bernadette." Elas significavam: "Estás agora no céu e na terra, Bernadette. Os teus olhos viram mais do que os nossos. No teu coração, houve mais amor do que os nossos duros corações poderiam conceber. Por isso, estás e vives, para todo o sempre, não só na fonte de Massabielle mas em cada uma dessas árvores floridas. A tua vida começa, ó Bernadette!

Peyramale ergueu-se com uma facilidade que o surpreendeu; com um derradeiro olhar, e o último sinal da cruz, despediu-se de Bernadette Soubirous e saiu do convento.

CAPÍTULO L

A QUINQUAGÉSIMA "AVE-MARIA"

Esse dia, solene entre os mais solenes, levara a Roma uma verdadeira multidão de Soubirous, filhos, netos, sobrinhos e sobrinhas da irmã de Bernadette. Mas o verdadeiro centro das atenções não eram eles, os parentes carnais, e sim o "primogênito do milagre", o "pequeno Bouhouhorts".

O "pequeno Bouhouhorts" — ou mais exatamente Justino Adolar Duconte Bouhouhorts — era, aos setenta e sete anos, um velhinho de olhos vivos e boca astuta, sob o bigodinho ainda preto. Apesar da idade avançada, o "pequeno Bouhouhorts" exercia em Pau o ofício pesado de jardineiro.

Alguém metera-lhe na mão uma passagem de segunda classe para Roma e um vale para a alimentação e as custas da hospedagem, porque o "primogênito do milagre" devia participar e alegrar-se do dia glorioso em que Pio XI inseria a pequena Bernadette Soubirous no rol dos santos.

A cristandade não conhece cerimônia mais solene do que uma santificação, celebrada pelo representante de Deus na terra.

Dizia-se do "pequeno Bouhouhorts" que, setenta e cinco anos antes, a nova santa a trouxera muitas vezes ao colo, quando as famílias vizinhas se visitavam. Para falar verdade, o jardineiro de Pau não se lembrava; mas, com o tempo, a fantasia atiçada por perguntas e narrações ajudara-lhe consideravelmente a memória. O velho gostava de descrever por miúdo o aspecto, a voz, os modos, as atitudes daquela a quem devia a sua milagrosa salvação e a modesta benção duma longa vida:

— Em criança, eu sofria de convulsões e estava paralítico. O senhor já leu isso, com certeza. Muitas vezes, Bernadette e sua mãe me embalavam e sacudiam, para que eu voltasse a mim. E eu sempre via Bernadette, até que ela se despediu, para entrar no convento de Nevers. Eu devia ter então uns oito ou nove anos. Sei, por meus pais, que os Soubirous eram, os nossos melhores amigos. Com mais de setenta anos, sou a única pessoa ainda viva que conheceu a nossa meiga intercessora de Lourdes, quando ela era ainda quase criança. Vejo o rosto da finada, como se ela tivesse saído daqui, há poucas horas. Não pode dizer outro tanto a respeitável parentela dos Soubirous. Eles não têm a menor experiência pessoal. Sabem só pelos livros, pelas imagens, ou por ouvir dizer...

A canonização de Bernadette atraíra a Roma cinqüenta mil forasteiros, pertencentes a quarenta nações diversas. Quinze mil franceses, eclesiásticos e leigos, formavam o grupo mais numeroso, cujo núcleo era constituído pelos representantes da região de Bigorre. Não admira que se dispensassem as maiores atenções à única pessoa que vira Bernadette, ainda antes dos dias memoráveis de fevereiro, ao primeiro doente em quem as virtudes do manancial milagroso se tinham evidenciado de maneira tão fulmínea e irrefutável. O velho jardineiro de Pau via-se assediado; apertavam-lhe cem vezes a mão; apresentavam-no às altas personagens religiosas e leigas. O senhor Charles Roux, embaixador da França, entretivera-se com ele e dera-se ao incômodo de lhe arranjar um bom lugar, na tribuna de honra. Em conseqüência, o "pequeno Bouhouhorts" achou-se enfim no meio dos dignitários, na catedral de São Pedro, a olhar pestanejando, acanhado, o recinto grandioso.

Estava-se no trigésimo terceiro ano deste século — um Ano Santo. Era o dia oito de dezembro, a festa da Imaculada Conceição. Acabava de dar nove horas. Um cavalheiro afável e bem informado sentou-se ao lado do jardineiro e deu-se a conhecer como um compatriota domiciliado em Roma, contente com o ensejo que lhe permitia explicar ao velho conterrâneo a cerimônia que se preparava.

— Só por ocasião das santificações, caro senhor Bouhouhorts, todas as janelas gigantescas de São Pedro, assim como as da cúpula, desaparecem sob reposteiros de damasco encarnado, para impedir que a luz do dia penetre no templo. É uma impressão que não se tem noutra circunstância. Eu mesmo, que sou meio romano, só assisti a uma canonização. Pense: afora os projetores, brilham aqui seiscentos lustres, com doze mil lâmpadas incandescentes, cada uma delas ao menos de cem velas. Logo, temos uma luz equivalente a dum milhão e duzentas mil velas...

Após esse cálculo concludente, o estatístico deitou um olhar triunfante ao "pequeno Bouhouhorts" que anuiu com um aceno. Mas o amável compatriota ainda tinha muito que contar.

— Repare nessa aglomeração formidável. São Pedro contém oitenta mil pessoas. Aposto em que hoje entraram mais dez mil. Apesar disso, conserva-se desimpedido um largo corredor, ao centro, para a passagem de Sua Santidade e do seu séqüito formado por todos os cardeais da Cúria. Basta que eu lhe mencione alguns nomes célebres como Gasparri, Granito di Belmonte, Pacelli, Marchetti. Seria impossível designar pelos seus nomes os arcebispos e os bispos; são ao todo cento e dezoito. Que me diz deste quadro grandioso, senhor?

— Um quadro grandioso! — repetiu-o como um eco o "pequeno Bouhouhorts".

— Como deve sentir-se orgulhoso, estimado senhor! Em pequeno, teve relações íntimas com os Soubirous. Viu, com os seus olhos, essa pobreza, essa miséria. Oh! com certeza, ainda se lembra. As impressões da infância não se esquecem facilmente.

— Era, na verdade, uma vida suja! — suspirou francamente o velho.

— E agora este luxo, este esplendor — insistiu o compatriota. — Um esplendor sem par na terra! E isto, cinqüenta e quatro anos depois da morte. Que é, em comparação, um soberano, um presidente, um ditador? Quando morrem, acabam numa cova funda; e que fica? Um nome, numa história de páginas amareladas! Lembre-se do nosso Napoleão III, senhor. Não há, no mundo, coisa mais triste, mais ridícula, do que um potentado despido do seu poder, incapaz de fazer mal. A morte do poderoso é a sua derrota definitiva. Já as grandes inteligências têm melhor sorte. Mas, para falar em termos profanos, nada excede a carreira espinhosa que conduz ao céu. Não acha, senhor Bouhouhorts?

O "pequeno Bouhouhorts" tornou a anuir e meneou a cabeça; abstinha-se, assim, de formular um juízo decisivo sobre esse problema.

Vibravam já no ambiente as trombetas de prata. A "cadeira gestatória" já oscilava na passagem, transportando o pontífice, entre os suíços, a "guardia nobile", os "maestri di camera", os "sediari" de vestimentas escarlates, os advogados do Consistório em trajos de veludo preto, os prelados da Signatura, os "penitenciários", com os seus longos bastões coroados. O compatriota afável enumerava e explicava as secções do cortejo ao jardineiro de Pau, que pestanejava, deslumbrado, esforçando-se por distingui-las e guardar as explicações.

O trono pontifical erguia-se no fundo da ábside, sob a "Glória" de Bernini. Ladeavam-no dezesseis cardeais; os prelados da corte pontifícia sentavam-se nos degraus, aos pés do Papa. Bouhouhorts não conseguia reter os nomes nem o sentido dos ritos que já começavam a desenvolver-se solenemente. Um vulto negro aproximou-se do trono da Sua Santidade, ajoelhou-se e recitou uma frase latina. Era o advogado do Consistório que acompanhara até ao fim, como defensor, o processo de Bernadette Soubirous. Esse processo pendia desde decênios, com os seus prós e contras fundamentais, sujeito ao inexorável elemento do tempo que, como a água-forte, separa o verdadeiro do falso. Entre os advogados do Consistório, ali reunidos, achava-se também o que desempenhava, na causa, as funções de representante da parte adversa, do partido da dúvida, e era por isso denominado vulgarmente "Advocatus Diaboli". Bernadette dera que fazer ao "Advocatus Diaboli" não menos do que, outrora, ao procurador imperial, Vital Dutour.

Até além da morte, ela anulava, com a obstinação e a indiferença antigas, toda possível objeção, principiando por uma circunstância singular: quatro dias depois de expirar, quando a sepultaram na capela de São José, apesar da longa moléstia consumptiva, Maria Bernarda não denotava o menor sinal ou cheiro de decomposição. As testemunhas, admiradas, viram ainda, à raiz das unhas, o suave rosado da vida.

Trinta e nove anos mais tarde, o tribunal da santificação instituíra, em Nevers, uma comissão incumbida de abrir a sepultura, para exumar e examinar o cadáver da irmã Maria Bernarda. Vários médicos, entre eles o da cidade, assistiram ao ato. O corpo miúdo de Bernadette apareceu, intacto. O rosto, as mãos, os braços, conservavam-se brancos e macios. Os lábios, entreabertos, descobriam a dentadura brilhante. As pálpebras cobriam os olhos levemente encovados. Nas feições da vidente, permanecia a expressão extática. O resto do corpo mantinha-se tão rijo e resistente, que as damas de Nevers, presentes à exumação, o ergueram sem dificuldade e puderam deitá-lo, indene, noutro esquife, como se Maria Bernarda acabasse de expirar.

O protocolo dessa exumação provocou grande celeuma. Houve, na imprensa, quem afirmasse que a história do cadáver incorruptível não passava dum truque grosseiro: poucas horas após a morte, a irmã Maria Bernarda fora devidamente embalsamada; a exumação pretendia impingir uma múmia vulgar por um corpo miraculosamente intacto e privilegiado.

O adversário legal de Bernadette, o "Advocatus Diaboli", apropriou-se do argumento. À sua requisição, em 1925 — dezessete anos após essa primeira diligência — uma segunda comissão procedeu à reabertura do túmulo da taumaturga de Lourdes; o corpo, ainda intacto, foi submetido a segunda prova, nada se encontrando em que se pudesse estribar aquela suspeita. A datar daí, a parte contrária não tornou a elevar objeções, e o processo da santificação de Bernadette seguiu o curso normal.

Decorridos mais oito anos, na ábside de São Pedro, sob a "Glória" de Bernini, o advogado de Bernadette, que defendera vitoriosamente a causa em todas as instâncias, solicitava reverentemente que o pontífice inscrevesse, no rol dos santos, o nome da menina de Lourdes.

O Papa não respondeu pessoalmente, mas por intermédio do seu locutor, monsenhor Bacci, sentado num escabelo, aos pés do trono, e voltado de perfil para Pio XI. O Santo Padre — expôs Bacci — não tinha cuidado mais urgente do que essa canonização. Antes, porém, de se promulgar a confirmação solene, cumpria invocar mais outra vez a luz divina.

A assembléia, ajoelhada, recitou a ladainha dos santos. Depois, o pontífice deu o sinal para o "Veni Creator Spiritus" que, entoado imediatamente pelos sacerdotes e pelos cantores da Capela Sixtina, ecoou na vasta nave. Findo o hino, o advogado de Bernadette reiterou a solicitação. Monsenhor Bacci levantou-se, dobrou os joelhos diante de Pio XI e estendeu para ele os braços, dizendo:

— Ergue-te, "Petrus", que vives no teu sucessor, e fala!

E, voltando-se para a imensa multidão, bradou:

— Ides ouvir com reverência o oráculo infalível de São Pedro!

Colocou-se um microfone diante de Sua Santidade; a voz sonora de Pio XI, reforçada pelos alto-falantes, ressoou em toda a amplidão do grande templo:

"Declaramos e decidimos que a bem-aventurada Maria Bernarda é santa. Inscrevemos-lhe o nome no rol dos santos. Determinamos que a sua memória seja festejada piamente, em nome da Virgem, todos os anos, a dezesseis de abril, data do seu nascimento no céu."

Era a fórmula. E, mal foi pronunciada, reboou no espaço o "Te Deum", entoado por mil vozes, entrecortado pelas trombetas de prata, acompanhado pelos sons mais graves dos sinos de São Pedro. Os sinos de trezentas igrejas romanas, de inúmeros outros templos do globo repicaram, anunciando a glória eterna da pequena Bernadette Soubirous da rua des Petites Fossées.

Eram onze horas. O pontífice deu princípio à missa solene, oficiando em latim e em grego, para significar a universalidade da Igreja e dessa data. Após o Evangelho, Sua Santidade pronunciou o sermão. A sua bela voz viril tornou a soar na nave, através dos alto-falantes. Os santos — disse o Papa — são comparáveis aos telescópios dos astrônomos. Através desses instrumentos, conseguimos ver os astros que ninguém perceberia a olho nu. Por intermédio dos santos, se nos evidenciam as verdades eternas, que a vida quotidiana esconde à nossa fraca visão. Sua Santidade celebrou, em seguida, a pureza, a candura de Bernadette, a intrepidez com que ela defendera a veracidade da aparição, contra um mundo de cépticos, de motejadores, de adversários. Nas bênçãos dos milagres de Lourdes, como na vida da nova santa, havia uma mensagem de inexaurível riqueza. Pio XI aludiu ainda ao clamor demoníaco, ouvido por Bernadette, durante as visões. Esse clamor diabólico aumentara, desde então, enchendo o mundo, pervertendo uma parte considerável da humanidade. A febre das heresias insensatas ameaçava arremessar o espírito humano a uma demência sangrenta. Mas, nessa luta porfiada pela vitória final, não se erguia apenas o baluarte rochoso de Lourdes: a vida de Bernadette Soubirous continuaria, nos séculos, a animar os corações...

Nessa onda de palavras, de sons, de luz e de cores o "pequeno Bouhouhorts" cabeceava perigosamente. O comentador amável traduzira-lhe a prédica pontificial. Mas a cerimônia ainda não terminara. O cardeal Verde entoou, pela primeira vez, a oração a santa Bernadette. Devia ser meio-dia. Só depois duma hora, conseguiu o "pequeno Bouhouhorts", arrastado por ingente massa humana, sair de São Pedro.

A praça regurgitava de espectadores. Bouhouhorts, desgarrado dos companheiros, viu-se empurrado, sem vontade, para uma rua lateral. Se bem que já se estivesse em dezembro, o sol brilhava num céu sem nuvens. O velho jardineiro estava exausto; sentia fome e sede. Abancouse, pois, à mesa duma pequena "esteria", as estalagens que, nos dias de bom tempo, servem os clientes ao ar livre. Devorou um prato enorme de talharim e saboreou o vinho arroxeado da Campagna romana. Terminado o almoço, entregou-se a um sentimento de profundo bem-estar e distraiu-se a observar a rua.

— Vejam só — matutava ele. — O cavalheiro da igreja tinha toda a razão. Que carreira! E Bernadette Soubirous levou-me ao colo. Éramos vizinhos. Não sei bem ao certo, como podiam viver nesse sujo Calabouço. Agora, Bernadette é uma alta personagem no céu, invocada pelo Papa e pelos cardeais. E como, afinal, fui vizinho do Calabouço, é possível que eu também vá para o céu, se à última hora não me regalar nalgum pecado grande...

Bouhouhorts levantou os olhos para o claro céu romano, convicto de que ali devia viver e reinar boa parte da corte celestial. Talvez Bernadette Soubirous o estivesse vendo, sentado a esse sol aprazível, sozinho na rua alegre, são e robusto aos setenta e sete anos. Um desejo sincero de se pôr em comunicação com Bernadette Soubirous comoveu a alma do jardineiro. E ele o satisfez à maneira antiga, apalpando no bolso o rosário. Na verdade, não é na rua que se costuma rezar; a oração pertence à igreja. Mas essa grande Roma não será, por assim dizer, uma só igreja?

Rezando o seu terço, o jardineiro de Pau não concentrava o pensamento nas dezenas da dor ou do júbilo, e sim no rosário glorioso que arrebata o espírito humano para o triunfo, para a glória, para a bem-aventurança eterna. Desfiando as contas, lutando valentemente com o cansaço, ia murmurando as "Ave-Marias", enquanto os seus olhinhos risonhos continuavam a observar na rua a correnteza da vida. Os autos desfilavam, velozes. O sorveteiro vendia os seus produtos à garotada. Nas travessas adjacentes, ressoavam os pregões dos vendedores de laranjas, de funcho, de cebolas. Sob o céu de Roma, onde os santos reunidos festejavam a nova santa, zumbia um avião militar.

"Após a quadragésima "Ave-Maria", os olhinhos vivos do velho começaram a pestanejar. À qüinquagésima, o "pequeno Bouhouhorts" cochilava. Mas a alegria continuava a inundar-lhe o coração.

PERSONAGENS

Os parentes de Bernadette:

Francisco e Luisa Soubirous, os pais
Maria, João-Maria e Justino, os irmãos
Tia Bernarda Casterot, a madrinha
Tia Lucília Casterot

Os vizinhos:

André Sajou, canteiro
A senhora Sajou
João Bouhouhorts
Croisine Bouhouhorts
O pequeno Bouhouhorts
A tia Piguno
Josefina Ourous
Germana Raval
A senhora Gozos
Luis Bouriette, canteiro
O sapateiro Barringue
O tio Babou

A senhora Millet, rica viúva
As senhoras Baup e Lacrampe, damas da sociedade
Antonieta Peyret, costureira
Antônio Nicolau, moleiro
A senhora Nicolau

Personalidades de Lourdes:

Domingos Maria Peyramale, vigário
Os abades Pomian, Pènes e Sempet, seus capelães
Adolfo Lacadé, "maire"
Courrèges e Capdeville, seus adjuntos
O procurador imperial Vital Dutour
O comissário de polícia Jacomet

O juiz de instrução Rives
O juiz de paz Duprat
D'Angla, brigadeiro da gendarmaria.
Belhache e Pays, gendarmes
Callet, guarda municipal

Dr. Dozous, médico da comuna
Dr. Lacrampe
J. B. Estrade, coletor
Professor Clarens
Duran, proprietário do café
Cazenave, chefe da posta
Doutreloux, cocheiro
Maisongrosse, padeiro

Joana Abadie
Catarina Mengot
Aninhas Courrèges
Madalena Hillot
Antonieta Gazalas, condiscípulas de Bernadette

O ESTADO

Napoleão III
A imperatriz Eugênia
A senhora Bruat
Roulland, ministro do Culto
Fould, ministro da Fazenda
Delangle, ministro da Justiça
O barão Massy, prefeito do departamento dos Altos Pireneus
Duboë, sub-prefeito
Falconet, procurador imperial de Pau

A IGREJA:

Papa Pio XI
Bertrand Severo Laurence, bispo de Tarbes
Monsenhor Forcade, bispo de Nevers
Monsenhor Thibaut, bispo de Montpellier

O CONVENTO DAS DAMAS DE NEVERS:

Madre Josefina Imbert, superiora
Madre Maria Teresa Vauzous, mestra de noviças
Irmã Sofia
Irmã Natália

Jacinto de Lafite, poeta e literato.

A presente edição de A CANÇÃO DE BERNADETTE de Franz Werfel é o volume número 48 da coleção Rosa dos Ventos. Impressa na Sografe Editora e Gráfica Ltda., à rua Alcobaça, 745 - Belo Horizonte, para Editora Itatiaia Ltda, a Rua São Geraldo, 67 - Belo Horizonte - MG. No catálogo geral leva o número 01143/3B. ISBN 978-85-319-0777-7.